Buch

Seit Ende 1991 die Nachricht vom Fund einer, wie sich bald herausstellte, rund 5300 Jahre alten Gletscherleiche in den Ötztaler Alpen um die Welt ging, wurden die Ergebnisse der wissenschaftlichen Untersuchung mit Spannung erwartet. Das dazu eigens gebildete internationale Forscherteam unter Leitung von Professor Spindler legte 1993 seinen ersten aufsehenerregenden Bericht vor, der nun um die neuesten Forschungserkenntnisse ergänzt wurde. Die für Laien ans Wunderbare grenzenden Möglichkeiten der modernen Archäologie brachten Erstaunliches zutage. So konnten die Kleidung und Ausrüstung des Steinzeitmannes detailliert rekonstruiert werden, aber auch Lebensumstände und Ernährung. Es gelang, ein einmaliges, unmittelbares Fenster zur Steinzeit aufzustoßen.

Autor

Prof. Dr. Konrad Spindler, 1939 in Leipzig geboren, studierte Medizin, Anthropologie, Archäologie sowie Ur- und Frühgeschichte. Er war Ausgrabungsleiter des »Magdalenenbergs« bei Villingen im Schwarzwald und von 1977 bis 1988 Wissenschaftlicher Rat und Professor an der Universität Erlangen-Nürnberg. Seit 1988 hat er den Lehrstuhl für Ur- und Frühgeschichte an der Universität Innsbruck inne und ist Leiter der Abteilung für mittelalterliche und neuzeitliche Archäologie. Konrad Spindler ist außerdem Verfasser zahlreicher Bücher zur Archäologie der Jungsteinzeit bis in die Neuzeit.

Konrad Spindler

DER MANN IM EIS

Neue sensationelle Erkenntnisse über die Mumie aus den Ötztaler Alpen

Unter Mitarbeit von Sigmar Bortenschlager, Markus Egg, Romana Fornwagner, Roswitha Goedecker-Ciolek, Willy Groenman-van Waateringe, Walter Leitner, Dieter zur Nedden, Annaluisa Pedrotti, Werner Platzer, Horst Seidler, Torstein Sjøvold, Elisabeth Rastbichler-Zissernig und zahlreicher weiterer internationaler Gelehrter

GOLDMANN VERLAG

Umwelthinweis
Alle gedruckten Materialien dieses Taschenbuches sind chlorfrei und umweltschonend.

Der Goldmann Verlag
ist ein Unternehmen der Verlagsgruppe Bertelsmann

Aktualisierte und erweiterte Taschenbuchausgabe September 1995
Wilhelm Goldmann Verlag, München

Umschlaggestaltung: Design Team München
Umschlagillustration: Ferenc Regös, Oderding
Satz: Uhl + Massopust, Aalen
Druck: Graphischer Großbetrieb Pößneck GmbH
Verlagsnummer: 12596
ss · Herstellung: Stefan Hansen
Made in Germany
ISBN 3-442-12596-0

10 9 8 7 6 5 4 3 2 1

Inhalt

Prolog

Es ist Dienstag, der 24. September 1991. Wie jeden Morgen folgt der rote Kombi dem Asphaltband der Inntalautobahn. Doch dieser Tag hat anders begonnen. Ich fahre nach Innsbruck zum Dienst, aber ich ahne, daß sich heute manches verändern wird. Was, weiß ich noch nicht. Ich lenke das Auto in die Auffahrt. Morgens um sieben Uhr ist die Verkehrsader in Richtung Brenner nach Italien noch fast leer. Nur einzelne Lastkraftwagen sind schon unterwegs. Diese frühe Stunde nutzt man gern zum Grübeln.

Da hatte vor drei Tagen, am Samstag, eine lakonische Notiz in der »Tiroler Tageszeitung« gestanden:

> *»Beim Abstieg von der Finailspitze entdeckten Touristen am Donnerstag unterhalb des Hauslabjoches eine halb ausgeaperte Leiche, von der nur der Kopf und die Schultern aus dem Eis herausragten. Der Hüttenwirt erstattete beim Posten Sölden Anzeige. Der Ausrüstung nach zu schließen, handelt es sich bei dem Toten um einen Alpinisten; der Unfall dürfte schon Jahrzehnte zurückliegen. Der Tote ist noch nicht identifiziert worden.«*

Gewöhnlich kümmert sich der Archäologe nicht um Gletscherleichen. Sie sind für ihn »zu jung«. Mich aber berührt dieser kalte, einsame Tod jedesmal. Ein jahrzehntelanger eisiger Schlaf, bis der Gletscher die sterblichen Überreste wieder freigibt, gleichsam als verspotte die Allmacht der Naturgewalt den einzelnen Menschen und enthalte ihm das angemessene Begräbnis vor.

Die Sonne ist jetzt über dem Kamm der Kitzbüheler Alpen aufgegangen und durchflutet das Tal. Rechts liegt der kleine Ort Kramsach mit dem beliebten Freilichtmuseum »Tiroler Bauernhöfe«. Für dieses Museum hatten wir vor ein paar Jahren Ausgrabungen gemacht. Ein uraltes Bauernhaus sei entdeckt worden, aus dem Mittelalter, aus dem 14., vielleicht aus dem 13. Jahrhundert. Die Mitarbeiter des Museums wollten es abtragen und bei sich wieder aufbauen. Alles wurde sorgfältig geplant, sogar Archäologen zog man heran. Wir gruben und stellten fest: Es dürfte wohl aus dem 17. Jahrhundert stammen. Die dendrochronologische Jahresbestimmung bestätigte das: 1621. Das hübsche alte Haus war uninteressant geworden. Es fiel der Spitzhacke zum Opfer. Doch daran denke ich an diesem Dienstag nicht.

Bergtote. 1991 ist das Jahr der Gletscherleichen gewesen. Zum wiederholten Mal erreichten uns die Meldungen, aber diese sollte die letzte bleiben. Sechs Gletscherleichen in einem Jahr, das sind so viele wie in den Jahren von 1952 bis 1990, also in neununddreißig Jahren zusammen. Ein eher seltenes Ereignis ist in diesem Jahr fast schon der Regelfall geworden.

Am 7. August 1991 fand der Hüttenwirt Horst Fankhauser auf dem Alpeinerferner in den Stubaier Alpen zwei Gletscherleichen. Beide ließen sich identifizieren. Es handelte sich um Bergführeranwärter, den achtundzwanzigjährigen Odo Strolz und den einunddreißigjährigen Otto Linher. Der Hergang des Unfalls war damals genau protokolliert worden. Am 2. Mai 1953 fand ein Ausbildungskurs statt. Zwei Seilschaften wählten die Route über die Gletscherflanke. Sie überquerten eine für alle Beteiligten unsichtbare Spalte. Eine heimtückische Schneebrücke entzog die Gefahr den Blicken. Zwei Bergsteiger stürzten zehn Meter tief ab. Nachfallende Schnee- und Eismassen begruben die beiden Männer. Ein Bergungsversuch scheiterte. Das Unglück geschah in rund dreitausend Meter Seehöhe. Tausend Meter weiter und rund dreihundert Meter tiefer gab der langsam zu Tal fließende Gletscher achtunddreißig Jahre später die Toten wieder frei.

Am 24. August 1991 entdeckte ein Gast der Franz-Senn-Hütte im Eis des Bergglasferners, auch in den Stubaier Alpen, die Leiche des am 5. März 1981 verunglückten Bergführers Dr. Kurt Jeschke. Der Unfall ereignete sich in 2910 Meter Seehöhe bei einer Führungstour. Die Seilschaft hatte sich nicht gesichert, als Jeschke unversehens durch eine Schneebrücke in eine dreißig Meter tiefe Gletscherspalte fiel. Er wurde zwischen den fünfundzwanzig Zentimeter engen Eiswänden eingeklemmt. Nachstürzende Schneemassen verschütteten ihn. Die Ungunst der Witterungsverhältnisse vereitelte eine Bergung. Zehn Jahre lang blieb die Leiche im Eis eingeschlossen, bis sie dreihundertfünfzig Meter von der Unfallstelle entfernt ausaperte.

Nur fünf Tage später, am 29. August 1991, kamen am Sulztalferner, wieder in den Stubaier Alpen, die Leichen zweier Bergsteiger zum Vorschein. Sie besaßen noch Ausweispapiere und ließen sich so als Henna Schager und Josef Schneider, zuletzt wohnhaft in Wien, identifizieren. Über das Unfallgeschehen ist nichts bekannt. Es gab keine Augenzeugen. Lediglich eine Abgängigkeitsanzeige vom 8. August 1934 liegt vor, die den Todestag angibt. Siebenundfünfzig Jahre lang hielt das Gletschereis die beiden Toten gefangen.

Links zieht die weite, helle Mündung des Zillertals vorüber. Das Licht ist wie so häufig noch vom zarten Schleier der Morgennebel gedämpft. Doch in der Ferne glänzen schon die Gipfel der Zillertaler Alpen. Noch dreißig Kilometer bis Innsbruck. Vielleicht hätte ich die Zeitungsnotiz vom Samstag schon längst vergessen, wenn nicht jener merkwürdige Artikel vom Montag gewesen wäre. Offensichtlich gab es weitere Neuigkeiten.

Der gestrige Artikel geht mir nicht aus dem Kopf. Die Medien haben den Leichenfund keineswegs abgehakt. In der »Tiroler Tageszeitung« war am 23. September 1991 zu lesen:

> *»Die Südtiroler Extrembergsteiger Reinhold Messner und Hans Kammerlander, die derzeit eine Südtirol-Umrundung durchführen, haben sich am Samstag die am Similaungletscher gefundene Leiche genauer angesehen. Wie Messner beim zwölften Etappenziel auf der Similaunhütte erklärte, könnte es sich um einen Krieger aus der Zeit Friedrich IV., im Volksmund auch ›mit der leeren Tasche‹ genannt, handeln. Am Rücken sind Brandwunden zu erkennen, die Beine sind in Lederriemen gehüllt, und das Schuhwerk erinnert Messner an*

jenes der Eskimos. In der Hand hält der Mann eine Axt aus Metall. Die guterhaltene Leiche, die mindestens hundert Jahre alt ist, die aber auch aus dem 14. Jahrhundert stammen könnte, weist am Hinterkopf eine tiefe Wunde auf. Sie wurde gestern mit einem Hubschrauber geborgen und wird nun in der Gerichtsmedizin untersucht. Auf der Similaunhütte sind Messner und Kammerlander mit dem Historiker Hans Haid zu einer Diskussion über das Ötztal und seine Bedeutung als Grenzgebiet zwischen Nord- und Südtirol zusammengetroffen. Vorherrschendes Thema war aber der Leichenfund am Similaungletscher. Messner und Kammerlander, die auf den Fund von einem deutschen Bergsteiger aufmerksam gemacht worden waren, sind der Auffassung, daß es sich um einen außerordentlichen archäologischen Fund handelt.«

Da hat es bei mir geklickt, freilich noch in eine völlig falsche Richtung.

Rechter Hand taucht die alte Burg Tratzberg, hoch in den Hängen des Karwendelgebirges, auf. Von schwarzen Tannen umschattet, wacht das Gemäuer mit Zinnen und Schießscharten, wie mit stummen, ernsten Blicken, über das Inntal. Früher schob sich zu Füßen der Burg der Verkehr gemächlich entlang mit Schiffen, Flößen, Kutschen und Karren. Jetzt rasen die Autos und Eisenbahnen achtlos vorbei.

Bei Messner muß man mitunter vorsichtig sein, fällt mir ein. Schließlich soll er einst sogar den Yeti im Himalaja aufgespürt haben. Aber vielleicht ist an dem Fund vom Hauslabjoch doch etwas dran. Wir haben unlängst eine Abteilung für Mittelalterliche und Neuzeitliche Archäologie an unserem Institut eingerichtet. Sollte der Tote tatsächlich etwas älter sein als die normalen Gletscherleichen? Dann wäre das eventuell ein Fall für die Neuzeitliche Archäologie. Tags zuvor hatte ich jedenfalls beschlossen, bei der Gerichtsmedizin anzurufen. Noch nie hatte ich etwas mit diesen Leuten zu tun gehabt. Der Institutsvorstand, Professor Rainer Henn, war zunächst zurückhaltend. Die Leiche sollte erst im Laufe des Tages abgeholt werden. Er machte mich darauf aufmerksam, es sei im Gendarmeriebericht vermerkt, daß es sich wohl um einen

Unfall aus dem 19. Jahrhundert handeln dürfte. Henn selbst mochte allerdings über das Alter der Leiche nicht spekulieren.

Leider konnte ich zur Bergung der Leiche nicht mitfliegen, weil zuwenig Platz im Hubschrauber war. Doch versprach Professor Henn, mich im Institut anzurufen, wenn wirklich irgend etwas Besonderes an dem Leichenfund sein sollte.

Bis Dienstschluß wartete ich auf einen Anruf, dann fuhr ich heim. Ich wußte nicht recht, was ich davon halten sollte. Erst viel später erfuhr ich, daß Henn sehr wohl versucht hatte, mich an diesem Abend im Institut zu erreichen, das ich zu dieser Zeit aber schon verlassen hatte.

Heute hat sich die Situation zugespitzt. Die Zeitungsartikel wachsen in die Länge, und es gibt die ersten Bilder. Die »Tiroler Tageszeitung« vermeldet am 24. September 1991:

> *»Noch immer rätselhaft sind Alter und Identität der wahrscheinlich historischen Gletscherleiche, die unterhalb des Hauslabjochs nahe der Finailspitze im hinteren Ötztal geborgen wurde. Der Körper war unmittelbar an der Staatsgrenze ausgeapert. Gestern wurden die Überreste der Innsbrucker Gerichtsmedizin überstellt. Die Untersuchung soll heute vorgenommen werden. Zum ersten Eindruck der Leiche meinte Institutsvorstand Prof. Rainer Henn gestern: ›Eher alt als jung!‹ Wie der an der Bergung beteiligte Wirt der Similaunhütte, Markus Pirpamer, mitteilte, tauchten gestern auch weitere äußere Indizien auf, die auf ein hohes Alter des Fundes hinweisen. Bei dem Leichnam wurden demnach mit Heu ausgestopfte Birkenrinden gefunden, die als Handschuhe dienten. Ebenfalls mit Heu gestopft war das Schuhwerk, von dem nur mehr Lederfetzen erhalten sind. Weiters fand man ein Beil, das aus einem Holzschaft und einer aufgesetzten, mit Lederriemen befestigten Eisen- oder Kupferklinge besteht, sowie ein kleines Steinmesser. Auf dem Rücken des Toten sei eine Art Tätowierung in Form von zehn in drei Reihen untereinander angeordneten Strichen zu erkennen. Gemsenhaare, die nach dem Augenzeugen ebenfalls gefunden wurden, weisen darauf hin, daß es sich um einen Jäger gehandelt haben könnte.«*

Mehr noch als der Text alarmiert mich die Abbildung der Funde. Eine Art Troddel oder Quaste, im Kommentar als *»Geflecht«* bezeichnet: Damit kann man nichts anfangen. Ebensowenig mit dem Holzgerät, das wie der abgekaute Stummel eines Zimmermannsbleistifts aussieht, im Text als *»Spindel«* beschrieben. Dann, im groben Raster des Zeitungsdrucks kaum erkennbar, das *»Steinmesser«*. Besteht die winzige Schneide wirklich aus Stein? Und erst das Beil. Aus *»Eisen oder Kupfer«* sei die Klinge gefertigt. Auf dem unscharfen Foto zeichnet sie sich lediglich verschwommen ab. Aber der Griff, den das Bild nur ausschnitthaft zeigt: Das ist ohne jeden Zweifel eine Knieholmschäftung mit Lederriemenumwicklung. Solche Schäfte gab es bei uns in der Jungsteinzeit, aber auch noch in der Bronze- und der beginnenden Eisenzeit. Das Beil muß dann mindestens zweitausend Jahre, wenn nicht viel älter sein. Auf dem anderen Foto ist *»die außerordentlich gut im Eis konservierte Leiche«* zu sehen. Wieder fast nichts zu erkennen. Links ein Mann mit weißem Haar und Brille (der mir damals noch nicht bekannte Gerichtsmediziner Henn), der den Toten begutachtet.

Gegen acht Uhr morgens sind die Stockwerke und Gänge des Fakultätsgebäudes noch völlig leer. Mein Arbeitsraum liegt im sechsten Stock, hoch über den Dächern der Stadt. Die Fensterfronten öffnen sich nach Süden und Westen. Der Blick schweift über das Panorama der Tuxer und Stubaier Alpen. Was mochte hinter diesen Bergen geschehen sein? Vor mir schwingt sich die Bergisel-Schanze den Hang hinab. Neulich hatte der Papst dort vor einer riesigen Gläubigenschar gepredigt. Ich konnte ihn in seinem weißen Ornat direkt von meinem Schreibtischstuhl aus sehen.

Da schrillt das Telefon. Es ist Professor Henn: Die geborgene Leiche sei ein ungewöhnlicher Fall, eine atypische Gletscherleiche. Ob ich sie mir ansehen wolle. Welche Frage!

Ich lasse mir den Weg zu seinem Institut beschreiben. Das Institut für Gerichtliche Medizin liegt eingeschachtelt zwischen häßlichen Klinikgebäuden. Mit seinen großflächigen, bräunlich getönten Scheiben zwischen schlanken Betonpfeilern kontrastiert die Fassade beziehungslos mit dem altehrwürdigen Bau des Anatomischen Instituts in Schönbrunn-Gelb gegenüber. Man kann von außen nicht hineinschauen, die Scheiben spiegeln nur.

Am Eingang begrüßt mich Henn. Wir stellen uns einander vor und mögen uns auf den ersten Blick. Er ist einen Kopf kleiner als ich. Ein breites, offenes Gesicht mit klugen, wasserblauen Augen lächelt mich an. Er trägt den knielangen weißen Ärztekittel mit hochgekrempelten Ärmeln und hebt den kräftigen Unterarm des Praktikers zum festen Händedruck. Leider wird unsere Freundschaft nicht lange währen.

Höflichkeitsfloskeln unterbleiben. Er geht den schmalen Gang zum Seziersaal voran. Sofort umhüllt mich dieser undefinierbare Krankenhausgeruch, wohl Karbol oder irgend etwas anderes zum Desinfizieren. Die Tür läßt sich nur von innen öffnen.

Der Raum ist groß und licht. Es herrscht Kühle, aber keine Kälte. Die Wände sind blaßgrün gefliest. Vor mir die Reihe der Tische mit den Chromstahlplatten auf schweren Säulenstümpfen, zwei davon mit Leintüchern abgedeckt. Rechts in der Ecke die Halterung für den Abfallsack. In den schaut man wohl besser nicht hinein. Links hinten vor den Tischen eine Rollbahre, ebenfalls abgedeckt. Darunter zeichnet sich ein unförmiges Bündel ab. Nackte, bleiche Füße schauen heraus. Noch sind Förmlichkeiten zu erledigen. Der Oberarzt und Hofrat Dr. Hans Unterdorfer wird vorgestellt. Was für ein Gegensatz zum Chef! Groß und stämmig, reicht er mir eine feste Hand. Ein gemütliches Gesicht lächelt mir freundlich entgegen. Das sind also die Gerichtsmediziner, über deren Tätigkeit man höchstens scheu munkelt.

Henn gibt einen Wink. Sogleich schweigen alle. Nur im Hintergrund hört man einen Chronometer leise ticken. Unterdorfer und ein Kalfaktor ziehen die Leintücher weg. Es ist genau 8.05 Uhr. Aus einem gerichtsmedizinischen Routinefall wird ein archäologisches Ereignis.

Auf dem Tisch liegt die ziemlich ausgedörrte Mumie eines Mannes. Sie ist bis auf einen seltsamen heugepolsterten Schuh nackt. Daneben liegt ein langer Holzstecken mit einem faserigen Ende. Auf demselben Tisch sind, mit einem grünen Stofflappen unterlegt, weitere Funde ausgebreitet: das Beil mit Knieholm und Metallklinge, eine Steinperle mit einer merkwürdigen Troddel oder Quaste aus gedrehten Fellriemen, der kleine Dolch mit Holzgriff, der »Bleistiftstummel«, eine Art Riementäschchen, ein gelochter Holzstab, ein Lederfetzen und ein nußgroßer Stein. Auf dem anderen Tisch lagern allerlei Rundhölzer und Brettchen, abgerissene Schnüre, Flechtwerk, Haar- und Grasbüschel, zwei baumpilzartige Gebilde, zahlreiche Leder- sowie Fellreste und anderes mehr.

Ich brauche nur einige Sekunden. Das kann jeder Archäologiestudent im ersten Semester. Als mehr oder weniger gut datierbare Gegenstände liegen die Metallklinge des Beils, die Feuersteinklinge des Dolches und ein weiteres Feuersteingerät vor, das aus einem Riß des Riementäschchens herauslugt. Aufgrund ihrer zarten Wasserpatina ist nicht zu erkennen, ob die Beilklinge aus rötlichem Kupfer oder aus goldfarbener Bronze besteht. Wegen der Randleisten tippe ich auf die Frühe Bronzezeit, da 99,9 Prozent aller Randleistenbeile dieser Kulturstufe angehören. Jetzt schon den verschwindend geringen Anteil jungsteinzeitlicher und dann stets kupferner Randleistenbeile ins Kalkül zu ziehen, dürfte allzu gewagt sein.

Also richte ich mich auf und sage: »Rund viertausend Jahre alt.« Da aber das ganze Ensemble schon auf den bloßen Augenschein hin einen ziemlich altertümlichen Eindruck macht, füge ich – etwas leiser – hinzu: »Und wenn sich diese Datierung noch ändert, dann eher zum Älteren hin.« Die Reaktion ist völliger Unglaube. Doch die Spannung beginnt sich bald zu lösen, und rasch setzt die heftigste Diskussion ein, die das Institut für Gerichtliche Medizin wohl je erlebt hat. Das ist aber nur ein höchst bescheidener Anfang. Denn das, was in den nächsten Stunden, Tagen und Nächten auf uns zukommen wird, bleibt unbeschreiblich. Auch wenn ich versuchen werde, diese Vorgänge zu schildern, kann es nur ein kümmerlicher Abklatsch dessen sein, was wirklich geschehen ist. So etwas muß man selbst erlebt haben.

Ein prähistorischer Mann mit voller Ausrüstung, das hat noch nie eines Archäologen Auge, ja überhaupt noch kein Zeitgenosse gesehen. In Zukunft wird Henn bei jeder passenden und unpassenden Gelegenheit schmunzelnd von mir behaupten: »Da klappte ihm der Unterkiefer runter.« Aber alle, die mich kennen, wissen, daß ich seinerzeit im Seziersaal *»wieder meine besonders unbewegte Miene gemacht«* habe, wie die deutsche Wochenzeitschrift »Die Zeit« am 7. August 1992 schreiben wird.

Was war geschehen, und wie sollte es weitergehen?

I. Entdeckung, Bergung, Nachuntersuchungen

1. Donnerstag, 19. September 1991

Das Ehepaar Erika und Helmut Simon wohnt in Nürnberg, der Metropole Frankens. Um die alte Reichsstadt herum, die im Krieg schwer zerstört wurde, breitet sich das flache Nürnberger Land aus, eine Sandbüchse. Helmut Simon arbeitet als Hausmeister in einem öffentlichen Gebäude, seine Frau bei einer Zeitung. Sie sind bescheiden und strahlen Zufriedenheit aus. Es ist ihnen nicht in die Wiege gelegt worden, daß sie dereinst weltweit von den Bildschirmen flimmern werden. Beide sind mittleren Alters. Alle Jahre zieht es sie in die Alpen.

In der Zeit vom 15. bis 23. September 1991 verbringen sie ihren Urlaub in Südtirol. In dem kleinen Feriendorf Unserfrau im Schnalstal haben sie das Quartier aufgeschlagen. Von dort aus ist es nicht weit zu den Gipfeln des Alpenhauptkamms. Wie immer wählen sie ihre Tagestouren sorgfältig aus. Beide sind geübte und erfahrene Bergsteiger. Sie scheuen auch schwierige Routen nicht. Abends will man rechtzeitig zum Übernachtungsort zurückkommen.

Für Mittwoch, den 18. September, steht die Similaunspitze mit 3607 Meter Seehöhe auf dem Programm, eine normale Tagestour mittleren Schwierigkeitsgrades für einen trainierten Alpinisten. Die Simons dürfen sich einiges zutrauen. Sie nehmen eine seltener begangene Route über ein Eisfeld. Dann öffnen sich unversehens breite Gletscherspalten vor ihnen, deren Grund in Düsternis verschwindet. Langwierige Umwege sind erforderlich. Schon scheint die Mittagssonne herab. Der Zeitplan gerät aus den Fugen. Aber wie alle echten Bergsteiger wollen sie ihr Ziel erreichen. Endlich stehen sie auf dem Gipfel. Es ist schon 15.30 Uhr.

Vor Einbruch der Dämmerung ist der Abstieg nicht mehr zu schaffen. Wo ist die nächste Hütte? Sie orientieren sich auf der Wanderkarte. Völlig ungeplant müssen sie in den Bergen übernachten. Bis zur Similaunhütte hinab braucht man rund zwei Stunden. Unterwegs schließt sich ihnen ein österreichisches Bergsteigerpaar an. Es hat dort schon ein Zimmer bestellt. Die Sonne verschwindet gerade hinter dem Grat, als sie die Similaunhütte erreichen.

Am frühen Morgen kündigt sich ein strahlender Tag an. Heute ist Donnerstag, der 19. September 1991. Eigentlich will man hinab zum Parkplatz. Aber bei einem so herrlichen Bergwetter hält es keinen Alpinisten. Die Gipfel locken. Ohnehin ist das Programm völlig durcheinander. Spontan entschließen sich die Simons, die 3516 Meter hohe Finailspitze zu erklettern. Oben angekommen, rasten sie etwa eine Stunde und treten gegen 12.30 Uhr den Abstieg an.

Wieder verlassen sie den markierten Bergpfad und suchen sich eine abseits gelegene Route zur Similaunhütte. Dort haben sie ihr Gepäck zurückgelassen. Sie überqueren ein breites, sanft abfallendes Firnfeld. Es endet an einer kleinen Felskante, hinter der sich eine schmale Felsrinne erstreckt. Die Sohle dieser Mulde ist teils mit Gletschereis, teils mit Schmelzwasser gefüllt. Um ihm auszuweichen, schlagen sie einen Bogen nach links. Es ist 13.30 Uhr.

Später hat uns Helmut Simon ihre Entdeckung wie folgt geschildert: »Aus acht bis zehn Metern Entfernung sehen wir plötzlich etwas Braunes aus dem Eis herausragen. Wir denken zuerst an Unrat, an eine Puppe, denn mittlerweile liegt selbst im Hochgebirge genügend Zivilisationsmüll herum. Als wir näher kommen, meint Erika: ›Das ist ja ein Mensch.‹« Helmut Simon läuft sofort zurück, um das österreichische Ehepaar, von dem sie sich kurz zuvor getrennt hatten, herbeizurufen. Doch es ist schon nicht mehr zu sehen.

Aus dem Eis ragt ein lederbrauner, runder, kahlgeschorener Hinterkopf mit einer talergroßen Verletzung, außerdem sind die Schultern und der Rücken des Menschen sichtbar. Mit der Brust liegt er auf einem Felsen. Das Gesicht ist ins Wasser getaucht. Am Kinn ist es von Schmutz umgeben. Die Arme sieht man nicht, so, als fehlten sie. Erika Simon schließt wegen der zierlichen Proportionen auf den Körper einer Frau.

»Wir denken an einen verunglückten Bergsteiger, sind betroffen und berühren den Leichnam auch nicht. In der Nähe liegt ein blauer Schiclip. Das ist so ein Gummiband, mit dem man die Schier für den Transport zusammenbindet. Wir meinen, das Unglück könnte vor zehn oder zwanzig Jahren geschehen sein. Unweit vor dem Kopf des Toten liegt ein flach zusammengedrücktes, röhrenförmiges, mit Bast, Hanf oder Leder umwickeltes Stück Birkenrinde, das an beiden Enden offen ist. Ich nehme es in die Hand, betrachte es genau und lege es wieder zurück. Wir prägen uns die Position des Leichnams exakt ein und verlassen dann den Fundort. Ich mache noch ein Foto zur Dokumentation, falls man die Stelle durch unsere Beschreibung nicht wiederfinden kann.« Es ist das letzte Bild auf seinem Film: das Foto des Jahres.

Nun haben die Simons noch einen Abstieg von etwa einer Stunde vor sich. Nach zehn Minuten begegnet ihnen ein Wanderer, der den Aufstieg zur Finailspitze beabsichtigt. Man grüßt freundlich. Sie erzählen ihm nichts von ihrem Fund. Lange blicken sie ihm nach. Er hält sich genau an den Bergpfad, so daß er die Leiche wohl nicht zu Gesicht bekommen wird. Nach weiteren zwanzig Minuten kommt ihnen wieder ein Mann entgegen, der sich am Grat verstiegen hat. Auch ihm verraten sie nichts.

Sie erreichen die Similaunhütte gegen 14.30 Uhr. Die Gäste sitzen auf dem Vorplatz, um den Sonnenschein zu genießen. Nur der Wirt, Markus Pirpamer, beschäftigt sich in der Gaststube. Von großem Durst geplagt, mehr aber noch, um sich vom Schreck zu erholen, gehen sie in die Küche und bestellen sich erst einmal ein Bier. Dann fragt Helmut Simon, ob hier jemand vermißt werde. Der Hüttenwirt verneint. Daraufhin berichten die Nürnberger von ihrer Entdeckung. Sofort herrscht helle Aufregung. Markus Pirpamer erkundigt sich genauestens nach der Fundstelle. Er geht sogar mit Helmut Simon vor die Hütte und läßt sich den Weg beschreiben. Einige Touristen werden aufmerksam und fragen, was passiert sei. Die Simons berichten von ihrem Erlebnis unterhalb des Hauslabjochs. Markus Pirpamer versichert, die Gendarmerie zu benachrichtigen.

Die Nürnberger warten noch auf den Rettungshubschrauber. Als er aber nicht kommt, machen sie sich gegen 16.30 Uhr wieder auf den Weg. Sie verbringen noch einige schöne Urlaubstage, bis sie am

Montag, dem 23. September, wieder in ihrer Heimatstadt eintreffen. Da lauern schon die Reporter auf sie.

Markus Pirpamer kennt sich in seinen Bergen aus. Er ist noch jung und hat die Wirtschaft erst vor kurzem von seinem Vater übernommen. Im Sommer hat er alle Hände voll zu tun, doch im Winter, wenn sie im Schnee versinkt, bleibt die Hütte geschlossen. Die Fundstelle soll nahe am Hauptkamm liegen. Jeder Tiroler weiß, daß die ihm aufgezwungene Grenze längs der Wasserscheide verläuft. Aber wer kümmert sich schon im Hochgebirge um den genauen Grenzverlauf. Doch bei einem Leichenfund entstehen Formalitäten. Besser, man ruft sowohl Italiener als auch Österreicher an. Markus Pirpamer informiert die Carabinieri im südtirolerischen Schnals und die Gendarmen im nordtirolerischen Sölden. Die Italiener winken ab, und so gerät der Fall in die Zuständigkeit der Österreicher.

Vorsorglich ruft Markus Pirpamer auch noch seinen Vater Alois Pirpamer an. Dieser ist der Bergrettungsobmann im oberen Ötztal und betreibt zugleich das Hotel »Post« in Vent. Früher war Vent ein kleines Bergbauerndorf. Die Leute hatten ein hartes Leben und ein mühseliges Einkommen. Mit 1893 Meter Seehöhe ist Vent die am höchsten gelegene Dauersiedlung in ganz Tirol. Bei nur vier schneefreien Monaten im Jahr ist der Sommer kurz. Doch heute reicht der Tourismus für eine gesicherte Existenz aus. Zugleich ist Vent der hinterste Ort im Ötztal, der sich noch mit dem Auto erreichen läßt. Von hier aus geht es nur noch zu Fuß – oder mit dem Hubschrauber – weiter in Fels und Eis.

Alois Pirpamer beginnt zu recherchieren, um wen es sich bei dem Verunglückten handeln könnte. Man erinnert sich, daß etwa seit Beginn des Zweiten Weltkrieges der Veroneser Musikprofessor Carlo Capsoni auf dem Weg von der Schönen Aussicht über das Hauslabjoch zur Similaunhütte abgängig ist. Damit scheint die Identität der Gletscherleiche fürs erste geklärt.

Kurz nach dem Abmarsch der Nürnberger rüstet der Hüttenwirt zum Aufbruch und fordert seinen bosnischen Küchengehilfen Blaz Kulis auf, ihn zu begleiten. Nach kurzem Suchen findet Markus Pirpamer die mit dem Oberkörper aus dem Eis ragende Leiche. Unter dem Kinn entdeckt er Fellreste oder Haare. Er denkt an einen

Vollbart. Die Haut macht einen lederartigen Eindruck. Sonst ist sie völlig kahl. Deutlich stehen die Knochen vor. Auch er sieht etwa zwei Meter vom Kopf entfernt das Birkenrindengefäß. Darin befindet sich etwas nasses Heu. Rund fünf Meter weiter spüren die beiden auf einem erhöhten Felssims noch weitere Gegenstände auf: Ein Gerät mit langem Holzgriff, einer Lederriemenumwicklung und einer Metallklinge ähnelt einem Pickel oder Beil. Natürlich denkt der Bergsteiger zuerst an einen Eispickel. Wie will man ohne ein solches Gerät sicher den Gletscher überqueren?

Allerlei Brettchen und Rundhölzer liegen dabei. Markus Pirpamer hält sie für zerbrochene Schneeschuhe, Kulis eher für einen kaputten Rodel. Verstreut finden sich zerrissene Schnüre. In einer Felsspalte sind Haarbüschel und Fellfetzen eingeklemmt, wohl eine Gamshaut. Schräg am Felssims lehnt ein langer, zugespitzter Stock. Er steckt mit dem unteren Ende fest im Eis. Man hebt die losen Stücke auf, betrachtet sie genau und legt sie wieder zurück. Alles ist höchst merkwürdig und rätselhaft. Beide werfen noch einen Blick auf den Toten. Am Rücken weist er schwarze Streifen auf. Sind es vielleicht Brandmale? Etwa eine halbe Stunde halten sich Markus Pirpamer und Kulis an der Fundstelle auf. Auf dem Rückweg begegnet ihnen niemand.

Am selben Nachmittag sitzt der Gendarm Florian Bauernfeind in der tristen Dienststube des Postens in Sölden. Er muß liegengebliebene Protokolle und Berichte aufarbeiten. Es ist 15.10 Uhr, als das Telefon schnarrt. Markus Pirpamer ist am Apparat. Beide kennen sich gut. Bauernfeind nimmt die Meldung vom Leichenfund unterhalb des Hauslabjochs entgegen. In Sölden sei zur Zeit kein Alpingendarm greifbar, um der Sache nachzugehen. Man orientiert sich nach den Angaben Pirpamers anhand einer Alpenvereinskarte. In der Tat, der Fundort liegt nahe der österreichisch-italienischen Staatsgrenze. Also telefoniert der Postenkommandant Helmut Hager erst einmal nach Vent, um nähere Informationen zu erhalten. Er erreicht aber nur Adolfine Pirpamer, die Gattin des Bergrettungsobmanns.

Die Auskünfte sind vage. Von einem gewissen Capsoni ist die Rede. Vorsorglich nimmt Inspektor Hager telefonisch Kontakt mit seinen Kollegen in Imst auf und bittet, Alpingendarmen und Hubschrauber zur Bergung des Toten zu schicken. Der Gendarm Anton Koler nimmt das Gespräch an. Heute sei nichts mehr zu machen, es ist schon später Nachmittag. Aber morgen wird man den Hubschrauber des Innenministeriums schicken. Außerdem ersucht Koler um Übermittlung der offiziellen Anzeige.

Am Posten Sölden findet die abendliche Wachablösung statt. Der Gendarm Helmut Holzknecht schreibt den Bericht und reicht ihn um 19.18 Uhr fernschriftlich nach Imst weiter. Vier Minuten später ist er da. Es handelt sich um dieselbe Mitteilung, die der Gerichtsmediziner Henn vier Tage danach, am Montag, dem 23. September 1991, auf seinem Schreibtisch vorfinden wird:

»alpinereignis = leichenfund am hauslabjoch (niederjochferner) – vorausmeldung. am 19. september 1991 gegen 12.00 uhr haben hochtouristen beim abstieg von der finailspitze im bereich des hauslabjoches (etwas unterhalb davon) am niederjochferner eine halb ausgeaperte leiche, welche fast stehend im eis ist, gefunden. lediglich kopf und schulterbereich schauen aus dem eis heraus. der huettenwirt der similaunhuette, markus pirpamer, hatte darueber dann auf dem gendarmerieposten soelden anzeige erstattet. er selber war am nachmittag beim auffindeort. es handelt sich nach der ausruestung zu schliessen um einen alpinunfall, der schon viele jahre zurueckliegt. wie in vent erfahren werden konnte, ist um das jahr 1938 ein musikprofessor aus verona namens capsoni, der von der schoenen aussicht ueber das hauslabjoch zur similaunhuette unterwegs gewesen war, immer noch abgaengig. die bergung der leiche wird aller voraussicht nach noch am 20.09. 1991 erfolgen. ein weiterer bericht wird vorgelegt werden.«

Koler nimmt noch mit der Flugeinsatzstelle in Innsbruck Verbindung auf. Der Bergungsflug wird für den folgenden Tag vereinbart.

Damit geht dieser Tag seinem Ende entgegen. Markus Pirpamer bedient die Gäste in seiner Hütte. In Sölden verrichten die Gendarmen ihren Nachtdienst. Alois Pirpamer läßt das Speisezimmer seines Hotels für das Frühstück herrichten. Die Simons sind auf dem Weg zu ihrem Quartier in Unserfrau. Keiner spricht mehr von dem

Fall. Doch am Abend klingelt gegen 21.00 Uhr noch einmal das Telefon im Gendarmerieposten Sölden. Die Carabinieri in Schnals fragen an, ob man vom Leichenfund Bescheid wisse, und erfahren, daß die ersten Maßnahmen bereits eingeleitet worden seien. So geht alles seinen gewohnten und in der Fundsache seinen ordnungsgemäßen Weg.

2. Freitag, 20. September 1991

Hartnäckig haben mich die Reporter später immer wieder gefragt, was ich empfunden und gedacht hätte, als ich den Mann aus dem Eis zum erstenmal auf dem Seziertisch der Gerichtsmedizin sah. Bei meiner Suche nach einer originellen Antwort äußerte ich einmal leichtfertig: »So ähnlich wie mir damals muß es wohl dem britischen Archäologen Howard Carter ergangen sein, als er im Grab des Tut-ench-Amun den Deckel des Sarkophags öffnete und in das goldene Antlitz des Pharaonen blickte.« Die Medien griffen diese Bemerkung begeistert auf. Nur stimmt sie leider nicht, wie ich zugeben muß. Ich habe an gar nichts gedacht. Nur eines war mir sofort klar: Auf uns würde viel Arbeit zukommen.

Im September 1991 war die Archäologie Tirols nahezu verwaist, da alle Kollegen entweder im Urlaub oder auf Forschungsreisen waren. Im Innsbrucker Institut befanden sich außer mir nur der Assistent Dr. Gerhard Tomedi, die Sekretärin Julia Tschugg und kaum eine Handvoll Studenten. Wir hatten vor ein paar Tagen eine siebenwöchige Grabungskampagne im Pustertal beendet und uns noch kaum erholt. Schwierige Restaurierungsarbeiten am Glasurmühlengebäude einer neuzeitlichen Hafnerei hatten uns beschäftigt. Die letzte Glasurmühle in den Alpen war dem drohenden Abriß entgangen. Wir hatten sie wiederhergestellt und als seltenes Zeugnis einer alten tirolerischen Handwerkstradition der Nachwelt erhalten. In Kürze sollte die Einweihung stattfinden.

Elisabeth Zissernig arbeitete zusammen mit unserem Grabungstechniker Gerhard Sommer und dem Zeichner Michael Schick auf einer archäologischen Untersuchung am Rennweg im Innsbrucker Altstadtkern. Sechs Meter tief hatten sie sich schon in die Geschichte der Stadt hinabgegraben. Die Grabung mußte unbedingt noch vor Wintereinbruch abgeschlossen werden, da der Neubau einer Tiefgarage für das Kongreßzentrum davon abhing. Diese Archäologen waren deshalb kaum abkömmlich.

In einer Woche würde das Wintersemester beginnen. Wir hatten uns viel vorgenommen. Nächstes Jahr wollten wir das fünfzigjährige Bestehen unseres Instituts feiern. Wir bereiteten eine Festschrift vor und planten ein Symposium.

Dann begegnete uns am 24. September 1991 der Mann aus dem Eis. Weder institutionell noch personell, noch finanziell war jemand darauf vorbereitet. Die Infrastruktur für eines der größen interdisziplinären Forschungsprojekte, das jemals in Österreich und vielleicht auch darüber hinaus gestartet worden war, mußte aus bescheidensten Anfängen aufgebaut werden.

Schon bald brachten wir in Erfahrung, daß der Mann bereits vier Tage lang im Eis des Hauslabjochs zu sehen gewesen war; viele Leute waren in der Zeit zwischen Entdeckung und Bergung am Fundplatz gewesen. Man habe gepickelt und andere Aktivitäten entwickelt, Fotos existierten, und sogar Ausrüstungsgegenstände sollen verschwunden sein. Klare Auskünfte waren nirgends zu erhalten, aber an Gerüchten herrschte kein Mangel. Neben den vielen Aufgaben, die in diesen Stunden auf uns zukamen, war eine unumgänglich: Die Geschehnisse am Fundplatz mußten bis ins kleinste aufgeklärt werden.

Die Archäologin Elisabeth Zissernig wurde daher von der Rennweggrabung abgezogen. Sie übernahm es, alle Personen ausfindig zu machen, die vom Zeitpunkt der Entdeckung der Gletschermumie bis zum Beginn der offiziellen Bergung am Montag, dem 23. September 1991, 12.37 Uhr, die Felsrinne aufgesucht hatten. Es war eine mühsame Tätigkeit, die über ein halbes Jahr in Anspruch nehmen sollte. Ein Mosaiksteinchen fügte sich zum anderen. Sie fragte Gewährsleute nach den Namen der Beteiligten. Sie sah die Gästebücher der Berghütten durch und vereinbarte Termine. Zeugenaussagen paßten nicht zueinander. Widersprüche waren zu beseitigen. Einzelne Besucher hielten sich bereits im Ausland auf, einer sogar in Argentinien. Andere zeigten sich recht zurückhaltend. Insgesamt kristallisierten sich die Ereignisse immer schärfer heraus. Unstimmigkeiten ließen sich beseitigen. Schließlich füllten die Recherchen zwei Aktenordner. Aus alledem ergibt sich folgendes, in manchem abenteuerliches, teilweise abstruses, im ganzen aber folgerichtiges Bild, das für die Rekonstruktion des archäologischen Befundes die maßgebliche Grundlage bietet.

In den vier Tagen vor der amtlichen Bergung besuchten insgesamt zweiundzwanzig Leute zum Teil mehrfach die Fundstelle. Es ist nicht auszuschließen, daß damals noch die eine oder andere Person dort gewesen war, doch liegen dafür keinerlei konkrete Anhaltspunkte vor. Bei dem hohen Bekanntheitsgrad, den der Mumienfund später erlangte, gehen wir davon aus, daß sich solche Leute entweder von sich aus gemeldet hätten oder von anderen beobachtet worden wären und Frau Zissernig auf diese Weise Mitteilung davon erhalten hätte, denn so unübersichtlich sind die Bergpfade in der Fundregion nun auch wieder nicht. Es ist also festzuhalten, daß der genannte Personenkreis mit einiger Sicherheit vollständig erfaßt ist. Nicht mit eingeschlossen sind übrigens jene Männer, die zusammen mit Professor Henn beziehungsweise nach Ankunft des Gerichtsmediziners am Fundplatz eingetroffen waren.

Von neunzehn Personen erhielt Frau Zissernig in persönlichen Gesprächen Informationen. Zwei Männer, Ossvald Lubomir und Anton Matthis, teilten ihre Aktivitäten und Wahrnehmungen schriftlich mit. Nur der Tonassistent Nicolas de la Cruz war nicht zu interviewen, da er sich kurze Zeit später bereits in Südamerika aufhielt. Diese Lücke konnte aber insofern verschmerzt werden, als sich sein Begleiter, der Kameramann Fulvio Mariani, ausführlich befragen ließ. Ohnehin hatten die beiden die Leiche selbst nicht gesehen.

Die Motivationen zum Aufsuchen der Fundstelle waren unterschiedlich. Sie reichten vom bloßen Zufall über Neugier bis zu halbamtlichen und offiziellen Bergungsaufträgen. Abgesehen von dem Filmstreifen, den das Fernsehteam des Österreichischen Rundfunks (ORF) während der Hennschen Bergung aufnahm, wurden gleichzeitig und in den Tagen zuvor, angefangen vom sensationellen Erstfoto der Simons, zahlreiche Farbbilder, Diapositive und Schwarzweißaufnahmen angefertigt. Diese stehen uns vollzählig zur Verfügung und bilden kostbare Requisiten zur Rekonstruktion des archäologischen Befundes. Ich glaube, niemals zuvor wurden derart gründliche Erhebungen zur Aufhellung eines prähistorischen Ereignisses durchgeführt, wie es in diesem Fall geschehen ist und geschehen mußte.

Doch was geschah nach der Entdeckung der Leiche durch das Ehepaar Simon und der ersten Ortsbesichtigung durch Markus Pirpamer und Blaz Kulis? Nur zögernd entwickelte sich »die Leichensache«, wie sie in der Sprache der Juristen heißt, zum archäologischen Jahrhundertspektakel.

In der Nacht vom 19. auf den 20. September 1991 erfolgt ein Wettersturz. Am Freitag morgen, dem 20. September 1991, ist der Himmel wolkenverhangen. Nebelschwaden ziehen durch die Berge. Der Wind frischt auf. Sturmböen peitschen die Gipfel. Nicht gerade Hubschrauberwetter, aber die Piloten sind Schlimmeres gewöhnt. Im Laufe des Vormittags beruhigt sich die Wetterlage ein wenig. Gegen 11.00 Uhr erhält der Pilot Hermann Steiner den Auftrag, den Hubschrauber fertig zu machen. Der Gendarm und Flugretter Josef Leitgeb soll mitfliegen. Sie starten um 12.35 Uhr ab Innsbruck Flughafen in Richtung Ötztal.

In seiner Eigenschaft als Leiter der Alpinen Einsatzgruppe in Imst begibt sich auch Koler auf die Fahrt nach Sölden, wo er gegen Mittag eintrifft. Gemeinsam mit seinen Kollegen Sieghart Schöpf und Bernhard Gruber setzt er den Weg nach Vent fort. Zuvor hat Schöpf noch den lokalen Bestattungsunternehmer Anton Klocker aus Längenfeld verständigt, er möge mit einem Sarg zum Landeplatz kommen. Ebenso wird der örtliche Sprengelarzt, Dr. Edgar Wutscher aus Sölden, benachrichtigt, damit er den Totenschein ausstellt. Um 13.04 Uhr setzt der Hubschrauber auf. Wegen der Gewichtsprobleme in diesen Höhen werden die Tragbahre und anderes ausgeladen. Leitgeb bleibt ebenfalls zurück. Es kann ohnehin nur einer mit dem Preßluftmeißel arbeiten. Koler steigt zu, und eine Minute später hebt die Maschine wieder ab. Die Zurückgebliebenen warten. Klocker stößt mit seinem Sarg hinzu. Auch Alois Pirpamer kommt von seinem nahe gelegenen Hotel herbei.

Für die Freilegung und Bergung von Gletscherleichen ist in Österreich zunächst die Gendarmerie und – gegebenenfalls – in Personalunion die Flugrettung zuständig. Wenn kein Verdacht auf Fremdverschulden besteht und der Tote identifizierbar ist, stellt der Sprengelarzt den Totenschein unter Angabe der Todesursache aus. Dann erst kann die Leiche den Angehörigen, die auch die Kosten zu tragen haben, zur Bestattung freigegeben werden. Entsteht indes während der Feststellungen vor Ort der Verdacht auf Fremdverschulden oder läßt sich die aufgefundene Person nicht ohne weiteres identifizieren, so ist die Staatsanwaltschaft einzuschalten. Diese veranlaßt dann weitere Maßnahmen. In aller Regel ordnet sie eine gerichtsmedizinische Untersuchung an. Außerdem wird die Kriminalabteilung der Landesgendarmerie mit Erhebungen beauftragt.

Obwohl die prähistorische Bedeutung des Fundes am Hauslabjoch nur allmählich erkannt wird, ist es vielleicht schon jetzt angebracht, einen Blick in das Denkmalschutzgesetz zu werfen. Wie viele andere Länder besitzt auch Österreich ein solches. Es verpflichtet zur Meldung bisher verborgen gewesener Denkmäler und droht in Fällen der Mißachtung Sanktionen an. Ausdrücklich betont das Gesetz, daß die »*Bundesgendarmerie ... ohne Verzug die Bezirksverwaltungsbehörde, diese das Bundesdenkmalamt von dem Fund in Kenntnis zu setzen*« hätten.

Aber an jenem Freitagmorgen, einen Tag nach der Entdeckung, denkt noch kein Mensch an einen Denkmalcharakter der Leiche. Nach Lage der Dinge schließt man auf einen Bergunfall des 20. Jahrhunderts. Capsoni ist im Gespräch. Insofern handelt die Behörde völlig korrekt, wenn sie die Freilegung und Bergung der Leiche veranlaßt. Da der Tote in unwegsamem Gelände auf 3210 Meter Seehöhe liegt, muß der Bergungstrupp mit dem Hubschrauber anfliegen. Dieser hat auch die erste Teilstrecke des Leichentransports, vom Hauslabjoch bis Vent, zu bewerkstelligen. In Österreich dürfen nur amtlich bestallte Bestattungsunternehmer Leichen befördern, ein Privileg, auf dessen Einhaltung die Beerdigungsfirmen sorgfältig achten. Deshalb richtet Klocker auch einen schönen Fichtenholzsarg her. Nicht gerade das teuerste Modell, aber immerhin würdig mit eingeschnitzten Palmzweigen versehen.

Der Pilot hat Mühe, die Felsrinne am Hauslabjoch zu finden. Zwar wird es in den folgenden Tagen der am meisten frequentierte Hubschrauberlandeplatz in den Alpen werden, doch heute muß er noch den Hüttenwirt herbeifunken, um sich am Fundplatz einweisen zu lassen. Wieder steigt Markus Pirpamer zur Fundstelle hinauf. Hochgewachsen, wirkt er eher schlaksig. Behende erklimmt er die Klippen und trifft gleichzeitig mit dem Hubschrauber um 13.16 Uhr dort ein. Koler steigt aus. Wegen der unsicheren Wetterlage – von Süden her zieht Nebel auf, und auch der Wind frischt auf – verläßt Steiner die Maschine nicht und startet gleich in Richtung Martin-Busch-Hütte. Dort will er den Ausgang des Unternehmens abwarten.

Mit dem Schrämhammer und einem Leichensack begeben sich Markus Pirpamer und Koler zur Leiche. Der von der Bergrettung verwendete Schrämhammer sieht wie eine Pistole aus, auf deren »Lauf« ein Meißel gesetzt ist. Er wird mit Preßluft aus einer Gasflasche angetrieben. Der Gendarm macht zuerst ein Situationsfoto. Auf diesem Bild erkennt man, daß der Tote in den seit der Entdekkung am Vortag vergangenen vierundzwanzig Stunden mindestens weitere zehn Zentimeter aus dem Eis geapert ist. Warum es in jenen späten Septembertagen zu dieser rasanten Gletscherschmelze kommt, werde ich noch schildern. Zurückgerechnet bedeutet dies jedenfalls, daß das Eis die Leiche rund drei Tage vor ihrer Auffindung freizugeben begonnen hatte. Auf demselben Foto erkennt man auch das zu diesem Zeitpunkt noch nicht zertretene Birkenrindengefäß vor dem Kopf des Toten.

Koler, als Gendarm manches gewöhnt, ist tief beeindruckt: »Aus dem Eis ragen ein braungebrannter kahlgeschorener Kopf, der Nacken und die Schultern eines Menschen. Die Haut zeigt sich vollkommen lederartig. Ganz im Gegensatz zu anderen Gletscherleichen verbreitet diese keinerlei Geruch. Der Tote liegt mit dem Gesicht nach unten auf einem Felsen. Ringsum bildet das Schmelzwasser einen kleinen See.« Mit diesen Worten wird Koler sechs Wochen später sein Erlebnis unserer Mitarbeiterin Zissernig schildern.

Mit dem Meißel muß teilweise auch unter Wasser gearbeitet werden. Immer wieder rutscht der Schrämhammer ab und fährt ins Fleisch der Leiche, besonders an der linken Hüfte und am linken Oberschenkel. Dann räumt man Steine weg, um das Schmelzwasser abzuleiten. Aber es fließt ständig nach. Markus Pirpamer und Koler lösen einander ab. Nach gut einer halben Stunde geht dem Gerät die

Luft aus. Der Körper ist nur zur Hälfte freigelegt. Die Arme ragen nach rechts. Einer davon läßt sich trotz kräftigen Ziehens nicht aus dem Eis befreien. Die Zeit drängt, denn Hubschrauber kosten Geld. Außerdem ist jeder weitere Versuch ohne geeignetes Werkzeug zwecklos. Man stimmt überein, die Bergung abzubrechen. Das Wetter verschlechtert sich zusehends.

Koler klettert aus der Mulde, um zu funken. Er teilt dem Piloten mit, daß es an diesem Tag unmöglich ist, die Leiche freizulegen. Man möge ihn abholen. Jetzt hat er Gelegenheit, sich umzuschauen und noch ein paar Fotos zu machen. Nachdenklich betrachtet er das Beil am Felssims. Das ist sicher schon hundert Jahre alt, denkt er. Dann kann es nicht Capsoni sein. Er beschließt, diesen merkwürdigen Pickel als Beweis mitzunehmen, daß der Tote am Hauslabjoch wohl doch nicht mit dem verschollenen Veroneser Musikprofessor identisch ist. Der Entschluß zeitigt fatale Folgen, denn mit dem Beil ist der vorerst einzige datierbare Gegenstand für die folgenden Tage der Untersuchung entzogen.

Der Hubschrauber trifft ein. Koler kriecht hinein. Markus Pirpamer geht zu Fuß zur Hütte zurück. Um 14.50 Uhr erfolgt die Landung in Vent. Verständlicherweise erregt das mitgebrachte Beil bei den versammelten Schaulustigen erhebliches Aufsehen. Man einigt sich auf einen »seltsamen Pickel«. Alois Pirpamer möchte es gern für die »Bergführerecke« in seinem Hotel »Post« übernehmen. Klocker meint, das Heimatmuseum in Längenfeld sei der richtige Platz. Doch Koler übergibt es korrekterweise seinem Kollegen Schöpf, der es zum Gendarmerieposten nach Sölden bringt, da es vorläufig Staatseigentum ist. Dann startet der Hubschrauber wieder in Richtung Innsbruck. Man trennt sich. Koler fährt mit dem Dienstwagen zurück. Klocker, der eigentlich einen gewissen Herrn Capsoni mitnehmen wollte, zieht unverrichteter Dinge von dannen.

Natürlich schwirren Gerüchte umher. Die Leiche trage am Rükken Brandmale. Am Kopf befinde sich eine Platzwunde. Es heißt sogar, der Tote sei gefesselt. Außerdem sind Zweifel an der Identität mit Capsoni entstanden. Am Posten angekommen, kümmert sich Schöpf zunächst um das Beil und deponiert es im Luftschutzkeller. Dann setzt er sich an den Fernschreiber und verfaßt den Bericht für seine vorgesetzte Dienststelle in Imst:

»alpinereignis = leichenfund am hauslabjoch (niederjochferner) – nachtrag. am 20. 9. 1991 wurde bezirksinspektor koler vom gendarmerieposten imst mit dem hubschrauber des bundesministeriums für inneres zum hauslabjoch geflogen, um die bergung der leiche durchzufuehren. aufgrund widriger wetterverhaeltnisse musste die bergungsaktion fruehzeitig abgebrochen werden. die leiche konnte nur bis zum hueftbereich aus dem eis befreit werden. die indentität des toten konnte bisher nicht festgestellt werden. aufgrund der gegenstaende, die bei der leiche gefunden wurden, kann angenommen werden, dass sich der unfall bereits im 19. jahrhundert ereignet haben duerfte. laut mitteilung des bergrettungsobmannes aus vent, alois pirpamer, duerfte es sich nicht um capsoni aus verona handeln, da dieser bereits in frueheren jahren geborgen wurde. bei entsprechenden witterungsverhaeltnissen wird die bergung fortgesetzt bzw. abgeschlossen. bei bekanntwerden weiterer einzelheiten wird wiederum ein bericht vorgelegt werden.«

Um 15.52 Uhr geht das Ermittlungsergebnis nach Imst. Auch diesen Bericht wird der Gerichtsmediziner drei Tage später – es liegt das Wochenende dazwischen – auf seinem Schreibtisch vorfinden. Pflichtgemäß tut Schöpf ein übriges. Er macht fernmündlich um 16.10 Uhr dem Staatsanwalt Dr. Robert Wallner vom Landesgericht Innsbruck eine Anzeige über den Vorfall. Auf diese Weise entwickelt sich parallel zu den Geschehnissen am Fundplatz eine strafgerichtliche Untersuchung. Entsprechend den Bestimmungen der Strafprozeßordnung wird unter der Nummer ST 13 UT 6407/91 eine Akte angelegt. Die Strafsache richtet sich gegen U. T. (unbekannte Täter). Der für den Buchstaben U zuständige Untersuchungsrichter, Dr. Günther Böhler, wird mit dem Fall befaßt. Vorerst geschieht aber am Landesgericht nichts weiter. Es ist Freitagabend, und das Wochenende beginnt.

Spät am Nachmittag steigt der Leiter der Bergrettungsstelle in Vent, Alois Pirpamer, zur Similaunhütte auf. Er will sich von seinem Sohn, dem Hüttenwirt, berichten lassen und am nächsten Morgen die Leiche selbst besichtigen. So geht ein aufregender Tag seinem Ende entgegen. Derweil sitzt der weltberühmte Südtiroler

Extrembergsteiger Reinhold Messner zusammen mit seinem Seilgefährten Hans Kammerlander in der Weißkogelhütte beim Abendbrot. Ihr nächstes Etappenziel ist die Route über das Hauslabjoch zur Similaunhütte.

3. Samstag, 21. September 1991

Schon bevor das Beil hinter der schweren stählernen Sicherheitstür des Luftschutzbunkers unter dem Gendarmeriegebäude in Sölden für die nächsten Tage verschwand, hatten es zahlreiche Personen gesehen. Holzgriffe dieser Art liegen aus vielen prähistorischen Pfahlbauten des zirkumalpinen Raumes vor. Ähnliche Pickel mit der charakteristischen Knieholmschäftung sind gerade in Österreich aus den eisenzeitlichen Salzbergwerken Hallstatts und Halleins geläufig. Sie sollten eigentlich über den engeren Kreis der Fachwissenschaftler hinaus bekannt sein. Dennoch kam keiner der Betrachter auf die Idee, daß es sich bei dem Beil vom Hauslabjoch um einen vorgeschichtlichen Gegenstand handeln könnte und deshalb zuallererst gesetzliche Meldepflicht an das Denkmalamt bestanden hätte.

Als Schöpf die Anzeige erstattete, hatte der Staatsanwalt die Gendarmen in Sölden aufgefordert, »*die Leiche nach ihrer Bergung (einschließlich der aufgefundenen Sachen) in das Institut für gerichtliche Medizin überzuführen und die Leiche zu untersuchen. Ein Obduktionsauftrag wurde nicht erteilt.*« So ist es im Gendarmeriebericht zu lesen.

In den Bergen hilft man sich gegenseitig. Also fühlt sich auch die Bergrettung betroffen. In der Hütte beginnt der Betrieb schon vor Tagesanbruch. Vater und Sohn Pirpamer frühstücken vorher noch rasch. In der Saison sehen sie sich selten. Markus Pirpamer berichtet vom Vortag. Heute soll die Bergung weitergehen. Der Sohn bleibt zurück. Kurz nach 7.00 Uhr macht sich Alois Pirpamer zum Aufstieg fertig. Er hat sein Leben in den Bergen verbracht. Das volle, schneeweiße Haar umrahmt ein schmales, feines Gesicht. Mit leichten, sicheren Schritten schlägt er den Pfad zum Hauslabjoch ein.

Er findet alles so vor, wie es ihm sein Sohn beschrieben hat. Er sieht den lederbraunen, nackten Leichnam bäuchlings im Eis liegen. Das Wasser ist über Nacht gefroren. Schräg am Felsen lehnt ein brauner, bearbeiteter Stock. Der Versuch, ihn herauszuziehen, mißlingt. Auch die übrigen herumliegenden Fellreste und Holzteile nimmt er in die Hand, betrachtet sie interessiert und legt sie wieder hin. Nach etwa einer halben Stunde Aufenthalt tritt er den Rückweg zur Similaunhütte an.

An diesem Samstag, dem 21. September 1991, so glaubt sich Alois Pirpamer zu erinnern, soll ein Tagesgast Fotos von der Gletschermumie in der Hütte gezeigt haben. Er habe sie zuvor mit der Polaroidkamera aufgenommen. Danach stieg er wieder auf der Südtiroler Seite zum Schnalstal ab. Wir sind uns nicht sicher, ob es sich dabei um eine Verwechslung mit anderen Besuchern der Fundstelle handelt, die von uns ausfindig gemacht wurden. Sollte indes dieser Mann tatsächlich existieren, so richten wir hiermit den Aufruf an ihn, sich bei uns zu melden und uns nach Möglichkeit seine Bilder zur Verfügung zu stellen.

Später am Vormittag trifft ein Anruf des Gendarmeriepostens in Sölden auf der Similaunhütte ein. Es wird mitgeteilt, daß die Bergung an diesem Tag nicht fortgesetzt werden könne, da kein Hubschrauber zur Verfügung stehe. Die Maschinen werden am Wochenende für Bergunglücke und Verkehrsunfälle nötiger gebraucht.

»Außerdem bestand«, so ließ uns der Pilot Anton Prodinger von der Flugeinsatzstelle am Innsbrucker Flughafen wissen, »keine Dringlichkeit. Man nahm ja an, daß es sich um eine normale Gletscherleiche handele. Es wurde von keiner Seite zwingend gefordert, den Einsatz zu forcieren.«

Deshalb steigen Markus Pirpamer und der Küchengehilfe Kulis erneut zum Hauslabjoch auf. Sie wollen den Leichnam abdecken, um ihn vor den zu erwartenden Wochenendtouristen zu schützen. Er liegt ja ziemlich nahe am markierten Pfad. Zwar werden die Bergwanderer aus begreiflichen Gründen immer wieder nachdrücklich aufgefordert, niemals die offiziellen Routen zu verlassen, aber viele – wie zum Beispiel die Simons – halten sich nicht daran.

Als Folge der hohen Temperaturen ist der Schmelzwassersee um den Toten wieder stark angestiegen. Die beiden pickeln das Eis rund um die Gletschermumie auf, um das Wasser abzuleiten. Der Hüttenwirt deckt die Leiche mit einem aufgeschnittenen Plastikmüllsack ab. Sie häufen Schnee darauf, damit die Leiche in der Stauhitze unter der Folie nicht zu faulen anfängt. Das Ganze dauert nur zehn Minuten.

Auf dem Rückweg finden die beiden in der nächsten eisfreien Mulde, rund zwanzig Meter südlich des Leichenfundplatzes, ein Stück Birkenrinde. Es ist gut handtellergroß und weist am Rand Löcher auf. Markus Pirpamer steckt es ein und nimmt es mit hinab zur Hütte.

Blaz Kulis hat noch einen Kollegen, den aus der Slowakei stammenden Jungkoch Osvald Lubomir. Der Küchengehilfe berichtet ihm von der Leiche und will sie ihm zeigen. Also steigen sie hinauf. Sie finden alles unberührt vor. Doch dem Koch genügt bereits der Anblick der schneebedeckten Plastikhülle, und die beiden treten, ohne irgendwelche Aktivitäten zu entwickeln, den Rückweg an.

Kurz danach, um 11.45 Uhr, ruft der Brigadiere Herbert Niederkofler von den Carabinieri in Schnals beim Gendarmerieposten in Sölden an. Er bestätigt die Aussage von Alois Pirpamer, daß Capsoni bereits 1952 geborgen und in Unserfrau, wo sein Grabmal noch heute auf dem Friedhof zu sehen ist, beerdigt wurde. Damit steht der Veroneser Musikprofessor für eine Identifizierung mit dem Toten vom Hauslabjoch endgültig nicht mehr zur Verfügung.

Carlo Capsoni kam am 11. März 1903 als Sohn des Giovanni und der Maraja Ermenegilda Capsoni in Verona zur Welt. Zuletzt war er in Piacenza ansässig gewesen. Am 25. August 1941 stieg er zum Hochjoch auf. Er hinterließ, daß er allein über die Schöne Aussicht zur Similaunhütte wandern wolle. Man hat nie wieder etwas von ihm gehört. Am 8. August 1952 gegen 17.00 Uhr fanden Bergsteiger seine Leiche im Gletschereis am Hochjoch in der Nähe des Rasthauses »Zur Schönen Aussicht«. Man hat seine sterbliche Hülle auf dem Friedhof von Unserfrau im Schnalstal begraben. Daß die Simons im selben Ort ihr Urlaubsquartier bezogen hatten, von dem aus sie den viele Jahrtausende früher verunglückten Gletschermann entdeckten, ist purer Zufall. Capsoni hingegen ruhte nur elf Jahre im Eis.

Inzwischen plagt Lubomir dann doch die Neugier. Gegen 15.00 Uhr geht er allein zum Hauslabjoch. Diesmal ist er mutiger. Er hebt ein wenig die Plane – wahrhaftig, da liegt ein Toter. Erschüttert verläßt der Jungkoch nach etwa zehn Minuten den Ort des Geschehens.

Zur gleichen Zeit treffen Messner und Kammerlander zusammen mit ihrem Bergführer Kurt Fritz wie geplant auf der Similaunhütte ein. Sie sind dort mit dem Ötztaler Volkskundler Dr. Hans Haid und seiner Frau, der Volksmusikforscherin Gerlinde Haid, verabredet. Hans Haid will Messner von legendären Kultstätten im Ötztal erzählen. In der Gaststube ist natürlich der Mann im Eis Tagesgespräch. Markus Pirpamer zeichnet aus der Erinnerung das am Vortag nach Sölden verbrachte Beil auf. Messner insistiert: »Das Beil selbst ist aus Eisen und ohne Loch?« Markus Pirpamer bejaht. »Dann ist es mindestens fünfhundert, wenn nicht gar dreitausend Jahre alt und ein bedeutender archäologischer Fund.« Wie recht wird er behalten!

Die im Zuge der wissenschaftlichen Untersuchungen am Beil vom Hauslabjoch durchgeführten Metallanaylsen ergaben, daß die Klinge aus fast reinem Kupfer besteht. Die anfängliche Einschätzung, sie bestehe aus Eisen, ist verständlich. Gegenstände aus Kupfer, aber auch aus Bronze bilden, wenn sie längere Zeit in feuchtem Milieu lagern, eine sogenannte Wasserpatina. Diese zeigt sich in der Regel als hauchdünne Schicht von bräunlicher, manchmal auch rostfarbener und nur selten grünlicher Farbe auf dem Metall. Vorgeschichtliche Gewässerfunde sind nicht allzu häufig. Ein prähistorisches Beil aus dem Gletschereis hat es vor dem Fund am Hauslabjoch noch nie gegeben. Ungleich öfter liegen indes Funde aus Kupfer oder dessen Legierungen vor, die in mineralischen Böden entdeckt werden. Diese tragen dann meist einen dicken, giftgrünen Überzug, mitunter Edelpatina genannt. Ein solches übliches Aussehen prägt das Bild prähistorischer Artefakte sicherlich auch in der Allgemeinheit. Die Konfrontation mit den aus jedem Rahmen fallenden Funden am Hauslabjoch bewirkte nicht zuletzt, daß sich die Vertreter der mit der Leichensache befaßten Behörden äußerste Zurückhaltung auferlegten. Nur Messner war der Wahrheit nähergekommen.

Dann zeigt Markus Pirpamer das Birkenrindenstück vom Vormittag. Die Diskussion ist nur kurz. Sie wollen diese geheimnisvolle

Fundstelle aufsuchen. Gemeinsam brechen die drei Bergsteiger und das Ehepaar auf. Messner, Kammerlander und Fritz wählen eine Abkürzung über eine Geröllhalde und benötigen nur eine halbe Stunde. Hans Haid trifft erst eine Viertelstunde später ein. Gerlinde Haid gerät in nicht ungefährlichen Nebel und braucht eine halbe Stunde länger. Man hat also die alte Faustregel, nach der in den Bergen der Schwächste das Tempo bestimmt, in diesem Fall etwas nuanciert.

Messner und Kammerlander ziehen die Plastikfolie zur Seite. Vor ihnen ragt der Tote aus dem Eis und Wasser. Durch das Schmelzwasser hindurch erkennen sie, daß der Mann an den Beinen eine Art Hose trägt. Deshalb, und um nach weiteren Ausrüstungsteilen zu suchen, schlagen sie das Eis um das Gesäß herum und entlang der Oberschenkel weiter auf. Messner benutzt einen Schistock. Kammerlander hat nichts Geeignetes zur Hand und nimmt deshalb ein herumliegendes Stück Holz zu Hilfe. Erst später erkennt man, daß es sich dabei um den dünneren Arm des Rahmenwerks jener Rükkentrage handelt, auf der vor über fünftausend Jahren der Mann seine Habseligkeiten zum Hauslabjoch geschleppt hatte. Immer noch leistet die Haselrute gute Dienste. Das Birkenrindengefäß samt Inhalt ist zu diesem Zeitpunkt bereits zertreten. Der Bergführer Kurt Fritz beobachtet dabei »verwelktes Laub, bei dem die Äderung noch genau zu erkennen war«.

Dieses Laub konnte von unseren Botanikern später als Blätter des Spitzahorns (*Acer platanoides*) bestimmt werden. Zugleich bemerkten sie, daß an diesen Blättern zahlreiche Holzkohleflitterchen hafteten. Damit war der entscheidende Hinweis auf die Funktion des Birkenrindengefäßes als Glutbehälter gegeben. Jäger- und Sammlervölker, aber auch Nomaden pflegen, wenn sie ihr Lager abbrechen, etwas Glut vom Herdfeuer mitzunehmen. Man wickelt die Kohlebrocken in frische Blätter oder Gras ein. Das Ganze findet Platz in einem Behälter aus Holz oder Keramik. Auch ein Lederbeutel, ein Korb oder wie in unserem Fall ein Rindengefäß erfüllen den Zweck. So glimmt die Glut lange Zeit weiter. Selbst in unseren Tagen schlägt die Hausfrau ein Brikett in nasses Zeitungspapier ein und schiebt es in den Kachelofen. Dann ist am nächsten Morgen das Feuer schnell entfacht.

Die Besucher am Hauslabjoch bemühen sich, den Bogen aus dem Eis herauszuziehen. Man hackt ein etwa zwanzig Zentimeter tiefes, trichterförmiges Loch um das untere Ende des Stabes. Aber der Gletscher gibt ihn nicht frei. Der Versuch wird aufgegeben, zumal ständig Schmelzwasser nachfließt.

Auch mit der Leiche selbst beschäftigt man sich. Die lederartige Beinbekleidung wird betrachtet. Man erkennt sogar feine Nähte. Fritz greift in das Wasser und zupft ein Stückchen Leder ab. Ein Fuß ist ebenfalls mit Leder umwickelt, aus dem Heu herausquillt. Messner denkt an das Schuhwerk der Lappen. Dann hebt Fritz den Kopf des Toten an, so daß nun zum erstenmal das Antlitz des Mannes im Eis sichtbar wird. Es wirkt verdrückt. Dabei entdeckt man unter Hals und Brust ein mattenartiges Gebilde, das an dem Steinblock, auf dem der Oberkörper ruht, angefroren ist.

Dieses Grasgeflecht konnte bei der ersten archäologischen Nachuntersuchung Anfang Oktober 1991 wiedergefunden werden. Erst danach ließ sich die genaue Lage des Leichnams im Fundgelände feststellen. Die sogenannte Matte bildet den Teil eines Stroh- oder besser Grasmantels, in den sich der Mann gegen die Unbilden der Witterung eingehüllt hatte. Bis in unser Jahrhundert hinein nutzten vor allem Hirtenvölker solche Stroh- oder Binsenmäntel als Schutz vor Kälte und Nässe.

Bei der Leiche findet man im Schmelzwassertümpel treibend ein knapp zwanzig Zentimeter langes Holzstück. Es ist in regelmäßigen Abständen gelocht. Man denkt an eine Flöte. Aber die Volksmusikforscherin Gerlinde Haid kann diesen Irrtum korrigieren. In Wirklichkeit handelt es sich um einen ausgebrochenen Teil der Köcherversteifung. Die Tatsache, daß das Fragment nicht beim Köcher, sondern direkt bei dem Toten gefunden wurde, gibt wichtige Hinweise zu dem Drama, das sich damals, vor über fünftausend Jahren, nahe dem Alpenhauptkamm abgespielt hat. Wir werden darauf noch einmal zu sprechen kommen.

Etwas hinter dem Felskamm, an dem der Bogen lehnt, findet Gerlinde Haid zahlreiche Birkenrindenstücke. Die Stelle liegt rund fünf Meter von der Leiche entfernt. Da ihr das Vorkommen in dieser Höhe seltsam erscheint, steckt sie die Fetzen ein und nimmt sie mit.

Einige Wochen später übergab uns Gerlinde Haid die Birkenrindenfragmente. Auch diese gehörten fraglos zu einem Behälter. Einige Stückchen tragen eindeutig Nahtlöcher. Sie beschrieb uns auch die exakte Fundposition. Eine Überprüfung ergab, daß die von Gerlinde Haid eingelieferten Stücke alle auf der Innenseite naturfarben sind. Die Birkenrindenteile, die nahe der Leiche lagen, zeigen sich hingegen sämtlich schwarz verfärbt. Dies war mit ein wesentliches Argument für die Interpretation als Gluttransporteur. Die von Gerlinde Haid eingesammelte Rinde gehört indes ohne jeden Zweifel zu einem zweiten Gefäß, das der Mann mit sich führte. Nicht nur diese Details weisen eindringlich darauf hin, wie unerläßlich es war, alle Besucher der Fundstelle am Hauslabjoch genauestens nach ihren Beobachtungen zu befragen. Diesem zweiten Birkenrindenbehälter läßt sich auch das Stück zuordnen, das Markus Pirpamer am Morgen desselben Tages etwa zwanzig Meter weiter geborgen hatte. Es bildet den Boden des zweiten Gefäßes. Damit wurde zugleich deutlich, daß der Wind ausgeaperte, leichtere Teile der Ausrüstung verfrachtet hatte. Einiges davon wird man wohl niemals wiederfinden.

Die Besucher decken den Leichnam sorgfältig wieder ab. Sie legen Schnee- und Eisbrocken und einige Steine auf die schwarze Plane, bevor sie nach etwa einer Stunde Aufenthalt das Hauslabjoch verlassen.

Mittlerweile ist der Bergführer Michael Tschöll, der Messner auf der nächsten Tagesetappe begleiten wird, in der Similaunhütte eingetroffen. Paul Hanny, der Manager der Extrembergsteiger, stößt ebenfalls hinzu. Immer noch bildet der Leichenfund das Hüttengespräch. Hanny schickt den Bergführer zum Fotografieren auf das Hauslabjoch. Er macht sich gegen 17.00 Uhr auf den Weg. Die sich inzwischen auf dem Abstieg befindliche Messner-Gruppe begegnet ihm nicht. An der Fundstelle entfernt Tschöll die Plastikhülle. In aller Eile, denn die Dämmerung bricht herein, macht er ein paar Aufnahmen, auch mit Blitzlicht. Nach fünf Minuten verläßt er das Hauslabjoch.

Abends sitzen alle gemütlich in der Similaunhütte. Das Tagesthema wird ausgiebig diskutiert. Messner und Kammerlander müssen, geleitet von Tschöll, am nächsten Tag weiter über fünfzehn

Gipfel bis zur Zwickauer Hütte. Wie jeden Abend während ihrer Südtirolumrundung geht auch ein Bericht an die Presse. Messner bleibt bei seiner ersten Aussage: »Mindestens fünfhundert, wenn nicht gar dreitausend Jahre, wegen des Eisenbeils.« Aber Ezio Danieli, der Korrespondent des »Alto Adige«, einer italienischsprachigen Zeitung Südtirols, meint: »Dreitausend ist zu gewagt, bleiben wir bei fünfhundert.« Auf diese Weise entsteht in den folgenden Tagen die Mär vom »Söldner Friedrichs mit der leeren Tasche« (1403–1439; Graf von Tirol), die auch mich auf den Fund aufmerksam macht.

Einige Wochen später sind Messner und ich einander bei einer Fernsehaufnahme begegnet. Es war für mich ein eindrucksvolles Treffen. Er gab sich ganz anders, als er so oft in den Medien dargestellt wird. Er ist kleiner, als man denkt, sicher kaum größer als der Eismann, der das Thema der Sendung bildete. Offensichtlich ist beiden eine typische Bergsteigerfigur eigen. Er wirkt keineswegs drahtig oder sehnig, wie man das bei einem Menschen mit seinen physischen Leistungen erwartet, doch besitzt er die Statur eines Mannes, der auf ein sportliches Äußeres achtet. Man erzählt, daß er stundenlang mit den Fingerspitzen Klimmzüge trainierte. Sein Händedruck ist fest und sicher, sein Lachen offen und herzlich. Fühlt er sich unbeobachtet, so drückt seine Miene eher Kummer aus. Er macht sich Sorgen über die Vergewaltigung der Natur und insbesondere seiner Berge durch unsere Zivilisation. Wenn die Natur sich ihm stellt, dann entwickelt er eine unfaßbare Energie.

Wie so oft in solchen Fällen sind natürlich die Reporter schneller als die Behörden. Sie wittern die sich anbahnende Sensation förmlich, und das ist ja auch die Profession des erfolgreichen Journalisten. Im Mittagsjournal des Rundfunks hört der Pressefotograf Max Scherer an diesem Samstag erstmals von dem Gletschertoten. Er telefoniert mit Kollegen und meint dazu: »Ich habe das Gefühl, daß es sich um einen ungewöhnlichen Leichenfund handelt.« Er ruft sogar bei einer Hubschraubergesellschaft an. Doch es gibt eine Weisung der Tiroler Landesregierung, daß man aus Gründen des Landschaftsschutzes über tausendsiebenhundert Meter Höhe keine Landeerlaubnis erhält. Damit muß sich Scherer für heute zufriedengeben.

4. Sonntag, 22. September 1991

Am Sonntag, dem 22. September 1991, machen sich Alois Pirpamer und der sich schon im Ruhestand befindende Tischler Franz Gurschler bei Sonnenaufgang auf den Weg zum Hauslabjoch. Gurschler hilft bei der Wartung der Materialseilbahn zur Similaunhütte. Es ist 7.00 Uhr. In seiner Funktion als Bergrettungsobmann beabsichtigt Alois Pirpamer, die Gletscherleiche für die am folgenden Montag vorgesehene offizielle Bergung vollends freizulegen. Sie brauchen rund eine Stunde für den Aufstieg. Die Leiche liegt offen vor ihnen. Die Plastikplane ist vermutlich weggeweht und findet sich in der Nähe des Bogens. Über Nacht hat sich auf dem Schmelzwasserteich, in dem der Tote mit dem Oberkörper ruht, eine etwa zwei Zentimeter dicke Eisschicht gebildet. Systematisch beginnen sie, den Leichnam freizupickeln.

Am Rücken, am Gesäß und auch an den Oberschenkeln sind keine Kleidungsstücke mehr zu sehen. Lediglich von den Knien abwärts bemerken sie noch Reste der Hose. Der linke Fuß läßt sich nur unter großen Schwierigkeiten lösen, da ständig Schmelzwasser nachfließt. Der rechte Arm ist überhaupt nicht zu befreien. Er reicht schräg in das Eis hinab. Sie vermuten, der Tote könne etwas Sperriges in der Hand halten. Als sie den Körper anheben, bleiben Fellreste am Eis kleben. Es ist nicht ausgeschlossen, daß dabei die Läsionen am Genitalbereich eintreten, die die Mediziner bei ihren Untersuchungen an der Gletschermumie feststellen werden. Dann decken sie den Toten wieder mit der Plastikplane ab. Sie beschweren die Folie mit Eisschollen und Steinplatten.

Anschließend sammeln die beiden sämtliche losen Funde ein. Sie stecken die Holzteile, das gelochte Stäbchen, die Schnurreste und die Fellfetzen, die an und auf dem Felssims beim Bogen liegen, in einen Plastikmüllsack. Wieder versucht man, den Stab aus dem Eis zu hacken, aber es mißlingt erneut. Nach zwei Stunden Arbeit werfen sie sich den Sack über die Schultern und verlassen das Hauslabjoch. Noch am selben Nachmittag bringt Alois Pirpamer den Sack mit den Funden in sein »Hotel Post« nach Vent hinab.

Kurze Zeit später treffen die beiden Filmleute Messners, der Kameramann Fulvio Mariani und sein Tonassistent Nicolas de la

Cruz, am Hauslabjoch ein. Beide hatten ebenfalls in der Similaunhütte übernachtet und die Gespräche über den Mann im Eis miterlebt. Messner wollte noch Filmaufnahmen von Fund und Fundstelle machen lassen. Sie nähern sich dem abgedeckten Leichnam, halten aber die Angelegenheit für bedeutungslos. »Wohl ein Mann aus dem Ersten Weltkrieg.« Deshalb kehren sie ins Tal zurück, ohne den Toten gesehen zu haben.

Sonst wird an diesem Tag nur noch telefoniert. Der Bestattungsunternehmer Klocker bittet die Gendarmerie in Sölden um rechtzeitige Mitteilung des Termins vom Bergungsflug. Alois Pirpamer teilt demselben Posten mit, daß die Leiche zur Abholung bereitliege. Die »Kronenzeitung« ruft beim Pressefotografen Scherer an und bekundet ihr Interesse. Scherer selbst setzt sich mit dem ORF in Verbindung. Die Fernsehanstalt soll mittels ihrer guten Beziehungen erwirken, daß für den folgenden Tag eine Landeerlaubnis gewährt wird. Der Gerichtsmediziner Henn verbringt den Tag in seinem Haus im oberbayerischen Icking und widmet sich seiner Sammlung kostbarer russischer Ikonen, ohne zu ahnen, welch ein Trubel sich anbahnt.

Gegen 17.00 Uhr kommt der ORF-Reporter Rainer Hölzl vom Drehen in das Studio am Rennweg in Innsbruck zurück. Sein Mitarbeiter Georg Laich berichtet ihm von einer Pressemeldung der Sicherheitsdirektion, die soeben eingetroffen ist. Nach telefonischem Rückruf bei dem Hüttenwirt Markus Pirpamer, der ihm bestätigt, daß die Leiche mindestens hundertfünfzig Jahre alt sein könne, macht Laich eine Radiosendung daraus und strahlt sie aus. Hölzl, der Fernsehmann, ist elektrisiert. Er setzt sich mit der Flugeinsatzstelle am Flughafen in Verbindung und will wissen, für wann die Bergung geplant sei. Doch dort weiß man angeblich nichts darüber und vertröstet ihn auf den Montag.

Die Südtiroler Tageszeitung »Alto Adige« berichtet in ihrer Sonntagsausgabe mit großer Aufmachung von dem sensationellen Fund am Hauslabjoch unter der Finailspitze auf 3200 Meter Seehöhe. Reinhold Messner sei auf einen Jäger aus der Frühzeit gestoßen, wohl mindestens fünfhundert Jahre alt. Auch der Rückzug »Friedrichs mit der leeren Tasche« von einem verlorenen Scharmützel über das Schnals- in das Ötztal kommt ins Spiel. Die Leiche

Erste zeichnerische Darstellung des Mannes im Eis, entworfen nach telefonischen Angaben Reinhold Messners und publiziert in der Sonntagsausgabe des »Alto Adige« vom 22. September 1991.

sei bestens konserviert. Der Tote halte ein Beil in der Hand. Auf dem Rücken trage er Feuerzeichen oder Spuren von Peitschenhieben. An den Füßen erkenne man Schuhwerk, wie es die Eskimos tragen. Der Kopf sei mit einem spitzen Gegenstand eingeschlagen oder von einem Sturz auf die Felsen zertrümmert. Messner sei sprachlos vor Erstaunen. Da der Fund auf österreichischem Gebiet liege, werde eine österreichische Universität die Untersuchungen vornehmen, die Behörden seien schon benachrichtigt. Dringlichkeit sei geboten. Beigefügt ist das erste, noch gezeichnete Bild vom Gletschermann: Ein struppiger Mann mit Wickelgamaschen an den Beinen streckt sich auf dem blanken Eis aus. Mit der linken Hand umklammert er eine martialische Axt, eher ein Henkersbeil. Im Hintergrund die Silhouette der Berge, von ferne nahen zwei Wanderer, wohl Messner und Kammerlander...

Ein solcher Artikel hätte jeden Archäologen vom Stuhl gerissen. Aber leider liest kein Südtiroler Prähistoriker an diesem Sonntag die Morgenausgabe des »Alto Adige«.

Lediglich der Innsbrucker Historiker und Mittelalterarchäologe

Dr. Martin Bitschnau weilt an jenem Nachmittag im norditalienischen Trient und bekommt den Zeitungsartikel zu lesen. Er alarmiert am folgenden Morgen gegen 9.00 Uhr das Landesgendarmeriekommando und die Gerichtsmedizin. Doch erreicht seine dringliche Mitteilung offensichtlich nicht die oberen Etagen, weshalb die rechtzeitige Hinzuziehung eines Archäologen unterbleibt.

5. Montag, 23. September 1991

Der Tag der offiziellen Bergung bricht an. Es ist Montag, der 23. September 1991. In aller Herrgottsfrühe, gegen 7.30 Uhr, telefoniert Hölzl mit der Flugeinsatzstelle. Der Flugretter Peter Strasser antwortet ihm, daß die Bergung zwar für diesen Tag vorgesehen sei, der Flug wegen der unsicheren Wetterlage aber kurzfristig anberaumt werde. Hölzl bleibt in der Nähe des Telefons. Um 10.30 Uhr erfährt er endlich, daß der Bergungsflug unmittelbar bevorstehe. Scherer sitzt auch schon im Studio. Das Sekretariat des ORF besorgt in aller Eile die Landegenehmigung am Hauslabjoch. Der Reporter sucht rasch ein Kamerateam zusammen. Gleichzeitig wird der Hubschrauber gechartert. Alle sind nervös und in Eile. Sie fahren zum Flughafen. Die Maschine startet um 11.31 Uhr in Richtung Hauslabjoch. An Bord sind der Pilot Gilbert Habringer, der Flugtechniker Hannes Gehwolf, der Kameramann Anton Matthis, Scherer und Hölzl. Da die Kabine voll ist, hat man den Tonassistenten Thomas Ebner mit dem Auto nach Vent vorausgeschickt. Aber er wird zu spät ankommen und die Gletschermumie nie sehen.

Der Pilot versucht, die von Strasser beschriebene Stelle im Gelände ausfindig zu machen. Aber in der Nacht ist Neuschnee gefallen, und die Suche verläuft ergebnislos. Sie fliegen zur Similaunhütte zurück und laden Markus Pirpamer ein. Hölzl macht seinen Platz frei und bleibt zurück. Der Hüttenwirt zeigt ihnen die Felsrinne vom Helikopter aus. Habringer orientiert sich. Dann geht es nochmals zur Hütte zurück. Die Plätze werden wieder gewechselt. Endlich landen sie um 12.29 Uhr am Hauslabjoch. Die Bergung hat noch nicht begonnen.

Der frische Schnee verdeckt alle Spuren. Sie schwärmen aus.

Gehwolf wird schließlich fündig. Man kratzt den Schnee etwas weg, lüftet die Plane ein wenig und vergewissert sich, daß die Leiche noch darunterliegt. Alle verhalten sich höchst diszipliniert. Um 12.37 Uhr schwebt der Hubschrauber des Innenministeriums ein. Die Männer vom ORF haben den Wettlauf mit der Zeit gewonnen. Und so geschieht die amtliche Bergung vor laufender Kamera. Diese Bilder gehen um die Welt.

Auch der Gerichtsmediziner Henn trifft gewöhnlich in aller Frühe an seinem Dienstort in Innsbruck ein. An diesem Montagmorgen findet er die beiden Fernschreiben auf seinem Schreibtisch vor. Eine Gletscherleiche ist am Hauslabjoch gefunden worden. Nichts besonders Außergewöhnliches in diesem Jahr. Er arrangiert den Flug, denn er will bei der Bergung zugegen sein. Auch mit dem Staatsanwalt, der bereits informiert ist, spricht er sich ab. Sie vereinbaren einen Lokaltermin, sobald der Tote in die Gerichtsmedizin verbracht ist. Gegen 8.30 Uhr ruft irgendein Archäologieprofessor bei ihm an. Er behauptet, der Fund sei möglicherweise sehr alt und von historischem Interesse. Er will sogar mit hinauffliegen, was aber abgelehnt werden muß, da der Hubschrauber bereits ausgelastet ist.

Nachdem das Wetter etwas freundlicher geworden ist, hebt der Helikopter um 11.40 Uhr ab. Der Pilot Anton Prodinger, der Flugretter Roman Lukasser und Henn fliegen zunächst nach Vent zu einer Einsatzbesprechung. Um 12.05 Uhr setzt die Maschine auf. Am Landeplatz tummeln sich schon Schaulustige, die Gendarmen aus Sölden und auch einige Presseleute. Alois Pirpamer berichtet, daß der Tote bereits freiliege, und so lädt man Tragbahre, Pickel und Schaufel als unnützen Ballast aus. Der Pressefotograf Werner Nosko und ein Unbekannter drücken dem Piloten Habringer und dem Techniker Lukasser ihre Fotoapparate in die Hände mit der Bitte, oben Aufnahmen zu machen. Nur fünfzehn Minuten später starten sie wieder, ziehen noch einen Kreis über der Felsrinne und landen um 12.37 Uhr am Hauslabjoch.

Henn ist erstaunt, von einem frierenden Kamerateam erwartet zu werden. Da die nun folgende Bergung komplett gefilmt wird, ist sie außergewöhnlich gut dokumentiert. Der Gerichtsmediziner stapft durch den Schnee zur Fundstelle. Lukasser geht voran und schleppt den Leichensack mit. Sie müssen noch über ein paar Felsklippen klettern. Henn hat die schwarze Tasche mit seinen Spezialinstrumenten und dem Fotoapparat darin umgehängt. Dann steht er vor der Plastikfolie. Er zieht sie etwas zur Seite und sieht den Toten. Lukasser mag die Leiche nicht mit bloßen Händen anfassen, und Henn gibt ihm Gummihandschuhe. Dann breitet der Gerichtsmediziner den Leichensack aus durchsichtiger Kunststoffolie mit Reißverschluß aus, während der Flugretter die schwarze Plastikfolie vollends zur Seite räumt. Henn versucht, den Toten am Kopf zu bewegen. Mathis filmt unentwegt. Da stellt sich etwas Unerwartetes heraus. Der Leichnam ist über Nacht wieder vollständig eingefroren und läßt sich weder rühren noch rütteln. Was tun? Kein Pickel, keine Schaufel. Henn fotografiert, Lukasser überlegt, Geräte zu holen. Henn schlägt den Kragen seines stahlgrauen Anoraks hoch. Es ist bitter kalt.

Hölzl nutzt die Gelegenheit zum Interview. Er versucht, Henn zu einer Aussage über das Alter des Toten zu bewegen, doch der Gerichtsmediziner beharrt darauf, statt zu spekulieren, lieber die Ergebnisse der wissenschaftlichen Untersuchungen abzuwarten. Nur auf die Frage, inwieweit man das Alter überhaupt bestimmen könne, gibt er genauer Auskunft. Er erklärt, daß man das Alter eines Toten, sofern es sehr lange Zeiträume betreffe, mit der ^{14}C- oder Radiokarbonmethode ermitteln könne. Außerdem dürfe man aus Art und Grad der Umwandlung in Fettwachs Rückschlüsse ziehen. Und mit Bezug auf die Auffindungssituation ließen sich zusammen mit Glaziologen, hier vor allem unter Berücksichtigung der Fließgeschwindigkeit des Gletschers, konkrete Aussagen treffen.

Zum Glück kommt ein Bergsteiger, der Südtiroler Markus Wiegele, zufällig des Weges daher. Er führt einen Eispickel und einen Schistock mit sich. So ganz ohne Hintergedanken treibt er sich hier allerdings nicht herum. Am Abend vorher kam in der Hütte »Zur Schönen Aussicht« das Gespräch auf Messner, der tags zuvor eine Leiche in der Nähe der Similaunhütte entdeckt haben soll. Wiegele rastet gerade am Grat, als er die Hubschrauber kreisen sieht. Sofort bringt er das Geschehen mit der Erzählung vom Vorabend in Verbindung und steigt hinab. Bereitwillig stellt er Pickel und Schistock zur Verfügung und packt selbst kräftig mit an.

Lukasser pickelt. Henn kniet nieder und birgt Lederfetzen, die er neben der Leiche anhäuft. Schmelzwasser läuft nach. Das Werkzeug klirrt im Eis. Allmählich läßt sich der Tote lösen. Lukasser zieht mit dem Pickel am Arm. Wiegele hilft mit dem Schistock nach. Henn greift an den Füßen zu. So drehen sie den Leichnam aus dem Eis und legen ihn rücklings neben das Loch. Ein erschütternder Anblick. Alle stehen stumm um den Toten herum. Henn ergreift als erster das Wort und wird sachlich: »Jetzt kommt es darauf an, daß wir für die Altertumsforscher noch ein bisserl was rausbringen.« Aus der Eiswanne, in der der Tote gelegen hatte, werden Ausrüstungsgegenstände herausgefischt.

Hölzl macht ein zweites Interview: »Herr Professor, was kann man jetzt sagen, wo Sie die Person als Ganzes sehen?« Henn bilanziert: »Zähne abgekaut, ziemlich abgeschliffen. Teilweise mumifiziert. Ist also sicher schon einige Zeit an der Luft gelegen, bevor er dann ins Eis gelangt ist. Kleider? Leider nichts mehr. Mehr können wir an Ort und Stelle nicht sagen.«

Dabei dreht Henn den Toten wieder auf den Bauch. Es erfolgt das Einschlagen in den Leichensack. Henn hält die Füße, Lukasser die Schultern. Man zieht den Reißverschluß zu. Lukasser pickelt weiter im Eis, um noch Ausrüstungsteile zu bergen. Henn reinigt sich die Hände mit Schnee. Der ORF-Hubschrauber läßt den Rotor an. Man holt den Hüttenwirt Markus Pirpamer ebenfalls zu einem Interview zum Hauslabjoch. Pirpamer berichtet davon, wie er auf die Nachricht des Fundes durch das Ehepaar Simon hin die Behörden sowohl in Italien als auch in Österreich benachrichtigt hat. Er beschreibt die Fundsituation, seine Beobachtungen an der Fundstelle und die Ausrüstungsgegenstände des Toten. Auch er hat keine Vorstellung vom Alter des Fundes, vermutet aber, er sei wohl kaum älter als hundert Jahre.

Der Hubschrauber, der den Hüttenwirt heraufgeholt hat, bringt weiteres Gerät mit, auch eine Schaufel. Henn gräbt damit eine Rinne in den Schnee, damit das Schmelzwasser aus der Eiswanne abfließen kann. Dort pickelt Lukasser weiter nach Ausrüstungsteilen. Ein großer Leder- oder Fellfetzen kommt zum Vorschein. Dann stochert auch Henn mit dem Schistock. Die Schaufel hat Wiegele übernommen und treibt damit das Wasser durch den Abflußkanal.

Lukasser pickelt unermüdlich und wirft Stücke und Teile auf einen Haufen. Dann nähert sich Henn. Er beugt sich nieder und löst einen kleinen, länglichen Gegenstand vom Eis, etwa an der Stelle, auf der der Tote mit der Hüfte oder dem Bauch gelegen hatte. Henn hebt das Stück hoch, ein Teil fällt wieder hinab. Es ist der Miniaturdolch des Mannes im Eis mit der kurzen Feuersteinklinge und dem Holzgriff. Nur die Scheide purzelt wieder ins Wasser zurück. Henn zeigt den Fund dem Flugretter. Dann wirft er ihn zu den übrigen Sachen auf den Haufen. Auch die anderen betrachten das Stück. Matthis filmt es in Großaufnahme. Die Fernsehleute sind fertig und fliegen wieder hinab.

Auch die Zurückgebliebenen packen ein. Die Fundutensilien werden mit im Leichensack verstaut. Man zieht ihn nicht ganz zu, da der Tote zu riechen beginnt. Währenddessen macht Wiegele einen letzten Versuch, den Bogen aus dem Eis zu ziehen – vergeblich. Also wird er abgebrochen und mit in den Sack gesteckt. Das im Eis verbliebene Ende wird erst im nächsten Jahr geborgen werden können. Man schleppt das Bündel zum Hubschrauber und schiebt es in den orangeroten Bergesack. Der Karabinerhaken am Transportseil des Bergesacks klinkt am Bauch des Helikopters ein. Die Mannschaft steigt an Bord. Um 13.50 Uhr hebt die Maschine in Richtung Vent ab. Nur Markus Pirpamer verläßt den Ort zu Fuß.

Später, vor allem als die Fernsehbilder in alle Welt ausgestrahlt wurden, hat man gegen den Gerichtsmediziner heftige Vorwürfe erhoben. Diese Anschuldigungen setzten freilich erst ein, als der Fund als prähistorisch und mit einem Alter von mindestens viertausend Jahren eingestuft worden war. Es ist nicht schwer, hinterher schlauer zu sein. Insbesondere die Wiener Kollegen haben sich lautstark zu Wort gemeldet, ohne die Hintergründe zu kennen. Daß dabei auch die traditionellen Animositäten zwischen Wien und Tirol Nahrung fanden, sei nur am Rande vermerkt. Man hätte zumindest einen Prähistoriker zur Bergung hinzuziehen müssen, die überdies höchst unsachgemäß durchgeführt worden sei, hieß es. Dazu ist einmal zu sagen, daß ja bereits vor der Bergung zwischen Henn und mir Kontakt bestand. Weder er noch ich rechneten damals mit einem vorgeschichtlichen Fund. Wir hätten gleichsam die Sensation vorwegnehmen müssen. Nach den mir vorliegenden

Zeitungsberichten sei bestenfalls die Neuzeitliche Archäologie involviert gewesen, eine junge Fachdisziplin, die in Kollegenkreisen vielfach noch belächelt wird. Daß Henn dann allein geflogen ist, hat mich nicht im mindesten beunruhigt.

Und nun zu Henn selbst. Rettungseinsätze in der Gletschereisregion des Hochgebirges auf 3200 Meter Höhe, in der Hubschrauber kaum noch fliegen können, sind gewiß etwas anderes als Bergungsunternehmen im archäologischen Altsiedelland. Es ist durchaus bezeichnend, daß sich keiner von den Hauptkritikern, auch später nicht, jemals der Mühe unterzogen hat, selbst zum Fundplatz aufzusteigen. Die Beckmesser und Nabelschauer pflegen an grünen Tischen zu sitzen. Der Gendarmeriebericht besagte lediglich, daß das Alpinereignis bereits im 19. Jahrhundert geschehen sein könnte. Daraufhin einen Prähistoriker anzuheuern, wäre absurd gewesen.

Dann oben am Hauslabjoch: Keine der Personen, die in den Vortagen Freilegungsversuche vorgenommen oder sonstwelche Aktivitäten an der Fundstelle entwickelt hatten, war während der Hennschen Bergung zugegen. Keiner ließ wissen, daß sämtliche Gegenstände, die an der Fundstelle herumgelegen hatten, schon entfernt worden waren. Vor allem das Beil lag sicher verwahrt im Luftschutzbunker der Söldener Gendarmerie. Henn wußte lediglich, daß die Leiche für den Abtransport bereitläge. Deshalb brauchte auch kein Bergezeug mitgenommen zu werden.

Selbst als sich der Gerichtsmediziner der Fundstelle näherte und die von den Reportern freigekratzte Plastikhülle sah, war keineswegs klar, daß diese Plane dort erst zwei Tage lag und nicht zum Unfallgeschehen gehörte. Unter der Folie sah man nur den unbekleideten Kopf und Rücken der Leiche ohne die geringste Spur einer Ausrüstung. Der Pickel ist zwar ein übliches Ausgrabungsgerät, trotzdem diffamierte man Henn flugs als »Schistockarchäologen«. Das geht schon fast unter die Gürtellinie und befindet sich jenseits aller sachlichen Kritik. Damit entlarvt sich eine hemmungslose Disqualifizierungskampagne gegen die Innsbrucker Wissenschaftler. Sie zielte eindeutig darauf ab, den wertvollen Fund an sich zu bringen und anderswo bearbeiten zu dürfen.

Des weiteren haben uns alle Gewährsleute unaufgefordert mitgeteilt, daß Henn sie während der Freilegung ständig dazu anhielt, unter den gegebenen Umständen äußerste Sorgfalt walten zu lassen. Später, in einem der vielen Gespräche, die wir mit Henn geführt haben, teilte er uns seine ersten Eindrücke mit: »Als ich das Steinmesser entdeckte, überlegte ich, daß es sich vielleicht um einen entsprungenen Häftling handelt, der sich das Ding selbst gebastelt hat. Viele Nähte an den Lederfetzen waren so gerade wie von einer Nähmaschine gezogen.« Als Henn dann am Abend die übrigen Ausrüstungsteile, die ihm in die Gerichtsmedizin gebracht worden waren, erstmals sah, setzte er sich sogleich mit der Archäologie in Verbindung. Es war ihm zu diesem Zeitpunkt bewußt, auch das bestätigte er uns, daß der Fund nun kein Fall mehr für den Seziersaal war. Henn starb am 25. Juli 1992 im Alter von knapp vierundsechzig Jahren. Er verunglückte in Sankt Stefan an der Gail im Süden Österreichs, als er gerade zu einem Vortrag über den Mann im Eis unterwegs war, bei einem entsetzlichen, unverschuldeten Verkehrsunfall. Er war sofort tot. Seine Ehrenrettung ist uns selbstverständliche Pflicht.

Um 14.03 Uhr landet der Hubschrauber in Vent. Der orangefarbene Bergsack wird ausgeklinkt und geöffnet. Klocker fährt den Leichenwagen heran. Man zieht den Sarg heraus und klappt den Deckel auf. Henn und Klocker heben den Leichensack hinein. Der linke Arm des Toten steht sperrig ab. Er wird zurechtgebogen, wobei ein deutliches Knacken vernehmbar ist. Die Mediziner werden später den Bruch des linken Oberarmknochens feststellen. Alois Pirpamer bringt den Müllsack mit den Fundsachen vom Vortag. Auch dieser wird im Sarg verstaut. Dann schließt man den Deckel und verschraubt ihn. Der Bestatter bricht in Richtung Innsbruck auf. Unterwegs legt er einen Halt in Sölden ein, um das Beil mitzunehmen. Die Gendarmen haben es sorgsam in einem Karton verpackt.

Nicht ganz zufällig ist auch der Ötztaler Volkskundler Hans Haid am Posten in Sölden zugegen. Sein Erlebnis am Samstag mit Messner auf dem Hauslabjoch hat ihn nicht in Ruhe gelassen. Er versucht, die Behörden in Bewegung zu setzen, was am Wochenende fast unmöglich ist. Erst am Montag morgen, die Bergung steht kurz bevor, erreicht er das Tiroler Landesmuseum. Der Direktor persönlich, Professor Gert Ammann, nimmt das Gespräch entgegen. Aber die zuständige Kustodin sei nicht da. Die Angelegenheit scheine nicht von musealem Interesse. Volkskunde hautnah: Haid bewirtschaftet einen idyllisch gelegenen Bergbauernhof zwischen Vent und Sölden, mäht das Gras mit der Sense und schert die Schafe selbst. Von dort aus ist eben nicht leicht zu agieren. Noch am folgenden Tag, als es schon zu spät ist, versucht er den ORF zu mobilisieren. Dabei hat das Fernsehen die Bilder längst im Kasten.

»Es ist ein Toter aus der Hallstattzeit beziehungsweise kurz vorher oder nachher. Die Werkzeuge weisen darauf hin. Bei Ihrer Recherche wurde das Beil nicht mit einbezogen. Der Mann war auf Mineraliensuche, in der Sage ein ›Venedigermandl‹. Das Loch auf dem Hinterkopf stammt von einer in vorgeschichtlicher Zeit durchaus üblichen Trepanation meist zu medizinischen Zwecken. Eine grobe Datierung, 900 bis 500 vor Christi Geburt, ist daher zulässig.« Auch Haid ist dem wahren Sachverhalt relativ nahe gekommen.

Als Klocker am Posten in Sölden eintrifft, will Hans Haid den Toten noch einmal sehen. Der Bestatter öffnet kurz den Sarg. Es verbreitet sich ein unangenehmer Geruch, obwohl der Reißverschluß des Leichensacks mit Absicht nicht ganz geschlossen worden war. Die Haut der Mumie wird bereits etwas dunkler. So verzichtet Klocker auf sein Mittagessen und fährt schnell nach Innsbruck.

Das »Hotel Post« liegt gleich neben dem Hubschrauberlandeplatz in Vent. Dort trinkt Henn noch einen Kaffee. Dann startet auch er nach Innsbruck. Der Leichenwagen ist bereits vor ihm da.

Klocker fährt um 16.08 Uhr bei der Gerichtsmedizin vor. Er übergibt den Leichnam dem Oberarzt Unterdorfer. Gemeinsam bringen sie den Sarg und den Karton mit dem Beil auf einem Scherenwagen in den Seziersaal. Ein Vertreter der Behörde ist ebenfalls präsent. Inspektor Konrad Klotz vom Gendarmeriekommando für Tirol wartet bereits. Der Sargdeckel wird aufgeschraubt. Klocker und Unterdorfer heben den Toten samt Plastikhülle auf einen Seziertisch. Man zieht den Reißverschluß ganz auf, damit die Feuchtigkeit entweichen kann. Unterdorfer reißt alle Fenster auf. Die Raumtemperatur beträgt 18° Celsius. Jetzt kommt auch Henn hinzu. Unterdorfer trifft die erste Diagnose: »Hier handelt es sich wohl um einen Ureinwohner des Ötztals.«

Anschließend begibt sich Klocker zu seinem Auto und holt den Fotoapparat. Klocker hatte schon am Landeplatz in Vent eifrig fotografiert. Jetzt verbraucht er den Rest des Films. Schließlich treibt ihn der Hunger nach Hause. Beim Verlassen des Instituts versperrt ihm ein junger Mann den Weg. Auf dem Rücken seiner Jacke sind die Buchstaben APA (Austria Presseagentur) eingestickt. Er bietet Klocker zwanzigtausend Schilling für den Film. Doch dieser läßt den Reporter abblitzen. Die Bilder dienen seinem persönlichen Gebrauch. Später wird sich der Reporter an sein Angebot nicht mehr erinnern wollen.

Es steht außer Frage, der Fall gewinnt eine Dimension jenseits üblicher Normen. Der Mann vom Hauslabjoch ist die sechshundertneunzehnte Leiche, die das Schicksal im Jahre 1991 auf den Seziertisch der Innsbrucker Gerichtsmedizin legt. Deshalb erhält sie die Geschäftszahl 91/619. Staatsanwalt und Untersuchungsrichter werden herbeitelefoniert. Wallner und Böhler treffen ein. Sie bringen die Rechtspraktikantin Marlene Possik als Schriftführerin mit. Der Müllsack mit den Beifunden steht auf einem zweiten Seziertisch. Man hat ihn noch nicht ausgeschüttet. Er wird lediglich etwas heruntergekrempelt, um Einsicht zu gewähren.

Böhler diktiert:

> *»StA Dr. Wallner gibt am 23.9. 1991 folgenden Sachverhalt bekannt: Im Ötztal, nahe der Finailspitze, sei ein Leichenfund erfolgt. Gerüchten zufolge soll die Leiche gefesselt sein und am Rücken Brandspuren aufweisen. Möglicherweise handle es sich um eine sehr alte Leiche. Über Antrag von StA Dr. Wallner ordne ich die gerichtsmedizinische Untersuchung der Leiche zur Klärung der Identität und eines allfälligen Fremdverschuldens an. Diese Anordnung wird von Dr. Wallner an die Sicherheitsbehörden weitergeleitet. Am Nachmittag habe ich gemeinsam mit StA Dr. Wallner und Rp Mag. Possik an der gerichtsmedizinischen Untersuchung teilgenommen. Die nur äußerlich erfolgte Untersuchung der mumifizierten Leiche ergab, daß es sich um eine offensichtlich mehrere hundert Jahre alte Leiche handelt. Bei den angeblichen Fesseln handelt es sich um Kleider- bzw. Schuhteile. Brandmarken am Rücken konn-*

ten keine festgestellt werden. Bei der Leiche wurden primitiv gearbeitetes Werkzeug (Messer mit Steinklinge und Holzgriff, Art ›Pickel‹ mit Steinspitze) sowie mit der Hand genähte Kleidung (Lederteile, grob genäht) gefunden, so daß anzunehmen ist, daß die Leiche schon mehrere hundert Jahre am Fundort liegt. Eine Fettwachsbildung dürfte deshalb nicht eingetreten sein, weil die Leiche vor dem Einfrieren im Eis bereits mumifiziert gewesen sein dürfte. Insgesamt dürfte es sich nach Ansicht von HR Dr. Unterdorfer um einen geschichtlichen Leichenfund handeln. Ich habe angeordnet, die Leiche schonend zu behandeln und sie nach der Untersuchung den Zeitgeschichtlern zu überlassen, nachdem keine Anhaltspunkte für Fremdverschulden bzw. ein noch verfolgbarer Täter vorliegen. Gegen ein Fotografieren durch die Presse etc. habe ich keine Einwände erhoben. Innsbruck, am 23. 9. 1991.«

Henn ruft im Institut für Ur- und Frühgeschichte an. Wir hatten ja bereits am Morgen telefoniert. Doch bei uns ist schon Feierabend, und ich bin auf dem Heimweg. Man verschiebt die Hinzuziehung des »Zeitgeschichtlers« auf den nächsten Tag. Das vom Untersuchungsrichter als »*Art ›Pickel‹ mit Steinspitze*« apostrophierte Beil wird einer Materialprüfung unterzogen. Man beschabt die Klinge mit dem Skalpell. Aufgrund der Farbe und Weichheit des Metalls wird auf Kupfer geschlossen.

Unterdorfer gibt der Sekretärin Uta Halper zu Protokoll:

»Name: XY [die vorgedruckten Rubriken: Geschlecht, geboren, Beruf und Anschrift werden nicht ausgefüllt].
Identität: nicht geklärt; unbekannte, mumifizierte Bergleiche vom Niederjochferner, Ötztal.
Äußerer Befund:

1. *Die Leiche wird neben fetzigen, schwärzlich-grauen, durchnäßten Materialien in einem farblosen Leichensack vom Bestattungsunternehmer Klocker aus Längenfeld gebracht und aufgelegt. Die weiteren mitgebrachten Utensilien befinden sich in einem schwarzen Sack.*
2. *Durchnäßte Leiche eines hochgradig mumifizierten, äu-*

ßerlich ockerfarbenen bis bräunlichschwarz gefärbten Menschen. Die Leiche zeigt teilweise grauschwärzliche, sandige Auflagerungen, daneben Reste von durchsetzten, pelzigen Teilen. Im Bereich des Schrittes und Gesäßes haftet ein Eisklumpen, nach dem Abtauen finden sich in diesem lederartige, schwärzliche Riemen. Auch im Bereich des Rückens sind ähnliche, teils eisig durchsetzte Auflagerungen gegeben.

3. *Soweit beurteilbar, keine Haupt-, Körper- oder Geschlechtshaare: offensichtlich die Oberhaut und, soweit sichtbar, auch die Nägel nicht mehr gegeben.*
4. *Im Bereich des rechten Fußes und Sprunggelenkes Reste eines offensichtlich einfachen Schuhwerkes. Soweit beurteilbar, handelt es sich um getrocknetes Stroh und Gras, die von einem lederartigen Schuhwerk umhüllt gewesen waren. Dieses ist wieder mit einem gedrehten Strick verschnürt: teilweise Verflechtungen erkennbar.*
5. *Die Leiche relativ leicht, das Gewicht wird vorläufig zwischen 20 und 30 kg eingeschätzt. Die Länge wird über dem linken Bein mit 153 cm angegeben.*
6. *In Rückenlage liegt der linke Arm im Schultergelenk abgewinkelt nach rechts oben gestreckt. Der rechte Arm bei nach oben angewinkelter Schulterpartie etwa unter einem Winkel von ca. 60 Grad nach außen gestreckt. Die rechte Hand zeigt eine Halteposition für einen runden Gegenstand.*
7. *Die Leiche wird mit kaltem Wasser etwas abgespült, es handelt sich offensichtlich um eine sehr, sehr alte Leiche.*
8. *In den Augenhöhlen noch die vertrockneten Augäpfel erkennbar und ohne gröbere Beschädigungen, die Kauflächen deutlich quer abgekaut.*
9. *Der Hals vorne und seitlich ohne äußerlich sichtbare Hinweise auf vitale Verletzungen.*
10. *Brust und Bauch eingesunken, die Skeletteile deutlich erkennbar, soweit äußerlich beurteilbar ohne Verletzungen.*
11. *Der Eisklumpen zwischen den Beinen löst sich ab, in diesem riemenartige, lederige Materialien.*

12. *Die äußeren Geschlechtsteile blattartig, soweit beurteilbar höchstwahrscheinlich männlich, vertrocknet. Im Bereiche der linken Oberschenkel-Hüftgegend eine ausgedehnte Defektbildung. Soweit einsehbar die Muskulatur faserig verändert, fetzig pelzartig ausgerissen: Es ragt das körpernahe Drittel des linken Oberschenkelknochens heraus, der Knochenkopf ohne erkennbare degenerative Veränderungen, im Bereich der Sitzhöcker hinten Defektbildungen offensichtlich nach Tierfraß.*
13. *Im Bereich der Außenseite und Hinterseite des linken Beines oberflächliche Weichteildefektbildungen offensichtlich nach Tierfraß gegeben.*
14. *Die Leiche wird vorsichtig in Bauchlage gebracht und mittels kaltem Wasser von den anhaftenden grau-schwärzlichen, sandigen Anlagerungen gereinigt.*
15. *In der Hinterkopfgegend findet sich eine ca. 3 : 4 cm große Defektbildung der Kopfschwarte, offensichtlich Tierfraß (Vogelfraß?), im Randbereich ausgezackt, nach links hin kratzerartige, oberflächliche Defekte gegeben. Das knöcherne Schädeldach läßt soweit sichtbar eine korrespondierende Bruchbeschädigung nicht feststellen. Nackengegend ohne äußerliche Verletzungshinweise insbesondere vitaler Art.*
16. *In der linken unteren Rückenregion finden sich vier Gruppen längsgestellter, grau-schwärzlicher, strichartiger Hautverfärbungen. Die Einzelstriche sind parallel in vier Gruppen etwa untereinander in Reihe angeordnet. Sie haben etwa eine rostartige Form. Die Einzelstriche haben eine Länge von ca. 2,8 cm bis 3,0 cm und eine Breite zwischen 2 und 3 mm. Von oben nach unten zuerst eine Vierergruppe, dann im engeren Abstand zwei Dreiergruppen und zuletzt schwach erkennbar wieder eine Vierergruppe. Diese etwa im Bereich des linken Kreuz-Darmbein-Gelenkes deutlich schwächer sichtbar lokalisiert.*
17. *Im Bereich der Kreuz-Steißbein-Gegend und der linken hinteren Beckenhälfte sowie der angrenzenden linken Oberschenkelgegend findet sich eine ausgedehnte, tier-*

fraßartige Weichteildefektbildung (hundeartiges Raubtier). Hier noch Eis gegeben. Soweit erkennbar die Skelettteile ebenfalls betroffen, es zeigen sich wie ausgeklipste Randbereiche. Eine weitere Beurteilung wegen des in der Tiefe noch nicht abgeschmolzenen Eises nicht möglich.

18. *Im Bereich der rechten Knieinnenseite ein Kreuz mit einer Balkenlänge von 2,8 cm bzw. 2,7 cm und einer Balkenbreite zwischen 3 und 4 mm schwärzlich eingefärbt oder eintätowiert.*
19. *Im Bereich der unteren Gliedmaßen kein Hinweis für vitale Verletzungen gegeben.*
20. *Die heugepolsterten Schuhreste rechts werden belassen.*
21. *Im Bereich der rechten unteren Rückengegend findet sich schwächer eine weitere Viерer-Strichgruppe in Form längsgestellter, schwärzlicher, paralleler Hautverfärbungen wie links.*
22. *Im Bereich des linken Handrückens nahe dem Handgelenk zwei quergestellte, parallel verlaufende, strichartige, 4,2 cm lange, schwärzliche Hautverfärbungen in einer Distanz von 7 bis 8 mm.*
23. *Der Gerichtsmedizin wird mitgeteilt, daß es sich hier nach dem äußerlichen Aussehen unabhängig von den Beigegenständen um einen uralten Leichenfund von zumindest vielen hundert Jahren handelt. Nach Rücksprache mit Prof. Henn werden die Begleitgegenstände auf den zweiten Obduktionstisch aufgelegt und der gesamte Fund bis zum Eintreffen des verständigten Univ.-Prof. Spindler des Universitätsinstitutes für Ur- und Frühgeschichte belassen.*
24. *Von UR Dr. Böhler wird in Anbetracht der Umstände kein Obduktionsauftrag erteilt und nach weiterer telefonischer Rücksprache kein Fotografierverbot verfügt.«*

Daraufhin wird der Polizeifotograf, Bezirksinspektor Roger Teissl, von der Kriminalabteilung des Landesgendarmeriekommandos für Tirol hinzugezogen. Diese Aufnahmen finden nicht nur im Gendarmeriebericht Verwendung, sie gehen auch an die Pressestelle der Sicherheitsdirektion. Eines dieser Bilder, mit einem Teil der Fundsachen, wird mich am folgenden Morgen mehr als das Weckerrasseln wachrütteln.

Bevor die folgende Entwicklung des Falles geschildert wird, sollen an dieser Stelle noch rasch der weitere Verlauf und der Abschluß des Strafverfahrens gegen die unbekannten Täter vorweggenommen werden. Die Akte ist ins Register einzutragen und geht zur Einsichtnahme an die Staatsanwaltschaft und am folgenden Tag an den Untersuchungsrichter zurück mit der Aufforderung, sie *»nach Vorliegen des gerichtsmedizinischen Untersuchungsbefundes zur weiteren Antragstellung zu übermitteln«.*

Das geschieht, indem das Aktenbündel mit den Erkenntnissen der nächsten Tage angereichert wird:

> *»1) Nach Pressemitteilungen soll es sich bei der aufgefundenen Leiche (›Similaun-Mann‹) um eine viertausend Jahre alte Leiche aus der Bronzezeit handeln; 2) Aktendeckel und Reg. durch ›Similaun-Mann‹ ergänzen (wegen historischen Interessen bei der Beurteilung der Aktenkartierung).«*

Das juristische Schicksal der Leiche ändert sich wie folgt:

> *»Da die Leiche aufgrund der Strafprozeßordnung gerichtlich freigegeben ist, wird am 25. 9. 1991 nach Paragraph 31 des Tiroler Gemeindesanitätsgesetzes die Leiche sanitätspolizeilich beschlagnahmt und vom Landessanitätsdirektor Hofrat Dr. Christoph Neuner für die zuständige Bezirkshauptmannschaft Imst formell die gerichtsmedizinische Obduktion zur Feststellung der Todesursache erwirkt (OA Dr. Unterdorfer).«*

Den Akten ist nicht zu entnehmen, daß dieser Beschlagnahmebescheid jemals aufgehoben wird. Er besteht, hoffentlich nur aufgrund eines Versehens, heute noch. Weiter heißt es dann:

> *»Am 26. 9. 1991 um 9.05 Uhr wird unter der Leitung von Doz. Egg die rechte schuhartige Bekleidung asserviert und übernommen. Vor der Abnahme wird das Schuhwerk vom*

Schuhmachermeister Reithofer Walter aus Innsbruck besichtigt.«

Reithofer ist der Schuhexperte der Gerichtsmedizin. Als pensionierter Schuster kann er auf Anhieb das ungefähre Herstellungsdatum von Schuhen bestimmen. Bei anonymen Leichenfunden erschließt man daraus die Zeit des Geschehens oder der Tat. Beim Mann im Eis ist er jedoch erstmals überfordert. Der Gendarmeriebericht wird der Akte beigefügt. Dann endlich kann am 14. Oktober 1991 das Strafverfahren eingestellt werden. Zusätzlich verfügt der Untersuchungsrichter, daß auf dem Aktendeckel ein Schild anzubringen ist mit dem Vermerk, wonach die Akte wegen des gegebenen geschichtlichen Interesses für immer aufzubewahren ist. Noch aber liegt der Mann vom Hauslabjoch in der Gerichtsmedizin. Bergung und erste Erhebungen sind abgeschlossen. Es ist spät am Abend geworden. Die Beamten gehen heim. Für Wochen ist dies unsere letzte ruhige Nacht.

6. Dienstag, 24. September 1991

Der Mann aus dem Eis befindet sich im Kühlraum des Gerichtsmedizinischen Instituts bei 0° Celsius. Der Dienstag dämmert herein. Schlaflos wälzt sich Unterdorfer im Bett. Er hält es nicht mehr aus. Er, der – wie er gelegentlich erzählt – schon eine »ganze Kleinstadt, an die fünfzehn- bis zwanzigtausend Obduktionen«, aufgeschnitten hat, verliert die gewohnte Contenance. Um 5.00 Uhr geht er, es herrscht noch tiefste Dunkelheit, ins Institut. Er besucht seinen Ur-Ötztaler und bereitet alles für die Ankunft des Prähistorikers vor. Der Tote wird wieder in den Seziersaal geschoben. Auf einem grünen Lappen werden die besseren Beifunde wirkungsvoll drapiert. Vor 8.00 Uhr kann man wohl kaum anrufen. Dann ist es soweit. Der kurzsichtige Archäologe beugt sich mit seiner Nickelbrille über die Tische: »Mindestens viertausend Jahre alt.«

Mit wenigen Sätzen erläutere ich die Datierungsmöglichkeiten, daß nämlich die Feuersteingeräte auf die Jungsteinzeit hinweisen, daß es aber solche auch noch in der Bronzezeit gibt. Die Metallklinge des Beils, von der unklar ist, ob sie aus Kupfer oder aus Bronze besteht, besitzt eine Form, wie sie in der Frühen Bronzezeit üblich ist, in der Jungsteinzeit hingegen äußerst selten. Alle übrigen Funde passen sehr gut in das Ensemble, lassen sich aber vorerst nicht näher datieren. Man glaubt mir immer noch nicht. Dann frage ich, ob das Denkmalamt schon benachrichtigt worden sei. Keiner wirkt betreten, als sie meine Frage verneinen. Die Funde zeigen beginnende Austrocknungserscheinungen. So veranlasse ich ein vorsichtiges Bespritzen mit destilliertem Wasser. Die Tische werden mit Plastikfolien abgedeckt. Nach ein paar Minuten gehe ich in unser Institut zurück. Außer der Sekretärin Julia Tschugg ist noch niemand da. Ich bitte sie, alle Leute zusammenzutrommeln. So wie die Sachen da drüben liegen, werden sie nicht mehr lange zu sehen sein. Außerdem muß ich sofort mit dem Römisch-Germanischen Zentralmuseum in Mainz, dem Bundesdenkmalamt sowie dem Ministerium, beides in Wien, sprechen.

Als erstes meldet sich das Denkmalamt. Frau Dr. Christa Farka nimmt den Anruf entgegen. Mit knappen Worten versuche ich die Lage zu erläutern. Sie begreift sofort und gibt mir völlig freie Hand, alles zu tun, was ich für richtig halte. Kurz danach ist Mainz am Apparat. Die Kollegen erkennen den Ernst der Lage und versprechen, am nächsten Tag zu kommen. Mir fällt ein Stein vom Herzen, als man spontan und ohne jeden Vorbehalt die kostenlose Restaurierung und Konservierung der Beifunde zusichert. Ich frage auch wegen der Mumie. Aber Direktor Dr. Ulrich Schaaff lehnt es ab, auch die Leiche zu übernehmen, da man damit keinerlei Erfahrung habe.

Auch im Bundesministerium für Wissenschaft und Forschung hat inzwischen der Dienst wie gewohnt begonnen. Ministerialrat Dr. Johann Popelak sitzt hinter seinem Schreibtisch. Ein fast schmuckloses Büro, sachliche Atmosphäre. Mit dem ausgerasteten Professor aus Innsbruck am Telefon weiß er zuerst nichts anzufangen. Einen Hubschrauberflug soll er bewilligen? Wohin? Zum Hauslabjoch? Nie gehört. Jetzt gegen Jahresende seien alle Kassen leer. Wieder erkläre ich den Fall. Ich sollte mich eigentlich kurz fassen. Denn gerade beim Ministerium will man nicht den Eindruck erwecken, mit endlosen Auswärtsgesprächen das Geld zu vergeuden. Aber das ist mir jetzt egal. Da greift mir der Ministerialrat ins Wort: »Fliegen Sie! Das nehme ich auf meine Kappe.« »Wir müssen auch Ausgrabungen, archäologische Nachuntersuchungen am Fundort machen.« – »Ist in Ordnung, ich werde die notwendigen Mittel schon auftreiben.« Eine derart unkonventionelle Zusage ist in diesem Ministerium sicher noch nie gegeben worden. In Wien weiß sonst einstweilen keiner Bescheid. Die erste Fernsehsendung gestern abend ist nur in Tirol ausgestrahlt worden, was sich in den nächsten Stunden gründlich ändern wird. Nicht einmal ich habe die kurze Sendung in den aktuellen Nachrichten vom Tage gesehen, denn wir besitzen keinen Fernseher zu Hause.

Im Institut haben sich inzwischen ein paar Mitarbeiter und Studenten versammelt. Wir gehen hinüber in die Gerichtsmedizin. Auch einige Journalisten wieseln bereits herum. Sie müssen über ebenso empfindliche Riechorgane wie Schmetterlinge verfügen, die sogar ein einzelnes Molekül der Sexualduftstoffe ihrer Geschlechtspartner registrieren können. Die Reporter lauschen begierig dem Fachgespräch zwischen Prähistorikern und Gerichtsmedizinern. Wir Archäologen sind uns einig in bezug auf das hohe Alter. Die Männer in Weiß zweifeln weiterhin. Wie wenig Kredit hat doch der Geisteswissenschaftler bei den Naturwissenschaftlern und Medizinern!

Einer der wesentlichen Gründe für das anfängliche Mißtrauen gegen die hohe Datierung bildet das Argument, daß ein Toter im Gletschereis gar nicht so lange verweilen kann. Selbst bei extrem langen, nur schwach geneigten und daher sehr langsam zu Tal fließenden Gletschern soll die Lagerungsdauer tausend Jahre nicht überschreiten können. Tatsächlich besitzen die bis dato ältesten Gletscherleichen der Alpen »nur« ein Alter von etwa vierhundert Jahren. Gemeint sind der sogenannte »Söldner vom Theodulpaß« und das »Hirtenmädchen vom Porchabellagletscher«.

In den Jahren von 1985 bis 1990 aperten aus dem Eis des oberen Theodulgletschers bei Zermatt in den Schweizer Alpen auf etwa dreitausend Metern Seehöhe die Überreste eines Bergtoten aus. Die Scher- und Reibkräfte des Gletschers hatten ihn in Kleinstpartikel zerlegt.

Der sanft abfallende Firn erfreut sich bei den Schianfängern großer Beliebtheit. Die Kursleiterin Annemarie Julen-Lehner entdeckt ein Hindernis und will es wegräumen. »Wie kommt da eine Kokosnuß hin«, denkt sie noch. Was sie erschrocken aufhebt, ist eine mit Haarfilz bedeckte menschliche Schädelkalotte.

Seitdem suchte sie zusammen mit ihrem Mann Peter Lehner den Jahr für Jahr zurückweichenden Rand der Gletscherzunge ab, bis die Fundstelle erschöpft war. Eine kolossale Ausbeute. Neben weiteren Knochenspänen kamen auch solche von zwei Maultieren mit den zugehörigen Hufeisen zum Vorschein, alles auf einer Fläche von etwa fünfundsiebzig Metern Länge und zehn Metern Breite verstreut. Dann Lederschuhwerk, Kleiderreste, Teile eines Seidenhemdes, ein hundertfünfundzwanzig Zentimeter langer Reiterdegen, ein Dolch mit Knauf und Parierstange, eine Radschloßpistole, mehrere Messer und ein eiserner Schuhlöffel sowie zwei silberne Anhänger, auf einem die Buchstaben HN eingeritzt, sicher das Monogramm des bislang noch nicht identifizierten Toten. Münzen über Münzen lagen herum. Insgesamt über zweihundert Silberlinge. Mit ihnen läßt sich die Zeit des Bergunfalls sehr genau auf die Jahre um 1595 einschätzen.

Die ersten Teile der Mumie und der zu ihr gehörenden Ausrüstungsgegenstände vom Porchabellagletscher im Schweizer Kanton Graubünden kamen bereits 1988 zum Vorschein, wurden damals aber nicht weiter beachtet. Vier Jahre später – inzwischen war die Bevölkerung durch den Fund des Ötztaler Gletschermannes sensibilisiert worden – ließen sich weitere Reste an der gleichen Fundstelle aufsammeln, und nun erst wurden die Kantonsarchäologie und der zuständige Anthropologe Dr. Bruno Kaufmann eingeschaltet.

Die Untersuchung der menschlichen Überreste ergab ein Sterbealter von etwas über zwanzig Jahren und weibliches Geschlecht. Schwieriger war es, Hinweise auf den Zeitpunkt des Unglückes herauszuarbeiten. Alle Umstände deuten auf eine ähnliche Zeitstellung wie die des Söldners vom Theodulpaß, also auf den Beginn der Neuzeit, hin.

Auch in diesem Falle hatte der Gletscher den Leichnam der jungen Frau samt ihren Habseligkeiten in Kleinstpartikel zerlegt und über eine Fläche von etwa drei auf zwanzig Meter Ausdehnung verstreut. Skelettreste, Haare und Weichteilfetzen von der Mumie selbst sowie ein Hut, Schuhe, Textilfragmente, ein Holzgeschirr und ein Holzkamm ließen sich bergen.

Wie anders jedoch der Fund vom Hauslabjoch. Es erscheint unumgänglich, die Gletscherkundler zu Rate zu ziehen. An der Innsbrucker Universität ist auch ein Institut für Hochgebirgsforschung eingerichtet. Wir arbeiten schon seit vielen Jahren mit seinem Leiter, Professor Gernot Patzelt, zusammen und verabreden uns für den nächsten Morgen mit ihm. Er ist begeistert und will mit seinen Helfern umgehend in die Gletscherwelt aufbrechen. Alle sind sie, schon von Berufs wegen, hervorragende Bergsteiger, sicher in Fels und Eis. Ich bin es leider nicht.

In unser Institut zurückgekehrt, treffen wir die Vorbereitungen für die archäologische Expedition ins Gebirge. Nur einigermaßen bergerfahrene Leute kommen in Frage. Henn und ich chartern einen Hubschrauber für den nächsten Tag. Ich erzähle dieses auch deshalb, weil ein Kollege später in seinem Buch verkünden wird: »*Offenbar war man nicht auf weitere Funde vom Tisenjoch* [d. i. Hauslabjoch] *gefaßt, da die in Innsbruck anwesenden Prähistoriker trotz Schönwetters nicht sofort die Fundstelle aufsuchten.*« Vor allem möchte ich mit dieser Darstellung aber zeigen, mit welchen Witterungsunbilden wir uns in den nächsten Tagen herumschlagen mußten und welche Gefahren die Berge den Unvorsichtigen bereiten können.

Doch noch ist an diesem Dienstag viel zu tun. Der Druck durch die Reporter nimmt immer mehr zu. Man vermag sich kaum noch frei zu bewegen. Wir vertrösten auf eine Pressekonferenz um 17.00 Uhr im Hörsaal der Gerichtsmedizin, um etwas Luft zu bekommen. Aber das nützt nicht viel. Henn schließt sein Institut zu. Bei uns im Gebäude der Geisteswissenschaftlichen Fakultät ist das nicht so leicht. Auf jedem Stockwerk sind mehrere Institute. Die Gänge gelten als Fluchtwege bei Feuergefahr. Das zeigt sich einige Wochen später, als wir in der Etage unter uns Bombenalarm haben und das zehnstöckige Gebäude sofort geräumt werden muß. Da kann man nicht einfach dichtmachen. In kürzester Frist ist alles blockiert. Auf den Gängen quetschen sich Reporterschwärme und Kamerateams bis hinab in die Treppenhäuser. Unsere Telefone sind hoffnungslos überlastet. Nichts geht mehr.

An der Universität dürfen nur die Professoren direkt nach draußen wählen. Allen übrigen Mitarbeitern wird unterstellt, daß sie mit solchen Apparaten zu viele Privatgespräche führen würden, deshalb müssen sie Auswärtsgespräche über die Zentrale anmelden. Aber auch die zentrale Vermittlung bricht jetzt zusammen. Da entwickelt unsere Sekretärin ungeahnte Organisationstalente. Sie hängt sich hinter die Haustechniker. Wir würden mehr Außentelefone benötigen, und zwar sofort. Ein Wunder geschieht. Zehn Minuten später sind die Techniker da: in blauen Overalls, mit Trittleitern über den Schultern, mit Kabelrollen und Werkzeugkoffern in den Händen. Ein Ruck geht durch das Reportergedränge. Da vorne ist »action«. Während die Handwerker Löcher durch die Wände bohren und Kabelstränge annageln, erhellt sich die Szenerie im Flutlicht der Scheinwerfer. Bierernst wird jeder Hammerschlag von den Fernsehteams gefilmt.

Unsere apparative Ausstattung zeigt sich dem Ansturm hoffnungslos unterlegen. Tschugg spricht mit der Wirtschaftsabteilung und fordert Telefax, Tischkopierer und, und, und ... Im Institut für Ur- und Frühgeschichte sei wegen des Eismanns die Hölle los. Und noch ein Wunder geschieht. Binnen einer Stunde sind die Apparate tatsächlich da. Der Telefondienst wird eingeteilt. Christiane Ganner nimmt die italienischen, Nadja Riedmann die englischen Gespräche entgegen. Zissernig betreut die französischen Telefonate. Alle übrigen kramen ihr Schulenglisch wieder hervor. Die Stimmung im Institut ist großartig, an Pausen oder Feierabend nicht zu denken. Mir werden Freiflüge in die Fernsehstudios nach Mainz, Hamburg und London zu Live-Interviews angeboten. Ich solle sofort in die Maschinen steigen. Alles sei schon gebucht. Dankend lehne ich ab. Es ist Dringenderes zu tun.

Die Hauptsorge gilt der Leiche. Keiner von uns verfügt über Erfahrungen mit Permafrostmumien. Sie wird uns hoffentlich nicht bis zum nächsten Tag zu Staub zerfallen? Gibt es irgendwo in Europa historische oder vorgeschichtliche Frostleichen? Nein. Ich denke an die Mumien jener skythischen Nomadenfürsten aus dem sibirischen Altai, die in einer Eislinse unter ihren Grabhügeln eingefroren waren. Sergej I. Rudenko hatte sie in den Jahren vor und nach dem Zweiten Weltkrieg bei Pazyryk ausgegraben. Besonders die Tätowierungen auf der Haut eines Mannes erregten wegen ihrer eindrucksvollen Tierdarstellungen erhebliches Aufsehen. Wie wurden diese Mumien damals konserviert? Eine telefonische Verbindung zur Eremitage in Leningrad, das kurze Zeit später wieder Sankt Petersburg heißen wird, kommt nicht zustande. Rußland befindet sich in Aufruhr. Das Sowjetregime bricht zusammen. Gorbatschow schwenkt auf den Reformkurs ein. Es ist aussichtslos.

Henn und ich beraten. »Platzer«, wirft der Gerichtsmediziner ein. Professor Werner Platzer ist Vorstand des Instituts für Anatomie der Universität Innsbruck, des »Nachbarinstituts« von Henn. Immer wenn sie zu viele Leichen in der Gerichtsmedizin haben, hilft Platzer mit seinen Kühlzellen aus. Überhaupt hat man in der Anatomie beträchtliche Erfahrungen mit menschlichen Präparaten. Eines wird immer deutlicher. Dieser wertvolle Menschenfund vom Hauslabjoch ist für alle Zukunft so zu verwahren, daß er auch nachfolgenden Forschergenerationen uneingeschränkt zur Verfügung steht. Von üblichen chemisch-konservatorischen Behandlungen muß folglich Abstand genommen werden. Allgemein stellen wir fest, daß es keinerlei positive Richtlinien für eine dauerhafte Erhaltung von menschlichen Eismumien gibt. So entsteht die Idee, den Mann aus den Ötztaler Alpen gleichsam unter Gletscherbedingungen zu lagern. Wenn er dort jahrtausendelang wohlerhalten blieb, wird er es sicher auch unter simulierten Verhältnissen bleiben.

Mittlerweile ist die Mumie auf die normale Raumtemperatur des Seziersaals von 18° Celsius aufgetaut. Deshalb diskutieren wir, ob ein neuerliches Einfrieren auf die Jahresmitteltemperatur am Hauslabjoch von minus 6° Celsius die Leiche schädigen könnte. Da aber der Leichnam während der Schönwetterperiode in den Tagen vor und nach seiner Entdeckung regelmäßig tagsüber auf- oder doch zumindest antaute und nachts wieder einfror, schätzen wir den möglichen Schadenfaktor bei behutsamem Wiedereinfrieren für vergleichsweise gering. Jedenfalls geben wir diesem Verfahren gegenüber anderen Alternativen den Vorzug. An guten Ratschlägen mangelt es nicht. Sie reichen von Schockgefrieren über das Einlagern in flüssigem Stickstoff bis hin zum vollständigen Austrocknen der Mumie, einschließlich der Übermittlung verschiedener Imprägnierungsrezepturen. Ein Wiener Humanbiologe empfiehlt sogar, den Toten wie ein Paar Würstchen in die Tiefkühltruhe zu stecken.

Während der Pressekonferenz meinen einige Journalisten, leichte, sich ausbreitende Verfärbungen auf der Haut des Leichnams zu beobachten. Sofort ist von wucherndem Leichenpilzrasen die Rede. Die Innsbrucker ließen die Mumie verschimmeln, toben die Wiener. In Wirklichkeit handelt es sich zum einen um geringe Kondensationserscheinungen, da die Temperatur des Raumes höher liegt als die im Inneren des Körpers. Sie sind unschädlich. Zum anderen treten flächige bläuliche bis schwärzliche pustelartige Erhebungen auf. Ähnliche Beobachtungen wurden früher schon beispielsweise bei sibirischen Mammuts gemacht. Diese Kriställchen ließen sich als Vivianit oder Blaueisenerz, ein komplexes Eisenphosphat, bestimmen. Es tritt dort auf, wo ein Kontakt der Leichenoberfläche mit eisenhaltigem Material besteht, in diesem Fall also Berührungsprodukte aus dem Sediment, auf dem der Tote am Hauslabjoch gelegen hatte. Auch diese Mineralisationen sind harmlos.

Gleichwohl treffen wir gewisse Sicherheitsmaßnahmen, um die kostbare Mumie mit ihren unersetzlichen Beifunden bis zur endgültigen Versorgung vor rezenten Kontaminationen zu schützen. Auf den beiden Seziertischen werden unter den Plastikplanen mehrere Schälchen mit verdünnter Karbollösung aufgestellt. Zusätzlich tupfen die Gerichtsmediziner die Leiche mit dem gleichen Mittel ab. Diese Maßnahme beeinträchtigt zukünftige Untersuchungen wie etwa naturwissenschaftliche Altersbestimmungen nicht.

Am späten Nachmittag dieses aufregenden Tages sind die Voraussetzungen für die Aufbewahrung der Leiche im Anatomischen Institut geschaffen. Am Abend des 24. September 1991 übernimmt Platzer die Mumie. In den folgenden Tagen wird die Atmosphäre in der Kühlkammer bezüglich der einzuhaltenden Luftfeuchtigkeit noch optimiert. Diese Art der Lagerung und Konservierung des Mannes vom Hauslabjoch wird sich in den nächsten Jahren hervorragend bewähren. Sie ist freilich nicht billig und kostet monatlich an die hundertfünfzigtausend Schilling.

Erfreulicherweise bemerken die Journalisten den Leichentransport nicht, denn zwischen den Instituten für Gerichtsmedizin und Anatomie besteht ein unterirdischer Gang. So kann die Mumie völlig unbemerkt von der Öffentlichkeit in ihre Kühlkammer umgelagert werden. Mittlerweile haben wir nahezu alle europäischen Länder an der Strippe. Später am Abend schalten sich die amerikanischen Anstalten ein. Tief in der Nacht holt man mich noch in das Studio Tirol am Rennweg. Das Interview wird über Monitorschaltung ausgestrahlt. Die letzte Frage des Moderators, was denn den Mann aus dem Eis in die Berge getrieben haben könnte, beantworte ich: »Vielleicht wollte er seine Freundin im Nachbartal besuchen.« Kurz nach Mitternacht, ich bin noch nicht zu Hause, klingelt bei uns das Telefon. Schlaftrunken taumelt meine Frau zum Apparat. »Here New Zealand.« Sie hält das für einen Witz und legt auf.

7. Mittwoch, 25. September 1991

Gernot Patzelt kommt herein. Es ist Mittwoch, der 25. September 1991, morgens um 8.00 Uhr. Ich habe das Telefon auf dem Schreibtisch abstellen lassen, was freilich überhaupt nichts nützt. Irgendwie gelangen die Reporter in die Leitung. Wahrscheinlich bestechen sie die Mädchen in der Telefonzentrale. Der Glaziologe mit seinem lustigen, wettergegerbten Gesicht ist jedoch bar jeder Bestechlichkeit. Was er sagt, hat Hand und Fuß. Wir besprechen kurz die Fragestellungen und den Einsatz. Wegen der vorhersehbaren Wetterverschlechterung sind seine drei Mitarbeiter, Dr. Ekkehard Dreiseitl und Gerhard Markl vom Institut für Meteorologie und Geophysik sowie Dr. Heralt Schneider vom Institut für Mathematik, bereits um 6.30 Uhr von Innsbruck aus in Richtung Ötztal aufgebrochen. Sie erreichen das Hauslabjoch um 10.30 Uhr. Patzelt wird erst etwas später, gegen 13.30 Uhr, ankommen. Gleich beim Eintreffen an der Fundstelle entdeckt Schneider den Pfeilköcher. Er ist auf einer Steinplatte angefroren und ragt mit seinem Oberteil etwa zwanzig Zentimeter aus dem Eis heraus. Mindestens zehn Pfeile enthält er. Man läßt aber alles unberührt, um unsere Ankunft abzuwarten.

Kurz vor 9.00 Uhr fahren Henn und ich in seinem Wagen zum Flughafen. Der Mediziner erzählt ein wenig von sich. Er ist gebürtiger Mannheimer, hat in Heidelberg studiert und war dann Assistent am Max-Planck-Institut in München. Danach der Wechsel an die Universitätsklinik in Würzburg. Von dort setzte er seine Karriere am Institut für Rechtsmedizin in Freiburg im Breisgau fort. Die nächste Station war wieder München. Schließlich der Ruf als Vorstand an das Institut für Gerichtliche Medizin in Innsbruck. Sein Hobby ist die Segelfliegerei. Nichts sei eindrucksvoller, als laut- und schwerelos über die Alpengipfel zu gleiten.

Der Hubschrauber hebt ab und läßt Innsbruck hinter sich. Unter uns die Innschleife. Wir fliegen flußaufwärts zunächst in westlicher Richtung. Rechts neben und vor uns die Nordkette mit den Lechtaler Alpen. Links weit im Süden die Gipfel des Alpenhauptkamms, eingehüllt in kleine Wolkenfelder. Die Miene des Piloten wird besorgt. Ständig spricht er über sein Helmmikrofon mit der Wetterwarte. Nach wenigen Minuten öffnet sich links die Mündung des Ötztals. Die Maschine schwenkt nach Süden ab und zwängt sich in die steilen Flanken des Taleinschnitts.

Mit einer Nord-Süd-Erstreckung von nahezu sechzig Kilometern bildet das Ötztal eines der längsten Quertäler, das vom Inn her in Richtung Hauptkamm in die Ketten der Nordalpen einschneidet. Deshalb diente es im Mittelalter und in der Neuzeit als Durchzugsroute in den Süden und umgekehrt. Kleine Pässe erleichtern die Überwindung des Hauptkamms: das Hochjoch, das Finailjoch, das Hauslabjoch, das Tisenjoch, das Eisjoch, das Niederjoch und das Similaunjoch. Von Südtiroler Seite her schiebt sich aus dem Vinschgau das Schnalstal dem Kamm entgegen. Noch heute besitzen die Vinschgauer Bauern Weidegründe im Ötztal. Jeden Sommer treiben sie ihre Schaf- und Ziegenherden nach Norden auf die Almen und im Herbst wieder zurück. Auch dem Mann im Eis müssen diese Übergänge vertraut gewesen sein.

Wir haben die enge Talmündung passiert. Die Steilhänge weichen zurück. Das Tal öffnet sich, und unter uns liegt das Dorf Ötz, das dem Tal den Namen gegeben hat. Der Name soll mit »atzen« (essen, weiden) zusammenhängen und kennzeichnet die alte, bäuerliche Grundlage: die Weidewirtschaft. Der Hubschrauber steigt und überfliegt die nächste Schlucht. Die Ötztaler Ache schäumt herab. Die Straße weicht in Serpentinen aus. Dann wieder eine Talweitung. Kleine Weiler ziehen unter uns dahin. An den Hängen kleben winzige Bergbauernhöfe. Im nächsten Talkessel breitet sich Längenfeld aus. Irgendwo dort betreibt Klocker seine Sargtischlerei. Dunkler Fichtenwald säumt die Flanken der Berge. Darüber, oberhalb der Baumgrenze, ziehen sich die Weidefluren hin. Vor uns nähert sich Sölden, wo sich das Tal gabelt. Linker Hand geht es zum Timmelsjoch hinan. Wir biegen ein wenig nach rechts in Richtung Vent ab. Hier endet die Straße.

Jetzt ändert sich auch das Bild der Landschaft. Wir haben die Waldzone verlassen. Aber immer noch begleiten Bergwiesen den Talgrund. Von allen Seiten wälzen sich die öden Geröllhalden der Gletschermoränen herab. Es ist mir schleierhaft, wie sich der Pilot hier zurechtfindet. Dann sind wir über dem Gletscher. Wolken ballen sich vor uns zusammen. Föhn kündigt sich an. Der Helikopter weicht aus, hüpft über einen Grat, schraubt sich in die Höhe. »Wir sind ganz dicht dran. Unten ist schon die Martin-Busch-Hütte«, schreit der Pilot ins Mikrofon, »die verdammten Wolken.« Er versucht, darunter hinwegzutauchen. Wie hungrige Mäuler klaffen unter uns riesige Gletscherspalten. Es sind höchstens noch ein paar hundert Meter zum Hauslabjoch. Da wälzt sich ein undurchdringlicher Nebelplafond über den Kamm. Der Pilot entschließt sich zum Rückzug. Eine Stunde lang warten wir an der Martin-Busch-Hütte, umsonst. Wir fliegen nach Innsbruck zurück.

Auch die Gletscherforscher an der Fundstelle warten vergeblich auf uns. Sie hören die Rotoren des Hubschraubers. Dann wird das Geräusch wieder leiser. Er dreht ab. Es ist lebensgefährlich, bei diesem Nebel zu landen. Was soll man mit dem Köcher tun? Ganz ausgeschlossen ist es nicht, daß selbst bei diesem Wetter noch jemand anderer vorbeikommt. Die Fundstelle liegt ja dicht am Hauslabjochsteig. Außerdem kann es schneien. Dann bleibt er unauffindbar. Mit einer neuerlichen Ausaperung ist in diesem Jahr nicht mehr zu rechnen.

Die Glaziologen treffen die einzig richtige Entscheidung. Sie bergen den Köcher. Die vorsichtige Loslösung aus dem Eis und von der Felsplatte geschieht, ohne den Fund mit einem Werkzeug zu berühren. Sie gießen unermüdlich mittels einer Plastiktüte Schmelzwasser auf ihn, eine Prozedur, die rund zwei Stunden in Anspruch nimmt. Dann wickeln sie den wertvollen Gegenstand in eine Daunenjacke ein. Gerade mühen sie sich, das Bündel mit Schistöcken zu schienen, da erscheint eine Gestalt aus dem Nebel. Es ist der Vizebrigadiere Silvano Dal Ben, ein Beamter der italienischen Finanzwache, die dort den Grenzdienst leistet. Zwei Mitglieder des Teams verstricken ihn in ein Gespräch, während die anderen den Köcher hastig im Rucksack verstauen und ihrerseits im Nebel verschwinden.

Dal Ben bleibt allein zurück. Aus der Eismulde, in der der Tote gelegen hatte, sammelt er zahlreiche Fell- und Lederfetzen ein. Abends liefert er sie dann im Südtiroler Denkmalamt in Bozen ab. Man unterschreibt ein Übergabeprotokoll. Es wird rund neun Monate dauern, bis diese Funde nach Überwindung beträchtlicher bürokratischer Hürden mit den in Mainz zur Restaurierung befindlichen Ausrüstungsteilen vereint werden können.

Parallel zum Unternehmen der Gletscherforscher bricht auch die erste archäologische Expedition an diesem Tag um 9.00 Uhr von Innsbruck aus auf. Sie führt das Grabungsgerät im Auto mit sich. Am Hauslabjoch wollen wir uns alle treffen. Weitere Leute sind mit einem zweiten Hubschrauber unterwegs. Er soll sie an der Fundstelle abladen und dann den Rest der Mannschaft aus Vent heraufholen. Der Urgeschichtsstudent Josef Ullmann ist bereits an Bord. Mit ihm fliegen die Reporter vom ORF, Hölzl und Mathis, die diesen Flug bezahlen. Unser Assistent Tomedi, die Sekretärin Tschugg und die Studentin Ganner warten am Landeplatz. Doch der Hubschrauber kommt voll besetzt zurück. Kurz unterhalb des Hauslabjochs kam ihnen die nun voll entwickelte Föhnrolle entgegen. Jeder Weiterflug oder gar eine Landung war unmöglich geworden. Der Fußmarsch von Vent hinauf zum Joch dauert bei normaler Bergausrüstung etwa viereinhalb Stunden. Die Expedition muß für diesen Tag abgebrochen werden.

Als Henn und ich vom Flughafen zurückkommen, treffen auch die Mainzer ein. Dr. Markus Egg stammt aus Innsbruck. Er hat sein Studium an unserem Institut abgeschlossen und dann am Römisch-Germanischen Zentralmuseum zu arbeiten begonnen. Einige Jahre danach habilitierte er sich bei uns, so daß er nun den Studenten auch als Universitätsdozent zur Verfügung steht. Es erleichtert die Situation, die sich in den nächsten Tagen etwas zuspitzen wird, daß sozusagen ein gebürtiger Tiroler eine tirolerische Angelegenheit im Ausland betreut. Egg wird von der Mainzer Restauratorin Roswitha Goedecker-Ciolek begleitet. Sie hat sich als hervorragende Spezialistin bewährt, vor allem für Konservierungsfragen bei organischen Fundmaterialien.

Der Nachmittag ist ausgefüllt mit ersten restauratorischen Versorgungsmaßnahmen zur Sicherung der Funde. Tomedi, der mittlerweile aus Vent zurückgekommen ist, assistiert. Insbesondere muß die Ausrüstung des Mannes aus dem Eis für die Fahrt nach Mainz transportfähig gemacht werden. Wir ziehen erste Auskünfte bezüglich der Formalitäten für die Ausfuhrbewilligung ein. Probleme kündigen sich an. Können die Sachen nicht auch in Österreich restauriert werden, erkundigt man sich aus Wien.

Immer noch läßt das Wetter keinen Hubschrauberflug zu, und es soll auch in den nächsten Tagen so bleiben. Also müssen wir es zu Fuß wagen. Eine schwere Entscheidung. Es kommen nur bergerfahrene Archäologen für erste Recherchen am Fundplatz in Frage. Das Landesmuseum springt in die Bresche. Die zuständige Kustodin, Frau Professor Liselotte Zemmer-Plank, stellt zwei Mitarbeiter zur Verfügung. Die Expedition muß mit äußerster Sorgfalt vorbereitet werden. Morgen werden die beiden aufbrechen. Mittlerweile neigt sich auch dieser Tag seinem Ende entgegen. Wir lassen uns ein paar Semmeln aus der Cafeteria heraufkommen. Kaffee wird sowieso dauernd getrunken.

8. Donnerstag, 26. September 1991

Mitten in der Nacht vom 25. zum 26. September 1991, um 2.30 Uhr, kehrt das Glaziologenteam endlich heim. Schon um 8.00 Uhr steht Patzelt wieder bei uns im Institut. Er bringt den Köcher. Die Mainzer Restauratoren sind bereits an der Arbeit und übernehmen ihn.

Patzelt berichtet über die Beobachtungen am Hauslabjoch. Die

Fundstelle liegt in 3210 Meter Seehöhe dicht am Sommerweg von der Similaunhütte zum Hauslabjoch, etwa dreiundsiebzig Höhenmeter unterhalb des Jochs. Die dem Leichenfundort nächstgelegene und auf amtlichen Karten eingetragene geographische Bezeichnung ist das Hauslabjoch. Dieses gibt also seinen Namen für die wissenschaftliche Benennung des Mannes im Eis her. Das Gelände der Umgebung ist nur flach geneigt. Es gehörte zum Akkumulationsgebiet eines kleinen, namenlosen Gletschers, der ehemals ostwärts dem Niederjochferner zufloß. Jetzt ist er aber vollständig von diesem getrennt. Wegen der windexponierten Sattellage dürften die Schnee- und die Eismächtigkeit an dieser Stelle unter nacheiszeitlichen Bedingungen eher gering gewesen sein.

Die Abschmelzung hatte sich in den letzten warmen Sommern verstärkt und im Jahre 1991 ein außergewöhnliches Ausmaß erreicht. Das glaziale Winterhalbjahr war von Januar bis Mitte April durch relative Schneearmut beziehungsweise Trockenheit gekennzeichnet. Im sehr milden Spätwinter mit einem im Mittel um 3,5° Celsius zu warmen März begann die geringe Schneedecke selbst in hohen Berglagen schon vor Ostern zu schmelzen. Die Vegetationsperiode setzte verfrüht ein. Der Kälterückfall vom 17. April brachte allerdings wieder winterliche Verhältnisse mit Neuschnee bis hinab in die Tallagen und folgenschweren Nachtfrösten. Für den Gletscherrückgang maßgeblich war indes ein großflächiger starker Saharastaubfall. Dieser ereignete sich zwischen dem 5. und 8. März mit einer hochreichenden, südlichen Höhenströmung. Er verfinsterte den Himmel und färbte die Schnee- und Firnfelder gelbbraun.

Das Sommerhalbjahr begann winterlich. Der Mai war nahezu 4° Celsius zu kalt. Er brachte gebietsweise das Zwei- bis Dreifache der normalen Niederschlagsmengen, die im Gebirge meist als Schnee fallen. So lag Ende Mai überdurchschnittlich viel Schnee auf den Gletschern. An der Sonnblick-Wetterwarte im Land Salzburg wurde eine maximale Schneehöhe von achthundertzehn Zentimetern gemessen. Ungewöhnlich große Lawinen von den Bergflanken führten den Muldenlagen zusätzliche Schneemassen zu. Auch der Juni war im Mittel zu kühl. Er brachte bis Monatsende mehrfach Neuschneefälle im Gebirge und verzögerte den Abbau der Schneedecke. Diese gletschergünstige Situation änderte sich ab Julibeginn grundlegend. Die Monate Juli, August und September waren jeweils um 2° Celsius zu warm und von lang anhaltenden Schönwetterperioden geprägt. Die kurzfristigen Kälteeinbrüche um den 27. Juli und 29. August lieferten nur geringe Neuschneemengen und unterbrachen die Abschmelzung auf den Gletschern kaum. Bereits in der zweiten Julihälfte kam der Saharastaub wieder zum Vorschein. Nun setzte eine unglaublich rasante Eisschmelze ein. Das Sonnenlicht wurde nicht mehr wie gewöhnlich von den weißen Firnfeldern reflektiert, vielmehr resorbierte die dunkelgelbe Staubschicht die Strahlung und beschleunigte den Schneedeckenabbau wie die Gletscherschmelze. Selbst nach den Neuschneefällen vom 7. bis 10. und in der Nacht vom 22. zum 23. September blieben die staubverschmutzten Schnee- und Eisflächen bis in hohe Lagen unter Schmelzbedingungen. Insofern verdanken wir die Tatsache, daß der Mann Mitte September aus dem Eis zu apern begann, eigentlich einem Wüstensturm in Nordafrika.

Die Leichenfundstelle liegt in einer nahezu horizontal verlaufenden, von Südwesten nach Nordosten sich erstreckenden Mulde, nur etwa achtzig Meter vom Alpenhauptkamm entfernt. Diese schiffsrumpfförmige Rinne ist etwa zwei bis drei Meter zwischen Felsrippen eingetieft. Sie besitzt bei einer Weite bis zu acht Metern eine Länge von rund vierzig Metern. Beim Eintreffen der Glaziologen war sie basal noch eisgefüllt. Das Schmelzwasser stand bis dreißig Zentimeter hoch. Die Senke entwässert nach Nordosten gegen den Niederjochferner, ist aber in ihrem untersten Teil abflußlos. In dieser Rinne war das Eis auch bei starker Überdeckung und bei einer Jahresmitteltemperatur von minus 6° Celsius nahezu bewegungslos. Bei extremen Akkumulationen floß der Gletscher vom Hauptkamm über die in der Rinne erstarrte Eislinse hinweg zum Niederjochferner. Die im sanft abfallenden Gelände über der Felsmulde sicher nur mäßige Kriechbewegung des Eises verlief rechtwinklig zur Senke und hat daher das Bodeneis nicht mitbewegt. In der flachen windexponierten Sattellage kann die Schnee- und Eisüberdeckung selbst bei Gletscherhochständen kaum mehr als eine Stärke von zwanzig bis fünfundzwanzig Metern besessen haben.

Die eigenwillige Geländeform unterhalb des Hauslabjochs macht es also verständlich, daß das seit vorgeschichtlicher Zeit im

Gletscher eingeschlossene Fundgut nicht den Reib- und Scherkräften des fließenden Eises ausgesetzt war und daher in seiner ursprünglichen Lagerung erhalten blieb.

Eng mit diesen alle offenen Fragen eindeutig beantwortenden Erkenntnissen ist natürlich das Problem verbunden, ob der Mann im Laufe seiner über fünftausend Jahre währenden Liegezeit schon einmal oder öfter ausgeapert ist. Anders ausgedrückt, ob er im September 1991 das erste Mal unter Schmelzbedingungen geraten ist. Dafür hätte sich nach Patzelts Wissen um die Gletscher- und Klimageschichte der Ötztaler Alpen die Chance etwa in den Warmphasen des Hochmittelalters oder der römischen Kaiserzeit ergeben. Beispielsweise wäre zu erwägen, ob die Hautläsion am Scheitel des Leichnams, also der höchste Punkt des Toten in der Auffindungslage, darauf zurückzuführen ist, daß diese Körperstelle schon einmal trockengefallen und somit der Verwesung ausgesetzt war.

Aus den Erfahrungen des Glaziologen mit ausapernden Tierkadavern auf Gletschern ist es jedoch kaum vorstellbar, daß der Verunglückte jemals so weit aus dem Eis herausgeragt hat, wie es zum Zeitpunkt der Entdeckung durch das Nürnberger Ehepaar der Fall war. Die damit verbundene Trocknung und Wiederbefeuchtung, der tägliche Frostwechsel und die Sonnenbestrahlung, die zu einer Erwärmung der Hautoberfläche auf sicher über 20° Celsius führen mußte, hätten die Weichteile binnen kürzester Zeit zerstört. Raubzeug und Aasvögel hätten den Rest besorgt.

Aus diesen Gründen und unter Beachtung der Fundorttopographie ist zu folgern, daß am Ende der Lebenszeit des Mannes ähnliche klimatische Verhältnisse geherrscht haben, wie wir sie heute erleben. Die Felsmulde mußte damals in gleicher Weise wie im September 1991 fast oder ganz schnee- und eisfrei gewesen sein mit Jahresmitteltemperaturen, die zirka 0,5° Celsius über dem langjährigen Durchschnitt lagen. In den bekannten Wärmeperioden der Römerzeit vom 3. bis 4. Jahrhundert oder des Mittelalters vom 9. bis 10. Jahrhundert nach Christi Geburt ist das Eis am Hauslabjoch jedenfalls nicht auf das gegenwärtige Ausmaß abgeschmolzen. Sei es, weil es damals niederschlagsärmer, sei es, weil es weniger warm als heute war.

Der Erhaltungszustand der Mumie ist derart gut, daß der Mann während er starb oder unmittelbar nach seinem Tod unter Schneebedeckung geraten sein mußte und seither nie mehr an die Oberfläche kam. Wenn dieser Schnee einige Zeit kalt und trocken und somit luftdurchlässig blieb, wäre bei der Windexposition des Geländes eine temporäre Gefriertrocknung denkbar. Freilich dehydratisierte der Leichnam nicht gänzlich. Es verblieb ein geringer Rest der körpereigenen Flüssigkeit. Dieses zeigte sich in eindrucksvoller Weise, als die Mumie im Seziersaal der Gerichtsmedizin gänzlich auftaute und dabei passiv wieder bewegbar wurde. Vollständig trockenmumifizierte Körper sind dagegen federleicht und brechen, wenn man sie zu beugen versucht.

Für die aktuelle Klimadiskussion ergeben die Feststellungen Patzelts, daß es Gletscherrückgang und Erwärmung während des holozänen Abschnitts der Erdgeschichte auch unabhängig von dem anthropogen verursachten Treibhauseffekt gegeben hat. Die heutigen Klimaverhältnisse spiegeln zwar eine nachhaltige Warmphase wider, sie halten sich aber durchaus innerhalb des nacheiszeitlichen Schwankungsbereichs.

Ich bin fasziniert von Patzelts Darstellung. Doch der Glaziologe druckst noch herum. Dann sagt er: »Ich fürchte, daß die Fundstelle auf italienischem Hoheitsgebiet liegt.« Mir schwanen sogleich die bevorstehenden Komplikationen, aber davon abgesehen ist es unumgänglich, den Fundort sofort abzusperren und bewachen zu lassen. Wir setzen uns mit den Alpingendarmen in Verbindung, die alsbald Posten beziehen und in hervorragendem Einsatz bei teilweise bitterer Kälte am Hauslabjoch verbleiben, bis die zunehmende Schneebedeckung einen weiteren Schutz erübrigt.

Wolfgang Sölder und Gerhard Lochbihler erhalten die beiden ersten Passierscheine. Sölder ist wissenschaftlicher Mitarbeiter am Tiroler Landesmuseum Ferdinandeum in Innsbruck. Er hat das Studium der Ur- und Frühgeschichte an unserem Institut abgeschlossen. Lochbihler leitet die prähistorischen Restaurierungswerkstätten am selben Museum. Sie sind beide erfahrene Ausgräber und zugleich geschulte Alpinisten: die ideale Besetzung für die geplante Expedition. Nachfolgend schildere ich das Wagnis der beiden etwas ausführlicher, um vor allem für Außenstehende deutlich zu machen, welche Bedingungen in diesen Tagen im Gebirge herrschten.

Sölder und Lochbihler brechen am frühen Nachmittag in Innsbruck auf und fahren mit dem Auto bis Vent. Nach vierstündigem Aufstieg über den durch Regen vereisten Gletscher erreichen sie bei völliger Finsternis um 20.15 Uhr die Similaunhütte. Außer dem Hüttenwirt Markus Pirpamer ist niemand da.

Während die beiden Alpinarchäologen unterwegs sind, schließen die Mainzer die provisorische Sicherung und erste restauratorische Versorgung der Funde ab. Da trifft ein Ukas vom Ministerium ein. Die Ausfuhrbewilligung nach Mainz wird vorerst nicht erteilt. Der Vizekanzler will wissen, warum die Sachen nicht in Österreich bleiben und hier konserviert werden. Dr. Erhard Busek leitet das Ressort für Wissenschaft und Forschung in Wien. Ihm unterstehen nicht nur die Universitäten, sondern auch die Denkmalämter. Man beruft also Sitzungen ein und stellt Kommissionen zusammen. Für den nächsten Tag werden alle kompetenten Restauratoren Österreichs nach Innsbruck geladen.

9. Freitag, 27. September 1991

Am Freitag, dem 27. September 1991, bleibt die Wetterlage immer noch unerfreulich. Um 7.00 Uhr beginnt die Tagwache auf der Similaunhütte. Wenig später treten Sölder und Lochbihler den Aufstieg zum Hauslabjoch an. Markus Pirpamer führt sie. Bei dichtem Nebel erreichen sie die Fundstelle um 9.15 Uhr. Mittlerweile setzt heftiges Schneetreiben ein. Man kann gerade noch am Eis festgefrorene Fundstücke erkennen. Ein Stück Rundholz, eine Schlehdornfrucht sowie Heubüschel und Lederfetzen lassen sich bergen, bevor der Schnee alles wieder zudeckt. Um 12.00 Uhr zwingt das Wetter endgültig zum Rückzug. Während des Abstiegs zieht auch noch ein Gewitter über dem Berggrat auf. Die Luft ist mit elektrischer Spannung aufgeladen. Die Metallteile des Grabungsgeräts fangen an zu »singen«. Zwei Pickel und ein Klappspaten müssen wegen der Gefahr des Blitzeinschlags unter einer schräggestellten Steinplatte zurückgelassen werden. Die Forscher benötigen die dreifache Zeit, um sich wieder zur Similaunhütte hinabzukämpfen.

An diesem Vormittag treffen die österreichischen Restauratoren ein. Man besichtigt zunächst die Funde. Schon auf den ersten Blick ist klar, daß bei diesem Fundensemble mit zahlreichen verschiedenen, zum größten Teil höchst sensiblen Materialien neue Wege der Restaurierung beschritten werden müssen. Eine erste Aufgabe besteht darin, die Funde zu katalogisieren und eine ausführliche Dokumentation zu erstellen. Diese Arbeiten haben vor Beginn jeder Konservierungsmaßnahme zu geschehen. Es müssen also neben Fotos auch computertomographische Aufnahmen, Röntgenbilder und, wenn nötig, Zeichnungen angefertigt werden.

In der zweiten Stufe geht es dann um Probenentnahme und Reinigung. Die Probengewinnung dient der Materialbestimmung. Bei den heutigen Untersuchungsmöglichkeiten genügen in der Regel Probenmengen im Milli- bis Mikrogrammbereich. Entscheidend aber ist, daß alle diese Proben ebenfalls vor jeder konservatorischen Behandlung zu entnehmen sind. Bei der Restaurierung werden die Funde mit verschiedenen chemischen Substanzen getränkt, die die Bestimmungsergebnisse beeinträchtigen können. Vorrangig ist insbesondere die Entnahme von unkontaminierten organischen Teilchen für die naturwissenschaftliche Altersdatierung sowohl der Leiche selbst als auch der Beifunde. Gereinigt wird nur mit destilliertem Wasser. Das Reinigungswasser wird anschließend dreimal durch zunehmend kleinmaschigere Siebe gespült und zuletzt noch gefiltert. Auf diese Weise werden kleine und kleinste Partikel aufgefangen bis hinab zu den Blütenpollen, die an der Kleidung und an den Ausrüstungsgegenständen haften.

In einer dritten Restaurierungsphase sind die Fundobjekte zu konservieren. Die Gräser wird man nach einer Vakuumtränkung mit Luviskol, Lutensit und Polyethylenglykol gefriertrocknen. Die Leder- und Fellmaterialien müssen rückgefettet und ebenfalls in der Gefriertrocknungsanlage dehydratisiert werden. Die Hölzer bereiten keine besonderen Probleme. Für ihre Konservierung liegt genügend Erfahrung vor. Sie werden zunächst durch ein halb- bis einjähriges Bad in deionisiertem Wasser gereinigt. Anschließend läßt man sie ganz langsam unter ständiger Beobachtung austrocknen. Bei der ausgezeichneten Erhaltung selbst der Zellmembranen scheint eine Behandlung mit Lyofix, Polyäthylenglykol oder anderen Stabilisatoren nicht erforderlich zu sein.

Besondere Schwierigkeiten für die Restaurierung des Fundgutes vom Hauslabjoch bereitet indes die Tatsache, daß mehrere Teile der Ausrüstung aus verschiedenen Materialien bestehen. So wurde für die Herstellung des Köchers eine Haselrute als Versteifungsstrebe und Fell für den Behälter verwendet. Das Beil besteht aus dem hölzernen Holm. Die Schäftungswicklung hingegen hat man aus Leder- oder Hautriemen verfertigt. Besonders komplex wurden die Pfeile konstruiert. Es sind neben den Feuersteinspitzen Federn, eine schwarze Kittmasse, feine Fäden und wieder Holz für die Schäfte festzustellen. Ihre Restaurierung mit unterschiedlichen Verfahren hat nach einem regelrecht logistisch aufgebauten Fahrplan zu erfolgen.

Die Krisensitzung findet im Institut für Ur- und Frühgeschichte statt. Archäologen und Restauratoren besprechen die Probleme miteinander. Einhellig kommt das Gremium zu dem Schluß, dem Minister zu empfehlen, das Fundensemble den Werkstätten des Römisch-Germanischen Zentralmuseums in Mainz zur Restaurierung und Konservierung anzuvertrauen. Dieses verfügt über die nötige apparative Ausstattung sowie weltweit über die meisten Erfahrungen.

An diesem Tag verdichten sich die Gerüchte, die Fundstelle könne entgegen der Annahme der ersten Tage doch auf italienischem Staatsgebiet liegen. Die Presse greift das Thema mit Begeisterung auf und spielt es hoch. Nach dem verlorenen Ersten Weltkrieg mußte Österreich einen Teil Alttirols an Italien abtreten. Noch heute empfinden viele Südtiroler die Fremdherrschaft als bedrükkend. Nicht selten machten extreme Gruppierungen mit Sprengstoffanschlägen in den vergangenen Jahrzehnten auf das Unrecht aufmerksam. Normalerweise kümmert sich jedoch kein Mensch um den genauen Grenzverlauf in der Hochgebirgsregion. Aber der Mann aus dem Eis facht die Diskussion neuerlich an. Die Unklarheiten entstehen hauptsächlich daher, weil die Grenze zwischen Italien und Österreich im Staatsvertrag von Saint-Germain-en-Laye bei Paris zwischen der Republik und den Alliierten und assoziierten

Kräften vom 10. September 1919 längs der Wasserscheide zwischen dem Becken des Inn im Norden und der Etsch im Süden verlaufen sollte. Die Leichenfundstelle liegt jedoch eindeutig westlich des Alpenhauptkamms, der am Hauslabjoch einen kleinen Schlenker macht und in nordsüdlicher Richtung verläuft. Dieses Gebiet aber entwässert zum Inn hin.

Andererseits besaß die Grenzziehungskommission seinerzeit die Befugnis, unter Berücksichtigung praktischer Aspekte bei der definitiven Festlegung der Grenze in marginalen Bereichen auch von der ermittelten wirklichen Wasserscheidelinie abzuweichen. Von dieser Möglichkeit mußte am Hauslabjoch Gebrauch gemacht werden, da damals dort wegen Gletscherüberdeckung der Alpenhauptkamm nicht sichtbar war. Gleichwohl bleibt aber auch bei geänderten topographischen Verhältnissen der einmal gezogene Grenzverlauf völkerrechtlich gültig.

Bereits an diesem Nachmittag treffen also vier Alpingendarmen am Fundplatz ein. Da sie kein ordentliches Vermessungsgerät mit sich führen, um die durch Marksteine festgelegte Grenzlinie kontrollieren zu können, behelfen sie sich mit ihren Bergsteigerseilen. Sie stellen fest, daß die Fundstelle etwa drei Seillängen auf italienischem Gebiet liegt. Das entspräche ungefähr hundertzwanzig Metern.

Jetzt melden sich auch die ersten Rechtsanwälte zu Wort. Mittlerweile wird der tägliche Posteinlauf in unser Institut waschkorbweise herbeigebracht. Das meiste muß ungelesen bleiben. Beantwortungen unterbleiben völlig. Anwaltsschreiben öffnet man vorsichtshalber. Dabei erfahren wir: Das Einzugsgebiet des hinteren Ötztals bis zum Alpenhauptkamm gehört politisch zur Gemeinde Sölden. Ein Rechtsanwalt Dr. Andreas Brugger aus Innsbruck läßt uns wissen, daß er diese Gemeinde rechtlich vertritt. Er schreibt mir:

> *»Meine Mandantin steht auf dem Standpunkt, daß die Entscheidungsbefugnis darüber, was mit der auf dem Similaungletscher gefundenen Leiche und den Gegenständen, die sie offenbar bei sich hatte, ausschließlich der Gemeinde Sölden zukommt. Unter anderem ergibt sich dies daraus, daß es schon*

bisher immer unbestrittenermaßen Aufgabe und Angelegenheit der Gemeinde Sölden war, hinsichtlich der in ihrem Gemeindegebiet aufgefundenen Leichen die nötigen Vorkehrungen zu treffen. Außerdem hat die aufgefundene Person zweifelsohne im Gemeindegebiet meiner Mandantin gelebt, weshalb den Einwohnern der Gemeinde Sölden auch die größte Nahebeziehung zum Verstorbenen zukommt. Aufgrund dessen besteht meine Mandantin darauf, daß ohne ihr ausdrückliches Einverständnis keinerlei Dispositionen hinsichtlich der vorerwähnten Leiche und der bei ihr aufgefundenen Gegenstände getroffen werden dürfen. Da meine Mandantin aus den Medien erfahren hat, daß angeblich in Erwägung gezogen wird, die Leiche – wenn auch zu Restaurierungszwecken – ins Ausland zu verbringen, wurde ich gebeten, Ihnen namens meiner Mandantin ausdrücklich zu untersagen, die Leiche samt den Gegenständen an einen anderen Ort oder etwa gar ins Ausland zu verbringen. Weiters bin ich beauftragt, Ihnen zur Kenntnis zu bringen, daß meine Mandantin derzeit mit keinerlei Eingriffen oder Untersuchungen einverstanden ist. Hinsichtlich der Maßnahmen, die zur Erhaltung des derzeitigen Zustandes des Leichnams und der bei ihm gefundenen Gegenstände unbedingt notwendig sind, ist das Einverständnis meiner Mandantin einzuholen ...«

Die Gerichtsmediziner erhalten das gleiche Schreiben. Sie sind sehr viel korrekter als wir. Unterdorfer antwortet sofort:

»... Da die Todesursache nicht feststeht und damit der Totenschein derzeit nicht ausgestellt werden kann, ist die Leiche noch in der Verfügungsgewalt der Landessanitätsbehörde. Für die Bezirkshauptmannschaft Imst wurde stellvertretend von der Landessanitätsdirektion die sanitätspolizeiliche Beschlagnahmung verfügt und formell die gerichtsmedizinische Leichenöffnung zur Feststellung der Todesursache angeordnet. Nach Feststellung der Todesursache und eventueller Klärung der Identität können die Leichenpapiere ausgestellt werden.«

Er schließt sein Schreiben versöhnlich:

> *»In diesem Zusammenhang dürfen wir Sie bitten, mit Ihrer Mandantin, der politischen Gemeinde Sölden, Rücksprache zu nehmen, ob während der Zeit der jetzt folgenden wissenschaftlichen Maßnahmen bis zur etwaigen Identitätsfeststellung die Leiche ›Similaunmann‹ benannt werden darf. Wir würden uns darüber freuen und stehen einer festlichen Namensgebung unter initiativer Mitwirkung Ihrer Mandantin nicht entgegen.«*

Angesichts der unsicheren Rechtsverhältnisse erscheint ungeachtet aller anderen Beweggründe eine möglichst rasche Unterschutzstellung des Fundes unumgänglich. Die Republik Österreich kann diese nach ihrem Denkmalschutzgesetz vornehmen, auch wenn die Eigentumsfrage nicht geklärt ist. In einem solchen Fall fühlt sie sich als Verwahrerin. Daraus leitet sich sogar eine besondere Sorgfaltspflicht zur Sicherung des Denkmals ab. Doch auch hier zeichnen sich, gelinde gesagt, Rechtsunsicherheiten ab. Denn der Gesetzestext kennt die Qualifikation eines menschlichen Leichnams als Denkmal nicht. Unter Denkmälern versteht man ausschließlich von Menschen geschaffene, unbewegliche und bewegliche Gegenstände von geschichtlicher, künstlerischer oder sonstiger kultureller Bedeutung. Kluge Leute bringen die Meinung ins Gespräch, man solle die Tätowierungen auf dem Rücken des Toten als Kunstwerk anerkennen, um so die gesetzliche Unterschutzstellung zu erleichtern.

Es steht außer Frage, alle Angelegenheiten der Obhut einer höheren Ebene zu unterstellen. Eile ist geboten, denn ab Freitag mittag leeren sich die Behörden. Der Minister stellt eine »Eismann-Kommission« zusammen. Platzer soll sie leiten. Für Montag werden wir nach Wien bestellt.

Am Abend herrscht Hochbetrieb auf der Similaunhütte. Die vier österreichischen Alpingendarmen, die den ganzen Tag lang abwechselnd Doppelpostendienst am Hauslabjoch geschoben haben, wärmen sich auf. Zwölf italienische Carabinieri und Finanzieri sitzen bereits an den Tischen in der Gaststube. Beide Gruppen nehmen aber nicht nur aus sprachlichen Gründen keinen Kontakt auf. Mein Innsbrucker Kollege, Professor Andreas Lippert, hat seine Exkursion durch die Hohen Tauern planmäßig beendet und befindet sich auf dem Heimweg. Den krönenden Abschluß soll ein Besuch am Hauslabjoch bilden. Auch er trifft mit seinen sieben Studenten in der Hütte ein. Sölder und Lochbihler harren ebenfalls aus. Der Wirt macht ein glänzendes Geschäft.

10. Das Wochenende vom 28. bis 29. September 1991

Für Samstag, den 28. September 1991, ist endlich eine leichte Wetterbesserung angesagt. Frau Professor Zemmer-Plank und ich fliegen zum Hauslabjoch. Der Pilot hat keine Mühe, das Zielgelände zu finden. So landen wir gegen 9.30 Uhr unterhalb des Fundplatzes auf dem Eis des Niederjochferners. Alles ist tief verschneit. Ein eiskalter Wind weht. Ich trage keine ordentliche Bergkleidung, nur Jeans und eine alte Lederjacke. Eine Mütze habe ich vergessen. Die Kollegin vom Landesmuseum hat mir zwar die Jägerhose ihres verstorbenen Mannes mitgebracht. Sie besitzt seitlich innen und außen durchgehende Reißverschlüsse, so daß man sie praktischerweise auch ohne Entledigung der Schuhe an- und ausziehen kann. Das gesteppte Stück ist aber viel zu klein und baumelt wie ein Lederschurz an mir herum. Binnen weniger Minuten bin ich bis auf die Knochen durchgefroren.

Als Strafe für den Leichtsinn muß ich in den nächsten Tagen neben meiner chronischen Raucherbronchitis auch noch eine üble Angina aushusten. Über eine Halde von vereisten Felsbrocken klettern wir, ich mehr auf allen vieren, zur Felsrinne hinauf. Bislang kenne ich sie lediglich von Fotos. Dann stehen wir auf dem Felssims und blicken in die Mulde hinab. Der Schnee bettet das zerrissene Relief mit einer sanften Decke zu. Leicht wölbt sich der Stein empor, auf dem die Mumie lag. Was für ein Bild des Friedens. Hier hat sich vor vielen tausend Jahren das dramatische Geschehen abgespielt. Wir sind zutiefst bewegt.

Wir sprechen mit den Wachgendarmen. Nein, außer den Passierscheininhabern waren keine Touristen oben. Wer sollte sich auch bei dem Wetter hier heraufwagen. Ihre Vermessungsergebnisse des

Vortages verschweigen sie uns. In näherer und weiterer Entfernung stapfen uniformierte Italiener durch den Schnee und winken sich immer wieder heftig zu. Offensichtlich betreiben auch sie so etwas wie eine Vermessung.

Von unten, aus der Richtung Similaunhütte, arbeitet sich ein kleiner Menschenwurm heran. Zunächst sieht man nur eine Punktzeile, die sich allmählich in einzelne Gestalten auflöst. Der Gendarm klettert ihnen entgegen. Ein Innsbrucker Professor mit Studenten. Selbstredend hat er Zutritt zur Fundstelle. Ihre Gesichter sind in Dampfschwaden gehüllt. Der Atem kondensiert sofort in der kalten Luft. Wir haben uns monatelang nicht gesehen. Die vorlesungsfreie Zeit, meist euphemistisch Semesterferien genannt, neigt sich ihrem Ende entgegen. Jeder war mit seinen Forschungsarbeiten und Publikationsvorhaben beschäftigt. Lipperts Gesicht ist vom tagelangen Aufenthalt in den Ostalpen rotbraun gefärbt. Sonst immer höchst korrekt, erkenne ich ihn heute hinter seinem grauen Stoppelbart kaum. Ich beneide den hochgewachsenen Mann, wie er mit sicheren Tritten die Felsstufen bewältigt. Im Umgang ist er immer ein wenig hölzern und neigt beim Reden den Kopf zur Seite. Er bietet die Mitarbeit am Eismann-Projekt an; wir einigen uns rasch. Er ist ein geübter Bergsteiger und wird die archäologischen Nachuntersuchungen am Hauslabjoch durchführen. Gemeinsam studieren wir die Fundorttopographie. Es ist keine Zeit zu verlieren, bevor in diesem Jahr noch mehr Schnee fällt. Der Pilot läßt den Rotor an, dann hebt er ab und fliegt noch eine Schleife über dem Hauslabjoch. Die Menschen unten werden kleiner. Wir lassen das Joch hinter uns.

Am Institut gerate ich wieder in den zu erwartenden Tumult. Alle dringlichen Arbeiten sind zu erledigen, daneben einige Dutzend Interviews zu geben. Bei den Mitarbeitern, die die gesamte Woche viel zuwenig geschlafen haben, kündigen sich Erschöpfungszustände an. Irgend jemand treibt noch zwei Flaschen Sekt auf. Dann schließen wir um 17.00 Uhr die Türen rigoros zu und brechen in ein kurzes Wochenende auf. Doch das nützt nicht viel, denn die Reporter verlegen ihr Tätigkeitsfeld in die Privatwohnungen. Auch daheim klingelt das Telefon Tag und Nacht: Tokio, Berlin, Sydney, London, Buenos Aires, Wien, New York, Kapstadt, München...

Am Sonntag laufen die Fernsehkameras bei uns im Garten mit den Tomatenstauden als Kulisse. Die Postenkette oben am Hauslabjoch schreibt in das Protokollbuch:

> *»29.09. 1991. Ruhiger Sonntag bei Föhnstau. Wetter ließ keinen Besuch der Fundstelle durch Außenstehende zu. Beamte führen abwechselnd in einer Doppelpatrouille die Absicherung der Fundstelle durch. Kein italienischer Beamter anwesend.«*

11. Montag, 30. September 1991

Der Mann aus dem Eis wird zur Staatsaffäre. Am Montag, dem 30. September 1991, fliegen Henn, Platzer und ich in aller Frühe nach Wien. Die Kommission im Ministerium ist hochkarätig besetzt: Fachprofessoren der Universitäten Wien und Innsbruck, höchste Beamte der Bundesministerien für Wissenschaft und Forschung sowie für Auswärtige Angelegenheiten, letztere wegen der offiziell noch ungeklärten Grenzfrage. Auch der Präsident des Bundesdenkmalamts und ein Vertreter des Bundeskriminalamts erscheinen. Platzer leitet auf Weisung des Vizekanzlers die Runde. Dr. Eike Winkler von der Wiener Humanbiologie, einer unserer Hauptkritiker, hat sich selbst eingeladen und wird wieder hinauskomplimentiert.

Der Vorsitzende eröffnet die Sitzung um 10.30 Uhr. Von Anfang an deutet alles darauf hin, daß mit einer längeren Gesprächsdauer gerechnet wird. Alle wissen, daß akuter Handlungsbedarf besteht und vor allem rasche Entscheidungen zu fällen sind. Es herrscht eine bei solchen komplexen Beratungen ganz ungewöhnlich unbürokratische Atmosphäre. Alle Agenden sind zweigleisig zu behandeln, einmal für den Fall, daß der Fundplatz auf österreichischem, zum anderen, daß er auf italienischem Hoheitsgebiet liegt.

Als erstes meldet sich das Denkmalamt zu Wort mit der Frage, ob sich der Fund gegebenenfalls überhaupt legal in Österreich befindet. Man stellt fest, daß die verständigten italienischen Polizisten seinerzeit darauf verwiesen haben, daß die österreichischen Gendarmen die Bergung übernehmen sollten, weil nach Meinung der Carabinieri der Fundort in Österreich läge. Da es sich bei einem Polizisten um ein Staatsorgan handelt, auf dessen Angaben man vertrauen muß, wird der Fund rechtmäßig in Österreich verwahrt.

Des weiteren ist der Fund unverzüglich unter Denkmalschutz zu stellen. Es erhebt sich die Frage, ob der Schatzfundparagraph zur Anwendung kommen kann. Denn der Finder, das Nürnberger Ehepaar Simon, hat über einen Innsbrucker Rechtsanwalt bereits Eigentumsansprüche erhoben. Es würde ihm dann die Hälfte des Fundes gehören. Ist aber eine Leiche ein Schatz? Man wird dies rechtlich klären und entsprechend verfahren.

Zwei Beamte werden hinausgeschickt, um sich mit dem Bundesamt für Eich- und Vermessungswesen in Verbindung zu setzen. Die Geodäten möchten schnellstens den Fundplatz neu vermessen. Sie sollen sich auch mit den Italienern in Verbindung setzen und für diese Arbeit nach Möglichkeit eine bilaterale Vermessungskommission zusammenstellen.

Ebenso werden Gespräche mit Südtiroler Vertretern zu führen sein. Es besteht die Möglichkeit, daß aufgrund des Autonomiestatus von Südtirol eine Übereinstimmung darüber erzielt werden kann, daß der Fund, auch wenn die Fundstelle auf Südtiroler Gebiet liegt, an der Landesuniversität Innsbruck untersucht werden darf. Sie ist die gemeinsame Hochschule für Westösterreich und Südtirol.

Bei den Beratungen über den Restaurierungsort freundet man sich nur ungern mit der Vorstellung an, mangels geeigneter Einrichtungen im eigenen Land die Ausrüstungsgegenstände zur Restaurierung ins Ausland zu geben. Schließlich siegt die Vernunft über den Patriotismus. Einstimmig befürwortet die Kommission, das Fundgut dem Römisch-Germanischen Zentralmuseum in Mainz zur vorübergehenden Verwahrung, Betreuung und Erhaltung zu übergeben.

Der Paragraph 93 des österreichischen Universitätsorganisationsgesetzes sieht vor, daß im Rahmen einer Universität zur Durchführung wissenschaftlicher Forschungen auf einem bestimmten Gebiet der Wissenschaften auf unbestimmte Zeit oder zur Durchführung bestimmter Forschungsprojekte für die Dauer der diesbezüglichen Arbeiten sogenannte Forschungsinstitute gegründet werden können. In der Kommission herrscht die einhellige Ansicht, daß das Arbeitsvolumen des Eismann-Projekts neben den normalen Aufgaben der betroffenen Institute in Verwaltungs-, Lehr- und Forschungsbetrieb nicht zu bewältigen ist. Man beschließt daher, dem Vizekanzler als Ressortchef des Bundesministeriums für Wissenschaft und Forschung die Einrichtung eines solchen Forschungsinstituts zu empfehlen. Damit sei in Österreich eine kompetente Stelle für derartige archäologische Funde geschaffen, nicht zuletzt deshalb, weil in den nächsten Jahren weitere Funde zu erwarten sind. Es fällt das Wort vom »Mann im Salz«.

Der Mann im Eis ist nämlich nicht der erste prähistorische Mumienfund in Österreich. Bereits im 16., 17. und 18. Jahrhundert stieß man in den alten Salzbergwerken von Hallein und Hallstatt im Salzkammergut auf die Leichen verunglückter vorgeschichtlicher Bergleute. So meldet beispielsweise die Salzburger Chronik für Hallein:

> »*Anno 1573 ist den 13. Winter Monats ein erschräcklicher Comet-Stern erschienen und den 26. dieses Monats in Salzburg Dürnberg 630 Schuh* [= zweihundertzehn Meter] *tief in ganzen Berg ein Mann 9 Spannen* [= hundertsechzig Zentimeter] *lang, mit Fleisch, Bein, Haar, Bart und Kleidung gantz unverwesen, jedoch etwas breitgeschlagen, am Fleisch ganz geselcht, gelb und hart wie ein Stockfisch ausgehaut worden, auch etliche Wochen bei der Kirche allda männiglich zu sehen gelegen: Endlich aber angefangen zu Faulen und begraben worden, der muß nun vor Menschen-Gedanken in den Berg verschüt, darin Verwachsen, und vom Salz solang ohne Faulung erhalten seyn, in Ansehen zuweilen Schuch, Kleider und hölzerne Bickel gefunden worden.*«

Für Hallstatt überliefert der dreizehnte Wochenbericht des Jahres 1734:

> »*Es ist vor drei Wochen die in den Kaiser Josephberg auf der Schiefer Schachtricht liegende Kilbwehr niedergegangen, den Ablass aber nicht völlig ruiniert, mithin vorig und diese Wo-*

chen hat die hierin befindliche Sulzen können abgelassen werden, nach deme aber diese Wochen von den Schaffern wie gewöhnlich, in dieser Wehr wegen den Ablasskosten und Niedergang der Augenschein eingenommen worden, hat man ersehen, daß der Niedergang gegen drei Stabl dick, und das mehrigste in tähen [= taubem] *Gebirg bestehet, welcher auch den Ablasskosten völlig bedöckht, nebstdeme hat man in solchen Niedergangshimmel einen natürlichen Körper von einem todten Menschen gesehen, welcher muthmasslich und deme Ansehen nach vor mehr als 400 Jahren muss verschüttet sein worden, massen selbiger in das Gebirg völlig verwachsen, doch sieht man noch von seinem Rock etlich Flöck, wie auch die s. v. Schuh an dessen Füssen, und dieses verursachet in der Wehr einen sehr üblen Geruch, welcher sich schon vor diesem Niedergang verspüren lassen.«*

Dem nüchternen Bericht des Chronisten folgt noch eine Anmerkung von kirchlicher Seite:

»Gelobt sey Jehsus Christus In Ewigkeit auch Maria. In diesem 1734. Jahr den 2ten April ist gedacht todter Körper von aldasigen Salzberg nacher Haalstatt gebracht worden, (andern Tags hierauf begraben) worüber nach Beschwörung mir Endtsunterschriebenen bekennt ein böser Geist aus einer wahrhaft besessenen Weibsperson, so sich und anderen 4: schon mit der Gnad Gottes abgetriebene: der Astototh nembete und bekennete: dass solcher Körper wäre vor 100 und 50 Jahren mit 15 Persohnen verschüttet worden, als ein von Salzburg gewöster Haffentrager [= ambulanter Keramikhändler] *mit Nammen Andrä Liezinyer seines Alters 45 Jahre verheyrath mit Barbara Pieröckhin welche volgssamb* [= infolgedessen] *verwaist ist worden mit 3 Kindern, der erste hiesse Joseph, der 2te Mathias und die Tochter Maria alle gut katholisch. Pater Mathias Capuciner S. t. Missionari.«*

Die Entdeckungsgeschichte der Männer aus dem Salz hat manches mit der unseres Gletschermanns gemeinsam. Nur ist es beim damaligen Wissensstand eher entschuldbar, daß man das hohe Alter der Funde nicht gleich erkannte. Auch mögen die kriminalistischen Methoden der Kirche zur Klärung der Identität der verunglückten Leute heute etwas fragwürdig erscheinen. Daß Teufelswerk im Spiele sei, wurde vorausgesetzt. Deshalb verwendete man bei der Beschreibung des Schuhwerks des Toten die Beschwörungsformel »s. v.«, *salva venia*, auf deutsch »mit Verlaub«, da an sich der Teufel mit allem Zubehör als unaussprechlich galt. Es hätte ja ein Bocksfuß im Schuh stecken können.

Die offensichtlich sehr alten Funde verunglückter Bergleute in den Salzminen des Salzkammerguts haben natürlich die Phantasie der Zeitgenossen ungemein erregt. Ihren literarischen Niederschlag fanden die Ereignisse im Heimatroman von Ludwig Ganghofer, »Der Mann im Salz«.

Die moderne archäologische Forschung beschäftigt sich intensiv mit diesen Funden vorgeschichtlicher Menschen. Nach alten Unterlagen aus Bergwerksarchiven konnten die Stollen, in denen die Leichen damals entdeckt wurden, ziemlich genau lokalisiert werden. Ebenso bestehen keine Zweifel, daß die Toten aus der älteren Eisenzeit, der sogenannten Hallstattzeit, stammten und somit ein Alter von rund zweieinhalb Jahrtausenden besaßen. Seit einigen Jahren finden regelmäßig Untersuchungen in den Bergwerken statt, und man hat bereits zahlreiche Überreste im »Alten Mann«, wie die alten Stollen von den heutigen Bergleuten genannt werden, geborgen. Die Hoffnung der Archäologen, einen weiteren verunglückten, im Salz konservierten, hallstattzeitlichen Bergmann zu entdecken, hat sich freilich einstweilen nicht erfüllt.

Da aber durchaus damit zu rechnen ist, findet der Vorschlag, ein eigenes Forschungsinstitut für die wissenschaftliche Bearbeitung komplexer archäologischer und anthropologischer Funde zu gründen, die uneingeschränkte Befürwortung der Kommission. Dieses Institut solle dann als erstes die Untersuchung des Mannes im Eis koordinieren.

In der Folge wird festgelegt, daß an der Fundstelle eine archäologische Nachgrabung durchzuführen ist. Sie wird vom Kollegen Lippert aufgrund seiner Vertrautheit mit den bisherigen Geschehnissen und seiner alpinen Erfahrungen geleitet werden.

Bezüglich der wissenschaftlichen Untersuchungen bringt Henn eine wichtige Anregung ein. In der Gerichtsmedizin ist es üblich, bei schwierigen Fällen jeweils zwei voneinander unabhängige Gutachter heranzuziehen. Die Kommission einigt sich darauf, bei jedem Spezialgebiet zwei Wissenschaftler zu beteiligen, die nach Möglichkeit auch verschiedene Methoden ihres Fachs einsetzen sollen. Daraus erwartet man sich eine gegenseitige Kontrolle der einzelnen Ergebnisse, was angesichts der Bedeutung des Fundes vom Hauslabjoch unerläßlich erscheint.

Wegen der großen Dringlichkeit und der sich derzeit noch ständig ändernden Sachlage wird die permanente Tagungsbereitschaft der Kommission festgestellt. Der nächste aktuelle Sitzungstermin wird daher auf kurzem Weg bekanntgegeben werden. Platzer beendet das erste Treffen um 14.00 Uhr. Die von der Kommission getroffenen Beschlüsse bilden die Richtlinien für den weiteren Ablauf des Eismann-Projekts.

Bis zum Start des Flugzeugs vom Flughafen Wien-Schwechat steht noch ein wenig Zeit zur Verfügung. Platzer, Henn und ich bummeln durch die Altstadt. Der Anatom übernimmt als alter Wiener die Führung. Wir gehen am Stephansdom vorbei, in dessen Katakomben die Gebeine Tausender Toter aufgestapelt sind. Es heißt, daß in früherer Zeit bei heißem Wetter der Gestank der verwesenden Leichen in den Totenhallen unter dem Gotteshaus für die Lebenden in der Stadt oft unerträglich gewesen wäre. Innerhalb der Stadtmauern gab es nicht genügend Platz, um die Verstorbenen auf gewöhnlichen Friedhöfen zu beerdigen. So schleppte man die Särge mit ihrem Inhalt in die Grüfte hinab, wartete den Verwesungsprozeß ab, klaubte dann die Knochen und Schädel zusammen und schlichtete sie, wie Briketts im Heizungskeller, aufeinander, um Raum für neue Särge zu schaffen. Wir schlendern durch die engen Gassen an den Geschäften vorbei. Henn schaut nach Ikonen, ich nach alter Keramik. Wir finden aber nichts Geeignetes. Auch fehlt uns die nötige Ruhe. Wieder kommt die Unterhaltung auf das Projekt. Dann bringt uns der Shuttlebus zum Flughafen.

Währenddessen patrouillieren die Wachgendarmen ordnungsgemäß am Hauslabjoch und sichern die Fundstelle ab. Doch noch vor der amtlichen Vermessung sind die italienischen Grenzbeamten zu der Überzeugung gelangt, der Ort des Geschehens liege doch auf Südtiroler Seite. So müssen die österreichischen Gendarmen ihre Dienstausweise vorzeigen, die Daten werden festgehalten und dem Kommissariat in Bozen durchgegeben. Die Gendarmen erhalten die Weisung, das italienische Staatsgebiet zu verlassen. Da aber mittlerweile die Dunkelheit hereinbricht, gestattet man ihnen wohlwollend, in Zivil und außer Dienst in der Similaunhütte zu nächtigen. Später sollte sich herausstellen, daß sogar die Verhaftung der österreichischen Exekutivbeamten zur Sprache gekommen war.

12. Die Neuvermessung der Fundstelle

Bereits am folgenden Tag, am Dienstag, dem 1. Oktober 1991, erfolgt die Unterschutzstellung des Fundensembles als Denkmal. Der Bescheid wird ohne vorausgegangenes Ermittlungsverfahren erlassen, da es sich wegen Gefahr im Verzug um eine unaufschiebbare Maßnahme handelt. Die Annahme einer Gefahr stützt sich einerseits auf die unklare Rechtssituation bezüglich der Lage des Fundorts an der österreichisch-italienischen Grenze und andererseits auf die Tatsache, daß die Ausrüstungsgegenstände unverzüglich in eine geeignete Restaurierungswerkstätte gebracht werden müssen, um sie vor Zerstörung zu bewahren. Deshalb kann zugleich auch die amtliche Ausfuhrbewilligung nach Mainz erteilt werden. Alles wartet nun mit Spannung auf das Ergebnis der Neuvermessung des Fundplatzes.

Schon am Vortag hatte der Diplomingenieur Manfred Neubauer vom Bundesamt für Eich- und Vermessungswesen in Wien den Auftrag dazu erhalten, noch während die Eismann-Kommission tagte. Er beschaffte sich die nötigen Unterlagen, insbesondere Kopien der gültigen Grenzdokumente, und reiste sofort nach Innsbruck ab. Der Dienstag ist in Zusammenarbeit mit den örtlichen Kollegen den Vorbereitungen für den Einsatz gewidmet. Zwischenzeitlich kommt die Meldung herein, daß die Vertreter der italienischen Delegation vom Militärgeographischen Institut in Florenz erst am Mittwoch eintreffen können. Der Einsatz wird also um einen Tag verschoben.

Am 2. Oktober 1991 um 10.20 Uhr ist die siebenköpfige österreichische Arbeitsgruppe mit ihrem Hubschrauber in Vent versammelt. Nichts, was nur irgendwie mit dem Mann im Eis zu tun hat, geht ohne Medienvertreter ab. Journalisten, Fotoreporter, Kameraleute des ORF und der Austria Presseagentur umzingeln den Vermessungstrupp. Es ist ziemlich windig. Außerdem regnet es. Ein Erkundungsflug mit dem Hubschrauber ergibt, daß zur Zeit eine Landung am Hauslabjoch wegen Sturms und Schneefalls nahezu unmöglich ist. Es kommt ein Anruf von der Similaunhütte, die auf Südtiroler Seite liegt, daß sich die italienischen Beamten bereits auf dem Weg zur Fundstelle befinden, um dort mit den Österreichern zusammenzutreffen. Gegen 13.00 Uhr bessert sich das Wetter etwas, so daß der Hubschrauber starten kann. Es sind mehrere Flüge notwendig, um die Leute samt Meßausrüstung zum Fundort zu bringen. Der Helikopter, den die Journalisten gechartert haben, hilft beim Transport mit. Bei Sonnenschein, eisigem Wind und einer Temperatur von minus 8° Celsius beginnen die Geodäten unverzüglich mit ihrer Arbeit. Die Höhe der Neuschneedecke beträgt siebzig Zentimeter.

Die Grenzsteine bestehen im Hochgebirge zwischen Österreich und Italien aus quadratischen, flachen Betonplatten und sind auf den felsigen Grund zementiert. Sie tragen fortlaufende Nummern. Am Hauslabjoch ist auf den gültigen Grenzdokumenten der Grenzverlauf durch eine gerade Linie, die die Grenzzeichen b-35 und b-36 verbindet, angegeben. Derweil treffen Carabinieri und Finanzieri ein. Sie teilen ebenfalls mit, daß die italienischen Vermessungsfachleute aus Florenz unterwegs sind. Die richtige Lage der Leichenfundstelle wird durch Vizebrigadiere Dal Ben von italienischer Seite und von österreichischer Seite durch Zollinspektor Egon Flunger anerkannt. Ein rot aufgemaltes Kreuz zeigt den exakten Fundplatz an. Tatsächlich finden die Geodäten dann die beiden entscheidenden, vor siebzig Jahren gesetzten Grenzsteine mühelos unter fast metertiefem Schnee.

Doch zunächst beginnen die Beamten des Bundesamts mit einer geodätischen Überprüfung des Grenzverlaufs. Als Standort wird die Grenzplatte b-35 in einer Höhe von 3283 Metern über Normalnull gewählt. Von hier aus ermittelt man die Richtungen und Entfernungen zu den benachbarten Grenzzeichen b-34 und b-36 mit Hilfe eines Theodoliten und eines Distanzmessungsgeräts. Der Vergleich der Neuvermessung mit den Werten auf den Grenzdokumenten ergibt eine erstaunliche Übereinstimmung. Die Abweichungen betragen für den in b-35 gemessenen Brechungwinkel zwischen b-34 und b-36 nur acht Neusekunden und für die Entfernung von b-34 nach b-35 lediglich dreizehn Millimeter. Für die Strecke zwischen b-35 und b-36, an der die Fundstelle liegt, beträgt bei einer Distanz von 254,43 Metern die Differenz nur siebenundzwanzig Millimeter. Der folgenschweren Einmessung des Leichenfundplatzes steht nichts mehr im Wege. Die Geodäten wärmen ihre klammen Finger in den Hosentaschen auf.

Da kommt über Funk die Meldung, daß die italienischen Vermessungsexperten wegen des Föhns auf der Südtiroler Seite des Alpenhauptkamms das Hauslabjoch nicht anfliegen können. Sie wollen vielmehr versuchen, mit dem Auto über den Brenner und Innsbruck nach Vent zu gelangen. Im Einvernehmen mit den Carabinieri setzen die Österreicher die Vermessungsarbeiten allein fort. Man nimmt die Strecke zwischen den Grenzsteinen b-35 und b-36 als Basislinie, auf die der Fundplatz eingefluchtet wird. Neubauer liest den Skalenanzeiger durch das Okular des Distanzmeßgeräts ab. Der Schnittpunkt des roten Kreuzes auf dem Stein, auf dem die Mumie gelegen hatte, befindet sich exakt 92,56 Meter von der Staatsgrenze entfernt auf italienischem Hoheitsgebiet. Die Arbeit ist getan. Um 17.00 Uhr können die Geodäten einpacken. Der Hubschrauber bringt sie nach Vent zurück. Die erste Meldung über das Vermessungsergebnis schickt Radio Tirol um 18.00 Uhr durch den Äther.

Die Vertreter der italienischen Vermessungsdelegation unter der Leitung von Oberst Alberto Carcchio warten schon im »Hotel Post«. Man setzt sich zusammen. Die Österreicher legen den Kollegen vom Militärgeographischen Institut ihre Meßdaten vor. Sie werden gemeinsam überprüft und gegenseitig anerkannt.

Aufgrund dieser Ergebnisse erhält das Institut für Ur- und Frühgeschichte der Universität Innsbruck, das den Antrag vorsorglich schon gestellt hatte, vom Landeshauptmann Dr. Luis Durnwalder, vom Landeskonservator Dr. Helmut Stampfer und vom Commissario del Governo Dr. Mario Urzi die sofortige Genehmigung, mit der archäologischen Nachuntersuchung zu beginnen. An die Grenzbehörden ergeht die Anweisung, unser Grabungsteam *»unter Berücksichtigung der geltenden Bestimmungen bezüglich des Betretens italienischen Staatsgebietes und der Landung eventueller Hubschrauber bei der Ausführung seines Auftrages zu unterstützen«*.

13. Die erste archäologische Nachuntersuchung 1991

Die Nervosität der vergangenen Tage ist vorbei. Am Donnerstag, dem 3. Oktober 1991, brechen Lippert und ich gemeinsam auf, er zum Hauslabjoch, ich nach Mainz. Die Restauratoren haben sämtliche Fundgegenstände verpackt und transportfähig gemacht. Die Mumie natürlich nicht, denn die bleibt ja in Innsbruck. Die Ausfuhrpapiere sind auch beieinander. Faxgeräte erweisen sich hier als Segen, denn was früher Tage benötigte, dauert heute nur Minuten. Die Fundbehälter werden im Stauraum verpackt. Goedecker-Ciolek steuert den Kombi, während Egg und ich im Fond sitzen. Wir wählen den kleinen Grenzübergang bei Scharnitz über den Karwendel in der Hoffnung, daß dort nicht soviel Betrieb ist. Unsere Sorge bleibt, daß wir an der Grenze alles auspacken müssen. Doch die Sache läuft glimpflich ab. Am Zollhaus sind wir bereits telefonisch angemeldet. Natürlich kommen am Schlagbaum einige Leute zusammen, um einen Blick auf die Funde aus grauer Vorzeit zu werfen. Wir zeigen das Beil, den Feuersteinschaber und ein paar andere weniger empfindliche Teile, und die Zöllner sind zufrieden. Am Nachmittag treffen wir schließlich im Römisch-Germanischen Zentralmuseum ein.

Schon seit meiner ersten großen Grabung am Magdalenenberg bei Villingen im Schwarzwald Anfang der siebziger Jahre pflege ich die Kontakte zum Mainzer Museum. Damals kamen in dem hallstattzeitlichen Riesengrabhügel aus den weit über hundert Nachbestattungen zahlreiche seltene und kostbare Grabbeigaben zum Vorschein. Fast alle Gräber lagen unter tonnenschweren Steinpackungen, die den empfindlichen Bronzeschmuck und die eleganten Eisenwaffen schier hoffnungslos zermalmt hatten. Die Mainzer Restaurierungskünstler zauberten aus den Bröseln die wunderschönsten Zimelien hervor. Sogar die zersplitterten Armstulpen aus schwarzer Pechkohle erhielten unter den sachkundigen Händen wieder ihre ursprüngliche Schönheit zurück.

Ich bin erleichtert, daß die Funde vom Hauslabjoch den nicht ganz risikolosen Transport in die Werkstätten wohlbehalten überstanden haben. In Mainz ist man manches gewöhnt. Es gibt kaum einen wirklich bedeutenden europäischen oder außereuropäischen Vorzeitfund, der hier nicht schon restauriert, abgeformt und untersucht wurde. Zur Zeit hat man die bizarre und unermeßlich reiche Grabausstattung des Fürsten von Sipán aus Peru hier. Wir tragen die Ausrüstung des Mannes aus dem Eis herbei, und die vorbereiteten Kühlwannen füllen sich. Es ist spät am Abend, bis die Stahltüren des Tresorraums geschlossen werden. Ich fliege nach Innsbruck zurück, denn für den nächsten Tag ist in dem winzigen Dorf Abfaltersbach die feierliche Einweihung der von uns ausgegrabenen und restaurierten Glasurmühle im Pustertal angesetzt. Es wird viel Prominenz erwartet. Der Bürgermeister Franz Aichner ist ziemlich unruhig, ob alles klappt. Er hat eine gewisse Vorstellung von meinem Terminkalender. Tschugg kommt aus dem Sekretariat: »Sydney und Abfaltersbach sind am Apparat. Was wollen Sie annehmen?« – »Abfaltersbach.«

Vereinbarungsgemäß wird Lippert zum Leiter der ersten archäologischen Nachuntersuchung am Hauslabjoch bestellt. Sie beginnt am 3. Oktober 1991. Die Zeit läuft davon, denn jeden Tag ist mit dem Hereinbrechen früher Winterstürme zu rechnen. Zu seiner Mannschaft gehören die Fachstudenten Norbert Leitinger und Gerald Grabherr sowie die Glaziologen Schneider und Markl. Des weiteren ist ein Vermessungsteam unter der Leitung von Dr. Gert Augustin und Dr. Albert Grimm beteiligt. Standquartier ist die Similaunhütte. An sich ist wegen der fortgeschrittenen Jahreszeit die Saison im Hochgebirge schon beendet. Doch Markus Pirpamer hält seine Hütte bereitwillig für die Archäologen offen.

Die Höhe der Neuschneedecke am Hauslabjoch beträgt sechzig Zentimeter. Man beschränkt sich vorerst auf eine Untersuchung des Fundbereichs der Mumie, des Köchers und der Deponie an und auf dem Felssims. Dort wird zunächst der Neuschnee weggeschaufelt. Des weiteren erfolgen eine detaillierte Aufnahme und Vermessung des Fundgeländes und seiner näheren Umgebung. Zu diesem Zweck wird die Felsrinne in die lokale Gebirgslandschaft unter Anschluß an das Landessystem eingemessen, und der gesamte Bereich sowie die verschiedenen Fundpunkte werden terrestrisch-tachymetrisch erfaßt. Auf dieser Basis kann ein Höhenschichtlinienplan im Maßstab eins zu fünfzig erstellt werden.

Die eigentlichen Aufdeckungsarbeiten geschehen mit Hilfe eines Dampfstrahlers und eines Föngeräts. Dabei läßt sich an dem Felsblock, auf dem die Mumie bäuchlings liegend entdeckt worden war, jene bereits von Messner gesehene Grasmatte wiederfinden. Somit kann die genaue Position der Leiche eingemessen werden. Dort sammelt man viele weitere Leder- und Fellreste der Bekleidung ein, ebenso Teile eines grobmaschigen Netzes aus Grasschnüren. Vor der Nordwestspitze des Auflagesteins finden sich mit Fragmenten des ersten Birkenrindenbehälters auch Teile seines Inhalts, nämlich Spitzahornblätter, Grasbüschel und Holzkohlepartikel. Auf und an dem leicht erhöhten Felssims südsüdwestlich der Leichenfundstelle kommen weitere Fell- und Lederfetzen, Schnüre aus gedrehten Gräsern und Holzsplitter zum Vorschein. Am Fuß dieses Felsabsatzes liegen neben einem langhaarigen Fellstück die beiden abgesplitterten Halswirbelfragmente eines Alpensteinbocks. Im Umfeld des Köcherfundplatzes findet man dagegen keine weiteren Gegenstände mehr. Bereits am 5. Oktober 1991 müssen die Arbeiten witterungsbedingt eingestellt werden.

In diesen Tagen braut sich die Grenzfrage zumal in den Medien nachgerade zu einem Grenzkrieg zusammen. Es fehlen die offiziellen Stellungnahmen der Landeshauptleute. Doch die Behörden reagieren gelassen. Das Ergebnis der bilateralen Vermessungskommission ist eindeutig. Am Morgen des 8. Oktober 1991 um 8.30 Uhr treffen sich Dr. Luis Durnwalder von der Autonomen Provinz Bozen Südtirol und Dr. Alois Partl vom österreichischen Bundesland Tirol in der Bibliothek des Instituts für Anatomie der Universität Innsbruck. Immerhin enthält der Fall eine gewisse Brisanz, und so werden die Journalisten und Kamerateams vorerst ausgesperrt. Man tagt hinter verschlossenen Türen. Partl und Durnwalder setzen sich am langen Tisch einander gegenüber. Die Begleitung der beiden Politiker und die in Innsbruck anwesenden Mitglieder der ministeriellen Eismann-Kommission verteilen sich auf die übrigen Stühle.

Für den Außenstehenden zeigt sich das Ambiente in der Anatomie immer etwas makaber. Die Mediziner spüren den penetranten Geruch der Leichenkonservierungsmittel, der durch alle Ritzen dringt, wohl kaum noch. Unter dem Fenster stehen Schachteln mit gebleichten menschlichen Gebeinen. Einige Schädel sind aufgesägt. Man hat die Kalotten mittels kleiner Messingscharniere wieder angeschraubt, so daß sich die Gehirnkapsel wie mit einem Türchen öffnen läßt.

Die Gesprächsatmosphäre ist gewohnt herzlich. Größtenteils kennt man sich. Als Hausherr begrüßt Platzer die Gäste und informiert knapp über den Konservierungsstatus des Leichnams, der zwei Stockwerke unter uns in seiner Kühlzelle ruht. Er lädt die Anwesenden zur Besichtigung der Mumie zum Abschluß der Sitzung ein. Aus der Ecke glotzt uns ein im Lauf erstarrter, ausgestopfter Gemsbock an. Sein Hinterteil erhebt sich auf einer Felsblockimitation aus Pappe, so daß es mit dem lustig in die Höhe gestreckten Schwänzchen den gehörnten Kopf überragt. Dennoch fühlt man sich dadurch nicht in die Gebirgsregion unseres Gletschermanns versetzt.

Durnwalder erhebt sich und zupft etwas umständlich sein Jackett zurecht: »Wie jetzt feststeht, wurde der Mann auf Südtiroler Gebiet gefunden. Ich stelle daher den Eigentumsanspruch unseres Landes fest. Über alles andere können wir reden.« Dem Souverän hat der Souverän zu antworten. Partl schiebt seinen Stuhl nach hinten und steht auf: »Es gibt überhaupt keinen Zweifel, daß der Fund unseren Südtiroler Freunden gehört. Ich meine aber, daß die Untersuchungen und wissenschaftlichen Auswertungen an unserer gemeinsamen Landesuniversität, also hier in Innsbruck, durchgeführt werden sollten.« Mit wenigen Worten ist eine klare Entscheidung getroffen. Die Reporter können hereinkommen. Durnwalder strahlt sichtlich Zufriedenheit aus: »Jedenfalls, ihr seht's, streiten wir nicht. Es gibt überhaupt keine Unklarheiten. Eines ist ganz klar. Der Fund gehört uns, und zwar dem Land Südtirol. Letzten Endes werden wir es sein, die feststellen, wo der Fund eines Tages ausgestellt wird. Dies hängt aber wesentlich davon ab, ob er überhaupt ausstellungsfähig ist.« Partl ergänzt: »Und wir haben heute vereinbart, daß wir die Ergebnisse der ganzen wissenschaftlichen Untersuchungen als eine gemeinsame Dokumentation zwischen Tirol und Südtirol herausgeben. Damit erweisen wir der Menschheit und der Wissenschaft in der ganzen Welt einen guten Dienst.« Zum Abschluß verfällt Durnwalder in einen leicht pastoralen Ton und schreitet zum Akt der Taufe: »Die genaue Bezeichnung des Gletscherfundes ist ab heute: Homo tirolensis vom Hauslabjoch.«

14. Die Namensgebung

Schon von der ersten Stunde an entwickelte der Name für den Gletscherfund eine ausgesprochene Eigendynamik. Die Namensgebungen reichten dabei vom emotionalen Gefühlsausbruch bis zur verbindlichen wissenschaftlichen Benennung, die freilich auch nicht ganz unumstritten blieb. Das einzige, was dabei von Anfang an außer Zweifel stand, war die Tatsache, daß der eigentliche Fundbereich auf den geographischen Karten keinen Namen trägt. Die Sprachverwirrung war somit programmiert. Die Innsbrucker Germanistin Dr. Lorelies Ortner hat sich eingehend mit dem Phänomen der Namensfindung für einen vorab namenlosen Fund auseinandergesetzt. Sie untersuchte Benennungspraxis und -ergebnisse anhand von sechshundertzweiundachtzig Artikeln aus Zeitungen und Zeitschriften zu diesem Thema, die sich auf fünfhundertfünfundneunzig deutschsprachige und siebenundachtzig fremdsprachige Pressetexte verteilten. Als Kontrast zog sie zehn Aufsätze aus wissenschaftlichen Publikationen hinzu.

Für die wissenschaftliche Benennung von archäologischen Funden ist primär allein der Fundort, das heißt die kleinste verwaltungspolitische Einheit, gültig, auf deren Gebiet der Fund zutage trat. Das ist im Fall des Gletschermanns zweifelsfrei die Südtiroler Gemeinde *Schnals*. Sollte sich der Gemeindename, etwa durch Ortszusammenlegungen oder durch Grenzänderungen, späterhin ändern, so erfolgt eine entsprechende Umbenennung.

Da aber auf einem Gemeindegebiet mehrere archäologische Fundstellen vorhanden sein oder zukünftig auftreten können, wird zur eindeutigen Festlegung immer eine weitere Bezeichnung eingeführt, wobei ausschließlich auf amtlichen Karten eingetragene Namen zu verwenden sind. Sollte die Fundstelle wie in unserem Fall keinen Namen tragen, so ist die nächstgelegene geographische Bezeichnung zu wählen. Beim Mann aus dem Eis ist dies unbestreitbar das *Hauslabjoch*. In aller Regel bleibt dieser Name stabil, da solche Benennungen zumeist von behördlichen Eingriffen verschont bleiben, andernfalls häufig auch nur kurzlebig sind, wie zum Beispiel Adolf-Hitler-Straße oder Karl-Marx-Platz.

Da an einer Fundstelle archäologische Funde aus unterschiedlicher Zeit auftreten können, werden entweder die Zeiteinheit, in die der Fund einzuordnen ist, oder die kulturelle Zugehörigkeit oder beides zusammen angegeben. Diese Bezeichnungen können sich bei fortgeschrittenem Forschungsstand ändern, wie es ja auch bei unserem Gletschermann der Fall war. Dieser wurde zunächst als frühbronzezeitlich, später als *jungneolithisch* erkannt.

Zur genauen Kennzeichnung wird des weiteren die Fundgattung angegeben, wobei hier die Benennung zwar sehr variabel gehandhabt wird. Sie sollte aber dennoch kurz und prägnant sein, wie zum Beispiel Einzelfund, Siedlung, Schatzfund, Gräberfeld oder dergleichen. Da die besondere Fundgattung unseres Fundes bislang in der einschlägigen Fachliteratur noch nicht beschrieben wurde, galt es, eine neue Bezeichnung zu suchen. Es wurde dafür der Begriff *Mumie aus dem Gletscher* vorgeschlagen.

Außerdem gibt es in den Geisteswissenschaften wie in den Naturwissenschaften bei Namensgebungen das Prioritätsprinzip. Bereits im ersten wissenschaftlichen Vorbericht, der schon wenige Wochen nach der Entdeckung der Gletschermumie in der Fachzeitschrift »Archäologie Österreichs« erschien, findet der Name *Hauslabjoch* alleinige Anwendung.

Die gültige wissenschaftliche Bezeichnung des Fundes lautet demnach: *Jungneolithische Mumie aus dem Gletscher vom Hauslabjoch, Gemeinde Schnals, Autonome Provinz Bozen Südtirol, Italien.*

Das Hauslabjoch liegt auf 3279 Meter Seehöhe, eingebettet zwischen hohen Bergen inmitten der Ötztaler Alpen. Es trägt seinen Namen nach einem Franz Ritter von Hauslab, von dem eine bewegte Lebensgeschichte überliefert ist. Als Sohn einer von Kaiserin Maria Theresia geadelten Familie wurde er am 1. Februar 1798 in Wien geboren. Schon als Fähnrich zeichnete er sich 1815 beim Feldzug in Frankreich so aus, daß er als Achtzehnjähriger dem Generalquartiermeister-Stab zugeteilt wurde. Sein erster Auftrag war die Mappierung der Ötztaler Ferner, des oberen Lechtals, der Bregenzer Ache und der Breitach. Im Jahre 1817 nahm er das Gletschergebiet der Ötztaler Alpen kartographisch auf. Bei seinen Landkartenzeichnungen, die er sorgfältig aquarellierte, führte er nach französischem Vorbild erstmals in Österreich die Bergzeichnung in Horizontalschichten ein. Das von ihm entwickelte System für die farbige Schichtenzeichnung – am Land: je höher, desto dunkler, auf Seekarten: je tiefer, desto dunkler – fand fast auf der ganzen Welt Nachahmung.

Im Alter von einundzwanzig Jahren kam er als Professor für »Situationszeichnung und Terrainlehre« an die Genie-Akademie nach Wien, an der er dreizehn Jahre lang lehrte. Später wirkte er an der österreichischen Gesandtschaft in Konstantinopel, unterrichtete Angehörige des Kaiserhauses und war Begleiter des türkischen Sultans bei dessen Europareise. Als Militärattaché beobachtete er Manöver in Rußland und in der Türkei. Bei der Belagerung von Wien 1848 bereits Generalmajor, konnte er anschließend die Schlachten um Szöreg und Temesvár in Ungarn für die kaiserliche Armee entscheiden. Zum Feldmarschalleutnant befördert, nahm er am Krieg gegen Frankreich und Piemont teil.

Sein wissenschaftliches Œuvre ist von einer unglaublichen Vielseitigkeit geprägt. Wenn auch die Mappierungsarbeiten in den Alpen, auf See für die k. u. k. Kriegsmarine, auf dem Balkan und anderswo im Vordergrund seines rastlosen Schaffens standen, so behandelte er auch historische, geographische und folkloristische Themen wie die »Geschichte Wiens«, »Über die Bodengestaltung in Mexico« oder »Über die Kriegertracht vom Beginn des 16. Jahrhunderts« mit der gleichen Gründlichkeit. Er war Mitglied zahlreicher bedeutender wissenschaftlicher Akademien und Gesellschaften im In- und Ausland. Auch seine humanitäre Tätigkeit darf nicht

Das Foto des Jahres 1991: Das Nürnberger Ehepaar Simon entdeckte am 19. September den »Mann im Eis«. Er ragte mit Kopf und Schultern aus dem Restgletscher in der Felsrinne am Hauslabjoch hervor. Geistesgegenwärtig machte Helmut Simon dieses Bild. Es war die letzte Aufnahme auf seinem Film. Der rund sechs Zentimeter hohe Feuchtigkeitsstreifen auf der Haut der Mumie direkt über der Eisoberfläche kennzeichnet die Eisabschmelzung dieses Tages von Sonnenaufgang bis zum Mittag gegen 13.30 Uhr. Gletscherablationen diesen Ausmaßes sind extrem selten und geschehen nur unter besonderen meteorologischen Bedingungen. © Helmut Simon.

Oben: Blick über das Panorama der Ötztaler Alpen. Der rote Kreis kennzeichnet die Fundstelle unmittelbar im Bereich des Alpenhauptkammes. Das Bild verdeutlicht besser als jede Beschreibung die großen Schwierigkeiten, mit denen die Bergung der Gletschermumie und die archäologischen Nachuntersuchungen am Hauslabjoch verbunden waren. © Jakob Tappeiner.
Rechte Seite: Oreohydrographische Karte der Ötztaler Alpen zwischen Oberinntal im Norden und Vinschgau im Süden mit Eintragung der wichtigsten im Text angeführten Örtlichkeiten. © Michael Schick (Kartenausschnitt nach TIROL-Atlas).

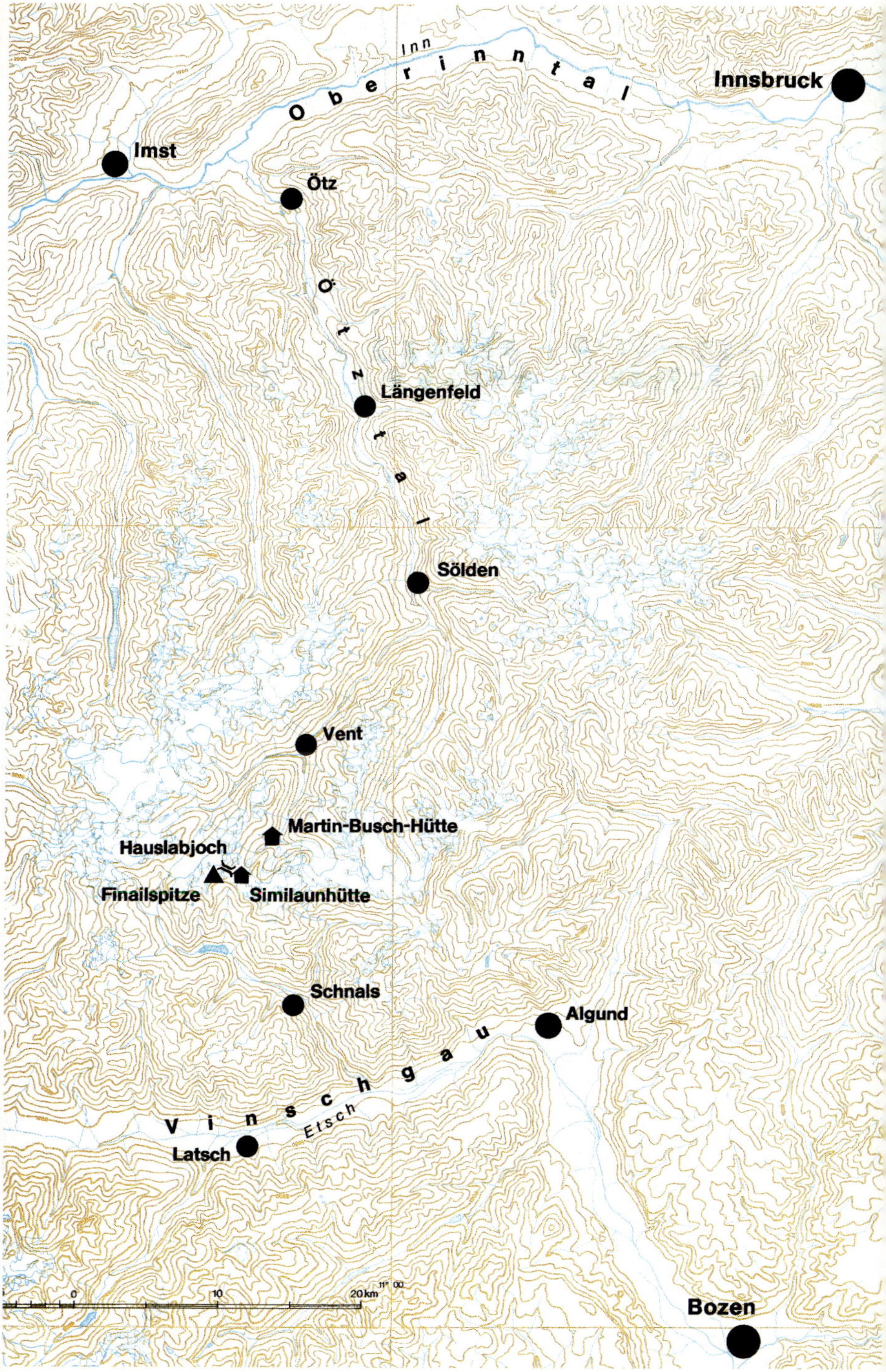
Inn
Oberinntal
Innsbruck
Imst
Ötz
Ötztal
Längenfeld
Sölden
Vent
Martin-Busch-Hütte
Hauslabjoch
Finailspitze
Similaunhütte
Schnals
Algund
Vinschgau
Etsch
Latsch
0
10
20 km
11° 00
Bozen

Die Gletschermumie nach dem ersten Bergungsversuch durch den Gendarmen Anton Koler und den Hüttenwirt Markus Pirpamer am 20. September 1991. Die Preßluft zum Betrieb des Schämhammers reichte nur für eine halbe Stunde. In dieser Zeit wurde die Leiche bis zur Hüfte freigelegt. Auf dem Scheitel ist eine Verletzung zu erkennen. Ihretwegen schloß man auf Fremdverschulden und benachrichtigte Staatsanwalt und Untersuchungsrichter. © Anton Koler.

unerwähnt bleiben. Obwohl eigentlich gegnerischer General, verhalf er dreitausend nach Serbien geflüchteten aufständischen Ungarn zur Rückkehr in ihre Heimat. Hochangesehen und mit den höchsten Orden dekoriert, starb Hauslab fünfundachtzigjährig am 11. Februar 1883 in seiner Geburtsstadt Wien. Im ehrenden Gedenken an diesen bedeutenden und verdienten Mann wurden auf der reambulierten österreichischen Spezialkarte 1:75 000 im Jahre 1889 ein Sattel und ein Berg nach ihm benannt: das Hauslabjoch und der Hauslabkogel. Und so übernimmt unser Gletschermann, zumindest in der Fachwelt, sicherlich keinen unwürdigen Namen.

Freilich wurden auch andere Namen für die wissenschaftliche Benennung zur Diskussion gestellt. Man wies darauf hin, daß die Fundstelle immerhin dreihundertdreißig Meter vom Hauslabjoch entfernt läge. Näher, nämlich rund achtzig Meter weit weg, befände sich ein kleiner Übergang, der im Volksmund *Tisenjoch* heißt. Doch ist dieser Name in keiner amtlichen Karte eingetragen. Das Tisenjoch liegt am Alpenhauptkamm auf der Wasserscheide zwischen Donau und Po. Es ist ein alter Übergang vom Schnalstal ins Ötztal. Auf ihn wich man noch in diesem Jahrhundert beim Schaftrieb aus, wenn die steile und schwierige Südseite bei den Nachbarübergängen wegen ungünstiger Schneeverhältnisse zu gefährlich war. Sonst benutzte man üblicherweise das Niederjoch. Der Name Tisenjoch komme vom Tisenhof, einem Bauernanwesen, das auf der Mündungsstufe des Tisentals ins Schnalstal liegt. An weiteren Argumenten, die für den Namen sprechen sollten, brachte man vor, daß Tisen nach der Ortsnamenforschung einer vorrömischen Sprache beziehungsweise einer prähistorischen Namensschicht angehöre. Mit einer letzten Begründung zugunsten des Tisenjochs warb man für diesen Namen, weil er auch symbolische Bedeutung besäße. Mit ihm wäre die seit vorgeschichtlicher Zeit bestehende Verbindung zwischen den Tallandschaften und Landesteilen nördlich und südlich des Alpenhauptkamms eindrucksvoll unterstrichen.

Das Ganze kompliziert sich durch die Zweisprachigkeit in Südtirol. Nach der Annexion Südtirols als Folge des verlorenen Ersten Weltkriegs erhielten alle deutschen Namen zusätzlich eine italienische Version. Das Hauslabjoch wurde in *Passo di Tisa* umgetauft.

Wenn also jemand diesen Namen auf einer italienischen Karte sucht, so findet er dort zugleich die deutschsprachige Benennung Hauslabjoch, aber jedenfalls nicht die Stelle, die im Volksmund Tisenjoch heißen soll. Man sieht, daß die Namensgebung wie so oft komplizierter als die Geburt ist.

Die italienischen Fachkollegen halten sich vernünftigerweise aus diesem Dissens heraus, indem sie die Bezeichnung *Val Senales* (= Schnalstal) präferieren, was aber geographisch gesehen erst recht völlig falsch ist. Sei es, wie es wolle. Jedenfalls tat man sich früher offensichtlich sehr viel leichter, einen passenden Namen zu finden. Der Neandertaler heißt übersetzt schlicht »Neumann«, obwohl er doch ein Altmensch ist.

Außerhalb der Fachwelt trieb die Suche nach einem verbindlichen Namen noch erheblich buntere Blüten. Ortner konnte weit über fünfhundert verschiedene Benennungen sammeln. Darunter werden einige besonders bevorzugt. Ziemlich im Vordergrund steht der Name *Similaunmann*, der in enger Beziehung zu dem an sich geographischen Begriff *Similaungletscher* steht. Indes handelt es sich dabei um eine journalistische Erfindung, denn ein Gletscher dieses Namens existiert nicht. Es gibt lediglich den *Similaun*, einen Berggipfel von 3607 Meter Seehöhe, der sich immerhin rund dreieinhalb Kilometer von der Leichenfundstelle entfernt erhebt. Nach diesem trägt die *Similaunhütte* ihren Namen. Sie bildete die zentrale Anlaufstelle für alle Besucher, die den Marsch oder den Flug zum Hauslabjoch wagten. Auf diese Weise geriet die griffige Bezeichnung rasch in die Medien, stellt somit ein zwar völlig ungeeignetes, indes höchst beliebtes und offensichtlich unausrottbares populäres Synonym für unseren Gletschermann dar.

Die Franzosen gingen bei der Namensgebung einen eigenen Weg. In Frankreich hat sich die Bezeichnung *Hibernatus* durchgesetzt. Für Liebhaber des französischen Films ist diese Wortschöpfung kein Geheimnis. Es handelt sich um den Titel jenes Films, in dem Louis de Funès im Eis des Nordpols den eingefrorenen Großvater seiner Frau findet, der wieder zu leben und zu sprechen beginnt.

Bemerkenswert ist auch die hauptsächlich von der deutschsprachigen Presse lancierte Unterstellung, der Gletschermann habe im englischsprachigen Amerika den Scherznamen *Frozen Fritz* erhalten. In der Tat verwenden die Amerikaner umgangssprachlich bis spöttisch für den Deutschen gern den Spitznamen Fritz, wobei der Gleichklang mit dem international gut eingeführten *Pommes frites* keineswegs auf Zufall beruht. Erst durch die gelegentliche Verwendung der Bezeichnung in Europa bürgert sich der Name »Frozen Fritz« nun auch allmählich in Amerika ein.

Weltweit hat sich allerdings nur ein einziger Kosename durchgesetzt: *Ötzi*. Ohne Artikel verwendet und auch im Ausland stets großgeschrieben, ist die Eigennamenbildung abgeschlossen. Der Name ist lexikonreif.

Bislang hat es in der Archäologie lediglich einmal den Fall gegeben, daß ein Vormenschenfund aus grauer Urzeit einen Kosenamen erhielt. Als im Jahre 1976 in Äthiopien das rund drei Millionen Jahre alte Skelett eines jungen weiblichen Australopithecus ausgegraben wurde, taufte man das Affenmädchen auf den Namen *Lucy*. Diese Benennung geht auf eine Tonbandaufnahme des Liedes »Lucy in the sky with diamonds« von den Beatles zurück, die jemand in der Nacht im Lager abspielte, nachdem die Fossilien gefunden worden waren.

Als Erfinder des Namens *Ötzi* gilt nach eigenen Bekundungen der Wiener Reporter Karl Wendl, indem er die Kurzform von »Ötztaler Yeti« ersann. Er wollte von grausigen Bezeichnungen wie Toter, Leichnam oder Mumie wegführen und einen gefälligeren Namen einführen. »Diese ausgetrocknete, gräßlich anzusehende Leiche muß positiver, lieblicher werden, um daraus eine gute Story zu machen«, erinnert er sich. Also gab Wendl seine Namensprägung an die Wiener »Arbeiter-Zeitung« durch, und in der Donnerstagsausgabe vom 26. September 1991, eine Woche nach der Entdeckung, erschien erstmals die Wortschöpfung *Ötzi*. Von hier aus trat sie ihren Siegeszug um die Welt an.

15. Die Datierung des Fundes vom Hauslabjoch

Im Laufe seiner Entdeckungsgeschichte und nach den ersten wissenschaftlichen Untersuchungen wurde der Fund vom Hauslabjoch von Mal zu Mal älter. Das führte natürlich zu Irritationen und Spekulationen in der Öffentlichkeit. Die Nürnberger Entdecker dachten wegen des herumliegenden Schiclips an ein Alter von zehn bis zwanzig Jahren. Dann kam Capsoni ins Gerede, der 1941 verunglückt war. Der Gendarm Koler schloß auf das 19. Jahrhundert. Ihm erschien das Beil ein wenig altertümlich. Messner schätzte auf fünfhundert bis dreitausend Jahre und kam so der Wahrheit wesentlich näher. Doch sein Presseagent blieb bei fünfhundert Jahren. Der Volkskundler Haid nannte *expressis verbis* die Hallstattzeit, mithin das 9. bis 5. Jahrhundert vor Christi Geburt. Ich selbst datierte den Fund beim ersten Augenschein auf mindestens viertausend Jahre, weshalb er in der Folge kurzfristig als frühbronzezeitlich rangierte. Dann sickerten erste, noch unbereinigte Meßwerte der naturwissenschaftlichen Altersbestimmung durch eine undichte Stelle im Pariser Labor, so daß am 4. Dezember 1991 die Zeitung »Libération« meldete: »L'homme des glaces ... un âge de 4230 ans«. Wir selbst hatten davon noch gar nichts erfahren. Ein italienischer Korrespondent aus Rom gab mir zu meiner größten Überraschung am Telefon die Werte durch. Endlich kamen die bereinigten Daten: fünftausenddreihundertfünfzig bis fünftausendeinhundert Jahre alt.

Wie bei jeder wissenschaftlichen Methode mußten zunächst Kinderkrankheiten überwunden werden. Heute bildet die ^{14}C-Methode ein verläßliches Instrument zur Altersbestimmung vorgeschichtlicher Funde. Voraussetzung ist allerdings, daß unter den Überresten organisches, mithin ursprünglich lebendes Material vorhanden ist, wie zum Beispiel Knochen, Holzkohle, Pflanzenteile, Leder und anderes. Gegenstände aus anorganischen Materialien, die keinen atmosphärischen Kohlenstoff enthalten, wie Stein, Metall oder Keramik, lassen sich damit nicht datieren. Das Fundensemble vom Hauslabjoch bietet also ideale Voraussetzungen zur Anwendung der ^{14}C-Methode.

Die Radiokarbon- oder ^{14}C-Methode wurde in den Jahren 1946 bis 1947 von dem amerikanischen Physiker Willard F. Libby und seinen Mitarbeitern entwickelt. Sie beruht auf der Tatsache, daß alle Lebewesen das Element Kohlenstoff enthalten. Vom Kohlenstoffatom gibt es eine Reihe von Varianten, Isotope genannt, von denen eines radioaktiv ist. Es erhielt das laufende Kennzeichen ^{14}C. Dieses radioaktive Kohlenstoffisotop zerfällt gleichmäßig und sendet dabei Strahlung aus. Die Strahlung ist aber so gering, daß sie dem Organismus nicht schadet. Libby hat ausgerechnet, daß eine bestimmte Menge an ^{14}C-Isotopen in fünftausendfünfhundertachtundsechzig Jahren genau auf die Hälfte des Ausgangswerts zerfällt. Jeder Mensch, jedes Tier und jede Pflanze nimmt während des Lebens die in der Atmosphäre im Kohlendioxid enthaltenen ^{14}C-Isotope auf. Beim Tod des Lebewesens wird dieser Aufnahmeprozeß unterbrochen. Das zum Todeszeitpunkt im Organismus enthaltene ^{14}C zerfällt, ohne daß Nachschub kommt. Hat man nun ein Holzkohlebröckchen, einen Knochensplitter oder einen Lederfetzen aus einem prähistorischen Fund, so zählt man aus, wieviel noch nicht zerfallenes ^{14}C in der Probe enthalten ist. Da die Ausgangsmenge bekannt ist, kann man genau zurückrechnen, wie viele Jahre vergangen sein müssen, bis die radioaktiven ^{14}C-Isotope zu der im Probenmaterial festgestellten Restmenge zerfallen sind.

Freilich schleichen sich in der praktischen Anwendung dieser Methode eine Reihe von Fehlern unterschiedlicher Ursachen ein. Deshalb war die Radiokarbonmethode am Anfang noch nicht sehr genau. In den vergangenen Jahrzehnten hat man jedoch unablässig daran gearbeitet, diese Fehlerquellen nach Möglichkeit auszumerzen. Vor allem war man bemüht, die ^{14}C-Daten mit Hilfe von Altersangaben abzusichern, die mit anderen Methoden gewonnen wurden. Dabei erwies sich die dendrochronologische Methode als besonders nützlich. Die Dendrochronologie arbeitet mit dem Prinzip, daß jeder Baum, der in einem gemäßigten Klimabereich wächst, jedes Jahr einen Jahrring bildet. Diese Jahresringe sind in niederschlagsarmen Jahren dünner und in regenreichen Sommern dicker als in normalen Jahren. Dadurch entsteht wetterbedingt eine historisch einmalige Folge von wechselnden Ringbreiten. Am besten eignet sich Eichenholz, weniger gut Tannenholz für diese Methode. Andere Hölzer kommen dafür kaum in Betracht. Läßt man nun Holzscheiben von einem frisch gefällten Baum, von neuzeitlichen Dachstühlen, von mittelalterlichen Häusern, von römischen Schiffen und so weiter einander an der richtigen Stelle überlappen, so entsteht durch die gegenseitige Überbrückung eine weit in die Vergangenheit zurückreichende Standardchronologie. Dieser Jahresringkalender besitzt inzwischen eine lückenlose Abfolge von rund zehntausend Jahren. Mittels dieser Jahresringkurve lassen sich die ^{14}C-Daten ohne weiteres eichen. Man nennt dies Kalibrierung. Warum hat man die Hölzer vom Hauslabjoch, den Bogen, den Beilholm oder die Rückentrage, nicht mit der ja sehr exakt, meistens sogar jahrgenau arbeitenden Dendrochronologie datiert? Die Frage läßt sich leicht beantworten. Um eine Holzprobe an der richtigen Stelle in den Jahresringkalender einzupassen, muß diese eine Abfolge von mindestens fünfzig Jahresringen aufweisen. Die meisten Jahresringe besitzt der Bogenstab. Sie reichen aber für eine Bestimmung vorerst nicht aus. Die dendrochronologische Methode eignet sich also zur Zeit nicht für eine Datierung des Hauslabjochfundes mit Hilfe der hölzernen Ausrüstungsgegenstände, zumal diese ja auch aus dafür kaum in Frage kommenden Eiben- und Haselhölzern bestehen. Sie wurde aber zur Kalibrierung der ^{14}C-Daten herangezogen.

Während Libby für seine Messungen noch umfangreiche Probenmengen benötigte, genügen für die heute zur Verfügung stehenden Apparaturen fünf bis sechs Milligramm. Auch damit ist ein entscheidender Fortschritt erzielt worden, denn bei der Kostbarkeit vieler archäologischer Funde – das gilt im besonderen Maße für unseren Gletschermann – dürfen nur kleinste Probeneinheiten verbraucht werden. Für den Fortgang des Projekts war es aber von maßgeblicher Bedeutung, eine möglichst exakte Datierung zu ermitteln. Meine erste Einschätzung hörte man sich zwar an, aber naturwissenschaftliche Methoden besitzen offenbar mehr Glaubwürdigkeit. Aufgrund fachlicher Erfahrungen bestanden die Gerichtsmediziner zudem darauf, sowohl Proben von der Mumie selbst als auch von der Ausrüstung zu nehmen. Sie wollten absolut sichergehen, daß beides zusammengehört.

Dem Zerstörungsbereich an der linken Hüfte wurden bereits durch den Schrämhammer gelöste winzige Knochenpartikel und

Gewebefasern entnommen. Von der Ausrüstung wählten wir einige Grashalmfragmente, die wahrscheinlich vom Schulterumhang stammten. Die anatomischen Proben gaben wir an das Research Laboratory for Archaeology and the History of Art in Oxford und an das Institut für Mittelenergiephysik der Eidgenössischen Technischen Hochschule in Zürich. Das botanische Material sandten wir an das Svedberg Laboratoriet der Universität Uppsala, an die Krueger Enterprises Inc. in Cambridge/USA und an das Centre des Faibles Radioactives in Paris. Die von den fünf Labors in Großbritannien, in Schweden, in Frankreich, in den USA und in der Schweiz bestimmten Proben ergaben ein überraschend einheitliches Alter. Das Datenspektrum pendelt zwischen 3616 und 2666 vor Christi Geburt. Um ein zuverlässiges Alter für den Gletschermann zu erreichen, muß die Wahrscheinlichkeitsdichte aus den neun bislang vorliegenden Zeitmessungen errechnet werden. Dies ergibt mit jeweils ziemlich gleich hoher Wahrscheinlichkeit drei Zeitintervalle, in deren einem der Mann gelebt haben sollte:

- 3352 bis 3300 vor Christi Geburt
  mit 31 Prozent Wahrscheinlichkeit
- 3235 bis 3175 vor Christi Geburt
  mit 36 Prozent Wahrscheinlichkeit
- 3166 bis 3108 vor Christi Geburt
  mit 33 Prozent Wahrscheinlichkeit

Somit kann man mittels der Radiokarbonmethode zum gegenwärtigen Zeitpunkt nur sagen, daß der Mann im Eis irgendwann zwischen 3350 und 3100 vor Christi Geburt in der Felsrinne am Hauslabjoch verunglückte.

16. Die zweite archäologische Nachuntersuchung 1992

Der Winter 1991/92 war seit Jahren einer der schneereichsten in Tirol. Am Hauslabjoch fielen rund siebenhundert Zentimeter Schnee. Glücklicherweise folgten im Sommer 1992 lang anhaltende Schönwetterperioden, so daß bis zu Beginn der zweiten, großangelegten, archäologischen Nachuntersuchung am Fundplatz etwa fünfhundert Zentimeter wieder abgetaut waren. Da das herrliche Spätsommerwetter auch während unserer Arbeiten am Fundplatz anhielt, schmolzen bis zum Einsetzen der ersten Winterschneefälle noch einmal etwa hundert Zentimeter ab, aber immerhin verblieb in der Felsrinne eine Restschneedecke von rund hundert Zentimeter Stärke, so daß der Mann aus dem Eis im Sommer 1992 nicht die geringste Chance gehabt hätte, zum Vorschein zu kommen. Es steht auch nicht zu erwarten, daß in absehbarer Zeit ein solcher Gletschertiefstand erreicht wird wie zum Zeitpunkt der Entdeckung im September 1991. Man muß sich folglich mit der schier unfaßbaren Tatsache bescheiden, daß in den vergangenen über fünf Jahrtausenden die Gelegenheit zur Auffindung des Gletschermanns nur sechs Tage währte. Wie sich die Gletscherbildung zukünftig entwickelt, wird sich erweisen.

Insofern verwundert es nicht, daß, obwohl Tausende von Bergwanderern im Sommerhalbjahr die Gletscher abliefen, die Suche nach weiteren Eisleuten erfolglos blieb. Lediglich ein bescheidener Fund wurde beachtet. Am Schaufelferner im Stubaital aperte eine Katze aus. Die Journalisten tauften sie *Stubsi*. Man meldete uns am Telefon: »Sie sieht aus wie der Ötzi.« Damit war die Art der Mumifizierung gemeint. Dr. Walter Leitner von unserem Institut und die Prähistorikerin Sabina Kneußl, die am mittlerweile gegründeten »Eismann-Institut« arbeitet, fuhren sofort mit der Gefrierbox los.

Das Kätzchen ruht wie im Schlaf erstarrt. Die Haut ist ledern und völlig enthaart. Nur die tiefwurzelnden Schnurrhaare blieben erhalten. Auch hier ist der Körper stark dehydratisiert, so daß sich die Knochen unter der Haut deutlich abzeichnen. Leitner und Kneußl packen den Kadaver sorgfältig ein und verstauen ihn in der Box. Dann geht es so rasch wie möglich nach Innsbruck zurück. Unterwegs schlägt eine Radarfalle der Gendarmerie zu: »Wir sind vom Ötzi-Institut und haben eine Gletscherkatze dabei«, erläutern die beiden. Sie dürfen weiterrasen.

Nach geklärter Grenzsituation oblag die Durchführung der zweiten Nachgrabung dem Landesdenkmalamt Bozen. Mit der Leitung waren vier Personen betraut. Von seiten des Südtiroler Amtes beteiligten sich die Facharchäologen Dres. Lorenzo Dal Ri und Hans

Nothdurfter. Die Universität Trient schickte Prof. Bernadino Bagolini vom Institut für Geschichte und Kultur Europas, und unsere Universität delegierte, wie schon im Vorjahr, Lippert. Die Arbeiten begannen am 20. Juli 1992 mit dem manuellen Wegräumen der rund zweihundert Zentimeter starken Restschneemenge in der Felsrinne. Wir verzichteten bewußt auf den Einsatz dieselbetriebener Aggregate, um die Fundstelle nicht unnötig durch Auspuffschadstoffe zu verunreinigen und um vor allem unkontaminierte Eis- und Sedimentproben zu gewinnen. Insgesamt mußten über sechshundert Tonnen Schnee zur Seite geräumt werden. Bei diesem Einsatz in 3210 Meter über dem Meeresspiegel dürfte es sich um die größte physische Leistung im Zusammenhang mit dem Gletschermann-Projekt gehandelt haben. Vier Mitarbeiter schaufelten und schleppten unermüdlich drei Wochen lang Schnee.

Am 10. August 1992 konnte dann mit den eigentlichen archäologischen Untersuchungen begonnen werden. Das restliche Gletschereis pickelten wir teilweise weg. Zwischen Steinblöcken und in Felsritzen ließ sich das Eis wieder nur mit Dampfstrahl- und Föngeräten entfernen. Das Enteisen, insbesondere der basalen Teile der Felsmulde, gestaltete sich in den tieferen Lagen, die abflußlos sind, besonders schwierig. Als Folge des makellosen, heißen Bergwetters füllten beträchtliche Mengen an Schmelzwasser von dem nördlich anschließenden, höher gelegenen Schneefeld die Felsrinne ständig wieder an. Ein Teil dieses Wassers ließ sich zwar in Plastikröhren sammeln und über das Ausgrabungsgelände hinwegleiten, zusätzlich mußte aber an der Westseite ein Kanal in den die Mulde nach Südosten begrenzenden Felssims geschlagen werden, damit auch das Bodenwasser abfließen konnte.

Bereits dabei ließen sich zahlreiche Kleinfunde wie Gräser, Moos, verschiedene Blätter, Holzkohlepartikel, Haare und Insektenteile ausfiltern. Die Untersuchungen im Sediment der Felsrinne förderten neben weiteren Resten auch anatomische Spuren zutage, wie Hautteile, Muskelfasern, Blutgefäße, Menschenhaare und einen Fingernagel. Diese menschlichen Überreste stammten teilweise von der Hüftverletzung, die der Mann vom Hauslabjoch beim ersten Freilegungsversuch mit dem Schrämhammer im Vorjahr erlitten hatte. Unter den Großfunden ist das während der amtlichen Bergung 1991 abgebrochene Bogenende hervorzuheben, dessen Auffindung an der damals fotodokumentarisch festgehaltenen Stelle nun auch die exakte Einmessung der Funddeponie fünf Meter südsüdwestlich der Mumie ermöglichte.

Unmittelbar am südwestlichen Fuß des Felsblocks, auf dem die Leiche bäuchlings geruht hatte, fand sich ein Fellgegenstand, der sogleich als die Mütze des Gletschermannes identifiziert werden konnte, die ihm beim Sturz auf den Felsblock herabgefallen war.

Schnee und Eis konnten mithin im Verlauf dieser zweiten Nachgrabung völlig aus der Felsrinne entfernt werden. Damit war wohl jener Zustand wiederhergestellt worden, den der Mann vor über fünftausend Jahren vorgefunden hatte, als er in der Mulde Schutz suchte. Die südöstliche Begrenzung ragt rund zweieinhalb Meter, die nordwestliche etwa drei Meter vom Boden der Rinne empor. Auf dem unregelmäßig geformten Grund liegen zahlreiche, unterschiedlich große Felsblöcke in lockerer Anordnung herum. Ein besonders großer Felsblock lagert im westlichen Teil am Südrand der Felsrinne. An ihn schließt sich eine kleinere, niedrigere Felsplatte an. Auf diesen beiden Steinen ausgestreckt, mit den Beinen auf dem kleinen, mit Oberkörper und Kopf auf dem großen, dem »Mumienstein«, hatte der Mann vom Hauslabjoch den Tod gefunden.

Seit Abschluß der zweiten Nachuntersuchung am 25. August 1992 gilt das Fundgelände am Hauslabjoch aus archäologischer Sicht als erschöpft. Es wurde der Natur und den Touristen zurückgegeben.

Eine strapaziöse Begleiterscheinung der Eismann-Forschung bildet die Vortragstätigkeit. Täglich laufen Anfragen ein. Heimatvereine, Rotary und Lions Clubs, Volkshochschulen, Ärztekongresse, Museen, Universitäten und Industriekonzerne aus aller Welt wünschen aus kompetentem Mund über die aktuellen Ergebnisse informiert zu werden. Wir haben noch kaum Bilder. Frau Zissernig ist intensiv hinter den Leuten her, die vor der amtlichen Bergung an der Fundstelle waren. Immer wieder muß ich nach Mainz, um den Fortgang der Restaurierungsarbeiten zu besprechen. Die Eismann-Kommission tagt permanent. Um eine verläßliche Information zu gewährleisten und vor allem um der oft abenteuerlichen Berichterstattung in den Medien entgegenzutreten, beschließen wir, wenn es irgendwie mit den sonstigen Verpflichtungen vereinbar ist, keinen Vortragswunsch auszuschlagen. So müssen wir uns aufteilen. Egg, Leitner, Lippert, Nothdurfter und ich gehen gleichsam auf Tournee.

Das Wochenprogramm und der Terminkalender füllen sich. Am Montag Eismann-Kommission und Lehrveranstaltungen, zusätzlich Besuch der Südtiroler Kollegen vom Landesdenkmalamt, vier Presse- und ein Fernsehinterview. Dienstag Vortrag im Festsaal der Universität Wien. Mittwoch vier Stunden Vorlesung, abends Sitzung. Donnerstag Vortrag im Auditorium maximum der Universität Berlin. Freitag Kolloquium über den Gletschermann ebendort. Samstag Institutsarbeit. Sonntag frei.

II. Die Ausrüstung des Mannes im Eis

1. Die archäologische Fundsituation am Hauslabjoch

Die Beobachtungen in den Tagen nach der Entdeckung, während der amtlichen Bergung und bei den archäologischen Nachuntersuchungen zeigen übereinstimmend, daß die Ausrüstung des Mannes vom Hauslabjoch auf drei Stellen im Fundgelände verteilt war. Es ist dies zum ersten die Leichenfundstelle selbst. Der Tote ruhte erhöht auf einem abgerundeten Felsblock, mit dem Kopf nach Südwesten und den Füßen nach Nordosten. Die Körperhaltung war gestreckt. Der linke Fuß lag unter dem rechten. Der Rücken wies nach oben. Den rechten Arm hielt er etwa im Winkel von sechzig Grad von sich gestreckt. Dieser langte tief hinab. Die rechte Hand war unter einer kleinen, schräg liegenden Steinplatte festgeklemmt oder angefroren. Der linke Arm lagerte in unnatürlicher Position rechtwinklig zur Körperachse unter dem Hals und wies nach Nordwesten. Der Kopf lag einen knappen halben Meter höher als die Füße. Die Schräglage bedingte, daß Kopf, Hals und Schultern zuerst ausaperten. In der Auffindungssituation bildete der Scheitel den höchsten Punkt des Leichnams. Dort im Nahtbereich von Scheitelbeinen und Hinterhauptbein befindet sich ein postmortaler Weichteildefekt. Das ist ein Zeichen dafür, wie rasch die Verwesung der Mumie im Zuge der Ausaperung einsetzte, da das Hinterhaupt des Toten auf diese Weise am längsten den schädlichen Einflüssen der Atmosphärilien ausgeliefert war.

Der Mann ruhte voll angekleidet im Eis. Es darf als gesichert gelten, daß ihm seine Kopfbedeckung, als er sich sterbend auf dem Boden der Felsrinne ausstreckte, herabfiel. Die Mütze wurde etwa siebzig Zentimeter unter dem Haupt am Fuß des Felsblocks wieder-

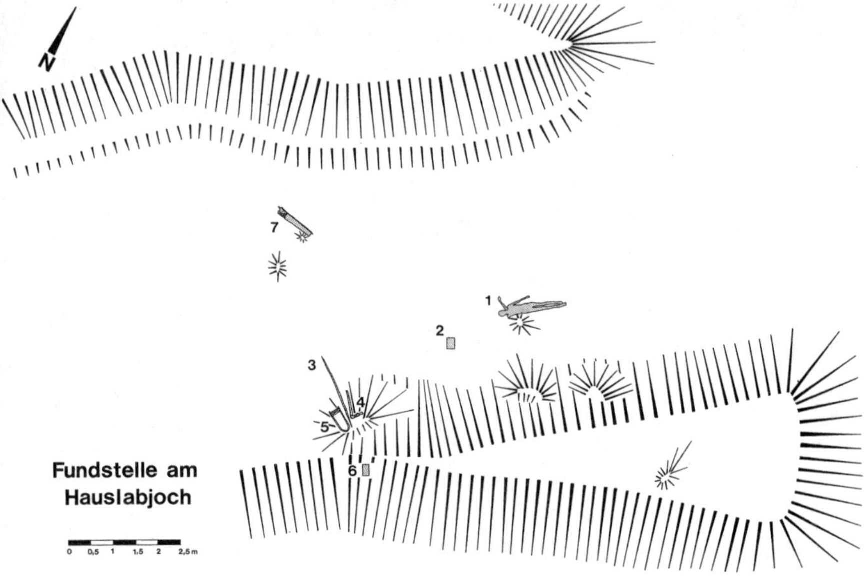

Die Felsrinne am Hauslabjoch mit Eintragung der wichtigsten Fundstellen: 1 = Mumie. 2 = erstes Birkenrindengefäß. 3 = Bogenstab. 4 = Beil. 5 = Rahmenwerk der Rückentrage. 6 = zweites Birkenrindengefäß. 7 = Köcher. Nach Lippert modifiziert und ergänzt.

gefunden. Während des Ausaperns blies der Wind die Stück um Stück zum Vorschein kommende Oberbekleidung vom Rücken weg, so daß der Tote den ersten Betrachtern nackt erschien. Im Auffindungszustand war das enthaarte Fell sehr weich und riß selbst bei leichter Beanspruchung. Die Kleidung ist folglich vor allem im Rückenbereich nicht vollständig erhalten. Auch trug der Mann einen weiteren Teil seiner Ausrüstung bei sich. Offenbar hielt er bis zuletzt den Glutbehälter aus Birkenrinde in der Hand, der ihm dann beim Sturz entglitt und knapp zwei Meter südsüdwestlich vom Kopf entfernt zu liegen kam.

Etwa vier bis fünf Meter südsüdwestlich vom Kopf der Leiche entfernt befand sich an und auf dem erhöhten Felssims, der das Fundgelände talwärts begrenzt, eine zweite Funddeponie. Zu dieser gehören das Beil, der Bogen, die Teile des hölzernen Rahmenwerks einer Rückentrage, Fellreste, Schnüre, Fragmente eines zweiten Birkenrindenbehälters und einige sonstige Kleinfunde. Wir glauben nicht, daß es sich bei den Fellresten um ein weiteres Kleidungsstück handelt. Vielmehr dürften sie am ehesten zu einem Fellsack gehören, der am Rahmenwerk der Rückentrage befestigt war.

An der dritten Fundstelle wurde der Köcher geborgen. Der Platz ist etwa gleich weit von den beiden anderen Fundstellen entfernt. Somit liegen die drei Stellen wie an den Ecken eines gleichseitigen Dreiecks mit jeweils vier bis fünf Meter Seitenlänge auf dem Fundgelände verteilt.

Bevor wir versuchen, die letzten Tage und Stunden des dramatischen Geschehens in der einsamen Bergwelt am Hauslabjoch zu rekonstruieren, sollen die einzelnen Teile der Ausrüstung eingehend beschrieben werden. Denn diese erzählen uns vieles vom Leben und Sterben unseres Mannes. Der Archäologe sieht sich dabei in die ungewöhnliche Lage versetzt, ein Fundensemble zu beschreiben, das mitten aus dem Leben stammt. Gewöhnlich haben wir es in unserem Beruf mit Toten zu tun, die wir aus ihren Gräbern ausgraben. An ihnen sind die Riten der Bestattungszeremonien ihrer jeweiligen Kultur vollzogen worden. Wir studieren immer eine Welt der Toten, betreiben also genau gesehen Friedhofsarchäologie. Und das ist das Einzigartige am Mann vom Hauslabjoch. Er starb fern von seinem Heimatdorf und blieb für immer verschollen. Der Schnee hüllte ihn ein. Das Eis konservierte ihn und seine Ausrüstung für Jahrtausende.

Unter normalen Umständen wäre ihm sicher ein ehrenvolles Begräbnis zuteil geworden. Vielleicht wären die Archäologen unserer Tage sogar auf sein Grab gestoßen. In mineralischen Böden wird die organische Substanz aber schnell aufgezehrt. Auch für die Anlage moderner Nekropolen wählt man einen möglichst kalkarmen, trockenen Untergrund, in dem die Leichen zügig verwesen und die Särge rasch vermodern. Hätte man unseren Eismann samt seiner Habseligkeiten in einem solchen Boden zur letzten Ruhe gebettet, so wären lediglich die Beilklinge, die sechs Feuersteinartefakte und die Steinperle erhalten geblieben. Bestenfalls hätten sich bei kalkigem Untergrund noch das Skelett, die Knochenahle und die sechs Gegenstände aus Hirschgeweih ausgraben lassen. Unter derartigen, für den Archäologen äußerst günstigen Umständen wäre die Bestattung unseres Gletschermanns einer der reichsten Grabfunde der ausgehenden Jungsteinzeit gewesen. Insbesondere die Mitgabe des Metallbeils dürfte allein eine kleine Sensation verursacht haben. Doch die ordnungsgemäße Grablege blieb ihm verwehrt. Sicher hätten seine Nachlaßverwalter ihm auch nicht seinen gesamten Besitz, den er zum Zeitpunkt des Todes bei sich getragen hatte, mit ins Grab gegeben, vielleicht nur die Steinperle oder etwas Silexgerät. Dann wäre sein Begräbnis in der anonymen Reihe jungsteinzeitlicher Bestattungen wohl nicht weiter aufgefallen.

2. Der Bogenstab

Der Bogenstab stellt den größten Gegenstand dar, der zur Ausrüstung des Mannes vom Hauslabjoch gehört. Mit dem einen Ende stand er auf dem Boden der Felsrinne und ragte dann in einem Winkel von etwa vierzig Grad schräg gegen den Felssims, an den sich das obere Ende zwischen zwei vertikal stehenden Steinplatten lehnte. Bei der Auffindung steckte der untere Teil noch auf einer Länge von rund einem halben Meter im Eis. Deutlich ist zu erkennen, daß der Bogenstab nicht einfach fallen gelassen wurde, sondern daß der Mann ihn mit einiger Sorgfalt an den Fels lagerte. Ebenso steht außer Zweifel, daß das Stück im Zeitraum zwischen der Niederlegung vor dem Tod des Gletschermanns und der Bergung unverrückt blieb und auch nicht vom Eis bewegt wurde. Markus Pirpamer und sein Küchenwart Kulis sahen ihn zum erstenmal, als sie kurz nach der Fundmeldung durch das Nürnberger Ehepaar das Hauslabjoch aufsuchten. Vier fotografische Farbaufnahmen dokumentieren den Fundzustand: einmal die beiden Bilder des Gendarmen Koler vom folgenden Tag, dann das Foto, auf dem Messner und Kammerlander hinter der Leiche hocken. Auf diesem erkennt man den Bogenstab im rechten oberen Bildwinkel, wobei die Schräglage sehr gut sichtbar ist. Und schließlich die Aufnahme während der Hennschen Bergung, als Wiegele den Bogenstab abbricht. Überdies ließ sich das abgebrochene Ende im Verlauf der Nachuntersuchung im Spätsommer 1992 wiederfinden und genauestens nachmessen, fotografieren und zeichnen. Die Lageposition des Bogens ist somit optimal gesichert.

Von den Besuchern wurde das aus dem Eis ragende Holz zumeist als Stecken oder Stock bezeichnet. Allgemein erkannte man die Bearbeitungsspuren. Da es trotz mehrmaliger, teilweise recht kräftiger Versuche nicht gelang, ihn aus dem Eis zu ziehen, dachte man auch an eine Lanze, deren Widerhaken das Herauslösen verhinderten. Nur Messner erinnerte das Stück an Bogen, wie er sie auf Neuguinea gesehen hatte. Bereits beim ersten Augenschein der Beifunde noch in der Gerichtsmedizin ließ sich, über jeden Zweifel erhaben, das damals noch fragmentarische Stück als Bogenstab bestimmen, obwohl sein Äußeres vom üblichen Aussehen vorgeschichtlicher Bogen merkwürdig abwich. Nach langen Diskussionen einigten wir uns schließlich darauf, daß es sich um ein unfertiges Stück handelt. So etwas hat es bislang nicht gegeben. Man kennt sehr wohl einige Bogen aus dieser Zeit, aber bei ihnen handelt es sich ausschließlich um fertige Waffen. Danach besitzt der Bogen, wie auch heute noch üblich, ein verdicktes Griffteil, das der Schütze mit der Hand umfaßt. Die Schultern sind am Bogenrücken meist rechtwinklig zur Schußbahn abgeflacht, damit sich der Bogen gut krümmen läßt. An den Enden befinden sich Vorrichtungen zum Befestigen der Sehne beziehungsweise zum Einhängen der Sehnenschlaufe. Alle diese Merkmale des fertigen Bogens sind am Bogenstab vom Hauslabjoch noch nicht ausgearbeitet. Wir haben auch die Bogenenden genauestens unter dem Auflicht-Binokular abgesucht. Es fanden sich aber keinerlei Spuren von Sehnenabdrücken. Somit gewährt uns dieses Stück einen einzigartigen Einblick in die Herstellungspraxis vorgeschichtlicher Bogen.

Für seinen Bogen wählte der Mann vom Hauslabjoch das Holz der Eibe (*Taxus baccata*). Dieser immergrüne, niedrige Baum bietet das dafür am besten geeignete Holz. Fast alle vorgeschichtlichen und historischen Bogen bestehen aus diesem Material. Noch im 16. und 17. Jahrhundert wurden große Mengen an Eibenbogen aus Tirol nach England zur Bewaffnung der britischen Armee exportiert. Deshalb ist die Eibe hierzulande selten geworden und steht unter Naturschutz. Ihr Holz ist zäh und dabei elastisch. Es splittert auch bei starker Belastung nur selten und ist im Gegensatz zu allen anderen Nadelbäumen völlig harzfrei. Die breiten Nadeln enthalten ein scharfes Gift, das sie gegen die Angriffe zahlreicher Pflanzenfresser schützt. Sie ist weit verbreitet und kommt in fast ganz Europa vor. Ihr Standort im Gebirge steigt aber nicht über tausendsechshundert Meter. Durch sorgfältiges Schnitzen in Längsrichtung brachte der Mann das schlanke Spaltholz allmählich in die gewünschte Form. Den Bogenbauch, der dem Schützen zugekehrt ist, rundete er gleichmäßig ab. Von der Mitte aus verjüngen sich die Bogenschultern zu den Enden hin, so daß das Stück stets einen hufeisenförmigen Querschnitt aufweist. Mit einer Länge von 182 Zentimetern zeigt sich der Bogenstab deutlich übermannslang gegenüber der Körpergröße seines Besitzers mit rund 1,6 Metern. Mit wenigen Arbeitsgängen hätte er zu einer voll funktionsfähigen Waffe fertiggestellt werden können. Doch seine Vollendung war dem Mann vom Hauslabjoch nicht mehr beschieden.

3. Das Beil

Das Beil wurde zusammen mit dem Bogen ebenfalls von Markus Pirpamer und Kulis entdeckt. Doch schon am folgenden Tag verschwand es im Luftschutzbunker der Söldener Gendarmerie und tauchte erst nach der amtlichen Bergung im Gerichtsmedizinischen Institut wieder auf. Die Originalfundlage wurde fotografisch nicht festgehalten, denn Koler drehte es für seine beiden Aufnahmen ein wenig zur Seite, damit es auf dem helleren Felsuntergrund mehr Kontrast bot. Ursprünglich soll es in der ansonsten mit Fellresten und Schnüren gefüllten Felsspalte gelegen haben, in die auch das obere Ende des Bogenstabs hineinragte. Das hintere Holmende wies dabei nach unten, der Kopf nach oben und das Schneidenteil der Klinge nach Osten. Keiner der wenigen Gewährsleute, die Gelegenheit hatten, es vor der ersten archäologischen Begutachtung zu betrachten, konnte etwas mit dem Fundstück anfangen. Die Altersvorstellungen schwankten zwischen dem 19. Jahrhundert (Koler) und der Eisen- beziehungsweise Hallstattzeit (Messner, Haid), wobei Messner es nur aus Beschreibungen kannte. Überdies hielt man wegen der bräunlich-rostfarbenen Wasserpatina die

Klinge zunächst für eisern. Einige erkannten es richtig als Beil, andere hielten es für einen seltsamen Pickel. Eine in der Gerichtsmedizin vorgenommene mechanische Materialprüfung ließ an Kupfer denken.

Für den Holm wählte der Mann vom Hauslabjoch wieder das vorzügliche Holz der Eibe. Er entschied sich für ein längeres Stammstück, aus dem seitlich in fast rechtem Winkel ein starker Ast herausstand. Aus dem Stammteil schnitzte er den Holm, aus dem Ast die Schäftungsvorrichtung für die Klinge. Die natürliche Verbindung vom Stamm zum Ast gibt dem Beilgriff optimale Haltbarkeit. Dieses Schäftungsprinzip besitzt in vorgeschichtlicher Zeit eine lange Tradition. Sie reicht von der Jungsteinzeit bis weit in die Eisenzeit hinein. Erst die Kelten erfanden in den letzten Jahrhunderten vor Christi Geburt das Schaftloch für ihre eisernen Äxte, Beile und Hämmer oder übernahmen die Idee von den südlich anrainenden Hochkulturen der Griechen und Römer. Damit konnte dann die Knieholmschäftung aufgegeben werden.

Beilschäftungen sind schon aus prähistorischen Feuchtbodensiedlungen, den sogenannten Pfahlbauten, geborgen worden. Doch fast nie gelingt es, sie zusammen mit der zugehörigen Klinge zu finden. Und noch eine Besonderheit hebt das Beil vom Hauslabjoch aus der Masse seiner Vergleichsfunde hervor: Es besitzt den nahezu einzigen bislang bekannten Holm aus Eibe. Gewöhnlich verwendete man für diesen Zweck das ebenfalls sehr gut geeignete Eschenholz, weniger häufig Eiche und Buche.

Ein stufenförmiger Absatz trennt den kugelig gearbeiteten Holmkopf vom leicht, aber elegant geschwungenen Stiel. Die Länge beträgt insgesamt 60,8 Zentimeter. Hinten zeigt das Holmende einen fast runden Querschnitt, der sich nach vorn zum Kopf hin auf ein hohes Oval hin verändert, so daß die Ansprüche an die Haltbarkeit des Schaftes in vollkommener Weise aus dem Holz herausgearbeitet sind. Beim bloßen Betrachten geben sich diese Feinheiten kaum zu erkennen. Erst die genaue Ausmessung erweist die höchst beachtlichen Fähigkeiten des Holmschnitzers. Hinten ist mit Durchmessern von 2,8 zu 3,1 Zentimetern der Schaftquerschnitt nahezu kreisrund, vorn bildet er mit 2,4 zu 3,4 Zentimetern ein Oval, womit die Schäftungsnormen unserer heutigen Äxte und

Beile praktisch schon in der Jüngeren Steinzeit vorweggenommen sind.

Die aus dem Holmkopf herauswachsende Schäftungsvorrichtung für die Klinge ist gabelartig gestaltet. Sie verbirgt sich freilich unter der Schaftumwicklung. In Längsrichtung ist ein 6,8 Zentimeter tiefer Schlitz eingearbeitet, in den sich die Beilklinge auf Bruchteile von Millimetern genau einschmiegt. Steckt man die Klinge in diesen Schlitz hinein, so schaut die Schneide nur noch auf einer Länge von 2,6 Zentimetern heraus. Fast drei Viertel der Klingenlänge sind also in der Schäftungsgabel fixiert, womit ein fester Sitz gewährleistet ist. Als Kittmasse zwischen Holz und Metall verwendete man dünn aufgetragenen Birkenteer, den Alleskleber der Vorzeit.

Die Schaftumwicklung besteht aus schmalen Leder- oder Hautstreifen. Es ist für den modernen Naturwissenschaftler sehr schwer zu unterscheiden, ob für diesen Zweck gegerbtes Leder oder roh belassene Tierhaut verwendet wurde. Haut ist jedenfalls geeigneter, denn wenn solche Streifen in nassem Zustand kräftig gewickelt werden, ziehen sie sich beim Trocknen zusammen, wobei die in der ungegerbten Haut enthaltenen Kolloide für eine zusätzliche leimende Wirkung sorgen. Dann sitzt die Klinge absolut fest. Die Wicklung besteht aus drei oder vier Streifen, die an den Enden zu Schlaufen geschlitzt und ineinandergesteckt wurden. Das freie, etwas verdünnte Ende eines Streifens schlang man noch ein paarmal hinter dem Kopfabsatz um den Holm, damit das Ganze nicht abrutschen konnte.

Die mit 9,3 Zentimeter Länge recht kleine Beilklinge besitzt einen schmal trapezförmigen Umriß. Der Nacken ist gerade und zeigt einen flachen 0,4 auf 1,8 Zentimeter großen Steg. Dieser ist notwendig, denn bei einem scharfen Nackengrat würde die Klinge beim Gebrauch in die Schäftungsgabel hineingetrieben werden und sie spalten. Die Schneide ist ganz leicht geschwungen und an den Enden nur ein wenig ausgezipfelt. Eine neu hergestellte Beilklinge besitzt noch nicht die gewünschte Schärfe. Wie beim Dengeln einer Sense wird die Schneidenbahn durch vorsichtiges Hämmern ausgedünnt, damit möglichst wenig Material verlorengeht. Dabei dehnt sich das Schneidenteil etwas aus. Die Schneide rundet sich, und die

Enden zipfeln aus. Beim Beil vom Hauslabjoch wurden die Hammerspuren durch behutsames Schleifen ausgeglichen. Anschließend hat man das Schneidenteil vermutlich abgezogen. Auf die gleiche Weise wird das Beil nachgeschliffen, wenn es stumpf geworden ist. Bei unserer Klinge zeigen sich ganz leichte, kaum spürbare Scharten. Ein neuerlicher Nachschliff wäre alsbald fällig gewesen. Die Schmalseiten der Klinge besitzen leicht erhöhte Ränder. Diese verhindern, daß die Klinge beim Arbeiten mit dem Beil in der Längsrichtung verrutscht. Vermutlich hat man diese Randleisten durch Hämmern zu Schmiedegraten hochgetrieben. Dabei wurden die Schmalseiten dreifach facettiert. Auch hier sind eventuelle Hammerspuren durch entsprechendes Nacharbeiten ausgeglichen worden. Die Klinge zeigt mithin einen bikonkaven Querschnitt, der genauestens dem Querschnitt des Hohlraums im Schäftungsschlitz des hölzernen Holms entspricht.

Der Rohling der Beilklinge wurde gegossen. Man hat also eine bestimmte Menge Metall in einem etwa handtellergroßen, dickwandigen keramischen Tiegel mittels eines Gebläses durch Erhitzen auf mindestens 1100° Celsius zum Schmelzen gebracht und dann das flüssige Kupfer in eine Form gegossen. Die Gußform stand aufrecht mit dem Schneidenteil nach unten und dem Nacken nach oben. Nicht geklärt ist, was für eine Art von Gußform verwendet wurde. Da aber die Klinge stehend gegossen wurde, kommt zum Beispiel eine zweischalige Form aus Stein, meist Sandstein, aus gut getrocknetem, ungebrannten oder gebrannten Ton in Frage. Sie läßt sich mehrfach verwenden. Solche Ton- oder Keramikformen können nach einem Original oder auch nach einem Holzmodell angefertigt werden. Verwendet man ein Wachsmodell, so muß die Form nach dem Guß zerschlagen werden. Dann spricht man vom Wachsausschmelzverfahren, von einem Guß in verlorener Form oder von einem Guß *à cire perdue*. Eine Oberflächenanalyse der Beilklinge nach dem Röntgenfluoreszenzverfahren im Laboratorium des Römisch-Germanischen Zentralmuseums in Mainz ergab, daß das Metall aus 99,7 Prozent Kupfer, 0,22 Prozent Arsen und 0,09 Prozent Silber besteht. Es handelt sich also um fast reines Kupfer. Nach den Anteilen der im Kupfer enthaltenen Spurenelemente Arsen und Silber kann das Metall durchaus von einer alpinen

Kupferlagerstätte stammen. Will man es sehr prononciert ausdrükken, so darf man sagen, daß die Beilklinge vom Hauslabjoch mit großer Wahrscheinlichkeit aus einheimischem Kupfer hergestellt wurde.

Reines oder ziemlich reines Kupfer läßt sich indes nicht sehr gut gießen. Oft wird die Form nicht ganz ausgefüllt. Es entstehen durch den beim Schmelzen aufgenommenen Sauerstoff poröse Güsse, und es bilden sich, während sich das Metall beim Erkalten zusammenzieht, kleine Hohlräume, die sogenannten Lunker. Besonders der Bereich des Eingußtrichters der Form ist in dieser Hinsicht gefährdet, weil das zuletzt eingegossene Metall von der beim Erkalten auftretenden Volumenschwindung am meisten betroffen ist. Genau an dieser Stelle, also am Nacken der Beilklinge vom Hauslabjoch, hat sich denn auch ein recht großer Lunker gebildet. Er zeichnet sich in Form von Vertiefungen außen ab und ist im Röntgenbild als linsengroßer Hohlraum zu erkennen. Von ihm aus ziehen sich feine Risse in den Metallkörper. Mit einem sehr feinen, spitzen, stichelartigen Gerät hat der Kupfergießer versucht, diese Fehlgußstelle etwas zu bereinigen. Mit Hämmern war da nicht viel auszugleichen, weil reines, sauerstoffhaltiges Kupfer ziemlich spröde ist und leicht reißt. So geschah es auch beim Dengeln der Schneide, an der im Röntgenbild ebenfalls ein feiner Riß zu beobachten ist. Da sich Kupfer beim Hämmern härtet, was natürlich für eine optimale Nutzung des Geräts sehr erwünscht ist, andererseits dabei die Gefahr der Rißbildung entsteht, muß der Handwerker den genauen Mittelweg ausloten, damit sein Werk gelingt und es nicht birst. Dazu gehören sehr viel Erfahrung und Feingefühl. Auf jeden Fall kannte sich der Mann, der das Beil vom Hauslabjoch fertigte, mit den Eigentümlichkeiten des Materials bestens aus und hat mit den ihm zur Verfügung stehenden Möglichkeiten ein hervorragendes Werkzeug geschaffen.

Schon aus den vorläufigen Analysewerten ergibt sich, daß das Beil vom Hauslabjoch nicht aus unter Tage gewonnenem Kupfer besteht. Vielmehr verwendete man sekundär entstandene Kupferminerallen, wie den grünen Malachit oder den blauen Azurit, die sich an der Oberfläche vieler Kupferlagerstätten in dünnen Krusten ausbilden. Diese können leicht abgeschabt und gesammelt werden.

Für unser Beil genügt bereits eine etwa einen Quadratmeter große Malachit- oder Azuritkruste, wobei letztere sehr viel seltener in der Natur zu finden ist.

Bei der Auffindung war ein Streifen der Leder- oder Hautumwicklung gerissen, so daß sich diese aufzulösen begonnen hatte. Dieser Schaden konnte bei der Restaurierung in Mainz behoben werden. Der Fund vom Hauslabjoch ist das einzige vorgeschichtliche Beil, das komplett mit Holm, Klinge und Wicklung erhalten blieb.

4. Die Rückentrage

Zusammen mit Beil und Bogenstab, aber höher, schon auf der unruhig reliefierten Plattform des Felssimses gelegen, entdeckten Markus Pirpamer und Kulis weitere Holzstücke, die sie aufhoben, betrachteten und wieder hinlegten. Als der Gendarm Koler diese Hölzer am nächsten Tag fotografierte, befanden sie sich also nicht mehr in Originalfundlage, wenn auch beide betonen, sie hätten die Stücke jeweils wieder an dieselbe Stelle zurückgelegt. Nach der Einlieferung stellte sich heraus, daß es sich um zwei Lärchenholzbrettchen (*Larix decidua*) und um einen 1,98 Meter langen Haselstock (*Corylus avellana*) handelt, der in vier Teile zerbrochen ist. Es sind dies ein mittellanges Stück vom dickeren Ende, ein kurzes und ein längeres Mittelstück sowie ein langes Stück vom dünneren Ende. Beide Enden sind abgerundet geschnitzt. Alle Bruchstellen passen aneinander. Der Haselstock ist also vollständig. Auf den zwei Bildern von Koler liegen die beiden Endteile im spitzen Winkel zueinander, zwischen ihnen schräg die beiden Brettchen. Vom langen, dünneren Ende ist das kurze Mittelstück noch nicht abgebrochen. Das längere Mittelstück ist nicht zu sehen, weil es vielleicht außerhalb des Bildausschnitts lag. Ein drittes Foto, das einen Teil der Haselrute zeigt, wurde während der Visite von Messner und Kammerlander am Hauslabjoch vom Bergführer Fritz aufgenommen. Die beiden Extrembergsteiger hocken hinter der Leiche am Fuß des Felssimses. Kammerlander stützt sich dabei auf das lange Teilstück des dünneren Endes wie auf einen Krückstock. Als Griff dient ihm das kurze Mittelstück, das schon bedrohlich geknickt, aber noch nicht gänzlich abgebrochen ist. Beide Teile müssen aber später endgültig voneinander gelöst worden sein, denn sie wurden getrennt eingeliefert. Am folgenden Tag, am Sonntag, sammelten dann Alois Pirpamer und Gurschler die lose herumliegenden Fundstücke ein und brachten sie ins Hotel nach Vent, von wo sie dann am Montag nachmittag durch den Bestattungsunternehmer Klokker in die Gerichtsmedizin gebracht wurden. Bei diesem Fundposten befanden sich die beiden Lärchenholzbrettchen und drei Teile der Haselrute. Das zu diesem Zeitpunkt noch fehlende vierte Teil, hier als kurzes Mittelstück bezeichnet, wurde am Mittwoch von den Glaziologen an der Fundstelle gesehen, aber erst am Freitag von Sölder und Lochbihler geborgen und zu Tal gebracht.

Legt man die vier Bruchstücke aneinander, so erkennt man, daß der Haselstock zu seiner speziellen Funktion U-förmig zusammengebogen war. Das schmalere der beiden Holzbrettchen besitzt eine Länge von 40,5, eine Breite von 4,6 und eine Dicke von 0,6 Zentimetern. Das andere weist eine Länge von 38,3, eine Breite von 6,1 und eine Dicke zwischen 0,9 und 1,2 Zentimetern auf. Die Jahresringe verlaufen parallel zum Querschnitt der Bretter. Schnitzspuren tragen nur die Ränder, nicht die Flachseiten. Das bedeutet, daß die beiden Brettchen nicht aus Vollholz geschnitzt wurden, sondern der Hersteller verwendete gespaltene Scheite. Solche Scheite entstehen, wenn eine Lärche vom Sturm geworfen wird. Dann dreht sich der Stamm gleichsam aus seinen Jahresringen heraus, und aus dem im Boden festgewachsenen Wurzelstock ragen lange, flache, nach oben meist spitz zulaufende Scheite und Späne heraus. Hat man das Glück, einen auf diese Weise umgestürzten Baum zu finden, so kann man sich bequem die benötigten Brettchen schnitzen.

Beide Brettchen sind an den Enden jeweils zweifach gekerbt. Zusammen besitzen sie also acht Kerben. Doch ist nur eine Kerbe vollständig erhalten. In den sieben anderen Fällen ist die Kerbenseite an den Kopfenden der Brettchen abgebrochen, so daß die Enden jetzt zungenförmig wirken. Paßt man die Brettchen mit den in den Enden des Haselstocks eingelassenen Kerben zusammen, so ergibt sich ein U-förmig gebogenes Gestell, das nach unten durch die beiden parallel verlaufenden Brettchen geschlossen wird.

Die Verbindung zwischen Brettern und U-Holz geschah ohne Zweifel mit den zahlreich an und auf dem Felssims, insbesondere in der Gesteinsspalte vorgefundenen Schnüren, die meist in mehr oder weniger kurze Stücke gerissen sind. »Jede Menge Spagat«, kommentierte Messner den Befund. Den Beweis dafür liefern die Schnurabdrücke auf dem Haselholz. Die rekonstruierte Form des Gestells deuten wir als Rahmenwerk einer Rückentrage. Vergleichbare Rückentragen fanden bei den Alpenbewohnern noch bis weit in unser Jahrhundert hinein zum Lastentransport Verwendung und werden hier als Kraxe bezeichnet. Ganz ähnlich sind auch die Leichtmetallrahmen der modernen Tourenrucksäcke gestaltet.

Sämtliche vorgefundenen Schnurreste bestehen aus Gras. Das mag sich nicht sehr stabil anhören. Ich erinnere aber daran, daß beispielsweise in der Mangelzeit nach dem Zweiten Weltkrieg die Paketschnüre, die es damals zu kaufen gab, durchweg aus Papier gedreht wurden. Auch die ländliche Seilerei verwendete bis in die jüngste Zeit hinein Gras als gängiges Material zur Herstellung von Schnüren, Kordeln und Seilen. Das größte Schnurfragment vom Hauslabjoch besitzt noch eine Länge von siebenundachtzig Zentimetern, ist aber an beiden Enden abgerissen. Einige Stücke weisen einfache Knoten auf. Einmal ist ein Schnurende hinter einem Knoten quastenartig aufgefächert. Die Stärke der Schnüre beträgt meist sechs bis sieben, gelegentlich auch acht Millimeter. Immer sind sie in S-Drehung aus zwei gedrillten Strängen gezwirnt. Wir stellen mithin fest, daß bei der Herstellung der Schnüre vom Hauslabjoch ein einheitliches, wohlerprobtes und höchst effektives Verfahren angewendet wurde, das auch in den folgenden Jahrtausenden bis in die jüngste Vergangenheit hinein nicht abgeändert zu werden brauchte.

In der Gesteinsspalte an und auf dem Felssims fanden sich zahlreiche Fellfetzen. Das meiste davon sammelten Alois Pirpamer und Gurschler ein. Leider wurden diese Funde mit den während der Hennschen Bergung entdeckten Kleiderresten in der Gerichtsmedizin zusammengeworfen. Bei der Restaurierung der Fellreste und beim Versuch, aneinanderpassende Teile zusammenzufügen, erwies sich diese Art des Vorgehens als äußerst hinderlich. Inzwischen kann nämlich als gesichert gelten, daß an der Leichenfundstelle hauptsächlich Bekleidungsreste zum Vorschein kamen, während es sich bei den Fellfetzen von der Funddeponie beim Beil, Bogen und Rahmenwerk um Teile eines anderen Gegenstands handeln muß. Wir denken dabei an einen Fellsack, der mit dem Rahmenwerk der Rückentrage verbunden war.

Der auffallend desolate Zustand der Rückentrage läßt sich damit erklären, daß die Funddeponie an und auf dem Felssims deutlich, und zwar rund sechzig bis achtzig Zentimeter, höher liegt als die Leichenfundstelle. Das Fundgut hier begann folglich schon wesentlich früher auszuapern als die Mumie selbst. Außerdem war es auf dem exponierten Sims einer intensiveren Sonnenbestrahlung und heftigerer Windeinwirkung ausgesetzt als die Funde am Boden der Felsmulde.

5. Die Steinbockknochen

Unmittelbar am Fuß des Felssimses entdeckte Lippert im Zuge der ersten archäologischen Nachuntersuchungen am Hauslabjoch Anfang Oktober 1991 zwei kleine Knochensplitter. Sie fanden sich etwas unterhalb der Stelle, an der das Beil gelegen hatte, ungefähr in der Höhe der damaligen Eisoberfläche. Die anatomische und zoologische Bestimmung unternahmen Professor Angela von den Driesch und Dr. Joris Peters vom Institut für Paläoanatomie, Domestikationsforschung und Geschichte der Tiermedizin der Universität München. Es stellte sich heraus, daß es sich um die seitlichen Fortsätze eines vierten und fünften Halswirbels handelt. Die Stücke sind nur 3,1 und 4,5 Zentimeter lang. Auf ihnen haften die gleichen bläulichen Vivianitausblühungen, die auch auf der Mumie während ihres Auftauens im Seziersaal beobachtet wurden. Sehr viel schwieriger aber erwies sich die zoologische Einordnung. Glücklicherweise verfügt das Münchner Institut über eine der weltweit größten Vergleichssammlungen an Wirbeltierskeletten. Insgesamt verwahrt man dort über vierzehntausend Knochengerüste. Damit gelang es, die beiden Splitter dem männlichen Alpensteinbock (*Capra ibex*) zuzuweisen. »Die Absicherung der Identifikation wurde erst nach Prüfung von mehreren Skeletten männlicher

Alpensteinböcke möglich. Erst beim fünften verglichenen Individuum fand sich eine vollkommene gestaltliche Übereinstimmung«, erläuterte von den Driesch.

Die Halsmuskeln des Steinbocks sind mächtig ausgebildet. Sie müssen das gewaltige, bis zu fünfzehn Kilogramm schwere Gehörn tragen. So bieten sie vorzügliche Halsgratportionen. Wie auch heute noch verzehrte man früher das erbeutete Fleisch nicht nur frisch, sondern es wurde für die Vorratshaltung konserviert. Neben dem Einpökeln in Salzlake bildeten vor allem Räuchern und Lufttrocknen die geläufige Form der Haltbarmachung. Insbesondere das Kalträuchern dürfte allgemein verbreitet gewesen sein. Dazu schneidet man das Fleisch längs der Muskelfasern in lange Streifen, die an den Dachsparren aufgehängt werden. Der abgekühlte Rauch des Herdfeuers läßt es so zu Dörrfleisch werden. Ist es hart und trocken, so ist es fast unbegrenzt lagerfähig, sehr nahrhaft und wegen seines leichten Gewichts ein idealer Proviant für längere Expeditionen. Freilich braucht es gesunde Zähne und viel Kraft beim Kauen. Außerdem nutzt sich das Gebiß stark ab. Damit wäre eine sehr plausible Erklärung für den hohen Abrasionsgrad gegeben, den der Zahnapparat des Mannes vom Hauslabjoch aufweist.

Andererseits handelt es sich bei den beiden Fundstücken nur um Knochenteilchen. Das umgebende Fleisch muß also abgenagt worden sein. Ist unsere Vorstellung richtig, daß sie die Reste eines Nahrungsvorrats bilden, so bedeutet dies zwingend, daß der Mann, als er die Felsmulde am Hauslabjoch erreicht hatte, zumindest noch so lange lebte, bis er sein letztes Fleischstück gegessen hatte und die abgekauten Knochensplitter an den Felssims spie.

Bei der zweiten Nachgrabung am Hauslabjoch im August 1992 wurde im Bereich der Mumienfundstelle ein etwa fünf Zentimeter langes Stück Steinbockgehörn gefunden. Es ist an beiden Enden abgeschnitzt und sieht wie eine kleine Büchse aus. Die Funktion des Gegenstands ist nicht ganz klar. Vermutlich besitzt es den Charakter eines Amuletts mit apotropäischer oder therapeutischer Bedeutung.

Das Steinwild war in allen Gebirgslandschaften Eurasiens und Nordafrikas verbreitet. Es wurde aber durch gnadenlose Überjagung fast überall ausgerottet. Bestimmte Körperteile spielten in der

Volksmedizin und im Aberglauben eine große Rolle. Sein prachtvolles, bis ein Meter langes Gehörn liefert eine stolze Trophäe, und sein Wildbret – ausgewachsene Böcke werden bis zu hundertzwanzig Kilogramm schwer – schmeckt, wenn es gut gebeizt wird, vortrefflich. So wurde der Steinbock bis auf eine kleine Kolonie im Gebirgsmassiv des Gran Paradiso der Graiischen Alpen dezimiert und erst in letzter Minute gerettet. Inzwischen gibt es erfolgreiche Wiederverbreitungsprogramme, auch in den großen Naturparks der Alpen.

Die Jagd auf das Steinwild gilt als außerordentlich gefährlich. In frühen Zeiten wurde es mit Pfeil und Bogen bejagt, ab dem 12. Jahrhundert nach Christi Geburt mit der Armbrust und seit der europäischen Erfindung des Schießpulvers, ab Ende des 15. Jahrhunderts, mit der Handfeuerwaffe. Falls es sich nicht um Jägerlatein handelt, verwendete man nicht selten im Mittelalter und in der frühen Neuzeit auch den Jagdschaft, eine bis zu sieben Meter lange Stoßlanze. Solche Jagdschäfte werden heute nur noch auf Schloß Tratzberg in Tirol gezeigt. Das Vorgehen bei der Steinbockjagd wird in den wenigen überlieferten Schilderungen so beschrieben, daß das Wild, oft mit kilometerlangen Treiberketten, in die Enge getrieben wird, bis es nicht mehr weiterkann. Dafür geeignete Felspartien nennt man Stellwände, also Felswände, an denen man das Wild stellt. Dann muß der Jäger sich ihm bis auf Schußweite oder mit dem Jagdschaft bis auf Stoßweite zu nähern versuchen. Manchmal läßt er sich auch abseilen. Das erfordert bei den sprichwörtlichen Kletterkünsten des Steinbocks höchste bergsteigerische Fähigkeiten. Dazu kommt für den Jäger eine weitere Gefahr. Mitunter trachtet das Wild danach, sich durch einen tollkühnen Sprung gegen seinen Verfolger zu retten. Es versucht, zwischen ihm und der Felswand durchzudringen und stößt dabei den Waidmann unweigerlich in die Tiefe.

Schon die alten Römer verwendeten Steinbockerzeugnisse im Heilwesen. Marcellus, Minister der Kaiser Theodosius I. und II., teilte zu Beginn des 5. Jahrhunderts nach Christi Geburt in seinem Buch »*De medicamentis*« folgendes Rezept mit: »*Sammele im siebzehnten Monde Steinbocklosung. Von dieser nimm so viel, als du mit einer Faust fassen kannst, wenn nur die Anzahl der Köddel eine ungerade ist. Gib sie in einen Mörser und füge fünfundzwanzig fein zerstoßene Pfefferkörner bei, dann ein Weinmaß etwa zwei Achtel besten Honig und zwei Sextarien besten, sehr alten Weines. Nach vorherigem Zerdrücken der Steinbocklosung vermische alles gut und gib es in ein Glasgefäß. Dies mußt du aber, damit die Wirkung eine erfolgreiche ist, im siebzehnten Monde machen. Wenn du das Mittel verabreichst, beginne am Donnerstag. Verschreib es durch sieben ununterbrochene Tage, und zwar derart, daß der Patient es im Sessel gegen den Osten gerichtet trinkt. Dieser Trank, so wie geschrieben, gegeben und beobachtet, auch wenn der Patient an allen Gliedern und am Steißbeine krank, zusammengezogen, gelähmt und hoffnungslos darniederliegt, bewirkt, daß er am siebten Tage geht.*«

Auch im Mittelalter und in der Neuzeit erfreuten sich Körperteile des Steinbocks größter Beliebtheit, nicht nur in der Quacksalberei, sondern auch in der gelehrten Heilkunst. Mit der zunehmenden Seltenheit des Tieres stiegen die Preise ins Unermeßliche. Einzelne Hörner wurden als Pokal in Gold gefaßt. Der alte Bräuwirt in Zell im Tiroler Zillertal war glücklicher Besitzer eines prächtigen Steinbockgehörns. Ihm wurde dafür ein komplettes Pferdegespann mit Roß und Wagen geboten. Doch er lehnte ab: »D'r Stoanbock bleibt beim Hause.« Alle Organe galten als wunderheilsam: das Fleisch, die Haut, die Haare, der Schwanz und der Bocksbart, das Blut, die Lunge, das Herz und die Leber, die Blase, die Luftröhre und nicht zuletzt die Losung. Im 17. Jahrhundert wurde in der bischöflichen Hofapotheke zu Salzburg sogar eine eigene Abteilung gegründet, die allein der Steinbock-Medizin vorbehalten war. Man versprach sich von ihr Genesung bei fast allen Gebrechen, so beispielsweise bei »*Mutterbeschwerung und anderen dergleichen Frauenzimmer-Zufällen*«, bei Ischias und Gelenkentzündungen, bei Blasensteinen und Podagra, bei Seitenstechen und geschwollenem Hals. Sie wirkt schweiß- und harntreibend, und schließlich soll sie auch bei Vergiftung und gegen Zauberei helfen. Besonders begehrt waren natürlich das Horn selbst, die Augensterne, das Herzkreuzchen und die Bezoarkugeln aus dem Magen, denen eine aphrodisierende Wirkung nachgesagt wurde. Die uralte Mystik um den Steinbock findet ihren Ausdruck in der Wahl zum Tierkreiszeichen als zehntes Sternbild und als Namensgeber jenes Wendekreises, in den die Sonne mit der

Wintersonnenwende wieder in den Jahreskreislauf eintritt. Daß eine solche, bruchlos bis weit in die Neuzeit tradierte Symbolträchtigkeit ihre Wurzeln in grauer Vorzeit hat, dürfte keinen Zweifel haben. Es ist sicher auch kein Zufall, daß der Mann vom Hauslabjoch bei seiner gefährlichen Mission Steinbockfleisch und -horn mitführte.

6. Das eine Birkenrindengefäß

Den ersten Birkenrindenbehälter (*Betula sp.*) sahen bereits die Simons dicht am Kopf der Mumie auf dem Eis liegen. Reste eines zweiten Birkenrindengefäßes entdeckte die Volksmusikforscherin Gerlinde Haid, als sie zusammen mit der Messner-Gruppe die Fundstelle besuchte. Diese Fragmente lagen auf dem Felssims wenig südlich der Stelle, an der die Teile des Rahmenwerks der Rückentrage gefunden wurden. Man darf annehmen, daß der zweite Behälter für den Transport am Traggestell angebunden war oder gar zum Inhalt des Fellsacks gehörte. Frau Haid nahm die Birkenrindenstücke mit nach Innsbruck und übergab sie uns am 25. November 1991. Das Bodenteil dieses Behälters hatte Markus Pirpamer schon am Vormittag der Messner-Visite geborgen. Es war vom Wind von seiner ursprünglichen Lagestelle auf dem Felssims etwa zwanzig Meter weit in die nächste eisfreie Mulde verfrachtet worden. Markus Pirpamer steckte es ebenfalls ein und zeigte es dann am Nachmittag den in seiner Hütte eintreffenden Besuchern. Der Volkskundler Hans Haid machte sogleich zwei Fotos davon. Anschließend wurde das Stück zusammen mit ein paar Haarbüscheln in der Speisekammer verwahrt. Bei einer gemeinsamen Live-Sendung im Studio Tirol am folgenden Mittwoch, ich war soeben vom fehlgeschlagenen Hubschrauberflug zum Hauslabjoch zurückgekommen, zeigte mir Hans Haid eines der beiden Bilder. So beauftragte ich die beiden Alpinarchäologen Sölder und Lochbihler, auch dieses Stück in der Similaunhütte abzuholen. Dort nahmen sie es zusammen mit den Fellresten, die Markus Pirpamer gleichfalls an der Fundstelle eingesammelt hatte, entgegen und gaben es am Samstag, dem 28. September 1991, bei uns ab.

Alle Fragmente des zweiten Birkenrindenbehälters waren bei ihrer Einlieferung vollkommen ausgetrocknet, stark verworfen und äußerst brüchig. Dieser bedauerliche Zustand geht nicht zuletzt auf die erhöhte Lagerung auf dem Felssims zurück, wo das sehr viel eher ausgeaperte Fundgut entsprechend länger den schädlichen Einflüssen der Nachtfröste, der wechselnden Durchfeuchtung und der prallen UV-Strahlung ausgesetzt war. In den Mainzer Restaurierungswerkstätten hat man mit Erfolg versucht, die Bruchstücke durch Bedampfen wieder flexibel zu machen, um sie in ihre ehemalige Form zurückbiegen zu können.

Die Innenseite des Birkenrindengefäßes vom Felssims ist naturfarben, also gelbweiß. Ich betone dies ausdrücklich, weil die Innenseite des Behälters von der Leiche ganz anders aussieht. Die Form entspricht einer zylindrischen Dose. Der Boden bildet ein Oval mit Durchmessern von fünfzehn auf achtzehn Zentimetern. Leider fehlen von der Wandung große Partien. Die Höhe hat aber mindestens zwanzig Zentimeter betragen. Es steht auch fest, daß der Gefäßkörper aus nur einer rechteckig geschnittenen Rindenbahn hergestellt worden ist. Diese erhielt jeweils an den Schmalseiten eine Lochreihe. Ebenso wurde eine Langseite, das zukünftige Gefäßunterteil, in kurzen, regelmäßigen Abständen gelocht. Dann bog man die Rindenbahn röhrenförmig zusammen, ließ die Schmalseiten ein wenig sich überlappen und vernähte sie. Das gleiche geschah mit dem Bodenstück, das ebenfalls am Rand gelocht ist. Vom Nähmaterial hat sich bei diesem Gefäß leider nichts erhalten. Ebenso gibt es keine Hinweise auf einen Deckel.

Der Archäologe stellt enttäuscht fest, daß der Mann vom Hauslabjoch kein keramisches Gefäß mit sich führte. Er ist es gewohnt, seine vorgeschichtlichen Kulturen und Völker nach ihrer keramischen Hinterlassenschaft einzuteilen. Nicht ganz zu Unrecht wird seine Tätigkeit mitunter spöttisch als »Scherbologie« abgetan. Hätte unser Mann ein Tongefäß bei sich gehabt, so wäre es ein leichtes gewesen, binnen kürzester Zeit zu sagen, in welcher Ecke der Alpen oder der Voralpengebiete er beheimatet gewesen war. So freilich muß sein Herkunftsbereich sehr viel umständlicher ergründet werden und läßt sich auch künfig nur höchst vage eingrenzen. Doch ist natürlich ein geschmeidiger Birkenrindenbehälter im schweren Gelände sehr viel zweckmäßiger als ein zerbrechlicher Tontopf. Über den Inhalt des Behälters vom Felssims läßt sich derzeit nichts sagen, da seine Innenwand noch nicht auf Mikrospuren untersucht wurde.

7. Das andere Birkenrindengefäß

Über die Funktion des zuerst entdeckten Birkenrindengefäßes sind wir dagegen schon sehr viel besser informiert. Ich habe in den vorangegangenen Abschnitten die Gegenstände der Funddeponie an und auf dem Felssims entsprechend dem gegenwärtigen Kenntnisstand beschrieben. In den folgenden Abschnitten soll das Ensemble erläutert werden, das der Mann vom Hauslabjoch bei sich trug: also die Gerätschaften, Werkzeuge und sonstiges von der Leichenfundstelle selbst. Als erstes kommt dabei das knapp zwei Meter südsüdwestlich vom Kopf der Mumie gelegene Birkenrindengefäß zur Sprache. Es sei an dieser Stelle indes der durchaus vorläufige Charakter mancher der hier gemachten Aussagen betont. Denn bereits im Laufe der bisherigen Untersuchungen waren wir immer wieder gezwungen, unsere Ansichten zu widerrufen. Die Forschungen am Mann im Eis werden noch einige Jahre in Anspruch nehmen. Viele Erkenntnisse werden sich präzisieren lassen, manche müssen vielleicht korrigiert werden. Die Einmaligkeit des Befundes stellt ungewohnte Anforderungen an die beteiligten Wissenschaftler. Nicht selten müssen die Forschungsmethoden erst entwickelt sowie spezielle Geräte und Apparaturen geschaffen werden. Die Frage, wie lange es noch dauert, bis wir alles über den Gletschermann wissen, läßt sich am ehesten mit dem Hinweis auf das berühmte Gräberfeld von Hallstatt im Salzkammergut Oberösterreichs beantworten: Es wurde vor hundertfünfzig Jahren ausgegraben und ist noch heute Gegenstand intensivster Forschung.

Als die beiden Nürnberger die Leiche entdeckten, bemerkten sie sogleich auch das Birkenrindengefäß unweit des Kopfes auf dem Gletschereis. Helmut Simon hob es auf und legte es, wie er sagte, an die gleiche Stelle zurück. Auch als Markus Pirpamer und Kulis am Nachmittag das Hauslabjoch aufsuchten, sahen sie den Behälter,

Die Entdecker: Das Nürnberger Ehepaar Erika und Helmut Simon am 18. September 1991 auf der Spitze des 3607 Meter hohen Similaun. Beim Abstieg gerieten die beiden in ein Gletscherspaltenfeld, verspäteten sich dadurch und mußten notgedrungen auf der nahe gelegenen Similaunhütte übernachten. Diese ungeplante Verzögerung des Urlaubsprogramms führte am folgenden Tag zur Entdeckung des »Mannes im Eis«. © Helmut Simon.

Links: Alois Pirpamer, Bergrettungsobmann und Hotelier in Vent im hinteren Ötztal. Am 22. September 1991 legte er die Gletschermumie zusammen mit Franz Gurschler vollends frei, um den Abtransport der Leiche am folgenden Tag vorzubereiten. © Elisabeth Zissernig.

Mitte: Markus Pirpamer, Sohn des Alois Pirpamer und Betreiber der Similaunhütte. Er nahm die Meldung vom Leichenfund entgegen und benachrichtigte die zuständigen Behörden. Bei seinem ersten Besuch der Fundstelle am Nachmittag des 19. September 1991 entdeckte er zusammen mit Blaz Kulis die Funddeponie am Felssims mit Bogenstab, Rückentrage und Beil des Mannes vom Hauslabjoch. © Elisabeth Zissernig.

Unten: Der Gerichtsmediziner Professor Rainer Henn (links) beim Eintreffen an der Fundstelle am 23. September 1991. In der Nacht zuvor war Neuschnee gefallen. Die damit verbundenen tiefen Temperaturen hatten zu einem neuerlichen Einfrieren der Leiche geführt. Der Gendarm und Flugretter Roman Lukasser beim Wegräumen von Schnee. Links das Kamerateam des ORF. © Hannes Gehwolf.

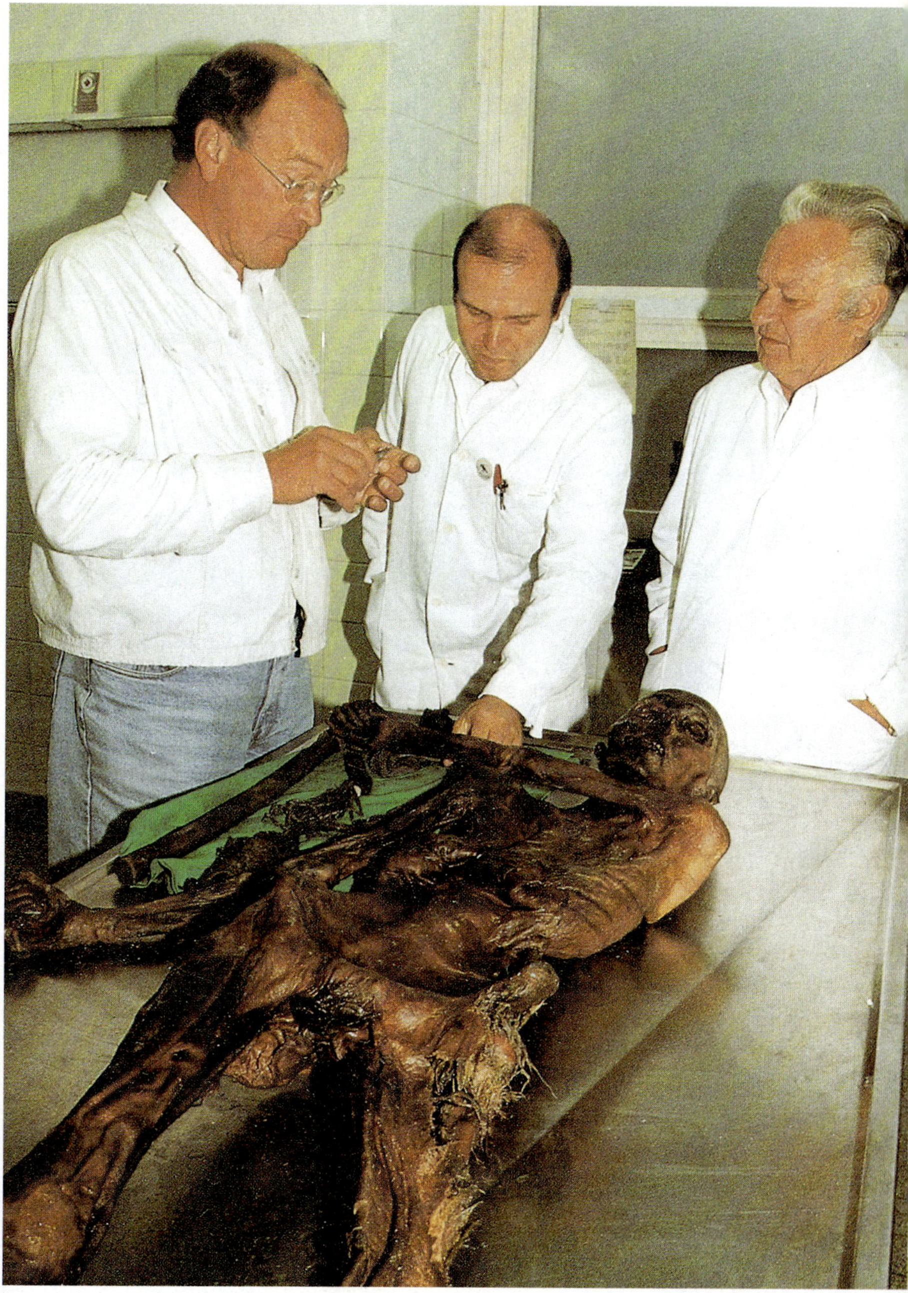

Erste archäologische Begutachtung des Fundes am 24. September 1991 im Seziersaal des Institutes für Gerichtliche Medizin der Universität Innsbruck: Die Professoren Rainer Henn (rechts) und Konrad Spindler (links). Die zu diesem Zeitpunkt vorgenommene Datierung – mindestens viertausend Jahre – stieß damals auf allgemeinen Unglauben. © Werner Nosko, S.N.S. – Pressebildagentur.

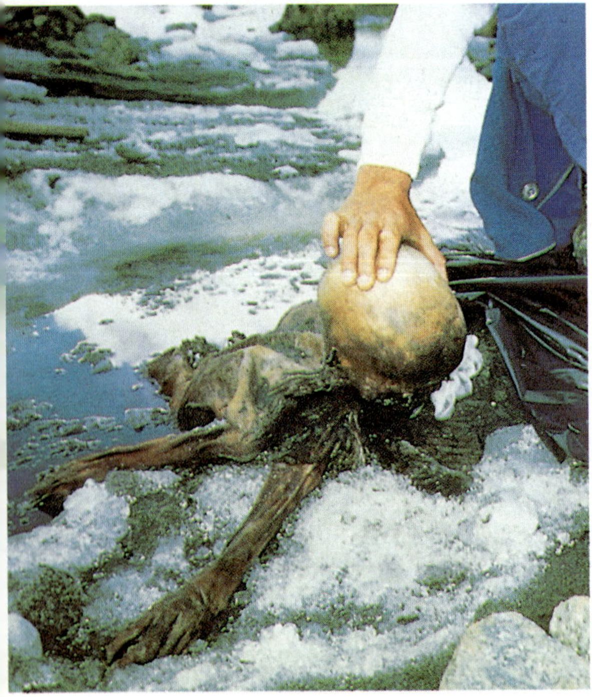

Oben: Reinhold Messner (rechts) und Hans Kammerlander (links) beim Besuch der Fundstelle am 21. September 1991. Man erkennt durch das Schmelzwasser hindurch schemenhaft die Hosen des Mannes im Eis. Rechts oben im Hintergrund der schräg am Felsen lehnende und mit seinem unteren Ende fest im Eis steckende Bogenstab. Rechts des länglichen Steines unterhalb von Messners Schistock das zu diesem Zeitpunkt bereits zertretene Birkenrindengefäß. Kammerlander stützt sich mit der rechten Hand auf einen Teil der Rückentrage. © Paul Hanny, Aufn. Kurt Fritz.

Links: Kurt Fritz hebt den Kopf des Gletschertoten an, so daß zum erstenmal das Antlitz des Mannes sichtbar wird. © Paul Hanny, Aufnahme Reinhold Messner.

berührten ihn aber nicht. In diesem Zustand fotografierte der Gendarm Koler die Fundstelle am folgenden Tag, bevor man den Leichnam freizuschrämen begann. Es ist dies das einzige Bild, auf dem das Gefäß noch unzerstört zu erkennen ist. Als Koler die Felsrinne verließ, war es jedenfalls noch heil, denn bevor er den Hubschrauber bestieg, hatte er es betrachtet und vorsichtig wieder zurückgelegt. Er war der letzte, der den Behälter unbeschädigt sah. Aus den verschiedenen Beschreibungen der Gewährsleute ergibt sich ein ungefähres Bild. Es handelte sich um eine etwas flachgedrückte Röhre aus Birkenrinde von ungefähr zwanzig Zentimeter Länge und zehn bis fünfzehn Zentimeter Durchmesser. An einen Deckel oder Boden erinnerte sich niemand genau. Seitlich wurde eine Längsnaht im Zickzack festgestellt, der Inhalt sei nasses Gras oder Heu gewesen, das beim Aufheben teilweise herausfiel.

Wer dann am nächsten Tag das Birkenrindengefäß zertrat, ist nicht bekannt. Die Besucher des Samstagvormittags ließen uns wissen, sie hätten nicht auf das Gefäß geachtet. Als die Messner-Gruppe am Nachmittag die Felsrinne erreichte und zu fotografieren begann, war der Behälter bereits kaputt. Birkenrindenfetzen und Grasbüschel verteilten sich flachgetreten über die Stelle, an der das Gefäß gelegen hatte. Sehr wichtig ist die Beobachtung von Fritz, daß sich darunter Laubblätter befanden. Es läßt sich auch nicht feststellen, wer die Überreste eingesammelt hat, ob Alois Pirpamer am Sonntag im Müllsack oder die Hennsche Bergungsmannschaft am Montag im Leichensack. Jedenfalls wurden sie nicht vollständig geborgen, denn Sölder und Lochbihler sahen in der nächsten Woche am Freitag morgen im Bereich der Leichenfundstelle noch mehrere im Eis eingeschlossene Bruchstücke von Birkenrinde, bevor der Schnee alles zudeckte. Einzelne Fragmente konnten während der beiden Nachuntersuchungen im Oktober 1991 und im August 1992 wiedergefunden werden, ebenso Grasbüschel und Blätter des Inhalts. Ein Blatt hatte der Wind in südliche Richtung verweht, etwa dorthin, wo der Bogenstab aus dem Eis ragte.

Aus den spärlichen Bruchstücken, die den Restauratoren in Mainz übergeben wurden, läßt sich die ursprüngliche Form des Birkenrindengefäßes nicht mehr zufriedenstellend rekonstruieren. Es dürfte aber ziemlich die gleiche Größe und Gestalt besessen haben wie sein Gegenstück vom Felssims. Immerhin ist aber Nähmaterial erhalten, das ausweist, daß die Rindenbahnen mit dünnen Baststreifen zusammengefügt waren. Während aber die Innenseite des zweiten Behälters naturbelassen erscheint, ist die Innenwand des Gefäßes von der Leichenfundstelle schwärzlich eingefärbt. Sie muß also intensiv mit aschigen und kohligen Substanzen in Berührung gekommen sein. Dieser Beobachtung entspricht, daß an den Blättern des Inhalts Holzkohleflitterchen hafteten. Damit war klar, daß es sich bei jenem Birkenrindenbehälter um ein Gefäß zum Transport von Glut gehandelt haben muß.

Die Bestimmung und Auswertung der vegetabilischen Funde vom Hauslabjoch hat ein Forscherteam unter der Leitung von Professor Sigmar Bortenschlager übernommen. Das Innsbrucker Botanische Institut befindet sich separiert von den übrigen Universitätsgebäuden am Hang der Nordkette, jenseits des Inn, inmitten des idyllisch gelegenen Botanischen Gartens. Abseits des hektischen Getriebes der Stadt untersuchen Bortenschlager und seine Kollegen, zu denen auch Dr. Werner Schoch vom Labor für Quartäre Hölzer in Adliswil, Schweiz, gehört, die zur Verfügung gestellten Proben. Bei den Blattüberresten aus dem Glutbehälter handelte es sich ausschließlich um Blätter des Spitzahorns (*Acer platanoides*). Der Zustand der Blätter war so gut, daß sich noch Chlorophyll mit Alkohol extrahieren ließ, das heißt, die Blätter waren grün. Ein Hinweis darauf, daß sie geerntet wurden, besteht zusätzlich darin, daß nur die Spreiten vorhanden sind, die derben Stengel aber fehlen. In diese Blätter des Spitzahorns waren auch noch Nadeln von Fichte (*Picea abies*) und Wacholder (*Juniperus sp.*) eingebettet. Ebenso hafteten Reste von Getreide an den Blättern. Es konnten Spelzen- und Fruchtschalenteile von Einkorn (*Triticum monococcum*) und Weizen (*Triticum sp.*) festgestellt werden. Es ist dies ein eindeutiger Hinweis darauf, daß sich der Mann aus dem Eis, als er noch lebte, gelegentlich dort aufgehalten hatte, wo gedroschen wurde. Dabei gelangten sicherlich unbeabsichtigt auch einige Druschreste mit in den Birkenrindenbehälter. Auf diese bemerkenswerte Beobachtung werden wir an anderer Stelle noch einmal zu sprechen kommen.

Aus den Blättern ließen sich über drei Gramm Holzkohleflitter herauslesen. Die Größe dieser Bröckchen reicht von einem halben bis zu fünf Millimetern. Es konnten sechs verschiedene Holzarten festgestellt werden. Darunter befindet sich die Ulme (*Ulmus sp.*), die aus tiefen Lagen stammen muß. Die übrigen bestimmbaren Reste gehören zu Arten der subalpinen Zone beziehungsweise direkt aus dem Waldgrenzgebiet. Die aufgrund des Jahresringradius dünnstämmigen Weidenreste (*Salix reticulata T.*) stammen sogar aus der Zone über der Waldgrenze. Die heterogene Zusammensetzung des Holzkohlenspektrums zeigt an, daß der Mann Lagerfeuer in ganz unterschiedlichen Höhenlagen angelegt hat, die von der montanen bis zur alpinen Stufe reichen.

8. Der Dolch mit der Scheide

Der kleine Dolch wurde am Montag während der amtlichen Bergung von Henn selbst geborgen. Als er das Stück aufhob, löste sich die Scheide und fiel wieder ins Wasser zurück. Da der ORF die Szene filmte, läßt sich die Lage des Geräts zum Körper der Mumie ziemlich genau angeben. Am ehesten dürfte der Mann vom Hauslabjoch den in der Scheide steckenden Dolch im Bereich der rechten Hüfte getragen haben. Wahrscheinlich war er am Gürtel, also in Höhe des Bauches, nur wenige Zentimeter über der rechten Darmbeinschaufel, befestigt gewesen. Er wurde während des Bergungsvorgangs durch mindestens einen Pickelhieb beschädigt. Der Schlag traf den Dolch schräg in der Mitte. Deshalb sind sowohl der vordere Teil des Griffes als auch die Heftzunge der Klinge lädiert.

Das Gerät ist erstaunlich klein. Wir nennen es Dolch, weil die Klinge zwei Schneiden besitzt. Hätte sie nur eine, würden wir Messer sagen. Insgesamt besitzt er noch eine Länge von 12,8 Zentimetern. Die Klingenspitze ist abgebrochen. Es dürften etwa acht bis neun Millimeter fehlen. Es ist gesichert, daß die Spitze schon zu Lebzeiten des Mannes verlorengegangen ist. Die Gesamtlänge der Klinge einschließlich der in den Holzgriff eingeschobenen Schäftungszunge beträgt im Fundzustand 6,4 Zentimeter. Wäre sie ohne den Griff gefunden worden, kein Mensch hätte aufgrund ihrer Kleinheit die Vorstellung entwickelt, daß es sich hier um eine

Dolchklinge handelt. Mit Sicherheit wäre sie in der Kategorie Pfeilspitze notiert worden. Als Material wählte man, wie in der Jungsteinzeit üblich, Feuerstein. Die hier vorhandene Varietät besitzt eine grau-weißlich-hellgrau gesprenkelte Färbung. Die Form wurde durch kräftiges Drücken mit einem Retuscheur aus einer derben, geschlagenen Rohklinge gearbeitet. Das dauert nur wenige Minuten. Ebensowenig Zeit benötigen die australischen Ureinwohner, um aus einem Bierflaschenboden eine elegante Spitze herauszuarbeiten. Auf beiden Flächen ziehen die Retuschen über die Klinge hinweg. Man nennt diese Technik der Rundumbearbeitung zweiflächiges Retuschieren. Dem Heft zu folgt den Schneiden beidkantig je eine seichte Einkerbung, in die die Halterungswicklung eingelegt ist. Dann setzt sich die verschmälerte, sehr kurze Heftzunge schulterartig ab. Die Basis der Klinge dürfte gerundet gewesen sein. Genau kann man das auf den Röntgenbildern nicht erkennen, da das Ende durch den Pickelhieb zersplittert ist.

Mikrountersuchungen auf den Retuschen der Dolchklinge ließen anhaftende Blutspuren erkennen. Falls es sich nicht um Menschenblut handelt, was derzeit nicht auszuschließen ist, deutet dieser Befund darauf hin, daß der Mann im Eis den Dolch beim Schlachten von Haustieren oder seiner Jagdbeute verwendete.

Der Griff besteht aus Esche (*Fraxinus excelsior*), einem ausgezeichneten Holz, das damals wie heute vorzüglich zur Herstellung von Geräteholmen, -griffen und -stielen verwendet wurde und wird. Seine Länge beträgt 8,9 Zentimeter. Im Querschnitt ist der Griff abgerundet rechteckig mit Ausmaßen von 2,1 auf 1,1 bis 0,8 Zentimetern. Auch am Griff zeigen sich Aussplitterungen und ein Querriß vom Pickelschlag. Im Heftbereich ist ein Schlitz eingearbeitet worden, in den man die Klingenzunge so stark hineintrieb, daß sich das längsgemaserte Griffholz ein wenig aufspaltete. Darum wickelte man fest, dicht und eng eine dünne Schnur aus Tiersehne. Die Festigkeit eines aus Sehnenmaterial gedrillten Fadens ist durchaus mit der einer Nylonschnur vergleichbar. Ganz bewußt hat der Hersteller des Dolches für diese kritische Stelle das reißfesteste Material gewählt, das ihm zur Verfügung stand. Ansonsten ist der Griff nicht gerade sehr sorgfältig geschnitzt. Seinem Benutzer kam es weniger auf Schönheit denn auf Stabilität und Zweckmäßigkeit an. Am Knauf ist der Holzgriff rundum gekerbt. In diese Kerbe ist eine aus zwei Strängen gezwirnte Grasschnur mehrfach gewickelt und einfach verknotet. Sie ist nur noch sechs Zentimeter lang und dann abgerissen. Wahrscheinlich diente die Schnur zur Befestigung des Dolches, ähnlich wie wir heute ein Taschenmesser am Kettchen tragen, um es nicht zu verlieren. Die Mittellinie der Klinge weicht von der Griffachse um einige Grade zur Seite ab, was ebenfalls eine Folge des Pickelhiebs sein dürfte. Bemerkenswerterweise läßt sich zwischen Holz und Feuerstein nicht die sonst übliche Kittmasse beobachten.

Die zum Dolch gehörige Scheide ist aus Bast, am ehesten von einer Linde, geflochten. Ohne Übertreibung darf man sie als kleines Kunstwerk der Flechttechnik betrachten. Ob sie der Mann vom Hauslabjoch mit seinen groben Fäusten selbst gefertigt hat? Eher möchte man eine solch feine Arbeit einer zarteren Hand zutrauen. Auch dieses Stück ist vermutlich vom selben Pickelschlag, der den Dolch beschädigte, eingerissen worden. Die Scheide besitzt eine Länge von zwölf Zentimetern. Steckt man den Dolch hinein, so schaut nur der kurze Knauf heraus. Das Gerät verschwindet also fast zur ganzen Länge darin. Man hat zuerst eine ganz kleine Matte hergestellt, diese dann hälftig zusammengelegt und die Längsseite mit einem Grasfaden vernäht. Den Scheidenmund verstärkt eine doppelte Durchflechtung. Dann folgen nach unten in gleichmäßigen Abständen von 1,4 Zentimetern sieben in Zwirnbindung angelegte Durchschüsse. Am Scheidenort ist der Schlauch fest mit einem Grasfaden zusammengebunden, so daß ein längliches, unten spitz zulaufendes und in einem Knubbel endendes Etui entstand. In die seitliche Längsnaht ist oben ein an beiden Enden abgerissener, acht Millimeter breiter Lederriemen mehrfach eingewunden. Mit diesem war die zierliche Dolchscheide wohl an den Leibriemen gebunden. Im gesamten vorgeschichtlichen Fundbestand gibt es kein einziges Vergleichsstück zu unserem Exemplar.

9. Der Retuscheur

Das kleine Gerät in Gestalt eines stummeligen Bleistifts, wie ihn die Zimmerleute gebrauchen, bereitete uns einiges Kopfzerbrechen, bis wir glaubten, ihm endgültig auf die Schliche gekommen zu sein. Zunächst ist dabei festzuhalten, daß ein ähnliches oder identisches Vergleichsstück bislang noch nirgends, weder aus einem vorgeschichtlichen noch aus einem historischen oder völkerkundlichen Fundkomplex, vorliegt. Die Urgeschichtsforschung ist eine empirische Wissenschaft. Sie arbeitet unter anderem mit dem Vergleich und mit Erfahrungen, genau gesagt, mit den persönlichen Erfahrungen, die der Wissenschaftler im Laufe seines Forscherlebens erwirbt. Wird nun zum Beispiel bei Ausgrabungen ein Gegenstand geborgen, dessen Bedeutung und Funktion in der einschlägigen Literatur noch nicht beschrieben worden ist, so muß auf andere Weise versucht werden, das Geheimnis zu lüften. Man kann etwa das Inventar rezenter Naturvölker, die auf einer ähnlichen Zivilisationsstufe leben wie die ausgegrabene Kultur, durchmustern und die Mitglieder des Stammes fragen, wofür sie dieses oder jenes Gerät gebrauchen, falls die Suche erfolgreich war. Oft ist auch ein Blick in den Sachbesitz historischer Kulturen nützlich, denn viele Gegenstände wurden bereits in vorgeschichtlicher Zeit entwickelt und blieben bis zum Beginn des industriellen Zeitalters in Gebrauch. Die ungeheuren Veränderungen, die der technische Fortschritt mit sich brachte, ließen zahlreiche Gebrauchsgüter in Vergessenheit geraten, deren Anwendung vor ein paar Generationen noch völlig geläufig war. Wenn das alles nichts bringt, hilft gelegentlich die experimentelle Archäologie weiter. Man arbeitet das Gerät mit gleichen Materialien nach und probiert, zu welchen Funktionen es am besten zu gebrauchen ist. Die Deutung unseres Gerätes verkomplizierte sich nicht zuletzt dadurch, daß wir zunächst auf eine falsche Fährte gelockt wurden. Vorn am spitzen Ende schaut nämlich ein kleiner runder Knubbel aus einem ziemlich harten Material heraus, so daß wir beim ersten Augenschein glaubten, es handle sich um einen Feuerschläger. Diese Lösung kam uns insofern entgegen, als zu den Beifunden vom Hauslabjoch auch zwei baumpilzartige Gebilde gehören, die wir zunächst für Zunderschwamm hielten. Es war mithin eine Zeitlang von einem Feuerschlagbesteck oder einem Feuerzeug die Rede, das der Mann mit sich führte. Die naturwissenschaftlichen Untersuchungen an den Fundgegenständen belehrten uns indes eines völlig anderen, während wir das wirkliche Feuerzeug, wie im folgenden noch erläutert wird, an ganz anderer Stelle entdeckten.

Die genaue Lage des Geräts wurde während der Hennschen Bergung am Montag weder filmisch noch fotografisch festgehalten. Henn und Lukasser hatten die Leiche aus ihrem Eisbett gehoben. Die dadurch entstandene Wanne füllte sich ständig wieder mit Schmelzwasser, das man durch einen Kanal abzuleiten versuchte. Wiegele pickelte dabei weiter in der Wanne herum und barg verschiedene Reste der Kleidung und der Ausrüstung, die er mehr oder weniger unbesehen auf einen Haufen neben die Eiswanne warf. Diese Fundansammlung wurde in der Folge zuerst von Gehwolf dreimal fotografiert und dann auch vom ORF-Team gefilmt. Auf diesen Aufnahmen liegen sowohl das Bleistiftgerät als auch der Dolch am Rand des Haufens auf dem Schnee. Das Gerät muß also kurz vor oder nach dem Dolch gefunden worden sein. Es kam dann zusammen mit den anderen Sachen im Leichensack in die Gerichtsmedizin und wurde vorab als »Spindel« bezeichnet.

Das Gerät besitzt eine Gesamtlänge von 11,9 Zentimetern. Der Knubbel ragt vorn vier Millimeter heraus. Der Holzschaft ist demnach 11,5 Zentimeter lang. Sein Durchmesser beträgt 2,6 Zentimeter. Er besteht aus dem entrindeten Aststück eines Lindenbaums (*Tilia sp.*). Am hinteren Ende ist der Schaft gerade, aber nicht besonders glatt abgeschnitzt. Dort befindet sich eine ebenfalls nur grob eingeschnittene Kerbe, was sogleich an die Knaufkerbe des Dolches erinnert. Vernünftigerweise wird man davon ausgehen, daß in diese Kerbe eine Schnur eingelegt und festgeknotet war, mit der das Gerät nicht verlorenging. Diese Beobachtung spricht dafür, daß unser Gerät, wie auch der Dolch, mittels Schnüren am Gürtel befestigt war.

Am vorderen Ende ist das Gerät spitz zugeschnitzt. Man erkennt die feinen Schnitzfacetten recht deutlich. Insgesamt ist zu sagen, daß auch hier, wie beim Dolch, bei der Herstellung nicht so sehr auf Schönheit als vielmehr auf Zweckmäßigkeit geachtet wurde. Der

Holzschaft ist durch drei Pickelhiebe leicht beschädigt und insbesondere am hinteren Ende etwas ausgesplittert.

Zu unserer Überraschung zeigte das Röntgenbild, daß sich der vorn vorstehende Knubbel als langer Dorn mit spitzem Ende recht genau bis in die Mitte des Holzschafts fortsetzt. Er wurde demnach von vorn in einen Bohrkanal des Lindenastes kräftig hineingetrieben. Der Dorn zeigt eine Länge von 5,1 Zentimetern und einen Durchmesser von fünf Millimetern. Da er sich trotz eines vorsichtigen Versuchs nicht herausziehen ließ, bereitete die Materialbestimmung sehr viel Mühe. Diese gelang schließlich der erfahrenen Tieranatomin von den Driesch. Danach handelt es sich um einen Hirschgeweihspan, der sorgfältig rundgeschnitzt und geglättet wurde. Daß das Gerät für eine besondere Beanspruchung vorgesehen war, verrät das vorn durch Feuereinwirkung gehärtete, abgerundete Ende. Daher trägt es auch nicht die beinerne Färbung normalen Hirschgeweihs, sondern es ist schwärzlich angekohlt.

Gespräche mit Feuersteinspezialisten erhärteten unsere Vermutung. Das Gerät diente mit allergrößter Wahrscheinlichkeit dazu, Feuersteingeräte herzustellen beziehungsweise nachzuschärfen. Der Urgeschichtler Jürgen Weiner vom Rheinischen Landesamt für Denkmalpflege in Bonn erläuterte uns den Gebrauch eines solchen Retuscheurs: »*Die Herstellung von Steingeräten beruht auf der Kenntnis eines bestimmten Bruchverhaltens des Feuersteins. Im Laufe von Jahrtausenden vervollkommnete der steinzeitliche Steinbearbeiter diese Kenntnis, und in der Jüngeren Steinzeit verfügte er über eine umfangreiche Palette an effektiven Steinbearbeitungstechniken und -methoden. Sie erlaubten ihm die Herstellung nahezu jeder Steingeräteform aus Feuerstein. Man unterscheidet sieben grundlegende Techniken der Steinbearbeitung, nämlich die Schlag-, Pick-, Druck-, Zwischenstück-, Säge-, Bohr- und Schleiftechnik.*« Da der Mann vom Hauslabjoch auch eine Auswahl von Feuersteingeräten mit sich führte, läßt sich sehr gut rekonstruieren, welche Werkzeuge und Hilfsmittel für deren Anfertigung und Instandhaltung nötig waren. Dabei wird das Rohstück – man unterscheidet Knollen- und Plattenfeuerstein – zunächst mittels harter Schlag- und Zwischenstücktechnik in Klingen und Abschläge zerteilt. Dafür eignet sich vorzugsweise ein Flußgeröll aus zähem

Felsgestein. Für die Zwischenstücktechnik ist des weiteren ein Hartholz-, Knochen- oder Geweihstab sowie ein Holzschlegel erforderlich. Die eigentliche Feinbearbeitung, wie die Herstellung von Messer- und Dolchschneiden oder von Schaber- und Kratzerkappen, geschieht dann mittels eines Retuscheurs. Auch dafür sind verschiedene Werkzeugformen brauchbar. Der Retuscheur vom Hauslabjoch ist indes besonders gut geeignet. Er liegt griffig in der Hand. Mit seinem gehärteten Arbeitskopf läßt sich durch Abdrükken feiner, muscheliger Späne die Form des gewünschten Geräts herausarbeiten oder aber auch eine Schneide beziehungsweise Spitze nachschärfen. Aufgrund eigener experimentalarchäologischer Versuche bestätigte Weiner nachdrücklich, daß es sich bei dem rätselhaften Gerät vom Hauslabjoch nur um einen Retuscheur handeln kann. War der Arbeitskopf abgenutzt, so ließ sich durch Nachspitzen des Holzschaftes wie bei einem Bleistift die Gebrauchstüchtigkeit mühelos wieder herbeiführen.

10. Der Leibriemen mit Tasche und deren Inhalt

Zur Ausrüstung des Gletschermanns gehört des weiteren ein Leibriemen mit Tasche. Vergleichbare Gürteltaschen werden noch heute gern von Wanderern, Bergsteigern, Schitouristen und Radfahrern benutzt. Sie heißen in Tirol Banane oder Wimmerl. Ähnlich trug man im Mittelalter und in der Neuzeit Leibriemen mit innen angesetzter Geldkatze, um den kostbaren Inhalt gegen Verlust oder vor Taschendieben zu schützen. Leider ist der Ledergürtel des Mannes nicht vollständig erhalten. Beidseitig der aufgenähten Tasche ist er abgerissen. Das Riementäschchen kam zutage, als Wiegele mit dem Pickel im Eis nach Überresten suchte, und lag schon auf dem Haufen neben der Eiswanne, als er zum erstenmal fotografiert wurde. Oben am Hauslabjoch wurde das Sammelsurium nicht näher untersucht. Unten in der Gerichtsmedizin erkannte man durch einen Riß in der Vorderseite, daß zu seinem Inhalt mindestens auch ein Feuersteingerät und eine schwärzliche Masse zählen. Teissl fotografierte das Stück nach der Einlieferung. Auf diesem Bild schaut das Feuersteingerät etwa einen Zentimeter aus dem Riß heraus. Damit ist zweifelsfrei gesichert, daß es zum Inhalt gehörte. Denn kurze Zeit später wurde es herausgezogen und gesondert aufbewahrt.

Das Leibriemenfragment ist zwischen seinen abgerissenen Anschlußstücken noch fünfzig Zentimeter lang. Wie bei allen Leder- und Fellteilen der Ausrüstung des Mannes vom Hauslabjoch war die Materialbestimmung schwierig. Frau Professor Willy Groenman-van Waateringe vom Institut für Vor- und Frühgeschichtliche Archäologie der Universität Amsterdam, die die Fell- und Lederfunde bearbeitet, identifizierte es als Kalbsleder. Aus demselben Leder bestehen die schmalen Streifen, die als Nähmaterial verwendet wurden. Da der Ur oder Auerochse, der Stammvater des domestizierten Rindes, im Jahre 1627 ausgerottet wurde, läßt sich nicht mehr entscheiden, ob das Leder vom Wild- oder Hausrind stammt.

Der Restriemen ist aus zwei Teilen von achtundzwanzig und fünfundzwanzig Zentimeter Länge zusammengestückelt, die sich 3,5 Zentimeter überlappen und vernäht sind. Seine Breite beträgt 4,0 bis 4,8 Zentimeter. Auf ihn ist ebenfalls mit vier bis acht Millimeter schmalen Kalbslederstreifen ein drittes, zwanzig Zentimeter langes und sechs Zentimeter breites Lederband aufgenäht. Es bildet mit dem Riemen zusammen die Tasche. Von der Tragweise am Körper her gesehen weisen die Fleischseiten der Lederbänder jeweils nach innen. Die obere Längsnaht des Täschchens ist in der Mitte auf einer Strecke von etwa sieben bis acht Zentimetern nicht geschlossen. Hier befindet sich die Öffnung. Beide Längsseiten der Öffnung sind durch Ziernähte verstärkt. Ein Lederstreifen steht rund fünfzehn Zentimeter frei über. Sein Ende ist schräg abgeschnitten. Wenn man ihn alternierend durch die Schlaufen der Ziernähte zieht, läßt sich das Täschchen schließen. Im Fundzustand war es aber offen. An den Schmalseiten des Täschchens setzt sich der Leibriemen beidseitig bis zu den jeweiligen Rißstellen fort. Der kürzere Teil ist noch fünf Zentimeter lang und zeigt am Ende eine deutliche Raffung, so als ob dort eine Schnur oder ein Riemen herumgewickelt gewesen wäre. Der längere Teil mißt noch fünfundzwanzig Zentimeter und ist gleichfalls fünf Zentimeter neben dem Täschchen gerafft. Dort ist eine Grasschnur zweifach umgewunden. Beide Schnurenden stehen rund acht Zentimeter über und

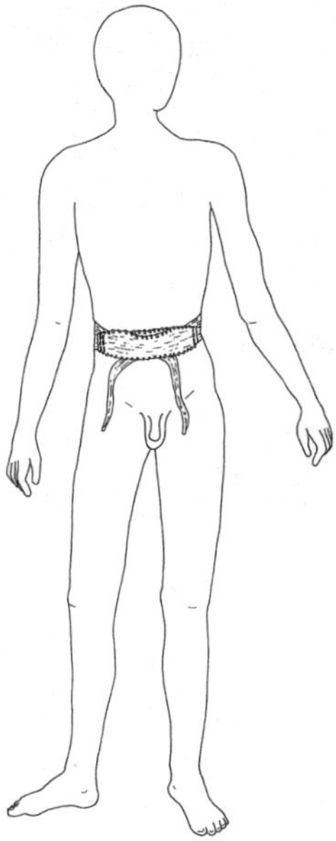

Tragweise des Leibriemens mit dem Gürteltäschen. Der Kalbsledergürtel dürfte eine Länge von knapp zwei Metern besessen haben. Das Täschchen wurde vorn auf den Leib gerückt, dann schlug man die beiden Riemenenden nach hinten, ließ sie von dort an den Hüften vorbei wieder nach vorn laufen und knotete sie hinter dem Täschchen zusammen. Die überstehenden Enden baumelten lose herab. Das Täschchen besitzt an der oberen Langseite eine Öffnung, die sich mit einem schmalen Lederstreifen zuknüpfen läßt. Bei der Einlieferung der Gletschermumie in die Innsbrucker Gerichtsmedizin klebte im Bereich der Leistengegend noch ein größeres Eisstück, aus dem die beiden abgerissenen Endteile des Leibriemens herausschmolzen. Aufgrund dieser Beobachtung konnte die Tragweise des Gürtels rekonstruiert werden.

sind dann abgerissen. Während sich das eine Ende fein verdünnt, besitzt das andere eine gleichmäßige Dicke von zwei Millimetern, wie sie der Schnur entspricht, deren Rest um den Knauf des Feuersteindolchs gewickelt ist. Man kann sich also gut vorstellen, daß rechts und links neben dem Täschchen der Dolch und der Retuscheur mit Schnüren am Leibriemen befestigt waren. Der längere Teil des Gürtelrests ist mit zwei parallelen Heftnähten verziert oder verstärkt. Dort ist das Leder auch ein wenig eingerissen und mit einem schmalen Lederstreifen geflickt worden. Überhaupt wurde der Gürtel stark strapaziert, denn auch hinter dem Täschchen sind zwei längere Risse mit feinen, gedrillten Sehnenfäden repariert worden.

Zu dem Gürtelfragment mit dem Täschchen passen mit ziemlicher Sicherheit zwei weitere Riementeile, die ebenfalls aus Kalbsleder bestehen. Das eine ist 75,5 Zentimeter lang und 1,5 bis 4,3 Zentimeter breit. Das andere mißt siebenundfünfzig Zentimeter in der Länge und 2,4 bis 4,1 Zentimeter in der Breite. Beide Teile sind an den Enden jeweils abgerissen. Sie verschmälern sich stetig vom breiteren Ende ab. Beim kürzeren Riementeil ist am Schmalende offensichtlich nur ein kleines Stückchen abgerissen, so daß hier wohl nur ein bis zwei Zentimeter fehlen. Groenman-van Waateringe zweifelt nicht daran, daß alle drei Fragmente zu einem Leibriemen gehören, auch wenn sich die Rißstellen nicht zusammenfügen lassen. Der Gürtel wäre demnach mindestens 182,5 Zentimeter lang gewesen und hätte somit zweimal um die Hüften geschlungen werden können. Bei einer solchen Rekonstruktion hätte sich der Taschenteil recht genau in der Mitte befunden. Wenn der Mann vom Hauslabjoch den Gürtel anlegte, rückte er die Tasche vorn auf den Bauch, schlug die beiden freien Enden nach hinten, ließ sie von dort an den Hüften vorbei wieder nach vorn laufen und knotete sie dann vorn zusammen. Entsprechend der Fundlage hing dann der Dolch rechts und der Retuscheur vielleicht links neben der Tasche herab. Die Bedeutung eines einzelnen Lochs am kürzeren Endstück sowie einer bogig angeordneten Fünferlochreihe am längeren Fragment muß offenbleiben.

Den Inhalt des Täschchens bildeten fünf Gegenstände. Nach Anfertigung von Röntgenaufnahmen und Computertomographien wurden drei Feuersteingeräte, eine Knochenahle und ein Zunderschwamm entnommen.

Das erste Feuersteingerät, das durch den Riß in der Vorderseite des Täschchens bereits in der Gerichtsmedizin entnommen wurde, wird als Klingenkratzer bezeichnet. Er besteht aus grau bis dunkelgrau gesprenkeltem Feuerstein und wurde aus einer sehr starken, im Querschnitt wohl dachförmigen Klinge hergestellt. Er ist rundum mit steilen Retuschen versehen. Seine Länge beträgt 6,7, seine größte Breite 1,35 und seine Dicke immerhin 0,75 Zentimeter. Er ist ein vielseitig verwendbares Gerät. Man kann damit schneiden, schnitzen, hobeln, glätten, schaben und vieles andere mehr. An einer Kante zeigen sich Spuren von sogenanntem Sichelglanz. Diese feine Ätzung entsteht, wenn mit dem Gerät kieselsäurehaltige Pflanzenhalme geschnitten werden. Häufig findet man den feinen Glanz an Feuersteingeräten, die als Sicheln zum Schneiden von Getreidehalmen benutzt wurden. In unserem Fall darf man zusätzlich annehmen, daß der Mann im Eis damit auch Gräser abgeschnitten hat, aus denen ja Teile seiner Ausrüstung bestehen.

Das zweite Gerät ist in der Formenkunde der Feuersteinartefakte ein wenig untypisch. Es ist der Gruppe der Bohrer zuzuordnen. Auch der Bohrer ist aus einer im Querschnitt wohl dreieckigen Klinge durch Retuschieren herausgearbeitet worden, und zwar aus dem gleichen Rohmaterial wie der Kratzer, nämlich einem weißlich bis grau gesprenkelten Feuerstein. Seine Länge mißt 4,9, seine größte Breite 1,3 und seine Dicke 0,8 Zentimeter. Ein Arbeitsende ist etwas verbreitert, das andere lang, schmal und spitz gestaltet. Man darf davon ausgehen, daß letzteres sehr gut zum Bohren von Löchern geeignet war. Bleiben wir bei der Ausrüstung des Mannes vom Hauslabjoch, so hätte man mit ihm sehr gut etwa die Durchbohrung der Steinperle oder die Löcher in der Köcherversteifung anfertigen können.

Bei dem dritten, dem kleinsten Feuersteingerät, handelt es sich um ein oben abgebrochenes Lamellenstück. Der Bruch kann in diesem Fall durchaus intentionell sein. Das untere Ende zeigt auf der Vorderseite, fachlich Ventralseite, den Rest des Schlagbuckels, also die Stelle, an der die Klinge vom Kernstein abgezogen wurde. Mit einem fein dosierten Schlag oder Druck wurde der überhöhte Bulbus fast zur Gänze entfernt. An den Kanten sind jeweils feinste Gebrauchsretuschen zu erkennen. Als Rohstoff wurde das gleiche Material verwendet wie für die beiden anderen Geräte: ein grau bis weißlich gesprenkelter Feuerstein. Das winzige Stück besitzt eine Länge von 1,7, eine Breite von 1,2 und eine Dicke von maximal 0,2 Zentimetern. Mit dem Lamellenstück kann man sehr feine Schnitz- und Schneidearbeiten durchführen. Insbesondere dürfte es für die Zurichtung der Pfeile, das Einlassen der Kerben zum Einlegen der Bogensehne und der Schäftungsschlitze für die Spitzen geeignet gewesen sein.

Dr. Thomas H. Loy von der Universität Canberra in Australien untersuchte mit einem eigens gefertigten Spezialmikroskop die Oberfläche des Lamellenstücks auf Spurenreste hin, die Aufschluß über den Gebrauch des Gerätes geben könnten. Denn was beim bloßen Augenschein wie eine spiegelglatte Feuersteinoberfläche aussieht, erscheint unter dem Mikroskop als zerklüftetes »Landschaftsrelief«, in dessen Vertiefungen – vor allem wenn die Silexartefakte unter Permafrostbedingungen eingelagert waren –, sich manchmal Reste der Materialien nachweisen lassen, die mit dem Gerät bearbeitet worden sind. Und so unglaublich es klingen mag, in der Tat konnte Loy winzige Federteile erkennen, die ohne jeden Zweifel belegen, daß der Mann im Eis mit dem rasiermesserscharfen Lamellenstück unter anderem die Befiederungen für seine Pfeilschäfte aus großen Vogelfedern zurechtgeschnitten hat.

Das vierte dem Täschchen entnommene Werkzeug besteht aus Knochen. Die Tierart, von der das Rohmaterial stammt, läßt sich nicht eindeutig bestimmen. Da das Gerät aus der uncharakteristischen Diaphyse eines Mittelfußknochens herausgeschnitten wurde und durch die intensive Bearbeitung stark verändert ist, kann die Artzugehörigkeit lediglich eingeengt werden. Es kommen nur wenige Tiere in Frage: Ziege, Schaf, Gemse oder Steingeiß, also der weibliche Steinbock, mithin sowohl Haus- als auch Wildtiere. Da aber die Knochensubstanz, die *Compacta*, der Wildformen härter ist, wurden deren Knochen für die Werkzeugherstellung in vorgeschichtlicher Zeit vorgezogen. Entsprechend der natürlichen Form des Knochens besitzt die Ahle einen gebogenen Querschnitt. Ein Ende ist spatelartig abgerundet zugerichtet, das andere nadelspitz zugeschliffen. Beide Enden sind sekundär angebrochen und abgebogen. Ob dies erst bei der Bergung geschah, muß ungeklärt bleiben. Mit dem Gerät kann man sehr feine Löcher, zum Beispiel in Fell und Leder, stechen. Es eignet sich aber auch als Tätowiernadel. Die Länge der Ahle beträgt 7,1 Zentimeter.

Den größten Teil des Inhalts der Riementasche bildete die sogenannte schwarze Masse. Sie präsentierte sich nach ihrer Entnahme als vier unregelmäßig geformte, flache, zähe, knollige Gebilde. Sie zeigten sich wasserdurchtränkt und bei leichtem Druck nachgiebig und weich. Die Oberfläche war einseitig netzartig fein aufgerissen. Die Gegenseite wies flächig eine seichte, riffelige Furchung auf. Damit ließ sich die anfängliche Meinung, es könne sich um eine Kittmasse etwa in der Art von Birkenteer handeln, nicht aufrechterhalten. Denn Birkenteer, der vielseitig verwendete Leim der Vorzeit, wird einige Zeit nach dem Auftragen hart und spröde, so wie er sich an der Ausrüstung des Mannes vom Hauslabjoch beispielsweise in der Beilschäftung sowie an der Befiederung und Spitzenbewehrung der Pfeile findet. Das von Professor Friedrich Sauter vom

Institut für Organische Chemie der Technischen Universität Wien untersuchte Probenmaterial der Masse wies im feuchten Zustand eine an Kohle erinnernde, glänzende Oberfläche auf, die von Braunschwarz über Anthrazitfarben bis Schwarz changierte. Beim Trocknen wurde sie deutlich heller bis bräunlich und verlor ihren Glanz.

Die Betrachtung unter dem Rasterelektronenmikroskop zeigte ein Gewirr fibrillärer Strukturen, die den Eindruck verfilzter Fasern, offensichtlich biogenen Ursprungs, machten. An einigen Stellen konnten auch relativ feine Partikel ausgemacht werden, bei denen es sich eher um anorganisches Material handelt. Demnach dürfte der Hauptanteil der schwarzen Masse aus der Mittelschicht, der *Trama*, eines Baumpilzes, nämlich des echten Zunderschwamms (*Fomes fomentarius*), bestehen. Die feinen Partikel hingegen boten im Auflichtdunkelfeld des Stereomikroskops deutlich kristalline Strukturen von messing- bis goldfarbenem Glanz. Die chemische Natur dieser Kristalle konnte durch Röntgenfluoreszenzspektroskopie ermittelt werden. Im Spektrum zeigten sich Schwefel und Eisen als Hauptmenge. Damit stand fest, daß es sich bei diesen winzigen Kristallen um Pyrit, auch Schwefelkies genannt, handelt.

Auch die Arbeitsgruppe unter Dr. Reinhold Pöder vom Institut für Mikrobiologie der Universität Innsbruck bemühte sich um eine Bestimmung des Materials. Sie führte licht- und elektronenoptische sowie chemisch-analytische Untersuchungen durch und verglich die Ergebnisse mit denen von rezenten Baumpilzproben. Auf diese Weise gelang es, die Artzuweisung »Echter Zunderschwamm« vollkommen abzusichern. Die exakte Bestimmung ist insofern wichtig, als auch damit mit hoher Wahrscheinlichkeit ausgeschlossen werden kann, daß die anderen Pilzbeifunde des Gletschermannes, die sogenannten »Pilzkugeln«, als Zundermaterial verwendet wurden. Sie müssen also einem anderen Zweck gedient haben, worüber weiter unten im 13. Abschnitt dieses Kapitels berichtet werden wird.

Übrigens beobachteten Pöder und seine Mitarbeiter, daß das Gewebe des Zunderschwammes nicht die ursprüngliche Struktur des Tramas aufweist. »Dies bedeutet, daß der holzige, harte Kontext des Pilzes auf irgendeine Weise aufbereitet worden sein mußte«, wie es auch in historischer Zeit für die Herstellung von Zundermaterial aus Baumpilzen typisch und notwendig war. »Mit Hilfe von Pinzetten und anderen modernen ›Zunderstochern‹ läßt sich die Beifundprobe ohne großen Widerstand auflockern«, bestätigte die Forschergruppe Pöder.

Die Vermutung liegt nahe, daß der Mann vom Hauslabjoch in seiner Riementasche ein Feuerzeug mit sich führte. Aus den an Bäumen schmarotzenden Fruchtkörpern des Feuerschwamms stellte man früher einen leicht brennbaren Zunder in der Weise her, daß man die weiche Innenmasse in Scheiben schnitt, stark klopfte, mit Salpeterlösung tränkte und trocknen ließ. Um den Zunder zum Glimmen zu bringen, schlug man einen Pyritknollen gegen einen Feuerstein. Der Funkenregen wurde dann vom Zunderschwamm aufgefangen und unter vorsichtigem Blasen zum Glimmen gebracht. In historischer Zeit verwendete man statt des Pyrits einen Feuerstahl. Der Pyrit fehlt zwar im Riementäschchen, doch zeigen die Abriebspuren in Form feinster Pyritkristalle am Zunder, daß der Mann vom Hauslabjoch einen solchen gelegentlich in seinem Täschchen mit sich geführt hatte.

Untersuchungen an jungsteinzeitlichen Feuerzeugen aus Grabfunden haben gezeigt, daß sich diese aus bis zu sechs Gegenständen in unterschiedlicher Anzahl und Kombination zusammensetzen können. Ein sozusagen vollständiges Feuerschlagbesteck besteht demnach aus

- einer Pyritknolle,
- einem Feuersteinkern,
- einer oder zwei Feuersteinklingen,
- einem Knochengerät,
- einer Muschelschale und
- dem Zunder.

Übrigens kamen Feuerzeuge beziehungsweise Teile von solchen bislang ausschließlich in Männergräbern zutage, was mit dem Befund vom Hauslabjoch sehr schön übereinstimmt. Des weiteren gehört zu jedem Feuerzeug sicherlich auch ein Behältnis, also ein Beutel, ein Täschchen oder ein Etui. Freilich haben sich diese Behälter in den Gräbern nie erhalten, da man sie vermutlich aus organischem Material, wie Fell, Leder, Rinde, Bast oder Textilien, herstellte. Deshalb fielen sie in mineralischen Böden der Vergänglichkeit anheim. Das Gürteltäschchen des Gletschermanns bildet somit das einzige Beispiel für ein Feuerzeugbehältnis, das wir aus vorgeschichtlicher Zeit kennen. Daß die Utensilien ursprünglich gewöhnlich in einem Säckchen oder ähnlichem verwahrt waren, erkennt man bei den Grabfunden daran, daß die Teile immer ganz dicht, wie geordnet, nebeneinanderliegen. Nicht selten gehören zum Inhalt solcher Beutel auch sonstige Geräte, Werkzeuge und Ersatzmaterialien, die nichts mit der Feuererzeugung zu tun haben.

Im übrigen ist Pyrit kein sehr beständiges Material. Er kann unter bestimmten Lagerungsbedingungen verwittern oder oxidieren, womit der Nachweis erschwert, gelegentlich auch verfälscht wird. In sehr viel stärkerem Umfang gilt dies für den eigentlichen Zunder, der normalerweise vollständig vergangen ist.

Anzahl und Formen der zu einem vorgeschichtlichen Feuerschlagbesteck gehörenden Feuersteine fallen sehr variabel aus. Häufig findet sich ein oft stark abgenutzer Kernstein. Daneben gibt es immer wieder eine oder zwei Feuersteinklingen oder -abschläge, die jedoch bezeichnenderweise keine Abnutzungsspuren durch Feuerschlagen aufweisen. Manchmal findet man statt dessen auch Feuersteingeräte wie Pfeilspitzen, Bohrer und ähnliches.

In einiger Häufigkeit kommen ebenso Knochengeräte vor, die aus den Mittelfußknochen kleiner Wiederkäuer wie Schaf, Ziege oder Reh gefertigt sind. Eher selten sind zugehörige Flußmuschelschalen, die einstweilen nur bei vier jungsteinzeitlichen Feuerschlagbestecken gefunden wurden. Doch muß man dabei gleichfalls Erhaltungsprobleme berücksichtigen.

Die experimentelle Archäologie hat bemerkenswerte Erkenntnisse zur Rekonstruktion der Benutzungsweise vorgeschichtlicher Feuerschlagbestecke geliefert. Der Kieler Prähistoriker Norbert Nieszery ging dabei von einem sechsteiligen Feuerzeug aus, wobei das Etui nicht mitgerechnet wurde. Zwar lassen sich als Zunder verschiedene Naturalien verwenden, am besten eignet sich jedoch der Echte Zunderschwamm, von dem wiederum nur das zwischen oberer Kruste und unterer Röhrenschicht gelegene Fruchtfleisch

(*Trama*) geeignet ist. Dieses muß also aus dem meist an kranken oder abgestorbenen Buchen, seltener an Birken, wachsenden Porling herausgeschnitten oder -geschabt werden. Deshalb gehören zum jungsteinzeitlichen Feuerzeug auch Geräte mit schneidenden Kanten, also zum Beispiel Feuersteinklingen oder -abschläge. Das gut getrocknete Zundermaterial wird dann gerieben, bis es eine faserig-flockige, watteartige Konsistenz erhält. Die dadurch erreichte Oberflächenvergrößerung verbessert die Glimmfähigkeit erheblich. Zum Schutz gegen die Feuchtigkeit des Untergrunds empfiehlt sich, den Zunder in einem trockenen Schälchen zu sammeln, wofür offensichtlich die Muschelschalen gedient haben.

Freilich führte der Mann vom Hauslabjoch mit Sicherheit keine Muscheln mit sich. Was mag er wohl statt dessen benutzt haben? An dieser Stelle erinnert man sich natürlich an die wohlbekannten Schalensteine, die vielfältig das Bild der europäischen Kulturlandschaften prägen. Unter Schalensteinen versteht man größere, leicht gerundete Felsbrocken, die auf der Oberseite mehrere, manchmal auch viele künstlich eingearbeitete, flach halbkugelige Vertiefungen aufweisen. Meist finden sich die Schalensteine auf leichten Anhöhen, von denen aus man einen guten Rundblick in die nähere Umgebung hat. Der Verdacht erhebt sich, daß es sich bei den Schälchen auf diesen Steinen mitunter um Zunderschalen gehandelt haben könnte. Die erhöhte Position läßt im Sonnenlicht die Nachtfeuchtigkeit leicht verdunsten. Der steinige Untergrund verhindert eine unbeabsichtigte Ausbreitung des Feuers. Im Gebirge gibt es genügend natürliche Eintiefungen im Fels, die für den genannten Zweck geeignet sind, weshalb dort auch die künstlich bearbeiteten Schalensteine seltener sind. Eine spürbare Häufung läßt sich indes in ausgesprochenen Weidegebieten feststellen, weshalb man wohl vor allem Hirten für das Einpicken der Schälchen verantwortlich machen kann. Sie verfügen während ihres Hütens über die hinreichende Muße dafür. In den vorgeschichtlichen Siedlungen und Dörfern selbst wie auch in den unmittelbar benachbarten, ackerbaulich genutzten Feldfluren gibt es, zumindest in originärer Fundsituation, ebenfalls keine Schalensteine, da dort das Feuer in den Häusern bereitet wird.

Mit der Betrachtung des Feuerzeugs unseres Gletschermanns

ergab sich die willkommene Gelegenheit, den allzuoft mystifizierten Schalensteinen zumindest teilweise eine praktische Funktion zuzuweisen.

Ist das aufbereitete Zundermaterial in das Schälchen eingefüllt, dann beginnt die Funkenerzeugung. Der Feuersteinkern wird wiederholt kräftig gegen die Pyritknolle geschlagen. Länger benutzte Pyrite erhalten dabei eine mehr oder weniger tiefe Rille. Feuersteinkern und Pyrit fehlen im Necessaire des Mannes im Eis. Beide können durch den Riß auf der Vorderseite des Gürteltäschchens verlorengegangen sein. Doch beweisen die an der Zundermasse haftenden Kriställchen, daß zumindest eine Pyritknolle ursprünglich zum Inhalt gehörte. Mit den drei im Gürteltäschchen vorgefundenen Feuersteingeräten wurden jedenfalls keine Funken geschlagen, da diesen die typischen Abnutzungsspuren in Form von Verrundungen fehlen. Doch ließ sich etwa der Klingenkratzer gut zum Schaben von Zunderschwamm benutzen. Man benötigt mehrere Schläge, bis der Zunder zu glimmen beginnt. Auch erfahrenen Feuerschlägern gelingt dies nicht beim ersten Hieb, da erst eine gewisse Reibungshitze entstehen muß. Als Folge davon bildet sich eine dünne, graufarbene Staubschicht auf dem Zundermaterial. Dieser Abriebstaub des Pyrits beeinträchtigt die Glimmfähigkeit des Schwamms. Deshalb muß der Zunder gegebenenfalls mehrfach gewendet beziehungsweise aufgelockert werden. Dafür eignen sich die Knochenstäbchen, wie ein solches sich auch im Täschchen des Gletschermanns fand. Vermutlich verwendete er das spatelförmig abgerundete Ende der Knochenahle als Zunderstocher.

Sobald sich ein Funken im Zundermaterial eingenistet hat, läßt sich der Glutherd durch behutsames Blasen vergrößern. Mit weiteren leicht glimmenden und entflammbaren Materialien – Nieszery empfiehlt zum Beispiel gewaschene und getrocknete Rohrkolbenwolle, geklopften Weidenbast, Moose, Daunen, Distelwolle, Binsen- und Holundermark sowie Heu und kleine Zweige – kann man unter entsprechender Sauerstoffzufuhr die Gluttträger zum Flammen bringen. Das nun wie eine Fackel brennende Material wird anschließend zum vorbereiteten Feuerplatz gebracht.

Das unter vorgeschichtlichen Gegebenheiten sicher verläßliche, aber ziemlich umständliche Verfahren der Feuergewinnung mittels eines Feuerschlagbestecks – Voraussetzung ist beispielsweise trokkenes Wetter, sofern man sich außerhalb einer Überdachung befindet – erklärt das Mitführen eines Glutbehälters. Dem Mann im Eis diente sein Feuerzeug als zusätzliche Absicherung, wenn die Glut in diesem einmal erlosch.

11. Die beiden Birkenporlinge

Die beiden auf Fellstreifen gezogenen, baumschwammartigen Gebilde, die sogenannten »Pilzkugeln«, wurden ebenfalls im Verlauf der Hennschen Bergungsaktion am Montag geborgen. Sie erscheinen erstmals auf den Fotos, die Gehwolf von dem neben der Eiswanne angesammelten Fundhaufen gemacht hat. Damit ist gesichert, daß der Mann vom Hauslabjoch diese Stücke am Körper getragen hat, doch ließ sich die genaue Trageweise nicht ermitteln. Das Auffädeln auf schmale Fellstreifen weist aber darauf hin, daß er sie irgendwo an seiner Kleidung oder am Gürtel befestigt hatte. Sie gelangten nach der Auffindung im Leichensack nach Innsbruck.

Das eine Exemplar besitzt eine breit keilförmige Gestalt. Es ist übersät mit feinen Schnitzfacetten, die deutlich anzeigen, daß es aus einem größeren Stück herausgeschnitten wurde. Eine Seite ist ziemlich eben gearbeitet. Dort ist es in der Mitte längs gelocht. Seine Durchmesser betragen 4,5 bis 5,0 Zentimeter. Die Oberfläche ist unregelmäßig faltig bis runzelig strukturiert und erscheint in wassergesättigtem Zustand schmutzigweißlich bis grau mit stellenweise feinen, dunklen Einsprenkelungen. Die Konsistenz kann als korkig bis lederig zäh beschrieben werden. Das Gebilde ist auf ein noch vierzehn Zentimeter langes, durchschnittlich neun Millimeter breites und ein Millimeter dickes Fellband aufgezogen, dessen Haare freilich, wie bei den anderen Pelzfunden auch, größtenteils ausgefallen sind. Feine Büschel schwärzlicher Tierhaare blieben lediglich an der Eintrittsstelle des Fellstreifens in das Gebilde und an seinem unteren verknoteten Ende erhalten. Das obere Ende ist abgerissen. Das längere, freie Ende weist in unregelmäßigen Abständen fünf kleine Löcher auf, durch die ein zweites, schmaleres Band von zwölf Zentimeter Länge sowie fünf Millimeter Breite und ein bis zwei Millimeter Dicke gezogen ist. Ob damit ein Ziermuster gemeint oder eine Verstärkung beabsichtigt war, ist nicht geklärt. Ein seitlicher Einriß am Hauptband deutet auf die zweite Lösung, falls er nicht sekundär ist.

Das andere Exemplar ist mehr kugelig geschnitten. Seine Durchmesser betragen 4,6 bis 5,3 Zentimeter. Auch dieses ist mittig gelocht und auf einen einfachen, am unteren Ende verknoteten, am oberen Ende abgerissenen und noch zweiundzwanzig Zentimeter langen Fellstreifen aufgezogen.

Die wissenschaftliche Untersuchung dieser beiden Fundstücke steht wieder unter der Leitung von Dr. Reinhold Pöder vom Institut für Mikrobiologie der Universität Innsbruck. Bislang wurde nur das zuerst beschriebene Stück bestimmt. Für den Pilzkundler war der Nachweis, daß das Objekt Fruchtkörperteil eines *Porlings* ist, nicht besonders schwierig. Sehr viel problematischer stellte sich indes die artliche Zuweisung dar, da es sich bei der Probe um steriles Fruchtkörpergewebe handelt. Die makro- und mikroskopischen Merkmale, die gewöhnlich für die Bestimmung herangezogen werden, waren indes bereits durch Abarbeitung verloren. Nach Anwendung zahlreicher morphologisch-anatomischer Auswahlverfahren blieben zum Schluß noch zwei Baumschwammarten übrig, die in Frage kamen: nämlich der Lärchenporling (*Laricifomes officinalis*) und der Birkenporling (*Piptoporus betulinus*).

Um festzustellen, von welchem der beiden genannten Baumpilze unser Stück stammt, mußte ein dünnschichtchromatographisches Verfahren entwickelt werden, wobei rezente Beispiele aus der Vergleichssammlung des Instituts zur Verfügung standen. Erst eine Gegenüberstellung der Bandenmuster extrahierter Inhaltsstoffe erlaubte durch die überzeugende Übereinstimmung der Banden der jungsteinzeitlichen und der rezenten Proben die gesicherte Bestimmung. Das Exemplar vom Hauslabjoch wurde aus dem Fruchtkörper des Birkenporlings geschnitten. Das Ergebnis war für uns höchst überraschend, da wir eigentlich davon ausgegangen waren, es handle sich um Zundermaterial. Der Birkenporling ist indes als Glimmstoff denkbar ungeeignet, da sich sein Gewebe nur schwer entflammen läßt. Die Lösung des Problems mußte also auf einer anderen Ebene gesucht werden.

Es ist bekannt, daß der Birkenporling unter anderem eine antibiotisch wirksame Substanz enthält, die als Polyporensäure C bezeichnet wird. Diese Säure zeigt eine hohe Aktivität gegenüber Mykobakteriumarten, zu denen auch der Tuberkuloseerreger gehört. Bereits der griechische Arzt Dioscurides empfiehlt im 1. Jahrhundert nach Christi Geburt Baumschwämme als erstaunlich wirksames Heilmittel. Die heilige Hildegard von Bingen, die im 11. Jahrhundert lebte, erwähnt sechs verschiedene Baumpilzarten, die bei unterschiedlichsten Beschwerden Linderung verschaffen sollen. Noch zu Beginn unseres Jahrhunderts boten manche Apotheken Baumschwämme als Medikamente an. Sie dienten als Blutstillungsmittel und galten eßlöffelweise verabreicht als nutzbringend bei Blasenleiden und anderen Beschwerden. Der russische Nobelpreisträger Alexander Solschenizyn beschreibt in seinem erschütternden Buch »Krebsstation«, wie sich die Patienten in ihrer verzweifelten Hoffnung auf Linderung ihrer Leiden an jeden Strohhalm klammern. Dabei kommt man auch auf den Birkenporling zu sprechen. Er sei kein richtiger Pilz, eher eine Art von Birkenkrebs, der auf alten Birken wachse, heißt es. Man beschreibt ihn als Wucherung, als häßlichen Auswuchs, rund wie ein Rücken und außen schwarz, innen aber hellbraun. Die Bauern tränken ihn als Tee. So heilten sie sich schon seit Jahrhunderten, sozusagen prophylaktisch, mit diesem Baumschwamm vom Krebs. Der Schwamm werde getrocknet, gemahlen und dann aufgebrüht. Die Vorstellung von einer naturheilkundlich-antikarzinogenen Wirkung beeinflusse die Krebskranken positiv. Sie hofften, daß die schwarze, unförmige Wucherung auf dem weißen Birkenstamm sie gesunden lasse.

An wenigen apokryphen Stellen im einschlägigen Schrifttum wird des weiteren auf eine vorgeblich halluzinogene Wirkung des Birkenporlings aufmerksam gemacht. Doch ist diese Vermutung bisher weder medizinisch noch pharmazeutisch bewiesen worden. Sie darf daher bei den Überlegungen, welche Bedeutung die Baumpilze für den Mann im Eis besessen haben könnten, einstweilen noch nicht herangezogen werden.

Jede Volksmedizin verfügt über Ursprünge in vorgeschichtlicher Zeit. Über die Jahrhunderte, Jahrtausende hinweg wurden die Rezepte von Generation zu Generation weitergegeben. Die moderne Pharmaindustrie kann vielfach die Wirkstoffe der altüberlieferten Heilmittel analysieren und verwendet sie heute noch für Medikamente, wenn sie sich nicht synthetisch herstellen lassen. So gesehen ist uns der Mann vom Hauslabjoch mit seiner bescheidenen, aber sicherlich wirksamen Reiseapotheke gar nicht so fern: Auch er verfügte über ein »prähistorisches Penizillin«.

12. Die Troddel mit der Steinperle

Den Fundumständen der beiden Birkenporlinge entsprechen die Bergungsbedingungen einer Troddel oder Quaste, die der Gletschermann wohl ebenfalls vorn am Körper getragen hat. Sie ist der einzige Gegenstand der Ausrüstung, der bedingt unter dem Begriff Schmuck eingeordnet werden kann. Das Objekt besteht zunächst aus einer Steinperle. Es handelt sich um eine flachrund geschliffene Scheibe aus weißleuchtendem Dolomit. Vorerst nicht geklärt ist, ob man dafür eine vom Fluß gerollte, also natürlich entstandene Steinscheibe verwendete, oder ob das Stück aus einem größeren Brocken herausgearbeitet wurde. In der Mitte besitzt es eine Lochung. Die Durchbohrung könnte mit dem bohrerförmigen Feuersteingerät aus dem Gürteltäschchen geschaffen worden sein. Wie auch heute noch kommt jedem als Schmuckstück getragenen Gegenstand zusätzlich oder hauptsächlich eine imaginäre Bedeutung zu, wobei auch die Materialauswahl eine gewisse Rolle spielt. So versprach man sich beispielsweise schon in der Antike von den verschiedenen Edel- oder Halbedelsteinen ganz bestimmte magische, pharmazeutische oder apotropäische Wirkungen. In einen solchen Zusammenhang darf man sicher ohne große Vorbehalte auch die Steinperle des Mannes vom Hauslabjoch einreihen. Dafür spricht besonders die auffällig helle Farbe des Gesteins, die dem Material einen imaginären Stoffwert verliehen haben dürfte. Die Perle mißt 2,26 Zentimeter im Durchmesser und besitzt eine Dicke von 3,7 Millimetern.

Dr. Susanne Greiff und Dr. Arun Banerjee von der Abteilung für Edelsteinforschung der Universität Mainz übernahmen die Aufgabe, das Gestein, aus dem die Perle besteht, mineralogisch zu bestimmen. Diese Untersuchungen waren insofern schwierig, als nur ein Verfahren in Frage kam, das absolut zerstörungsfrei arbeitet. Die beiden Forscher benutzten die diffuse Infrarot-Reflexionsspektroskopie. Diese lieferte ein Spektrum, das mit dem Referenzspektrum von einer Probe norditalienischen Dolomits hervorragend übereinstimmte. Andere mögliche Minerale wie Quarz, Marmor oder Alabaster scheiden also aus. Das Mineral Dolomit mit der chemischen Formel $CaMg(CO_3)_2$ wurde nach seinem Entdecker Dieudonné de Gratet de Dolomieu (1750–1801) benannt und tritt in den Alpen gebirgsbildend auf. Ein Teil der südlichen Kalkalpen wurde folglich als »Dolomiten« bezeichnet. Freilich beeinträchtigt dies eine genaue Herkunftsangabe des Rohmaterials der Steinperle unseres Gletschermannes erheblich. Nur soviel läßt sich sagen, daß der eigentliche Dolomit in größerer Verbreitung vor allem in den Zentralalpen vorkommt, wobei man als Südgrenze etwa den Vinschgau, als nördliche Grenze das Inntal angeben kann. Für die Beantwortung der Frage, ob das Schweifgebiet des Mannes im Eis eher nach Süden oder nach Norden ausgerichtet war, bietet also die Gesteinsbestimmung der Dolomitperle vorerst keinen Hinweis.

Durch die zentrale Lochung der flachen Steinperle wurde ein schmaler Fellriemen gefädelt, der mehrfach zusammengeknotet ist und dessen Enden nochmals ineinandergeschlungen sind. Durch die Schlaufe sind neun weitere Fellbänder gezogen. Diese Riemchen hat man spiralig aufgedreht. Damit sie in dieser sicher beabsichtigten röhrenartigen Form verharrten, mußte man sie zunächst in nassem Zustand drehen und anschließend trocknen. Sie hängen recht lose in der Schlaufe und sind deshalb hin und her gerutscht, so daß die Troddel jetzt ziemlich unregelmäßig wirkt. Ihre Gesamtlänge beträgt bis zu siebzig Zentimetern, so daß die Quaste entsprechend tief herabbaumelte. Abgerollt sind die Bänder sechs bis zehn Millimeter breit und gut einen Millimeter dick. Zu Röhren fast ohne lichte Weite gedreht, zeigen sie im Mittel einen Durchmesser von drei bis fünf Millimetern.

Ich halte es für sehr wahrscheinlich, daß hinter der schmückenden Wirkung der Quaste zusätzlich eine ganz praktische und handfeste Funktion steckt. Denn auf diese Weise trug der Mann vom

Hauslabjoch gleichsam einen gebündelten Vorrat an Ersatzriemen bei sich. Betrachten wir seine gesamten Habseligkeiten, so erkennen wir eine vielfältige Nutzung schmaler Leder- oder Fellbänder, so zum Beispiel an den Schuhen, am Grasmantel, an der Dolchscheide, am Köcher oder am Beil. Bei der starken Beanspruchung der Ausrüstung im schweren Gelände war es nahezu unerläßlich, stets eine genügende Menge an Reparaturmaterial mit sich zu führen.

13. Die Schlehfrucht

Die beiden Alpinarchäologen Sölder und Lochbihler bargen bei ihrer sturmumtosten Begehung des Hauslabjochs im Umkreis der Leichenfundstelle eine Frucht des Schleh- oder Schwarzdorns (*Prunus spinosa*). Zur genauen Fundlage ist zu sagen, daß das oberflächlich auf dem Eis liegende Stück aufgrund der tumultartigen Ereignisse an den Vortagen sicher sekundär verlagert beziehungsweise bereits vom Schmelzwasser transportiert wurde. Der Schlehdorn bildet mit seinen kurzen, stachligen Ästen oft undurchdringliche Hecken an Waldrändern und in Hainen. Er blüht zeitig im Frühjahr. Die kleinen, fast kugeligen Früchte reifen im Herbst. Wegen ihres hohen Gehalts an Fruchtsäure und Bitterstoffen sind sie im rohen Zustand ungenießbar. »Sie ziehen einem den Hemdzipfel hinten rein«, sagt man im Volksmund. Nach dem ersten Frost sind sie dann einigermaßen zum Verzehr geeignet, aber immer noch so sauer, daß sie dic Mundschleimhäute zusammenziehen. Über dem Kern bildet sich nur eine sehr dünne Schicht Fruchtfleisch. Deshalb sind sie eigentlich kein sättigendes Nahrungsmittel, sondern vielmehr eine Zukost, die wegen ihres Gehalts an Vitaminen und Mineralstoffen seit alten Zeiten sehr geschätzt wird. Zwar kannte der vorgeschichtliche Mensch solche modernen Begriffe noch nicht, aber die gesundheitsfördernde und lebenerhaltende Wirkung der Spurenstoffträger war ihm sicher vertraut. So verwundert es nicht, daß sich bei günstigen Erhaltungsbedingungen Fruchtkerne des Schlehdorns regelmäßig in den Kulturschichten vor- und frühgeschichtlicher Siedlungen finden. In den seltenen Fällen, in denen sich bei Bestattungen organisches Material bewahrt hat, liegen manchmal auch Behältnisse mit Schlehfrüchten in den Gräbern der Toten. Freilich ist das Fruchtfleisch, im Gegensatz zu unserem Fund aus dem Eis, dort immer vergangen. Neben anderen Belegen kamen einmal im württembergischen Oberflacht aus einem Eichensarg von dem berühmten alemannischen Gräberfeld des 6. und 7. Jahrhunderts nach Christi Geburt in einer gedrechselten Eschenholzschale rund hundertfünfzig Schlehensteine zum Vorschein.

14. Das Netz

Während der ersten Nachuntersuchung in der Felsrinne im Oktober 1991 fand Lippert hart westlich des Felsbrockens, auf dem die Mumie bäuchlings geruht hatte, am Boden liegend Fragmente eines Netzes. Die Lagerungsverhältnisse sprechen dafür, daß diese Teile bereits durch Schmelzwasser etwas verschwemmt waren. Trotzdem ist es sehr wahrscheinlich, daß der Mann vom Hauslabjoch auch das Netz am Körper getragen hat. Die spärlichen Überreste vermitteln keine Vorstellung mehr davon, wie groß dieses Netz ursprünglich gewesen ist. Es besteht, wie alle anderen Kordeln vom Hauslabjoch auch, aus Grasschnüren, die aus zwei in Z-Drehung gedrillten Strängen gezwirnt sind. Ihre Stärke beträgt im Mittel nur 1,8 Millimeter. Gleichwohl ist das Netz sehr grobmaschig geknüpft. Die Maschenweite von Knoten zu Knoten mißt rund fünf Zentimeter. Damit erscheint es als Transportbehälter zu weitmaschig. Jeder Inhalt würde allzu leicht durch die Maschen rutschen. Es käme als Fischernetz in Frage. Da aus Gründen, die noch zu erläutern sind, ausgiebige Talaufenthalte des Mannes aus dem Eis belegt sind, gewänne die Vorstellung an Boden, daß er in den Gewässern der tiefer gelegenen Siedlungslandschaften gefischt hat. Aber auch hier melden sich Zweifel an. Ein beträchtlicher Teil der Beute wäre durch die Maschen geschlüpft, und nur Fische mit einem Gewicht ab etwa einem Kilogramm hätten sich verfangen. Netzteile, die in vorgeschichtlichen Seeufersiedlungen gefunden wurden und die von den Ausgräbern als Fischernetze bezeichnet werden, weisen in der Regel erheblich engere Maschen auf.

Bei meinen langjährigen Ausgrabungen in Portugal beschäftigte ich meist einheimische Landarbeiter, die zugleich kleine Bauernbetriebe bewirtschaften. In ihren bescheidenen Hütten wohnen sie mit ihren Familien ohne Elektrizität und ohne fließendes Wasser. Ein Moped ist oft schon das Äußerste an modernem Komfort. Sonst unterscheidet sich ihre Lebensweise kaum von der früherer Jahrhunderte. In der Mittagspause schürten sie ein kleines Feuer und bereiteten sich darauf ihre kärgliche Mahlzeit zu. In einen Blechtopf füllten sie Wasser, gewürzt mit dem grobkörnigen Salz der Lagunen. Eine oder zwei Kartoffeln, eine Möhre und manchmal etwas Grünzeug schnitten sie hinein. Dann griffen sie in ihre Taschen und holten Singvögel, meistens Spatzen, heraus. Sie drehten ihnen die Hälse ab, rupften sie, nahmen die winzigen Dinger aus und ließen sie ebenfalls in der Suppe garen. Einmal brachten sie einen Eisvogel, den wir zu ihrem völligen Unverständnis freikauften. Ich ging der Sache nach und mußte feststellen, daß fast jeder unserer Mitarbeiter hinter seinem Haus zwischen Büschen versteckt ein Netz gespannt hatte, aus dem sie morgens die kläglich zappelnden Vögelchen klaubten. Diesen Vogelnetzen entsprechen die Reste vom Hauslabjoch bis ins Detail. Maschenweite, Garnstärke und wohl auch die Größe stimmen auffällig überein, so daß mit dieser empirisch gewonnenen Deutung die Funktion des Netzes unseres Gletschermanns wohl am ehesten erklärt sein dürfte.

15. Der Köcher mit Inhalt

Entdeckung, Bergung und Abtransport des Köchers am Mittwoch, dem 25. September 1991, durch ein Glaziologenteam unter der Leitung von Patzelt habe ich im ersten Teil dieses Buches bereits ausführlich beschrieben. Wichtig ist vor allem die Beobachtung, daß der rund fünf Meter von der Mumie entfernt liegende Köcher erst am Vortag bei herrlichstem Sonnenschein auszuapern begonnen hatte. Beim Eintreffen der Gletscherkundler war er noch von niemand anderem gesehen, geschweige denn berührt worden. Die feine Staubschicht (*Kryokonit*), die beim Abschmelzen von Gletschereis hinterbleibt, überzog den freiliegenden Teil des Köchers und war völlig unversehrt. Bei seiner Auffindung war das Objekt noch etwa zu drei Viertel seiner Länge vom Eis eingeschlossen. Sichtbar war nur der Köchermund mit den hinteren Schaftenden der Pfeile. Beim Freilegen zeigte sich, daß der Köcher mit seinem oberen Teil auf einer ein wenig schräg ansteigenden Steinplatte lag, so daß er und sein Inhalt durch die Auflast des Gletschers ganz leicht durchgebogen wurden. Deshalb erscheinen auch die in ihm enthaltenen Pfeilrohschäfte jetzt ein klein wenig gekrümmt. Es kann nicht der geringste Zweifel bestehen, daß Köcher und Inhalt seit der Einlagerung vor über fünftausend Jahren, angefroren auf dem steinigen Untergrund, bis zur Bergung durch Patzelt und seine Leute unbewegt an dieser Stelle lagen.

Der Köcher besteht aus einem länglichen, rechteckigen Fellsack, der sich nach unten etwas verschmälert. Wie bei den anderen Fellgegenständen ist auch beim Köcher das nach außen gerichtete Haarkleid offenbar aufgrund leichter Verwesungserscheinungen während des Mumifizierungsprozesses größtenteils ausgefallen, so daß er jetzt ledern wirkt. Nur an einigen Falten und im Nahtbereich sind Reste von spärlichen Haarbüscheln erhalten, insbesondere dort, wo solche vom Nähmaterial festgeklemmt wurden. Nach den Untersuchungen von Groenman-van Waateringe ist die Farbe der Haare hellbraun. Die Tierart, die das Material lieferte, konnte noch nicht sicher bestimmt werden. In Frage kommen Capriden wie Gemse beziehungsweise Steinbock oder die Haut eines Cerviden, also eines hirschartigen Tieres wie Edelhirsch oder Reh, weniger Elch, obwohl dieser in vorgeschichtlicher Zeit noch als Standwild in den Augebieten der Flußtäler Tirols heimisch war. Darauf weisen das Gesamtprofil und die Durchmesser der Haare hin. Das Aussehen der Haarwurzeln deutet indes auf ein ziegenartiges Tier hin, wobei aufgrund der Markstruktur am ehesten die Gemse möglich erscheint. Jedenfalls verwendete man für die Herstellung des Köchers die Haut eines Jagdtieres, wahrscheinlich die einer Gemse.

Der Hauptteil des Köchers ist aus einem schmal trapezförmig zugeschnittenen Fellstück hergestellt. Dieses wurde der Länge nach zusammengelegt und an der Seite mit feinen Lederbändern vernäht. Aus einem bestimmten Grund weist die Naht nach außen. Bei der unteren Schmalseite des Köchers ist die Naht nach innen geschlagen. An der Längsnaht wurde der Köcher mit einer Haselrute versteift.

Dieser Haselstab besitzt eine Länge von 92,2 Zentimetern und einen Durchmesser von 1,4 Zentimetern. Er wurde sorgfältig entrindet und geglättet. Des weiteren hat man in die Versteifung eine im Querschnitt V-förmige Längsnut eingearbeitet, die lediglich am unteren Ende auf einer Strecke von knapp vier Zentimetern aussetzt. Von der Tiefe dieser Nut aus wurde der Stab in regelmäßigen Abständen von 4,7 Zentimetern zwanzigmal durchlocht. Es ist bezeichnend, daß der Mann vom Hauslabjoch sämtliche Werkzeuge, die für die Fertigung dieser Versteifung vonnöten waren, mit sich führte: nämlich den Klingenkratzer zum Abschneiden der Enden und zum Entrinden sowie das bohrerartige Feuersteingerät, mit dessen verbreitertem Arbeitsende er die Nut aushobeln und mit dessen feiner Spitze er die Durchlochungen anbringen konnte.

Wie eine Feder wurde dann die Längsnaht des Köchers in die Nut der Haselrute eingelegt und mit feinen Lederbändern verknüpft. Das obere Ende schließt in Höhe des Köchermundes ab. Das untere Ende steht auf eine Länge von 4,2 Zentimetern vor, weshalb sich dort die Nut auch nicht fortsetzt.

Nach der Einlieferung des Fundguts stellte sich sogleich heraus, daß die Versteifungsstrebe in drei Teile zerbrochen war, und zwar in ein langes unteres Stück, in ein kurzes Mittelstück und in ein noch kürzeres oberes Stück. Alle drei Teile passen an ihren Bruchstellen zusammen. Es fehlt also nichts. Aber jetzt wird es interessant, denn die folgenden Beobachtungen sind von entscheidender Bedeutung, um das Schicksal unseres Gletschermanns, das schließlich zu seinem Tod am Hauslabjoch führte, aufzuklären. Das Mittelstück wurde nämlich nicht am Köcher, dessen Bergung ja auf das sorgfältigste geschah, gefunden. Es stammt vielmehr von der Leichenfundstelle, an der es unmittelbar im Bereich der Mumie im Schmelzwasser treibend bereits vier Tage, bevor die Glaziologen den Köcher entdeckten, von der Messner-Gruppe bemerkt und zunächst für eine Flöte gehalten wurde. Die Messner-Gruppe ließ das Stück am Fundplatz zurück, am folgenden Sonntag wurde es von Alois Pirpamer eingesammelt und mit den anderen lose herumliegenden Resten in einen Müllsack gestopft. Dieser gelangte dann am Montag im Sarg des Bestattungsunternehmers Klocker in die Gerichtsmedizin. Da der Teil des Köchers, an dem das herausgebrochene Mittelstück hätte angebracht gewesen sein müssen, bei der Ankunft von Patzelts Glaziologenteam am Mittwoch noch fest von Eis umschlossen war, ist zwingend zu folgern, daß zu dem Zeitpunkt, als der Köcher vor über fünftausend Jahren niedergelegt wurde, ebendieses Mittelstück bereits fehlte. Der Mann trug es separat bei sich am Körper und hatte wohl vor, den Köcher bei geeigneter Gelegenheit zu reparieren.

Der Köcher war demnach schon in erheblich beschädigtem Zustand auf das Hauslabjoch gebracht worden. Außerdem zeigte sich, daß das kurze obere Teilstück der Versteifungsstrebe bei der Auffindung um hundertachtzig Grad verdreht war, so daß es mit seinem abgerundeten Ende nach unten und mit der Bruchstelle nach oben wies. Des weiteren muß sich der Köcher, nun seiner Versteifungshalterung ledig, beim Transport etwas in die Länge verzogen haben. Dies ergab sich bei den Restaurierungsarbeiten in Mainz, als beim Versuch, das an sich Bruch an Bruch anpassende Mittelstück wieder einzufügen, die Lücke zwischen oberem und unterem Teilstück nicht vollständig ausgefüllt werden konnte. Es verblieb ein Abstand von rund zwei Zentimetern.

Köchermund, Verschlußkappe und Tragevorrichtung waren offensichtlich sehr kompliziert gestaltet, doch ist eine exakte Beurteilung durch weitere Beschädigungen beeinträchtigt. Rund siebzehn Zentimeter unterhalb des Köchermundes ist das Fell der Vorderseite bis kurz vor die Haselstrebe horizontal eingeschnitten. Auf der Rückseite setzt sich der Fellstreifen in voller Köcherbreite nach oben fort und überragt den Köchermund noch um 7,5 Zentimeter. Er ist aber, beginnend außen am Horizontalschnitt, schräg nach oben in Richtung Nahtseite abgerissen. Der fehlende Teil, der unter den übrigen Funden nicht ausfindig zu machen ist, muß als Tragevorrichtung des Köchers, etwa als Schulterriemen, vorgesehen gewesen sein. An welcher Stelle des Köchers das Gegenende des Trageriemens befestigt war, ist nicht klar ersichtlich. Vielleicht ist dafür das nach unten überstehende Ende der Versteifungsstrebe in die Erwägungen einzubeziehen. Sehr viel wahrscheinlicher ist indes, daß das Ende an dem herausgebrochenen Mittelstück angeknüpft war.

Kurz oberhalb des Köchermundes muß auf dem von der Köcherrückseite fortlaufenden Trageriemen die Verschlußklappe befestigt gewesen sein. Doch sind von dieser wegen des knapp abgerissenen Endes keinerlei Reste erhalten. Es gibt aber einen Hinweis darauf, daß eine solche bestanden hat. Auf der Vorderseite des Köchers befinden sich sieben Zentimeter unterhalb des Horizontalschnitts, dicht nebeneinander, zwei kleine parallele Vertikalschnitte, durch die ein schmaler Lederstreifen horizontal gezogen wurde. Dieser ist aus zwei Bändern zusammengeknotet, aber an beiden Enden abgerissen und nur noch elf Zentimeter lang. Wir denken, daß mit ihm die nach vorn herabgezogene Verschlußklappe des Köchers zugeschnürt werden konnte. Eine andere Möglichkeit, daß der Köcher überhaupt keine Verschlußklappe besaß und an dem Riemchen ein anderer Gegenstand, etwa die Troddel mit der Steinperle, befestigt war, halten wir für nicht sehr wahrscheinlich.

Oberhalb des Horizontalschnitts befindet sich noch eine Flügelklappe. Wollte man also an den Inhalt des Köchers heran, so hatte man zunächst die vermutete Verschlußklappe zu öffnen und nach oben zu schlagen. Dann mußte man die Flügelklappe zur Seite wenden, und jetzt erst ließen sich die befiederten Schaftenden der Pfeile greifen. Mittels dieses Doppelverschlusses waren die empfindlichen Pfeilenden gut geschützt. Insbesondere streiften diese nicht beim Hinausziehen an der Innenwand des Köchers, was leicht zu einer Beschädigung der Befiederungen hätte führen können.

Oberhalb des Horizontalschnitts ist an der Nahtseite des Köchers ein länglicher, rechteckiger Fellstreifen belassen worden, an den die Flügelklappe längsseitig mittels eines schmalen Lederstreifens angenäht ist. Ihre obere Seite und die obere Schmalseite des belassenen Fellstreifens bilden also den vorderen Teil des Köchermundes. Die Flügelklappe weist einen halbkreisförmigen Umriß auf und ist siebzehn Zentimeter hoch. Sie besitzt als Verstärkung und Schmuck am Rand eine Heftnaht. Ebenso ist ihr Innenfeld durch drei leicht divergierende Heftnähte belebt. Eine unregelmäßige, schräg von der unteren Innenecke nach oben verlaufende Heftnaht diente wohl hauptsächlich als Verstärkung.

Der größere Teil dieser Flügelklappe ist von der unteren Ecke her schräg nach oben abgerissen. Das abgetrennte Stück blieb aber, im Gegensatz zur Tragevorrichtung, erhalten. Der Köcher lag bei seiner Auffindung mit der Vorderseite nach unten auf dem Felsen, und der Teil, an dem sich die Flügelklappe hätte befinden müssen, war teils am Boden angefroren, teils von Eis umschlossen. Bei der Einlieferung des Köchers stellte sich heraus, daß die Flügelklappe bereits abgerissen war und jedenfalls nicht im Fundbereich desselben gelegen hatte. Das fehlende und einwandfrei anpassende Stück konnte indes unter den Ausrüstungsteilen wiedergefunden werden, die am Montag im Sarg in die Gerichtsmedizin verbracht wurden. Leider läßt sich das Fragment auf dem vor und während der Hennschen Bergung am Hauslabjoch angefertigten Dokumentationsmaterial an keiner Stelle ausfindig machen. Es ist daher im nachhinein nicht mehr zu entscheiden, ob es direkt bei der Leiche oder bei der Funddeponie an und auf dem Felssims gelegen hatte. Wie dem auch sei, es wurde jedenfalls separiert vom Köcher gelagert und muß daher ebenso wie das Mittelstück der Versteifungsstrebe bereits abgetrennt gewesen sein, bevor der Köcher fünf Meter von den beiden anderen Fundstellen entfernt niedergelegt wurde. Auch in diesem Fall wird deutlich, daß ein Wiederanflicken beabsichtigt war, es aber nicht mehr zur Ausführung kam.

Die Ergebnisse der glaziologischen Untersuchung bei seiner Bergung, die genaue Rekonstruktion der Auffindungsereignisse und die bis in alle Details gehende Betrachtung des Köchers belegen zweifelsfrei, daß er zur Zeit seiner Benutzung in erheblich beschädigtem Zustand auf das Hauslabjoch kam und dort fünf Meter neben dem Felsblock, auf dem man die Mumie vorfand, niedergelegt worden war. Der Trageriemen und die Verschlußklappe waren bereits vorher abgerissen und gelangten nicht mit in die Felsrinne. Die ebenfalls schon vor der Ankunft am Hauslabjoch abgetrennte Flügelklappe und das herausgebrochene Mittelstück der Köcherversteifung, an dem womöglich das Gegenende des Trageriemens befestigt war, wurden von dem Mann separat mitgeführt. Vom Mittelstück wissen wir, daß er es am Körper trug. Die Auffindungsstelle der Flügelklappe, ob bei der Leiche oder am Felssims, ist nicht bekannt. Jedenfalls beabsichtigte der Mann eine Reparatur, sonst

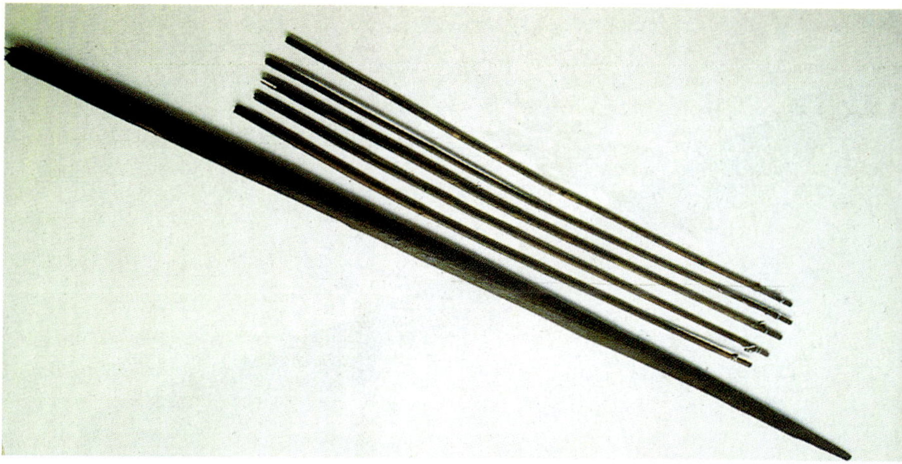

Oben: Der bei der Bergung am 23. September 1991 zerbrochene Bogenstab zusammen mit fünf dem Köcher entnommenen Pfeilrohschäften. © Christin Beeck, RGZM.

Mitte: Das im Verlauf der Nachuntersuchung am Hauslabjoch im August 1992 aufgefundene abgebrochene Ende des Bogenbstabes. Damit ist der Bogen wieder komplett. Er besitzt eine Gesamtlänge von 1,83 Metern und ist gegenüber der Körpergröße seines ehemaligen Besitzers von rund 160,5 Zentimetern deutlich übermannslang. © Hans Nothdurfter.

Unten: Die Detailaufnahme zeigt deutlich die Schnitzspuren am Bogenstab des Toten vom Hauslabjoch. Für die Bearbeitung des zähen Eibenholzes benutzte der Mann sehr wahrscheinlich die Schneide seines Kupferbeils. Im Vergleich mit allen anderen bekannten Bogen der Jungsteinzeit, die immer sorgfältig geglättet sind, zeigen die Schnitzspuren, daß der Bogenstab des Gletschermannes unfertig war. © Gerhard Sommer.

Oben: Das Beil des Mannes vom Hauslabjoch besitzt eine Länge von 60,8 Zentimetern. Es setzt sich aus dem hölzernen Holm, der Leder- oder Hautriemenwicklung und der Kupferklinge zusammen. Für die unter der Wicklung nicht sichtbare Schäftungsgabel wählte der Holmschnitzer einen aus dem Eibenstamm herausgewachsenen Ast. Für diese Aufnahme ist die Klinge etwas aus der Schäftungsvorrichtung herausgezogen worden. Der richtige Sitz der Kupferklinge ist auf der Textabbildung auf Seite 242 erkennbar. © Christin Beeck, RGZM.

Linke Seite, unten: Zwei Brettchen aus Lärchenholz. Sie wurden nicht aus Vollholz geschnitzt, sondern aus abgesplitterten Scheiten eines vom Sturm umgeworfenen Baumes. Ursprünglich waren alle vier Brettenden doppelt gekerbt, die Kerben sind aber größtenteils ausgebrochen, so daß jetzt die Enden durchweg zungenförmig aussehen. © Christin Beeck, RGZM.

Rechts: Rahmenwerk einer Rückentrage. Es besteht aus einem 1,98 Meter langen, U-förmig gebogenen Haselstock, dessen Enden jeweils doppelt gekerbt sind. In diese Kerben wurden die gleichfalls doppelt gekerbten Enden der beiden Lärchenholzbrettchen eingelegt und mit Schnüren festgebunden. Die Schnurabdrücke sind auf dem Haselstock sichtbar. Letzterer ist vollständig erhalten, aber in vier Teile zerbrochen. © Christin Beeck, RGZM.

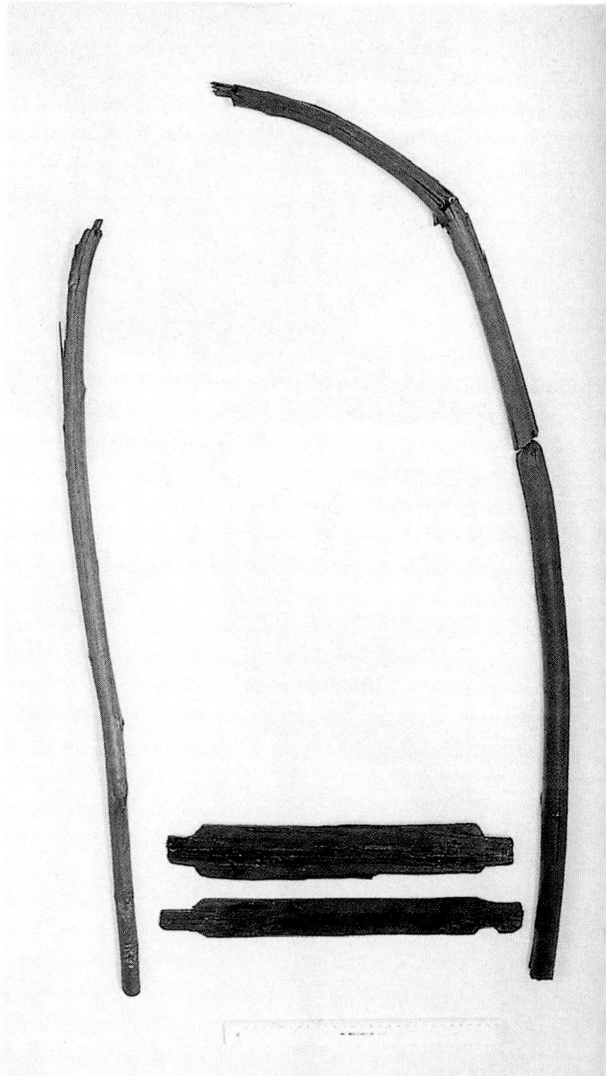

Nächste Seite: Im Bereich der Funddeponie am Felssims wurde neben den Hölzern der Rückentrage zahlreiches Schnurmaterial geborgen. Mit diesen Schnüren waren unter anderem die Holzteile der Rückentrage zusammengebunden. Alle Schnüre sind aus zwei gedrillten Strängen von Gräsern in S-Drehung gezwirnt. Das längste Fragment mißt siebenundfünfzig Zentimeter. © Gerhard Sommer.

hätte er die beiden abgetrennten Fragmente wohl nicht bei sich verwahrt. Sein jäher Tod vereitelte den Plan.

Die bemerkenswerten Beobachtungen am Köcher selbst werden durch die archäologische Analyse seines Inhalts bestätigt und ergänzt. Schon aus Röntgenbildern und computertomographischen Aufnahmen wußten wir, daß er außer den am Köchermund sichtbaren vierzehn Pfeilschäften noch weitere Gegenstände enthielt. Seine Öffnung wurde daher mit Spannung erwartet. Sie fand nach umfänglichen und gewissenhaften Vorbereitungen am 19. Dezember 1991 in den Werkstätten des Römisch-Germanischen Zentralmuseums zu Mainz im Beisein zahlreicher am Eismann-Projekt beteiligter Gelehrter statt. In der Tat bot die Entnahme des Inhalts etliche erstaunliche Überraschungen.

Im Köcher waren zwei sogenannte schußbereite Pfeile, zwölf in Bearbeitung befindliche Pfeilschäfte, eine aufgewickelte Schnur, vier gebündelte Hirschgeweihspäne, ein Geweihdorn und zwei ebenfalls gebündelte Tiersehnen verwahrt. Wie alles im Umfeld des Gletschermanns ist auch der Köcher samt Inhalt absolut einmalig. Die endgültige Auswertung und Bestimmung werden noch geraume Zeit beanspruchen. Insofern besitzen die folgenden Ausführungen, genauso wie das im vorangegangenen Text Gesagte, eine gewisse Vorläufigkeit. Manche Deutung wird sich künftig noch präzisieren lassen, wie sicherlich auch die eine oder andere hier geäußerte Meinung korrigiert werden muß.

Der kürzere der beiden »schußbereiten« Pfeile mißt in seiner Gesamtheit fünfundachtzig Zentimeter. Er setzt sich aus dem hölzernen Schaft, der Feuersteinpfeilspitze und der Befiederung zusammen. Für die Herstellung des Schafts wählte man einen langen, geradegewachsenen Trieb des Wolligen Schneeballs (*Viburnum lantana*). Die Eigenschaft dieses Strauchgewächses, lange, geradwüchsige und dabei sehr zähe Triebe aus hartem Splintholz zu bilden, führte dazu, daß es in vorgeschichtlicher Zeit zusammen mit dem Hartriegel (*Cornus sp.*), der ähnliche Wuchseigentümlichkeiten aufweist, bevorzugt für die Gewinnung von Pfeilhölzern verwendet wurde. Erst mit Beginn der Eisenzeit, als verbesserte Werkzeuge zur Verfügung standen, kamen zusätzlich aus Stammholz gespaltene Spanschäfte in Gebrauch. Der Holzschaft des Pfeils wurde an beiden Seiten gerade abgeschnitten, entrindet und sorgfältig rundum geglättet. In der jüngeren Steinzeit gab es aus zwei flach aufeinandergelegten, länglichen Sandsteinen von zusammen etwa Faustgröße gefertigte Bestecke, die sicherlich zutreffend als Pfeilschaftglätter bezeichnet werden. In beide Flachseiten wurden im Querschnitt halbkreisförmige Rillen eingeschliffen, die zusammengelegt eine Röhre ergeben. Zieht man nun einen Pfeilschaft gleichmäßig durch diese Höhlung hin und her, so erhält man eine vorzügliche Rundung des Holzes. Ein solcher Glätter fand sich allerdings nicht im Besitz unseres Gletschermanns. Er muß sich anderswie, aber mit dem gleichen Effekt, beholfen haben. Der Durchmesser des Pfeilschafts beträgt 0,9 Zentimeter. Nur der vordere Schaftteil ist auf eine Länge von 9,5 Zentimetern etwas verstärkt, damit der Pfeil beim Schuß ein Vorgewicht erhält. Dort ist der Schaft 1,1 Zentimeter dick, was die Flugbahnstabilität erheblich verbessert. Das vordere Ende ist tief gekerbt und etwas aufgespalten, so daß sich der Schäftungsdorn der Pfeilspitze hineintreiben ließ. Die Spitze besteht aus grauweißlichem Feuerstein. Ihre Länge beträgt 3,9 und die Breite 1,8 Zentimeter. Sie erhielt ihre Blattform durch beidflächiges Retuschieren. Der Umriß zeigt etwas asymmetrisch nach außen gebogene Schneiden. Der Schäftungsdorn ist schulterartig abgesetzt. Die Feuersteinspitze ist zur Hälfte und der vordere Schaftteil auf eine Länge von 4,3 Zentimetern dick mit Birkenteer überkittet. Die chemischen Untersuchungen der Kittschäftungsmaterialien stehen ebenfalls unter der Leitung von Professor Sauter aus Wien. Er stellte fest, daß das für die Gewinnung dieses Teeres benötigte Pech durch Verschwelen von Holz oder Rinde eines Birkengewächses (*Betula sp.*) gewonnen wurde. Holzpech zeigt eine zähflüssige bis ölige Konsistenz und wird durch Erhitzen unter weitgehendem Ausschluß von Luftsauerstoff, also durch trockene Destillation, beispielsweise in einem Holzkohlemeiler, gewonnen. Dickt man diese Substanz etwa durch längeres Erhitzen in einem offenen Gefäß ein, so bildet sich asphaltartiger Teer. Dieser härtet sich beim Abkühlen. Bei längerer Lagerung wird er spröde und bröckelig wie Siegellack, weshalb von dem Kittmaterial der mit Birkenteer verklebten Schäftungen der Hauslabjochfunde auch kleinere Partien abgebröselt sind. Zum Schluß wurde über diese Schäftung noch ein dünner Faden gewickelt, der sich ein wenig in den Birkenteer eingedrückt hat. Dieser besteht wahrscheinlich aus ungedrilltem Tiersehnenmaterial.

Das hintere Schaftteil wurde mit Ausnahme des Bereichs der Sehnenkerbe auf eine Länge von 13,1 Zentimetern rundum weniger als einen Millimeter geschmält. Diese seichte Vertiefung hat man mit einer flächig aufgestrichenen, dünnen Schicht Birkenteer wieder aufgefüllt. Darauf wurde in gleicher Länge die dreifache, exakt schaftparallele Radialbefiederung geklebt. Für die Befiederung wählte man passend zugeschnittene Federhälften, wobei als Unterseite die schmal zurechtgeschnittenen Schaftstreifen verwendet worden waren. Wegen des relativen Umfangs der Federteile kommen nur die an Schwanz und Flügeln vorhandenen Schwung- oder Steuerfedern eines größeren Vogels in Betracht.

Die deutsche Illustrierte »Stern« hat in ihrer Ausgabe vom 9. Juli 1992 etwas voreilig von Adlerfedern berichtet. In Wirklichkeit lassen sich nach den von Professor Jochen Martens vom Institut für Zoologie der Universität Mainz durchgeführten Pigmentierungsbestimmungen folgende Vogelarten in Betracht ziehen: Schwarzspecht, Alpendohle, Alpenkrähe, Kolkrabe, Auerhahn, Waldrapp, Steinadler, Mönchsgeier, Schmutzgeier und Gänsegeier. Alle diese Vögel kamen im anzunehmenden Lebensraum des Mannes vom Hauslabjoch vor. Frau Professor Ellen Thaler vom Alpenzoo in Innsbruck hat das komplette Vergleichsmaterial für unsere Untersuchungen zur Verfügung gestellt, wobei die Federn des Waldrapps, der in den Alpen längst ausgerottet ist, von Vögeln stammen, die in einer kleinen Kolonie im Atlasgebirge Nordafrikas überlebt haben. Unter der Leitung von Dr. Gabriele Wortmann vom Deutschen Wollforschungsinstitut in Aachen wird nun auf elektropherographischem Wege ein Verfahren entwickelt, um die artliche Zuweisung der Federteile unserer Pfeile weiter einzugrenzen.

Nach ihrer Fixierung mit Birkenteer wurde die dreiteilige Radialbefiederung mit einem hauchdünnen Faden spiralig umwickelt. Er ist aus zwei Strängen gezwirnt und besitzt nur eine Stärke von 0,15 Millimetern. Als Material wählte man pflanzliche Fasern einer Nessel.

In das hintere Ende des Pfeilschafts wurde die Kerbe zum Einlegen der Bogensehne eingeschnitzt. Sie ist 1,2 Zentimeter tief und vier Millimeter breit. Diese feine Schnitzarbeit konnte nur mit einem sehr zierlichen Gerät ausgeführt werden. Unter der Werkzeugausstattung des Mannes vom Hauslabjoch kommt dafür lediglich das rasiermesserscharfe Lamellenstück aus Feuerstein in Frage, das er in seinem Gürteltäschchen verwahrt hatte. Dieses verwendete er auch, wie oben schon erwähnt, zum Zurechtschneiden der Pfeilschaftbefiederungen. In diesem Zusammenhang ist es von außerordentlichem Interesse, daß bei der Nachgrabung 1992 am Hauslabjoch unmittelbar im Umkreis der Mumienfundstelle auch ein rund acht Zentimeter langes, sorgfältig schmal-rechteckig geschnittenes Federteil zum Vorschein kam. Dieses gehört ohne jeden Zweifel mit zur Ausrüstung des Mannes, was besagt, daß er wenigstens ein, wahrscheinlich mehrere Befiederungsstücke für die neuen Pfeilschäfte bereits vorbereitet hatte. Es grenzt nahezu an ein Wunder, daß so ein kleines »federleichtes« Gebilde überhaupt entdeckt werden konnte. Weitere mögen während der Ausaperung der Mumie im September 1991 vom Sturm verblasen worden sein oder sich noch unter den mehreren hundert Kilogramm geborgener Sedimentproben befinden, die zur Zeit im Botanischen Institut der Universität Innsbruck analysiert werden.

Der zweite »schußbereite« Pfeil ist mit 90,4 Zentimetern deutlich länger als der erste. Entsprechend mißt die Länge der ansonsten gleichartig gearbeiteten Befiederung etwas mehr, nämlich 13,8 Zentimeter. Die blattförmige, ebenfalls zweiflächig retuschierte Dornpfeilspitze mit 3,8 Zentimeter Länge, 1,6 Zentimeter Breite und 0,5 Zentimeter Dicke scheint aus der gleichen oder doch zumindest ähnlichen Feuersteinvarietät gefertigt zu sein wie die des ersten Pfeils. Sie ist auch in der gleichen Weise befestigt, nur greift der Birkenteer nicht über die Spitze, er bedeckt auf einer Länge von drei Zentimetern lediglich den hölzernen Schaft. Mit vierzehn Millimetern ist die Kerbe zum Einlegen der Sehne etwas tiefer als beim Gegenstück.

Ein wesentliches Merkmal unterscheidet ihn indes vom anderen. Beim zweiten Exemplar handelt es sich um einen sogenannten Kompositpfeil. Das heißt, daß der hölzerne Schaft aus zwei Teilen zusammengesetzt ist. Der kurze vordere Schaftteil weist eine Länge von 10,5, der hintere lange Teil eine solche von 72,2 Zentimetern auf. Der Vorschaft wurde dabei etwas zugespitzt und in das ausgehöhlte Vorderende des hinteren Schaftteils eingezapft. Die Stelle, an der die beiden Schaftteile ineinandergesteckt wurden, ist auf eine Länge von mindestens vier Zentimetern mit Birkenteer überstrichen und mit dem gleichen Fadenmaterial umwickelt wie die Befiederungen. Die Verkittung und Umwicklung ist am hinteren Schaftteil deutlich länger, da hier durch das Einzapfen des Vorschafts eher die Gefahr des Aufreißens bestand. Beide Schaftteile sind jeweils 1,1 Zentimeter dick. Ausnahmsweise besteht der Vorschaft nicht wie alle anderen Pfeilhölzer aus dem Köcher des Mannes vom Hauslabjoch aus Schneeball, sondern aus Hartriegel (*cornus sp.*).

Es ist zu fragen, ob dieser Pfeil durch Reparatur aus zwei zerbrochenen Pfeilen hergestellt wurde, was durchaus denkbar wäre, oder ob es sich um einen echten Kompositpfeil handelt. Zusammengesetzte Pfeilschäfte sind ein gängiges Prinzip bei Naturvölkern. Die aufwendige Herstellungstechnik, wie sie hier für unsere beiden Pfeile ausführlich beschrieben wurde, hat sicherlich zur Genüge dargetan, wie kostbar ein fertiger Pfeil für den Schützen war, und daß selbst Bruchstücke, die man zusammenflicken konnte, einen gewissen Wert darstellten. Demgegenüber verwendeten zum Beispiel nordamerikanische Indianer Pfeile mit ablösbaren Vorschäften als Kriegswaffe. Versuchte der angeschossene Gegner, den Pfeil aus der Wunde zu ziehen, so löste er den hinteren Teil, während Spitze und Vorschaft in der Verletzung steckenblieben. Da aber unser Pfeil aus zwei verschiedenen Holzarten besteht, ist eher anzunehmen, daß er aus Teilen zweier verschossener Pfeile zusammengesetzt wurde, als daß er von vornherein als Kompositpfeil konstruiert war.

Noch ein bemerkenswertes Detail am Rande verdient Beachtung. Während bei dem einen Pfeil die feine Nesselschnur zur Befestigung der Befiederung linksläufig spiralig um das hintere Pfeilschaftende gewickelt wurde, geschah die Wicklung am anderen Pfeil rechtsläufig. Das bedeutet zwingend, wie uns die Experimentalarchäologen versicherten, daß der eine Pfeil von einem Linkshänder und der andere von einem Rechtshänder fabriziert wurde, und weiter, daß der Gletschermann somit höchstens einen der beiden Pfeile selbst angefertigt hatte. Auf welche Weise er dann in den Besitz des anderen Pfeiles kam, darüber darf man der Phantasie freien Lauf lassen.

Die Untersuchungen des australischen Forschers Loy, auf seinem Gebiet weltweit der einzige Spezialist, auf mikroorganische Reste an den Oberflächen von Pfeilspitzen und -schäften zeigten bei beiden Pfeilen, daß diese gleichsam mit Blut getränkt sind. Der Mann (oder der Vorbesitzer des einen Pfeiles) hat demzufolge auf Jagdwild (oder gar auf Menschen?) geschossen und getroffen. Anschließend zog er mit blutbeschmierten Händen die Pfeile aus seinem Opfer heraus. Darauf sind die Blutspuren an den Schäften zurückzuführen, da sich dort regelrechte Fingerabdrücke feststellen ließen.

Für die zwölf im Köcher enthaltenen, teilbearbeiteten Pfeilschäfte hat man ausschließlich Triebe des Wolligen Schneeballs verwendet. Sie wurden entrindet, wobei man kleine Seitenästchen gleich mitentfernt hat. Die bei den beiden »schußbereiten« Pfeilen beobachtete sorgfältige Glättung wurde bei den Rohschäften noch nicht vorgenommen, denn die kleinen Buckel der Blattansätze sind teilweise sichtbar. Die Enden sind jeweils gerade abgeschnitten. Zusätzlich wurden die dickeren, wurzelnahen Enden durchschnittlich zwei Zentimeter tief zur Aufnahme der Spitzen eingekerbt. Es ist bemerkenswert, daß der Mann vom Hauslabjoch nicht Pfeil nach Pfeil hergestellt hat. Vielmehr führte er jeden Arbeitsschritt, der zur Fertigung gehörte, sozusagen im Serienbetrieb bei allen Pfeilhölzern durch. Als nächstes hätte er wahrscheinlich die zwölf Kerben zum Einlegen der Bogensehne eingelassen. Danach wäre die gemeinsame Glättung der Schäfte gefolgt. Eine solche Vorgangsweise ersparte unter anderem einen ständigen Werkzeugwechsel.

Die Länge der Rohschäfte, die der beabsichtigten Pfeilschaftlänge entspricht, schwankt zwischen 84,5 und 87,8 Zentimetern. Für diejenigen Leser, die sich mit urzeitlicher Zahlenmystik und prähistorischen Maßsystemen beschäftigen, gebe ich eigens die Einzelwerte an, auch wenn dies etwas langatmig wirken mag: zweimal 84,5, einmal 86,8, zweimal 87,2, zweimal 87,3, zweimal 87,4 sowie je einmal 87,5 und 87,8 Zentimeter. Nur ein Rohschaft ist mit 69,2 Zentimetern merklich kürzer. Zwar ist eines seiner Enden gerade abgeschnitten, das andere zeigt sich jedoch splittrig aufgefasert. Es handelt sich vielleicht um eine sekundäre Bruchstelle. Das fehlende Teil befand sich nicht im Köcher, so daß das Stück schon vor seiner Einbringung in denselben abgebrochen gewesen war. Vielleicht sollte das Stück aber auch zur Herstellung eines Kompositpfeiles dienen. Schon die »heilige« Zwölferzahl des Ensembles von Rohschäften spricht für sich. Merkwürdigerweise korrespondiert die Gesamtzahl von vierzehn Pfeilhölzern mit dem Köcherinhalt eines der aufsehenerregendsten archäologischen Funde unserer Zeit. Der Keltenfürst von Hochdorf in Württemberg führte als Grabbeigabe ebenfalls vierzehn Pfeile mit sich.

Mit Verblüffung stellten wir bei der Öffnung des Köchers fest, daß elf der zwölf Rohschäfte zwar wohlerhalten, die beiden »schußbereiten« Pfeile indes gebrochen waren. In beiden Fällen befanden sich Bruchstellen im Spitzenbereich. Bei dem Kompositpfeil war die Gewalteinwirkung so stark gewesen, daß sogar die Feuersteinspitze brach. Ihr Dorn steckt noch im vorderen Ende des Pfeilschafts. Des weiteren gibt es zusätzlich Brüche der Schäfte, einmal mehr im Mittelteil, ein andermal mehr im hinteren Schaftteil. Es ist sicher kein Zufall, daß ausgerechnet die beiden »schußfertigen« Pfeile gebrochen sind, die Rohschäfte jedoch unversehrt blieben. Hätten sich die beiden »schußbereiten« Pfeile zum Zeitpunkt der Gewalteinwirkung zusammen mit den Rohschäften im Köcher befunden, so wären ja erstere von den letzteren gleichsam geschient worden, oder aber auch die Rohschäfte wären beschädigt worden. Somit drängt sich die einzig mögliche Lösung geradezu auf: daß nämlich die beiden »schußbereiten« Pfeile bereits beschädigt waren, als die Rohschäfte in den Köcher gesteckt wurden. Auf die sich daraus ergebenden Folgerungen, die zugleich auch den Fundzustand des Köchers selbst betreffen, werde ich am Ende dieses Abschnitts zu sprechen kommen.

Aufgrund der Fundstatistik bildete der Feuerstein in seinen verschiedenen Varietäten während der jüngeren Steinzeit den üblichen Rohstoff für die Anfertigung von Pfeilspitzen. In welchem Umfang daneben auch anderes Material verwendet wurde, wissen wir nicht. Von naturvölkischen Jägerpopulationen kennen wir unter anderem auch hölzerne Pfeilköpfe, die hauptsächlich für die Vogeljagd verwendet werden. Entsprechend den Fund- und Erhaltungsbedingungen bleiben sie freilich unter prähistorischen Technokomplexen extrem selten, wenn sie sich als solche überhaupt zu erkennen geben. Des weiteren ist bekannt, daß Knochen beziehungsweise Geweih eine gewisse Rolle als Rohstoff für die Herstellung von Pfeilspitzen gespielt haben. Mehrfach konnten vor allem in schweizerischen Feuchtbodensiedlungen längliche Doppelspitzen aus Knochen und Geweih gefunden werden, die Schäftungsreste nach Art von Pfeilen tragen. Die Wirksamkeit solcher Pfeile zeigt eine Knochenspitze von Lattrigen am Bieler See in der Schweiz, die fest in das Kreuzbein eines Hirsches eingeschossen ist und den Knochen vollständig durchschlagen hat. Unklar ist hingegen, ob es sich bei der Verwendung von Knochen und Geweih nur um einen Ersatz bei Feuersteinmangel gehandelt hat oder ob dieser Rohstoff für spezielle Jagdunterfangen gar bevorzugt worden war. Immerhin führte unser Gletschermann ja ein Bündel zugerichteter Hirschgeweihspäne mit sich, aus denen er sich mindestens acht Pfeilspitzen der Art hätte anfertigen können, wie sie aus den Schweizer Pfahlbauten geborgen wurden. Trotz solcher Vorbehalte darf man aber davon ausgehen, daß Feuerstein das geläufige und angestrebte Material für die Pfeilspitzen der Jüngeren Steinzeit darstellte und daß der Mann im Eis keineswegs über das normale Rohmaterial verfügte, um die von ihm vorbereiteten Pfeilschäfte mit Spitzen bewehren zu können.

In weiterer Folge fanden sich die soeben erwähnten zu einem 16,5 Zentimeter langen Bündel zusammengeschnürten vier Geweihspitzen. Sie steckten direkt neben der seitlichen Längsnaht ganz tief unten im Köcher, so daß eines ihrer Enden den Boden berührte. Wollte man sie entnehmen, so mußte zuerst der gesamte Köcher entleert werden. Die länglichen Spitzen sind alle nur recht grob zurechtgeschnitzt worden und machen einen unfertigen Eindruck. Ihre Länge ist unterschiedlich. Sie beträgt einmal 15,1, ein andermal 16,1 Zentimeter. Die beiden übrigen Exemplare sind deutlich kürzer. Sie lassen sich aber nicht ausmessen, da das eine ihrer Enden jeweils unter der Wicklung verborgen bleibt. Die Maße der ovalen Querschnitte betragen ziemlich einheitlich fünf auf sechs

Millimeter. Ein Ende ist immer einigermaßen spitz zugeschnitten. Die anderen Enden zeigen sich unregelmäßig schräg bis abgerundet zugerichtet. Die Wicklung besteht aus Bast, am ehesten von einer Linde, der in breiten Streifen dicht an dicht und teilweise sich überkreuzend um das Bündel geschlungen ist. Auch bei diesen Spänen dürfte es sich um Roh- beziehungsweise Ersatzmaterial für irgendwelche Geräte innerhalb der bunten Palette der Verwendungsmöglichkeiten des Hirschgeweihs handeln. Möglicherweise waren sie in Ermangelung entsprechenden Feuersteinrohstoffes für die Bewehrung der in Arbeit befindlichen Rohpfeilschäfte vorgesehen gewesen.

Schon im Röntgenbild war unter dem Köcherinhalt ein länglicher, leicht gebogener Geweihdorn zu erkennen. Das 20,7 Zentimeter lange Gerät wurde aus der Rinde einer schwach gekrümmten Hirschgeweihstange herausgearbeitet. Das vordere Ende weist eine gut geglättete, scharfe Spitze auf. Der hintere Teil ist mit nahezu quadratischem Querschnitt auf einer Länge von acht Zentimetern eher grob zurechtgeschnitzt. Der Querschnitt mißt dort 1,2 auf 0,9 Zentimeter. Das Ende wurde flachkegelig eingekerbt und dann abgebrochen, so daß sich in der Mitte der Endfläche eine kleine rauhe Erhebung befindet. Wie bei anderen Geräten ist auch hier an eine multifunktionale Nutzung zu denken. Der Dorn läßt sich beispielsweise als Netznadel zum Knüpfen und Flicken von Fischer- und Vogelnetzen verwenden, wie der Mann vom Hauslabjoch eines bei sich getragen hat. Auch zum Spleißen von Seilen und Schnüren wäre er geeignet. Ganz ähnliche Geräte dienten früher zum Abhäuten vor allem größerer Tiere wie Hirsch, Rind und Schwein. Man nannte sie Hautnippel, Niggl, Häutling, Kälberlöser oder Waidling – kurzum ein Mehrzweckgerät, das in vielseitiger Weise zum Einsatz kam. Dem entspricht, daß Loy auch auf diesem Gegenstand Blutspuren nachweisen konnte, die möglicherweise vom Abhäuten eines Beutetieres herrühren.

Dann fanden sich im Köcher zwei Sehnen, die ebenfalls mit einer Wicklung aus Bast, am ehesten von einer Linde, gebündelt sind. Nach Größe und Aussehen dürfte es sich um die langen Achillessehnen eines Rindes oder Hirsches handeln, die man frisch aus dem Tier herausgeschnitten hat. Beide wurden an den dicken Enden zusammengelegt. Die dünn auslaufenden Enden tordierte man etwas und schlug sie um, so daß das nun gekürzte Sehnenbündel eine Länge von 17,2 Zentimetern aufweist. Abgerollt messen sie jeweils 23,8 Zentimeter. Fasert man die Sehnen nach dem Trocknen auf und drillt das Material, so entsteht ein äußerst haltbarer Faden. Mit solchen feinen Garnen ist zum Beispiel der größte Teil der Pelzkleidung des Mannes vom Hauslabjoch genäht worden. Auch für die Schäftung des Dolches und der Pfeilspitzen verwendete er Sehnenfäden. Vielleicht beabsichtigte er, sich aus den beiden Stücken die Bogensehne zu fertigen, falls für diesen Zweck nicht die ebenfalls im Köcher vorgefundene Schnur bestimmt war.

Diese Schnur ist zu einem länglichen, unregelmäßigen Knäuel aufgewickelt, das 14,1 Zentimeter mißt. Sie wurde am Anfang aus zwei, dann aus drei Strängen gezwirnt. Nach Aussage der Botaniker ist sie aus Baumbast gefertigt, im Gegensatz zu allen anderen Schnüren des Fundes, die stets aus Gräsern bestehen. Auch die Tatsache, daß er sie sorgsam im Köcher verwahrt hatte, spricht für eine besondere Funktion. Ein Ende ist geknotet, dort beträgt der Durchmesser sieben Millimeter. Zum anderen Ende hin verjüngt sich die Schnur auf 3,5 Millimeter Stärke. Die abgerollte Länge ist nur sehr ungenau abzuschätzen. Sie dürfte um die 1,9 bis 2,1 Meter betragen. Eine solche Länge würde nun ausgezeichnet zu dem 1,82 Meter langen Bogenstab passen. Wir können heute schwer beurteilen, ob Tiersehnenmaterial oder Bast für die Bespannung eines Bogens geeigneter ist. Völkerkundliche Vergleiche lehren, daß beides gleichermaßen brauchbar ist. Des weiteren ist einschränkend zu bemerken, daß die Schnur mit ihrem relativ dicken Querschnitt zumindest im vorliegenden Zustand kaum in die nur vier Millimeter breiten Kerben der Pfeilschaftenden paßt. Man muß aber berücksichtigen, daß sie sich beim Spannen des Bogens hinreichend verdünnen kann. Da der Mann vom Hauslabjoch gerade dabei war, sich ein neues Bogenholz herzurichten, wäre es nur zu verständlich, daß er die dafür unerläßliche Schnursehne besonders sorgfältig und geschützt im Köcher untergebracht hatte. Wie dem auch sei, ich meine, daß man bei der funktionalen Deutung des Schnurknäuels aus dem Köcher das Thema Bogensehne in den Vordergrund stellen sollte.

Damit ist es nun an der Zeit, sich Gedanken über die merkwürdigen Befunde an der Ausrüstung des Mannes im Eis zu machen, die sich während der Bergung, Restaurierung und wissenschaftlichen Bearbeitung seiner Habseligkeiten einstellten.

Der Mann führte einen unfertigen Bogen mit sich. Es ist vernünftigerweise nicht anzunehmen, daß dieser sein erster Bogen werden sollte. Vielmehr muß man davon ausgehen, daß er einen vordem in seinem Besitz befindlichen Bogen verloren hat. Er mußte sich folglich einen neuen anfertigen. So suchte er sich ein geeignetes Stück Eibenstammholz. Wenn er abends im Lager rastete, schnitzte er. Die Arbeit war schon weit fortgeschritten, als ihn der Tod ereilte. Er war ein erfahrener Bogenschnitzer. Die Sehne des alten Bogens, so sie denn als solche zu deuten ist, hatte er im Köcher untergebracht, um sie für die neue Waffe wiederzuverwenden.

Die Versteifungsstrebe des Köchers war gebrochen. Das lose Mittelstück trug er am Körper bei sich. Den Köcher legte er fünf Meter vom Ort seines Todes am Grund der Felsrinne ab. Es fehlten am Köcher der Tragegurt und die Verschlußklappe, die er beide schon verloren hatte, bevor er das Hauslabjoch erreichte. Sicher hatte er vor, den Köcher bei geeigneter Gelegenheit wieder zu ergänzen und zu flicken.

Was für den Köcher gilt, trifft auch auf dessen Inhalt zu. Er enthielt zwölf Rohschäfte und nur zwei fertiggearbeitete Pfeile, die beim Hineinstecken der unfertigen Pfeilhölzer bereits zerbrochen waren. Auch das war geschehen, bevor er sich schutzsuchend in die Felsrinne begab. Der Mann muß also vor Antritt seiner Bergtour einen erheblichen Verschleiß an Pfeilen gehabt haben. Während ihm aber die Beschaffung neuer Pfeilhölzer noch gelang, schaffte er es nicht mehr, sich auch in den Besitz geeigneten Materials für die Herstellung der Pfeilspitzen zu bringen. Seine Dolchspitze war abgebrochen. Obwohl er einen Retuscheur bei sich hatte, kam er nicht mehr dazu, diese nachzuschärfen.

Faßt man diese Erkenntnisse zusammen, so wird klar, daß der Mann vom Hauslabjoch eine unbestimmte, aber wohl nicht sehr lange Zeit, einige Tage oder Wochen vielleicht, vor seinem Tod ein Desaster erlitten hatte, das, in welcher Form auch immer, mit beträchtlicher Gewalteinwirkung verbunden war. Man könnte an eine Auseinandersetzung mit feindlich gesinnten Menschen denken oder an einen Kampf mit wilden Tieren. Aber auch ein Unfall ohne Beteiligung Dritter käme in Frage, etwa ein Sturz aus der Felswand oder in eine Gletscherspalte. Höchst seltsam erscheint jedoch die Tatsache, daß er danach nur einen Teil seiner havarierten Habe mitnahm, anderes aber, wie den Tragegurt und die Verschlußklappe des Köchers, zurückließ. Offenbar bestand lediglich Zeit für einen nur teilweise geordneten Rückzug. Das spricht eigentlich dafür, daß ihn sein vermuteter Gegner zwar nicht zu einer völlig überstürzten Flucht zwang, ihn aber doch veranlaßte, den Ort des Geschehens mit einem gewissen Zeitdruck zu verlassen. Unter diesem Gesichtspunkt können eigentlich nur Menschen als Kontrahenten in Frage kommen.

Es gelang ihm in der Folge zwar noch, einiges an Ersatzmaterial, neue Hölzer für Bogen und Pfeilschäfte, zu beschaffen, gleichwohl muß er sich aber in irgendeiner Weise weiterhin verfolgt gefühlt haben, denn ohne komplette Ausrüstung in die Berge zu gehen war damals nicht minder riskant als heute. Das ist dem Alpenbegeher der Jüngeren Steinzeit sicher ebenso bewußt gewesen, wie dieses dem Bergtouristen unserer Tage sein sollte. Trotz modernster Ausstattung verunglücken gegenwärtig pro Jahr im Durchschnitt zweihundert Bergsteiger in den Alpen tödlich.

Sei es, wie es wolle: Der Mann vom Hauslabjoch muß sich aufgrund des vorangegangenen Desasters in einer physischen und psychischen Ausnahmesituation, im »Streß«, befunden haben, als er sich überstürzt auf den Weg zum Alpenhauptkamm machte. Auch der Zeitpunkt, den er für seinen Gang in die Berge gewählt hatte oder vielleicht wählen mußte, war keinesfalls günstig. Der Sommer neigte sich dem Ende entgegen. Ein überraschend früher Wintereinbruch kann im Hochgebirge, wie sich dann ja zeigen sollte, jederzeit tödlich sein.

Letztlich war auch seine Ausstattung an Proviant nicht gerade optimal. Nachgewiesen sind lediglich eine einzige kümmerliche Schlehe und wohl ein Fleischbrocken, vielleicht Pemmikan. Das zweite mitgeführte Birkenrindengefäß mag wenigstens an einen Flüssigkeitsvorrat denken lassen.

Es muß etwas dahintergesteckt haben, daß er unter diesen massiven Beeinträchtigungen den Aufstieg zum Gipfelgrat der Alpen wagte. Seine Kleidung jedenfalls, vom gräsernen Schultermantel über die Pelzsachen bis hinab zu den heugepolsterten Schuhen, verrät den erfahrenen Hochgebirgler. Er wußte genau, was in solchen Höhen auf ihn zukam. Daß das zuvor erlittene Desaster mit ursächlich dafür war, daß der Mann vom Hauslabjoch den Kampf mit der nur allzuoft menschenfeindlichen Natur verlor, dürfte sich wohl kaum bestreiten lassen.

III. Die Bekleidung

1. Die Bekleidung des Mannes vom Hauslabjoch im Vergleich mit anderen vorgeschichtlichen Textil- und Kleiderfunden

Die Bekleidung des Mannes vom Hauslabjoch ist einzigartig. Sie blieb durch die Konservierung im Gletschereis in wesentlichen Teilen erhalten. Damit besteht zum erstenmal die Möglichkeit, Einblick in eine nahezu vollständige Tracht aus der Jüngeren Steinzeit zu nehmen. Die ältesten bislang bekannten vollständigen Kleider Europas stammen erst aus der Bronzezeit. Sie wurden aus Eichensargbestattungen unter Grabhügeln hauptsächlich in Dänemark geborgen. Ihre Erhaltung ist den Einwirkungen der in den Baumsärgen natürlich enthaltenen Gerbsäure zu verdanken. Diese Gräber mit den eindrucksvollen Kleiderfunden der Nordischen Bronzezeit gehören durchweg in die zweite Hälfte des zweiten vorchristlichen Jahrtausends. Sie lieferten bislang den wichtigsten Hinweis auf die frühe europäische Textil- und Trachtengeschichte. In fast allen Fällen handelt es sich dabei um Gewebe aus Wolle. Bekleidungsreste aus Leder oder Pelz stellen Ausnahmen dar. Kleidungsstücke aus Leinen, die in der Bronzezeit durchaus vorauszusetzen sind, konnten nicht oder nur in Spuren nachgewiesen werden. Man vermutet, daß sich das empfindliche Material trotz der Einwirkung von Gerbsäure vollständig aufgelöst hat. Im Norden wurde damals eine ausgeprägte Tracht getragen, deren Webtechnik auf eine gewisse Tradition zurückblicken konnte.

Bis zur Entdeckung des Gletschermanns ließ sich für die Jüngere Steinzeit der Nachweis einer eigentlichen Kleidung nicht oder nur indirekt gewinnen, da nur kleinste Stofffragmente im Original erhalten blieben. Sie stammen überwiegend aus den Siedlungsschichten der zirkumalpinen Pfahlbauten und bestehen immer aus Pflanzenfasern, da tierische Materialien wie Leder, Haare oder Wolle im nassen Milieu der Seeufersiedlungen nicht erhalten bleiben. Umgekehrt ist es im Norden, wo die Textilien aus Schafwolle konserviert sind, die pflanzlichen Fasergewebe hingegen nicht. Gelegentlich kommen auch Woll-Leinen-Mischgewebe vor, so daß zum Beispiel für den Schuß Leinenfäden, für die Kette Wollfäden verwendet wurden. Im Norden wären dann nur die wollenen Kettfäden, in den Pfahlbauten des Alpenraums jedoch nur die leinenen Schußfäden erhalten geblieben. Die hervorragenden Konservierungsbedingungen im Gletschereis bewirkten indes, daß beim Mann im Eis beide Materialgruppen überliefert sind.

Wenn sich auch aus den spärlichen Gewebefragmenten von den Feuchtbodensiedlungen der Schweiz, Süddeutschlands, Österreichs, Norditaliens und Sloweniens keinerlei Hinweise auf den Zuschnitt der textilen Kleidungsstücke ergeben, so lassen sie doch eine gewisse Kenntnis der Webkunst der Jüngeren Steinzeit in den Siedlungslandschaften rund um den Alpenbogen erkennen. Sie belegen zugleich, daß gewebte Stoffe damals bekannt waren. In welchen Anteilen Bekleidungsstücke aus Leder, Fell und Pflanzenfasern in Gebrauch standen, blieb freilich fast völlig unbekannt. Einige wenige Ausnahmen werden uns bei der Besprechung der Kleidungsstücke des Gletschermanns noch zu beschäftigen haben. Insofern bildet der Fund einer kompletten Kleiderausstattung am Hauslabjoch eine unschätzbare Bereicherung der Trachtengeschichte Europas.

Freilich sind auch hier Einschränkungen zu machen, da unerwartete Überraschungen geboten werden. Mit größter Verwunderung müssen wir zunächst feststellen, daß für die Bekleidung des Gletschermanns keinerlei gewebte Stoffe verwendet wurden. Das ist keinesfalls auf irgendwelche Beeinträchtigungen bei der Erhaltung zurückzuführen, denn pflanzliches wie auch tierisches Material blieben ja ausgezeichnet bewahrt. Am eindrucksvollsten ist dieses mit den hauchdünnen, nur 0,15 Millimeter starken Fäden zu belegen, mit denen die Befiederung an den Pfeilschäften festgewickelt ist. Sie sind aus Nesselfasern gedreht. Ebenso sind die feinen, aus

Tiersehnenfasern gedrillten Fäden noch einmal zu erwähnen, die als Näh- und Schäftungsmaterial Verwendung fanden. Auch scheint für einige Reparaturnähte Stopfgarn aus tierischen Wollhaaren verwendet worden zu sein. Alle übrigen Fäden und Schnüre bestehen aus pflanzlichem Material, ganz überwiegend aus Gräsern und nur zu einem geringen Teil aus Bast.

Faßt man die vorliegenden Erkenntnisse zusammen, so möchte man auf den ersten Blick meinen, daß der Mann im Eis wohl nicht die übliche Kleidung seiner Zeit, sondern eine Spezialausstattung trug, die eigens für längere Aufenthalte in der Wildnis bis hinauf ins Hochgebirge vorgesehen war. Dabei gilt es aber wiederum ausdrücklich zu betonen, daß aufgrund der Erhaltungsbedingungen an den gewöhnlichen Fundstellen der Jüngeren Steinzeit im südmitteleuropäischen Raum und weit darüber hinaus ansonsten nur wenig über Anteil und Art von Leder- beziehungsweise Pelzkleidung bekannt ist. Wir betrachten hier lediglich das Schicksal eines einzelnen männlichen Individuums. Deshalb darf man den Befund nicht vorbehaltlos verallgemeinern oder seine Deutung in eine voreingenommene Richtung lenken. Es ist vielmehr unter gewissenhafter Beachtung all unseren Wissens über die damaligen Lebensumstände vorsichtig zu interpretieren.

Die Bekleidung des Mannes vom Hauslabjoch setzt sich aus einer Mütze, der Oberbekleidung, einem Paar Hosen, einem Schurz, einem Paar Schuhen und einem Mantel zusammen. Der Leibriemen mit dem Gürteltäschchen rechnet nicht eigentlich zur Kleidung und wurde im zweiten Teil dieses Buches schon behandelt.

2. Die Mütze

Die Mütze kam während der zweiten archäologischen Nachuntersuchung am Mittwoch, dem 19. August 1992, zutage. Sie lag fest vom Eis umschlossen am Boden der Felsrinne: hart an der Westseite und am Fuß der großen Steinplatte, auf der die Mumie bäuchlings geruht hatte. Als der Mann zusammenbrach und auf den Stein zu liegen kam, rutschte ihm wohl die Kopfbedeckung herab und schneite zusammen mit ihm ein. Nach ihrer Auffindung und der üblichen Einmessung erfolgte die behutsame Lösung aus dem Eis mit Hilfe eines Dampfstrahlgeräts und unter ständigem Absaugen des Schmelzwassers. Diese Vorgänge wurden zeichnerisch, fotografisch und filmisch festgehalten. Nach der Bergung verpackte man das Stück in noch leicht gefrorenem Zustand in einem sterilen Plastiksack. Alle Fundsäcke kamen dann in eine wasserdichte Leichtmetallkiste, die im Schnee eingegraben war. Die Temperatur im Inneren des Behälters konnte auf diese Weise einigermaßen konstant um 0° Celsius gehalten werden. Die Fundkisten transportierte man so rasch wie möglich in das Südtiroler Landesdenkmalamt nach Bozen, wo bereits für entsprechende Kühlanlagen gesorgt war.

Nach Abschluß diesbezüglicher Vertragsverhandlungen zwischen Bozen und Innsbruck wurden auch die Nachfunde zur Restaurierung nach Mainz verbracht.

Im Auffindungszustand war die Mütze flach seitlich zusammengedrückt. Sie besitzt eine Höhe von knapp zwanzig Zentimetern. Ihre Gestalt zeigt sich halbkugelig. Sie ist wie die übrige Pelzbekleidung auch aus einzelnen zugeschnittenen Fellstücken genäht. Im wesentlichen setzt sich die Mütze aus zwei Fellstreifen zusammen, die mit Fäden aus Tiersehnenmaterial im Überwendlingsverfahren aneinandergenäht wurden. Der untere 7,5 Zentimeter breite und 52 Zentimeter lange Fellstreifen, der zugleich die Kopfgröße angibt, wurde an den Schmalseiten zusammengenäht. Diesem wurde ein zweiter, aus zwei Hälften zusammengenähter Streifen von neun Zentimeter Breite aufgenäht. Durch zwei Abnäher bekam die Mütze ihre halbkugelige Form. Das Loch am Scheitel schloß ein spitzovales Fellstück von elf Zentimeter Länge und 3,5 Zentimeter Breite.

Das nach außen gerichtete Haarkleid blieb aufgrund der sorgfältigen Bergung haften, löst sich aber bei der geringsten Berührung ab.

Am unteren Rand der Kopfbedeckung sind zwei Lederbänder befestigt, die an den Gegenenden miteinander verknotet wurden. Dabei handelt es sich um die Kinnriemen. Die beiden Lederriemen sind acht bis neun Millimeter breit und 25 beziehungsweise 62 Zentimeter lang. Sie wurden jeweils durch ein Loch am seitlichen

Rand der Mütze hindurchgezogen und mittels einfacher Knoten befestigt. Unter dem Kinn wurden die beiden Bänder doppelt verknotet, sind aber dicht neben dem Knoten gerissen.

Bei der Bergung der Mütze aus dem Eis gingen die Ausgräber mit äußerster Sorgfalt vor, und so beobachteten sie auch, daß dieser Riß bereits in antiker Zeit entstanden sein mußte. Deshalb verlor der Gletschermann seine Kopfbedeckung, als er auf den Felsblock, auf dem er wenig später sterben sollte, stürzte. Die Mütze fiel an den Fuß des Steines auf den Boden der Felsrinne hinab. Der Mann lag nun barhäuptig da, sicherlich bei Temperaturen unter null Grad, während ihn der Schnee mehr und mehr leise zudeckte. Gerade über die Kopfhaut gibt der Mensch große Teile der Körperwärme ab. Somit erscheint ein Erfrieren als eine der möglichen Todesursachen gerade durch den Verlust der Kopfbedeckung als sehr wahrscheinlich.

Die Bestimmung der Pelzart durch Frau Groenman-van Waateringe ergab zur allgemeinen Überraschung, daß die Mütze aus dem Pelz des Braunbären *(Ursus arctos)* gefertigt wurde. Damit dürfte hinreichend deutlich werden, daß sie nicht allein als wärmende Kopfbedeckung diente. Zusätzlich kann man der Mütze auch einen Trophäencharakter zuschreiben. Bis zu seiner Ausrottung in Österreich im vergangenen Jahrhundert galt der Bär als das gewaltigste Raubtier in den Alpen, seine Hatz als das gefährlichste Jagdabenteuer. Dem letzten Bärentöter setzte man sogar ein Denkmal. Pelz, Klauen und Eckzähne bildeten die begehrtesten Jagdtrophäen schlechthin. Noch heute tragen gewisse Herren vor dem Buckinghampalast in London voller Stolz ihre Bärenfellmützen.

So geht man gewiß nicht fehl, auch unserem Mann im Eis zu unterstellen, daß er einmal einen Bären erlegte. Aus dem Fell ließ er sich seine Kopfbedeckung anfertigen, damit die Kraft des Tieres auf ihn übergehe. Daß ihm beim Kampf mit der Bestie ausgerechnet jene Rippen auf der linken Körperseite gebrochen wurden, deren gute Heilung ihm Jahrtausende später die Röntgenologen der Universität Innsbruck bescheinigen sollten, ist freilich wohl eine zu gewagte Spekulation.

3. Das Obergewand

Über den Zuschnitt der Oberbekleidung lassen sich aufgrund des fragmentarischen Erhaltungszustands derzeit nur einige Hinweise gewinnen. Sie ist wahrscheinlich einem Umhang oder einem Cape ähnlich gestaltet gewesen. Jedenfalls bildete die Mütze eine gesonderte Kopfbedeckung und war nicht kapuzenartig am Kragen der Oberbekleidung angenäht.

Auf den Fotos, die von der Mumie am Hauslabjoch, aber auch auf den Aufnahmen, die in der Gerichtsmedizin noch vor der Leichenwäsche gemacht wurden, erkennt man ein größeres Fellstück, das linksseitig von der Schulter den Hals entlang bis unter das Kinn reicht. Geht man davon aus, und es gibt keinen vernünftigen Grund, daran zu zweifeln, daß sich dieses Fragment noch in originaler Trachtlage befand, so ergibt sich ein bescheidener Anhaltspunkt. Demnach hat sich das Obergewand über den Schultern zum Hals hin verengt.

Wie bei der Mumie selbst sind auch, mit Ausnahme der Mütze, von der Fellbekleidung partienweise die Haare ausgefallen und liegen nun als separate Haarbüschel vor. Deshalb wirkt die Kleidung heute teilweise ledern. An der Fleischseite lassen sich mehrfach Schabspuren beobachten, die vom Reinigen der Häute herrühren.

Nach den ersten Analysen durch den Diplomchemiker Joachim Lange von der Westdeutschen Gerberschule in Reutlingen gibt es Hinweise auf vegetabilische Einwirkungen beim Gerbungsvorgang des Leders und der Pelze vom Hauslabjoch. Man denkt dabei natürlich zunächst an pflanzliche Gerbstoffe. Zu dieser Gerbung werden aus bestimmten Pflanzenteilen, zum Beispiel aus Baumrinde, die Gerbstoffe herausgelöst. In dieser Form läßt man sie direkt auf die zum Gerben bestimmten Rohhäute einwirken. Eine solche Lohgerbung ergibt dauerhafte Pelze und Leder. In römischer Zeit, aber auch im Mittelalter und in der Neuzeit, war neben anderen Gerbstoffgruppen die Gerbung in einer auf pflanzlicher Basis gewonnenen Lohe üblich. Deshalb finden sich aus diesen Zeiten bei Ausgrabungen im feuchten Milieu gar nicht so selten auch Gegenstände aus Leder: Schuhe, Futterale oder Pfeilköcher.

Die außerordentliche Seltenheit von vorgeschichtlichen Leder- und Pelzfunden läßt vermuten, daß die effektive Lohgerbung damals noch nicht verbreitet war. Man muß davon ausgehen, daß in der Stein-, Bronze- und Eisenzeit eine einfachere Art der Gerbung praktiziert wurde. Hier wäre in erster Linie an die Rauchgerbung zu denken. Dieser Vorgang ist relativ einfach: Man hängt die Rohhäute so auf, daß sie der Einwirkung kalten Rauchs ausgesetzt sind. Im Anschluß daran werden das Leder oder der Pelz eingefettet, getrocknet und mechanisch weichgemacht, etwa durch Kauen. Die Rauchgerbung ergibt zwar auch brauchbare Materialien, diese besitzen aber beileibe nicht die Haltbarkeit lohgegerbten Leders.

Frau Groenmann-van Waateringe isolierte die Blütenpollen, die an der Pelzkleidung des Gletschermanns hafteten. Dabei machte sie eine überraschende Beobachtung. Sie stellte fest, daß ein Teil der Pollen deutlich geschrumpft und etwas gebleicht ist, während der andere Teil relativ frisch wirkt. Damit festigt sich der Verdacht auf Rauchgerbung. Die Pollen, die an den Rohhäuten hafteten, veränderten sich offensichtlich durch das Räuchern. Dagegen blieben die Pollen, die von der Pelzkleidung erst im Verlauf des Tragens aufgefangen wurden, normal erhalten. Da mit pflanzlichem Gerbmaterial verwandte Stoffe, zum Beispiel Pyrogalloläther, in ganz geringen Mengen bei der Rauchgerbung freikommen, sind damit wohl die von Lange gefundenen Fluoreszenzen zu erklären.

Die Pelzkleidung wurde aus vielen kleinen, zumeist länglich viereckigen Stücken zusammengenäht. Das entspricht den Arbeitsmethoden moderner Kürschner, die damit für eine gleichmäßige Ausrichtung des Haarstriches sorgen und zugleich die gewünschte Paßform erreichen. Ebenso läßt sich auf diese Weise bei Verwendung verschiedenfarbiger Fellstücke und unterschiedlicher Haarrichtung eine Musterwirkung der Kleidung erzielen. Die einzelnen Fellstücke wurden sehr sauber mit regelmäßigen Stichen zusammengenäht. Durchweg verwendete man den Überwendlingstich. Als Nähmaterial setzte man hauptsächlich feine, aus tierischen Sehnenfasern gedrillte Fäden ein. Die Kleidungsstücke wurden sehr lange getragen, denn es zeigen sich intensive Gebrauchsspuren, und zwar auf der Fleischseite ebenso wie auf dem Narben der Felle. Auf der Narbenseite haben sich haarlose Stellen durch Abscheuern des spröden Haarmaterials gebildet. Auf der Fleischseite lassen sich flächige Verklebungen beobachten, wie sie durch Haut-, Fett- und Schweißabsonderungen des Menschen entstehen. Auch zeigen sich an verschiedenen Stellen Flicknähte, die zum Teil nur unbeholfen mit Grasfäden zusammengezogen sind. In anderen Fällen liegen auch sehr fachmännische Reparaturen vor, und zwar mit feinen Fäden aus Bastfasern, die mit einigen Haaren verdrillt sind. Diese Beobachtungen lassen den Schluß zu, daß unser Gletschermann sehr wahrscheinlich nicht der Hersteller der Fellkleidung war, sondern daß diese von jemand anderem angefertigt wurde. Die schlichten Reparaturen mit den Grasfäden möchte man dagegen ihm selbst zuschreiben. Sie legen die Annahme eines längeren Aufenthalts abseits der Heimatsiedlung nahe.

Die ersten Untersuchungsergebnisse deuten darauf hin, daß man für die Herstellung der Pelzkleidung überwiegend Häute von ziegenartigen Tieren verwendete. Es kommen folglich die Hausziege, weniger wohl Gemse und Steinbock in Frage. An zwei Fellstücken finden sich mitgegerbte Zitzen, die anzeigen, daß auch Häute weiblicher Tiere verarbeitet wurden. Da die Zitzen sehr klein sind, läßt sich vermuten, daß die Häute nicht von hochträchtigen beziehungsweise säugenden Tieren stammen.

Es ist nicht klar, ob bei der Pelzkleidung die Fleischseite oder der Narben nach außen getragen wurde. Möglicherweise wechselte der Mann vom Hauslabjoch die Seiten je nach den Witterungsverhältnissen. So praktizieren es zum Beispiel die Eskimos noch heute, die im Winter die Haarseite nach innen, im Sommer nach außen tragen. Auch die moderne Textilindustrie bietet einen Wendecoat an.

Über den sonstigen Zuschnitt der Oberbekleidung ergeben sich durch die laufenden Restaurierungsarbeiten weitere brauchbare Anhaltspunkte. Da die Gesamtlänge mindestens vierundneunzig Zentimeter beträgt, muß das Gewand von den Schultern herab bis etwa zu den Knien gereicht haben. Des weiteren zeigen sich keinerlei Spuren angesetzter Ärmel, woraus sich ein cape- oder umhangartiger Zuschnitt ableiten läßt.

Aus einem dänischen Moor, dem Møgelmose, stammt ein Poncho, der pollenanalytisch ebenfalls in die Jüngere Steinzeit datiert wird. Er ist aus fünf großen, rechteckigen Pelzstücken zusammengesetzt, deren drei mittlere zu einem Kopfschlitz vernäht sind. Über die Schultern hängen zwei davon herab, so daß sie die seitlichen Armschlitze verdecken. Von der Größe her dürfte das Kleidungsstück bei einem Erwachsenen etwa bis zur Mitte der Oberschenkel hinabgereicht haben. Freilich besitzt es keine vordere Öffnung, so daß es tatsächlich wie ein echter Poncho zum Tragen über den Kopf gestreift werden mußte. Für den Vergleich mit dem Obergewand vom Hauslabjoch ist indes die Feststellung wichtig, daß auch bei dem dänischen Fund kein Ärmelschnitt vorliegt.

Das Obergewand vom Hauslabjoch scheint jedoch etwas anders als der dänische Poncho zugeschnitten zu sein. Relativ gut erhalten ist die Vorderseite, da diese durch die auf ihr ruhenden Mumie am meisten geschützt wurde. Dort haftet auch das Pelzhaar in größeren Partien noch an. Ziemlich ansehnlich sind auch die Seitenteile. Am schlechtesten sieht es mit dem Rückenteil aus. Es ist besonders stark zerfetzt und durchgehend völlig haarlos. Trotz dieser Einschränkungen läßt sich aber eindeutig schließen, daß das Obergewand vom Hauslabjoch vorn durchgehend von oben bis unten geöffnet war. Der Schnitt erfolgte aber nicht gerade; er verläuft vielmehr sehr unregelmäßig. Beidseitig stehen laschen- oder zungenförmig geschnittene Fortsätze vor. Es gibt auch einige rundliche Einschnitte. Ebenso finden sich die erwähnten Zitzen am Unterteil, etwa in Höhe der Leiste, jeweils rechts und links der Öffnung. Dieser sehr wechselhafte Schnitt der vorderen Gewandöffnung hängt sicher mit dem Verschließmechanismus zusammen. Es läßt sich aber nicht ergründen, auf welche Weise der Umhang oder das Cape des Gletschermanns vorn zusammengehalten wurde. Wahrscheinlich war der Mantel von einer Schnur zusammengehalten worden, auf die während der Bergung nicht weiter geachtet wurde. Denn aufgefaltet besitzt das Cape eine Breite von 138 Zentimetern, was dafür spricht, daß seine Vorderseiten übereinandergeschlagen wurden. Desgleichen kann man nicht ausmachen, ob und wenn ja, wie die Arme seitlich durch das Obergewand gesteckt werden konnten, ob dafür Schlitze vorgesehen waren und ob diese womöglich, ähnlich wie bei dem jungsteinzeitlichen Poncho vom Møgelmose, durch von den Schultern herabfallende Pelzstücke verdeckt wurden. Letztlich sind auch angesetzte Ärmel nicht völlig auszuschließen, doch ist dann von diesen nichts erhalten geblieben. Insofern gibt die Rekonstruktionszeichnung nur eine von mehreren Schnittmöglichkeiten an.

Das Obergewand ist unten abgeschnitten, zeigt aber dort, genauso wie an der vorderen Längsöffnung, weder eine verstärkende Naht noch einen Saum. Nach vorn zu verkürzt sich das Cape jeweils und geht einigermaßen gerundet in die beiden Öffnungsseiten über.

Bemerkenswert ist die Beobachtung, daß man bei der Herstellung des Obergewands eine gewisse Musterwirkung anstrebte. Das Grundprinzip bestand darin, daß man lange Fellstreifen von rund acht bis sechzehn Zentimeter Breite zusammennähte. Im Schulterbereich zeigen diese eine Tendenz zur horizontalen Ausrichtung, man wählte dafür dunkelbraun- bis schwarzfarbenes Fell. Vorn, an den Seiten und vielleicht auch am Rücken sind diese Streifen vertikal orientiert, wobei man dunkle und helle Pelzbänder einander abwechseln ließ. Das dadurch entstehende Streifenmuster wurde aber nicht sehr streng eingehalten, was wohl auch ein wenig mit den vielfach angebrachten Flicken zusammenhängt. Offenbar sind die wechselfarbigen Streifen vorn schmaler als an den Seiten und am Rücken. Das Pelzleder im Schulterbereich zeigte sich besonders arg verschlissen. Hier fanden sich auch die provisorischen Flickungen mit kaum gedrillten Grasfäden. Möglicherweise rühren diese Beschädigungen von den Trageriemen oder -schnüren der Rückentrage und der dadurch verursachten Reihung her.

Jedenfalls muß dieses Obergewand unmittelbar nach seiner Herstellung einen prächtigen Anblick geboten haben. Die starke Beanspruchung der Kleidung beim Aufenthalt im schweren Gelände führte freilich zu einem gewissen Verschleiß, wobei ihr Besitzer jedoch sorgsam darauf achtete, sie durch regelmäßige Reparatur in Ordnung zu halten.

4. Die Hose

Nach den übereinstimmenden Augenzeugenberichten der Gewährsleute, die die Mumie vor der amtlichen Bergung gesehen haben, trug der Tote Hosenröhren an den Beinen. Beim ersten Bergungsversuch am Freitag nach der Entdeckung erfolgte eine Freilegung bis hinab zum Hüft- und Glutealbereich. Als Koler und Markus Pirpamer dort im mit Eisstücken durchsetzten Schmelzwasser arbeiteten, konnten sie keine Kleidungsstücke beobachten. Die Messner-Gruppe, die am nächsten Tag das Hauslabjoch erreichte, sah mehr. Das Gletschereis war etwas weiter abgeschmolzen. Am Vormittag war Schmelzwasser abgeleitet worden. Die Beine des Toten lagen zwar noch unter Wasser, waren aber nicht mehr völlig im Eis eingeschlossen. Alle Besucher beschreiben Hosenröhren, die etwa vom Schritt abwärts die beiden Beine einzeln umhüllten. Eine fotografische Aufnahme bestätigt diese Beobachtungen, wenn man auch auf dem Bild die Beinlage nur verschwommen ausmachen kann. Man erkannte sogar Nähte. Ins einzelne gehende Wahrnehmungen liegen zwar nicht vor. Damit ist aber erwiesen, daß der Gletschermann vom Gesäß abwärts zwei separat gearbeitete Hosenröhren trug. Am folgenden Sonntag beobachtete Alois Pirpamer bei der fast vollständigen Freilegung dieselben nur noch von den Knien abwärts. Während der Hennschen Bergung am Montag, dem 23. September 1991, lösten sich auch diese Reste, so daß die Leiche bis auf den rechten Schuh völlig unbekleidet aus ihrem eisigen Grab gehoben wurde.

Aus den, wie im ersten Teil dieses Buches ausführlich geschildert, auf verschiedenen Wegen eingelieferten Kleidungsfetzen ließen sich zwei röhrenförmige Gebilde teilweise wieder zusammensetzen, bei denen es sich unzweifelhaft um die Hose des Gletschermanns handelt. Die Hose besteht offensichtlich aus größeren und nur gelegentlich unregelmäßig geschnittenen Fellstücken. Dabei wurde einheitlich ein hell bräunlichfarbener Pelz, sehr wahrscheinlich von der Hausziege, verwendet.

Die rechte, besser erhaltene Beinröhre ist aus einem aus mehreren längsorientierten Teilen zusammengenähten Fellstück von hochtrapezförmigem, sich nach oben erweiterndem Zuschnitt gefertigt.

Der obere Abschluß ist dabei flachbogig gehalten. Am Bein getragen verjüngt sich die Hosenröhre also ein wenig nach unten. Man würde heute sagen, es handelt sich um einen Karottenschnitt. Die einzelne Hosenröhre gleicht also einem langen Strumpf ohne Fußteil. Der Mann vom Hauslabjoch trug folglich nicht eigentlich »eine Hose«, sondern zwei getrennte Beinröhren, ähnlich der Art, wie sie bei den Indianern Nordamerikas geläufig waren und von den europäischen Siedlern als *»leggings«* bezeichnet wurden.

Die Länge der einzelnen Beinröhre betrug etwa fünfundsechzig Zentimeter; sie bedeckte also Ober- und Unterschenkel, lag freilich nicht eng an, sondern war locker geschnitten. Somit bestand genügend Bewegungsfreiheit beim Beugen des Knies. Der obere Rand ist mit einem in Heftstichtechnik eingelassenen, schmalen Fellstreifen verstärkt. Dort ist auch am Scheitelpunkt des bogigen Zuschnitts ein knapp drei Zentimeter breites Fellband vertikal angenäht, das im fortlaufenden Teil in zwei Längsstreifen aufgeschnitten ist. Die rechts und links neben dem Täschchen am Leibriemen beobachteten Raffungen zeigen, an welcher Stelle die Beinröhre mittels dieses »Strapses« am Gürtel festgebunden war.

Am unteren Ende der Beinröhre ist eine längliche Pelzlasche aus Hirschfell angenäht worden. Diese wurde in den Schuhschaft bis etwa zum Rist hinabgesteckt und ließ sich auf diese Weise beim Schnüren des Schuhwerks mit festbinden. Damit konnte ein Hochrutschen der Beinröhre, beispielsweise beim Stapfen durch hohen Schnee, vermieden werden.

Die linke, schlechter erhaltene Beinröhre gleicht ihrem Pendant. Nur ist der obere Abschluß nicht bogig, sondern flach glockenförmig zugeschnitten worden.

5. Der Lendenschurz

Vom Lendenschurz, den der Mann vom Hauslabjoch trug, ist lediglich der vordere Latz, dieser freilich recht gut und ziemlich vollständig, erhalten. Vom übrigen liegen nur noch kleine Fetzen vor, die nicht zuzuordnen sind.

Zur Fundlage lassen sich aus dem vorhandenen Dokumenta-

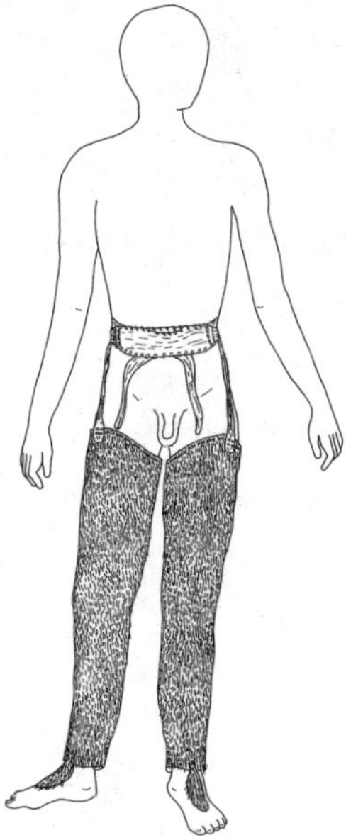

Die Tragweise der beiden Beinröhren. Trotz stark fragmentarischen Zustands kann die hier gezeigte Rekonstruktion der »Hose« des Mannes im Eis als ziemlich gesichert gelten. Die sich nach unten verengenden Beinröhren enden in angenähten länglichen Laschen, die in die Schuhe gesteckt wurden. Oben sind doppelte Tragriemen angenäht, mit denen die Hosenröhren am Gürtel festgeknotet wurden. Das Pelzleder wurde mit der Haarseite nach außen getragen.

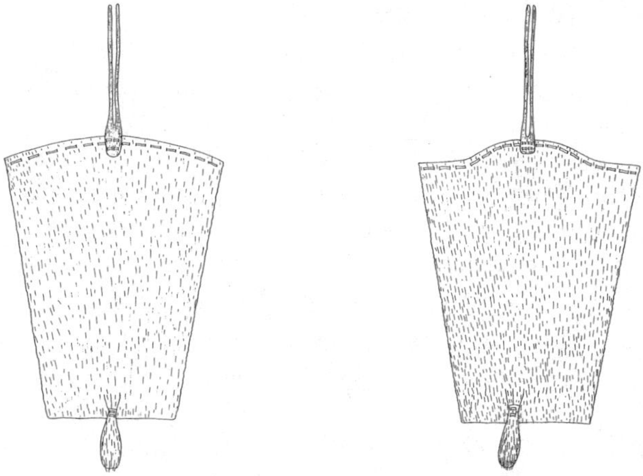

Schnittmuster-Rekonstruktion der Beinröhren. Der obere Abschluß ist bei der einen Beinröhre flach bogenförmig, bei der anderen flach glockenförmig gestaltet und jeweils mit einer einfachen Heftnaht verstärkt. In der Mitte sind die aus einem geschlitzten Riemen bestehenden »Strapse« angenäht. Dies ist vermutlich die älteste Beinbekleidung der Welt. Sie hat sich so gut bewährt, daß sie beispielsweise bei den nordamerikanischen Indianern als »*leggings*« unverändert bis in unser Jahrhundert hinein beibehalten wurde.

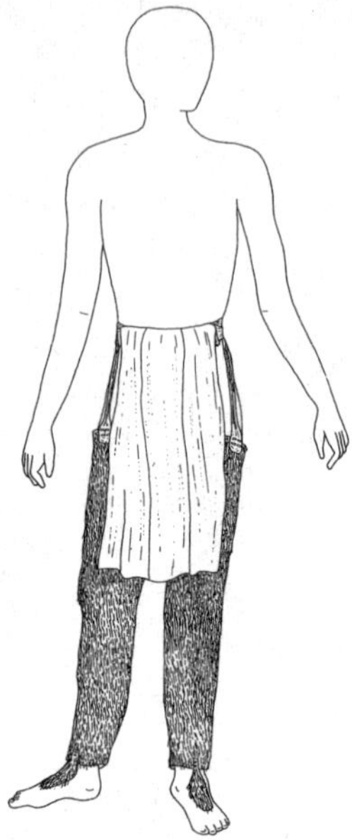

Tragweise des Lendenschurzes über dem Gürtel und den Hosenröhren. Vom Schurz blieb nur der vordere Latz gut erhalten, der Rest liegt lediglich in Fragmenten vor. Er hing, unter dem Gürtel durchgezogen, vorn frei bis in die Kniehöhe hinab. Der Lendenschurz besteht aus dünn geschabtem Leder oder Spaltleder von fast schwarzer Farbe. Randversäuberungen fanden nicht statt. Ergänzt dürfte er eine Länge von rund 1,8 Metern besessen haben. Die Gesamtform ähnelt einem langen, sich zur Mitte hin leicht verjüngenden Schal.

tionsmaterial keine Rückschlüsse ziehen, da die in Frage kommenden Fragmente weder auf den vor und während der Bergung gemachten Fotos noch auf dem ORF-Film identifizierbar sind. Das Kleidungsstück kann also nur aus sich heraus interpretiert werden.

Immerhin hebt sich der Lendenschurz vom Obergewand und von den Beinröhren insofern ab, als er nicht aus Pelz, sondern aus Leder, sehr wahrscheinlich aus dem der Hausziege, besteht. Da dieses zudem eine tiefdunkle, fast schwarze Färbung besitzt, ließen sich die zueinandergehörenden Stücke leicht aus den übrigen Funden aussondern. Es handelt sich dabei um ein recht dünnes, weiches Leder. Eine genaue Betrachtung ergab, daß es keinen Narben besitzt; es liegt nur die Fleischseite vor. Somit besteht die Möglichkeit, daß speziell für den Lendenschurz dünn geschabtes Leder oder Spaltleder verwendet wurde.

Der erhaltene Teil mißt noch fünfzig Zentimeter in der Länge. Die untere Breite beträgt dreiunddreißig Zentimeter. Nach oben verjüngt sich das Stück auf dreiundzwanzig Zentimeter. Es ist aus länglichen, schmalen Lederstreifen zusammengenäht worden. Wie auch bei den übrigen Kleidungsstücken wählte man aus Tiersehnenfasern gedrillte Fäden als Nähmaterial und den Überwendlingstich als Nähtechnik. Nach unten schließt der Latz mit einem flachen Bogen ab. Randversäuberungen fanden nicht statt.

Die Annahme, daß es sich bei diesem Stück um den vorderen Latz eines Lendenschurzes handelt, basiert auf mehreren Überlegungen. Einmal sind aufgrund der Lagesituation der Mumie die an der Körpervorderseite getragenen Kleidungsstücke durchweg besser erhalten geblieben als die am Rücken. Des weiteren sind die nach Art und Farbe des Leders mit Sicherheit zugehörigen, aber nicht anpassenden Fetzen deutlich in Längsrichtung gefältelt, so als wären sie durch eine Engstelle gezogen worden. Dafür kommt eigentlich nur der Schritt in Frage. Daß das erhaltene Teil als Kleidungsstück frei herabgehangen hat, ist ziemlich sicher, da es sonst keinerlei Vorrichtungen besitzt. Es kann letztlich nur von unten her zwischen Bauch und Gürtel hindurchgesteckt gewesen sein. Von der Oberkante des Leibriemens reichte es dann in Trageposition bis knapp zu den Knien hinab. Für eine solche Kleidung finden sich im völkerkundlichen Bereich viele Vergleichsbeispiele. Der wie ein langer Schal durch den Schritt gezogene Lendenschurz schützt die Genitalien, dann rafft er sich, wird über der Gesäßfurche hinaufgeführt und schließlich in gleicher Weise wie vorn unter dem Gürtel hindurchgesteckt, damit er hinten hinabfällt. Durch den vorn darüberhängenden Latz wurde der empfindliche Inhalt des Gürteltäschchens zusätzlich gesichert und vor allem der Zunderschwamm vor Feuchtigkeit bewahrt.

6. Die Schuhe

Der Tote trug an beiden Füßen Schuhe. Sie wurden erstmals von Messner und seinen Begleitern beobachtet und erinnerten Messner an das Schuhwerk der Lappen. Der rechte Schuh ist besser erhalten, da er sich bei der Einlieferung noch am Fuß befand. Er wurde am Mittwoch, dem 25. September 1991, durch Egg und Goedecker-Ciolek zur Restaurierung abgenommen. Der linke, sehr viel stärker fragmentierte Schuh ließ sich nach seinem Pendant leicht unter den von Klocker in seinem Sarg eingelieferten Funden identifizieren.

Es kann kein Zweifel bestehen, daß auch dieses Fragment nach dem Herausnehmen der Leiche am Montag von Wiegele aus dem Eis gepickelt wurde, obwohl es auf der während der Hennschen Bergung angefertigten Dokumentation nicht ausfindig zu machen ist. In Fundlage ruhte der rechte Fuß über dem linken. Deshalb half die intensive Sonnenbestrahlung jener Tage bei seiner Freilegung mit. Bei dem Bergungsversuch am vorangegangenen Sonntag ließ sich der rechte Fuß samt Schuh relativ leicht lösen. Der linke Fuß, der tiefer im Eis steckte, war, wie Alois Pirpamer berichtete, nur unter größten Schwierigkeiten freizuhacken. Deshalb hat der linke Schuh stärker gelitten als der rechte. Beide Schuhe gleichen sich symmetrisch.

Der einzelne Schuh besteht jeweils aus einem ovalen Sohlleder, dessen Ränder von kräftigen Lederriemen eingefaßt sind. Die mikroskopische Untersuchung zeigte, daß es sich bei dem verwendeten Material eher um Leder und nicht um Fell handelt. Vermutlich stellte man die Schuhsohlen aus Bärenleder her. An den Riemen wurde innen ein aus Grasschnüren geknüpftes Netz befestigt, das den Spann und die Ferse bedeckte. Diese Vorrichtung sollte das zum Wärmeschutz in die Schuhe gestopfte Heu fixieren. Das Schnurnetz überdeckt auch die von der Legging herabreichende Lasche. Am unteren Sohlleder war das Oberleder, vermutlich aus Hirschfell, befestigt, das auch den Schuhschaft bildete. Mit Grasschnüren wurde der Schaft um das Fußgelenk festgebunden.

Der bis dahin älteste Lederschuh Europas kam bereits 1874 zum Vorschein. Er stammt aus dem Buinermoor in der holländischen Provinz Drente. Aufgrund pollenanalytischer Untersuchungen kann dieser Schuh, es ist nicht zu unterscheiden, ob es ein rechter oder linker ist, in die ausklingende Jungsteinzeit datiert werden. In absoluten Zahlen ausgedrückt, bedeutet dies ganz grob die Zeit um 2500 vor Christi Geburt. Das Schuhpaar vom Hauslabjoch ist demnach weit über fünfhundert Jahre älter. Der Fund aus dem holländischen Moor zeigt als primitives Merkmal das Fehlen einer Fersennaht, doch ist dieser Schuhteil bei unserem Stück nicht erhalten. Bei ihm wie bei allen jüngeren Schuhen handelt es sich um Bundschuhe, also um Schuhwerk, dessen Sohle und Oberleder aus einem einzigen Lederstück zugeschnitten sind. Später bringt man

Tragweise der Mütze, des Obergewands und der Schuhe. Die einem stumpfen Kegel ähnelnde Pelzmütze besaß einen Kinnriemen. Von den insgesamt neun Kleidungsstücken (ohne Gürtel, einschließlich Schuhe) ist das Obergewand mit nur einem Drittel am schlechtesten erhalten. Ob Ärmel angenäht waren und wie man diese gegebenenfalls zugeschnitten hatte, ist nicht bekannt. Der hier gezeigte Ergänzungsvorschlag mit seitlichen Armschlitzen und über den Schultern herabhängenden rechteckigen Pelzstücken orientiert sich an einem in einem dänischen Moor gefundenen, ebenfalls jungsteinzeitlichen Poncho. Unterschiedlich gewählte Pelzfarben, Braun und Schwarz, ergaben ein vertikales Streifenmuster. Das ursprünglich sicher prachtvolle Obergewand zeigt vielfache Flickungen.

eine umgekehrt T-förmige Naht an der Ferse an, womit ein besserer Sitz herbeigeführt wird.

Der Schuh aus dem Buinermoor besteht im Gegensatz zu den Schuhen des Gletschermanns nur aus einem einzigen, oval geschnittenen Leder. Er wurde um den Fuß herum durch einen teilweise noch erhaltenen Lederriemen zusammengebunden, der durch etwa zwei Zentimeter lange Schlitze, rund drei Millimeter unter dem Rand, durchgezogen wurde. Sonst ist von diesem Schuh nichts erhalten geblieben. Das Grundprinzip seiner Fertigungsweise weicht deutlich von dem der Schuhe vom Hauslabjoch ab, wenn auch vom Innenfutter keinerlei Reste vorliegen. Dies zeigt einmal mehr die große Bedeutung der Bekleidungsfunde vom Hauslabjoch für die Trachtgeschichte, hier speziell für die Entwicklung der Schuhmode auf. Kannte man einstweilen aus jungsteinzeitlichen »Pfahlbauten« nur wenige Schuhreste, die aus Rindenbahnen und Baumbasten beziehungsweise aus anderen Pflanzenfasern gefertigt waren, so wird nun deutlich, daß es zusätzlich auch Leder- und Fellschuhe gab. Das Schuhwerk des Mannes im Eis war sogar sehr viel aufwendiger gearbeitet als die erheblich jüngeren Bundschuhe vom Buinermoor und anderen Fundstellen. In unserem Falle wird man deshalb speziell an Winterschuhe, geeignet auch für schweres Gelände, denken dürfen. Trotzdem litt, wie weiter unten noch erläutert werden wird, der Mann im Eis an Fußerfrierungen.

Verschiedene Wissenschaftler haben sich auch mit den getrockneten Gräsern des Heupolsters aus den Schuhen des Gletschermannes beschäftigt und festgestellt, daß an den Halmen und Blättern mikroskopisch kleine Pilzsporen haften. Dem Innsbrucker Mikrobiologen Professor Kurt Haselwandter gelang es, diese Organismen wieder zum Leben zu erwecken und zum Wachsen zu bringen. Er veröffentlichte seine Ergebnisse, die auch in den Medien für beträchtliches Aufsehen sorgten, in einer angesehenen Fachzeitschrift unter dem Titel: »Microorganisms surviving for 5300 years«. Andere Gelehrte indes bezweifelten vehement diese Forschungsresultate und meinten, daß die Pilzsporen am ehesten erst während der Bergung der Mumie und ihrer Ausrüstung eingeweht worden seien. Der holländische Pilzspezialist W. Grams sprach mithin von rezenten Kontaminationen. Andererseits glaubt der italienische Mikrobiologe Professor Franco Rollo aufgrund seiner Untersuchungen, daß die Verteilung der Pilzhyphen an den Gräsern eher auf einen antiken Grasparasiten hinweise, eine Hypothese, die anscheinend durch die Analyse der aus den Proben gewonnenen DNA (= Erbsubstanz) bestätigt wurde. Der Gelehrtenstreit ist also noch nicht ausgestanden, und ich als Geisteswissenschaftler werde mich hüten, hier voreilige Entscheidungen zu treffen, ob tatsächlich ein fünftausenddreihundert Jahre altes Lebewesen in den Schuhen des Gletschermannes bis heute überlebt hat.

7. Der Grasmantel

Über seiner Pelzkleidung und sicher auch über den am Körper selbst befindlichen Ausrüstungsgegenständen trug der Mann vom Hauslabjoch einen aus Gras geflochtenen Mantel. Ein Teil dieses Mantels wurde erstmals am Samstag, dem 21. September 1991, entdeckt, als Messner den Kopf der Mumie anhob. Dabei bemerkten die Beteiligten Flechtwerk unter dem Leichnam, das etwa im Be-

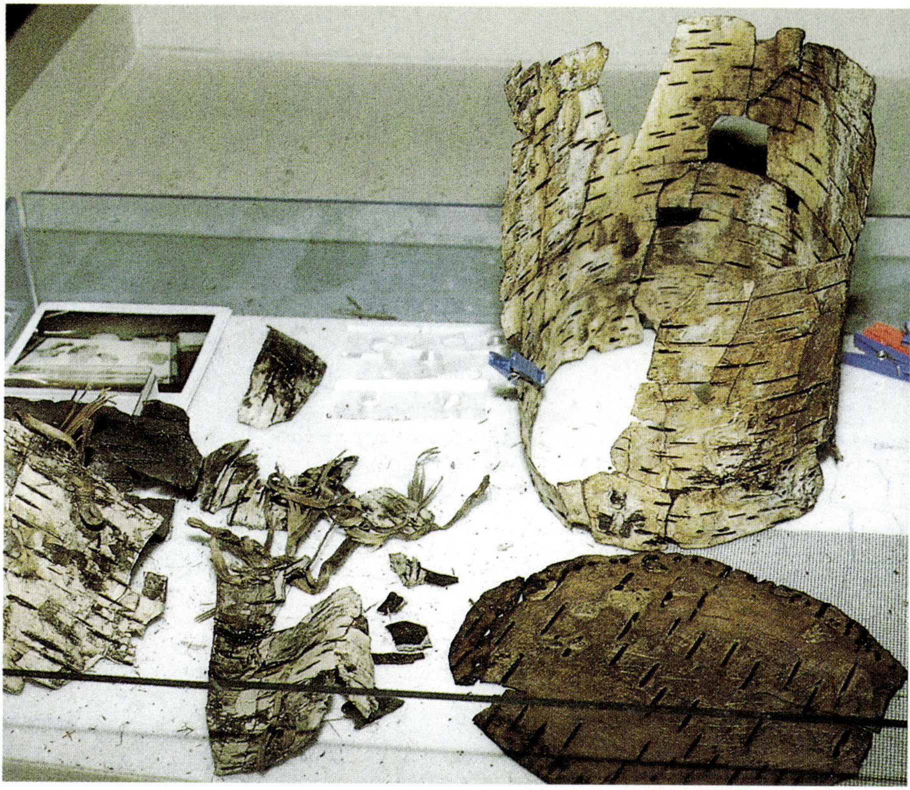

Oben: Fragmente des Birkenrindengefäßes von der Funddeponie auf dem Felssims. Die Bruchstücke lassen sich zu einem zylindrischen Behälter mit flachem Boden ergänzen. Während der Restaurierung im Römisch-Germanischen Zentralmuseum Mainz. © Walter Leitner.

Rechts: Spitzahornblätter. Es liegen nur die Spreiten vor, die Blattstengel sind abgerissen. Die Blätter enthalten noch Chlorophyll, das sich mit Alkohol extrahieren ließ. Sie sind folglich frisch vom Baum abgestreift worden und gehörten zum Inhalt des Birkenrindenbehälters. Zusammen mit Gras dienten sie als Isoliermaterial des als Gluttransporteur benutzen Gefäßes. © Klaus Oeggl.

8 9 10 11 12 13 14 15 16 17 18 19 20 21
FL 44

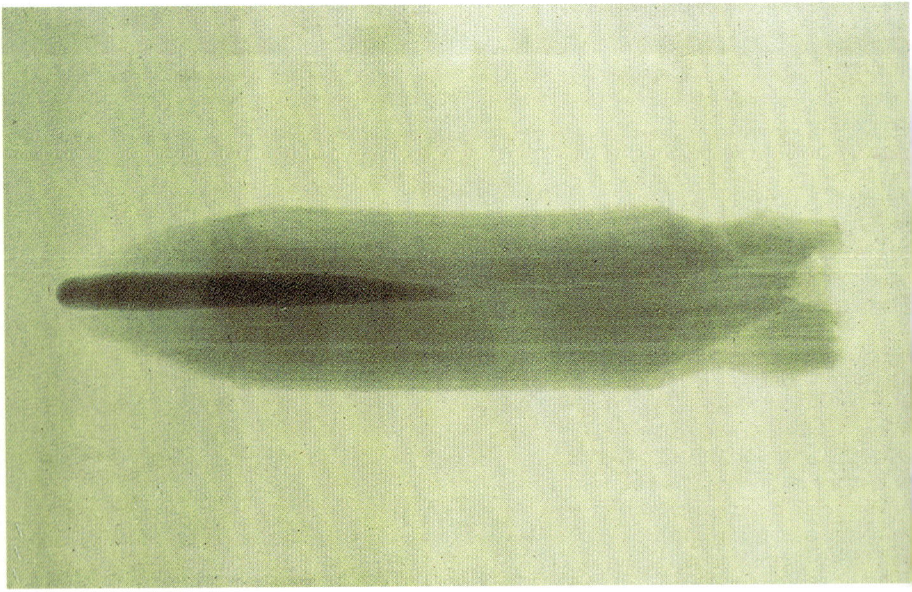

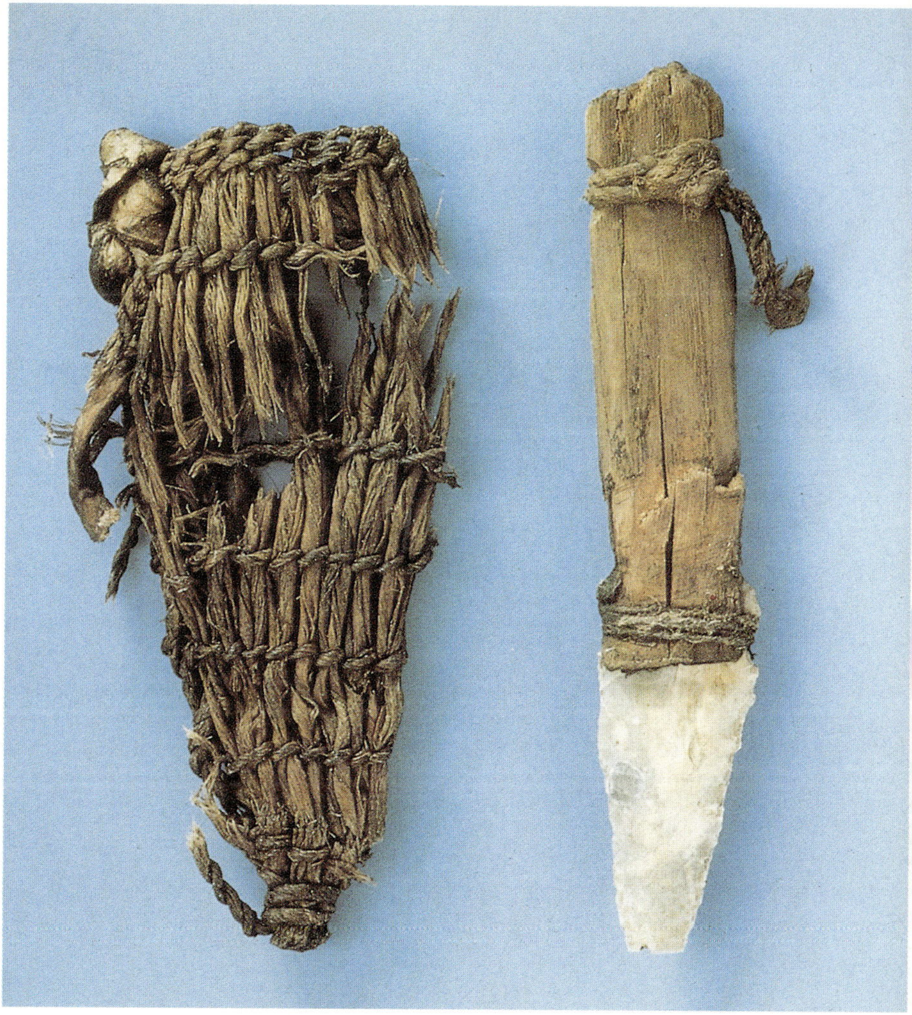

Oben: Der kleine Dolch mit seiner Schneide. Die Klinge besteht aus zweiflächig retuschiertem Feuerstein, der Griff aus Eschenholz. Für die Heftwicklung wurde ein Faden aus Tiersehne benutzt, ein Material, dessen Festigkeit der eines Nylonfadens entspricht. Um den Knauf ist eine Grasschnur gewunden, um das Verlieren des Dolches zu verhindern. Die fein geknüpfte Scheide ist aus Baststreifen geflochten und seitlich mit einer Grasschnur vernäht. Mit einem schmalen Lederstreifen ließ sich die Scheide am Gürtel befestigen. © Christin Beeck, RGZM.

Linke Seite, oben: Gerät in Gestalt eines »Bleistiftstummels«, das als Retuscheur gedeutet wird. Ein Retuscheur dient bei der Herstellung von Feuersteingeräten zur Feinbearbeitung. Mit ihm wird durch »Retuschieren« die endgültige Form geschaffen, man benutzt ihn aber auch zum Nachschärfen von Schneiden und Spitzen. © Christin Beeck, RGZM.

Linke Seite, unten: Röntgenaufnahme des »Retuscheurs«. Der in den Markkanal des Lindenholzes hineingetriebene Hirschgeweihdorn mit dem abgerundeten Arbeitsende zeichnet sich durch seine dunkle Farbe vom umgebenden, längs gemaserten Holz ab. © Röntgenfoto RGZM.

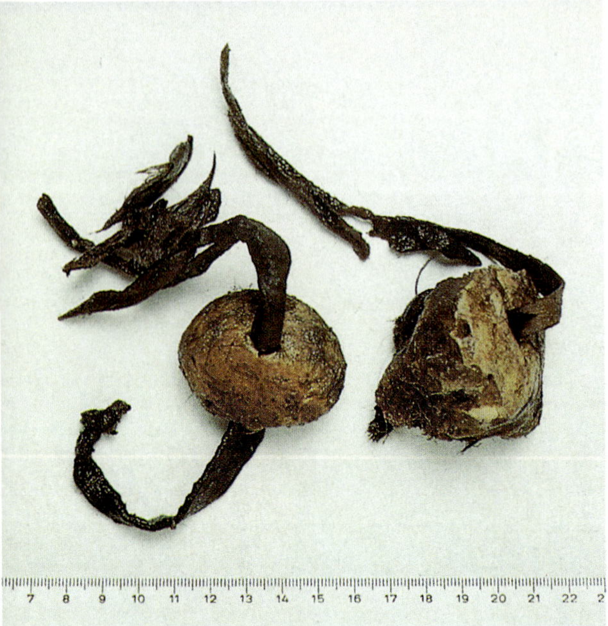

Links: Die beiden aus dem Fruchtkörpergewebe des Birkenporlings herausgeschnittenen, in der Mitte gelochten Stücke. Sie sind auf Fellriemen gefädelt. Der Birkenporling enthält bakteriozide Wirkstoffe und wurde wahrscheinlich zu therapeutischen Zwekken mitgeführt: Es war die »Reiseapotheke« des Gletschermannes. © Christin Beeck, RGZM.

Unten: Troddel oder Quaste. Einziger Fund vom Hauslabjoch, der bedingt unter den Begriff Schmuck eingeordnet werden kann. Die flache Perle ist aus weißem Dolomit. Die schmalen, spiralig aufgedrehten Fellstreifen dienten sicherlich nicht nur als Schmuck, sondern auch als Ersatz- und Reparaturmaterial. © Christin Beeck, RGZM.

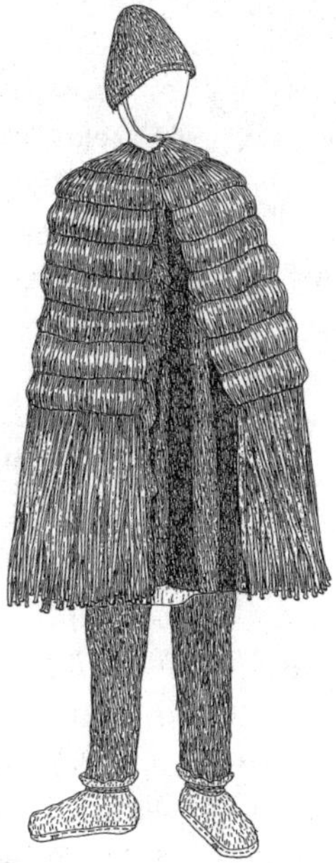

Tragweise des Grasmantels. Der Mantel wurde aus über einen Meter langen Gräsern geflochten. Vorn ist er offen. Da er nur fragmentarisch erhalten blieb, ist nicht ganz klar, ob er seitliche Armschlitze besessen hat. Der hier gezeigte Rekonstruktionsvorschlag gibt den wahrscheinlichsten Zuschnitt wieder, der sich auch an andere Vorbilder anlehnt. Gesichert ist die sieben- bis achtfache horizontale Durchflechtung im Oberteil und der lang herabhängende Fransenvorhang im Unterteil.

reich des Halses und der Brust am Felsblock, auf dem der Tote damals noch ruhte, angefroren war. Es wird von Messner als »Schnüre oder ein Geflecht aus Spagat«, von Kammerlander als »Reste von Spagat, möglicherweise eine Art Tasche oder Proviantsack, den sich der Tote um den Hals gehängt hatte«, und von Fritz als »Matte aus geflochtenem Material, vielleicht ein Korb«, geschildert.

Teile dieses mattenartigen Gebildes wurden nach Herausheben des Leichnams während der Hennschen Bergung am folgenden Montag von Wiegele herausgepickelt und auf den Sammelhaufen geworfen. Einzelne Stücke lassen sich auf den drei Fotos von Gehwolf erkennen. Sie gelangten mit den anderen Funden dieses Tages im Leichensack nach Innsbruck. Ein weiteres, relativ großes Stück des Mantels entdeckte Lippert im Zuge der ersten Nachgrabung am Hauslabjoch Anfang Oktober 1991. Offenbar von den vorangegangenen Bergungsaktivitäten nicht erfaßt, war ein Teil auf der schräg bis senkrecht abfallenden, südwestlichen Seite des Felsblocks angefroren. Es ist gesichert, daß es sich dabei um dasselbe

Fragment handelt, das die Messner-Gruppe bereits beim Anheben der Mumie gesehen hatte. Mit Hilfe dieses Befundes ließ sich die ehemalige Lageposition der Mumie ziemlich genau rekonstruieren und einmessen. Die Dokumentation des Fundstücks am Felsblock zeigt, daß die obere, verflochtene Kante am Schulter-Hals-Bereich des Toten lag. Der sich nach unten erstreckende Teil des Geflechts reichte nahezu senkrecht abwärts fast bis an den Fuß des Felsblocks. Aus diesen Beobachtungen ergibt sich, daß die obere Flechtkante des Mantels um Schulter und Hals des Mannes vom Hauslabjoch gelegt war, als er starb, und von dort mehr oder weniger lose herabhing. Vor seinem Tod hatte er also seinen Mantel angelegt.

Bei den Restaurierungsarbeiten in Mainz ließen sich zwar größere Partien des Mantels zusammenfügen. Es scheinen aber rund drei Viertel zu fehlen, insbesondere Teile, die den Rücken bedeckten. Vielleicht sind diese beim Ausapern der Leiche vom Wind verweht worden und damit unauffindbar.

Aus den erhaltenen Resten ergibt sich mit einiger Sicherheit, daß die ursprüngliche Gesamtlänge mindestens neunzig Zentimeter betragen haben dürfte. Um Hals und Schultern gelegt, reichte er, ebenso wie das pelzene Obergewand, bis fast zu den Kniekehlen hinab. Als Material wurden sehr lange Gräser verwendet. Nach ersten vorläufigen Analysen der Botaniker stammen sie von »Süßgräsern«, die in hochalpinen Zonen häufig vorkommen und eine stattliche Länge erreichen.

Die obere Kante des Mantels, also die, die um den Hals gelegt wurde, ist in einer einfachen Zwirnbindung geflochten. An dieser sind nebeneinander in Abständen von sechs bis sieben Zentimetern mehrere Grasschnüre angeknotet, deren Funktion unklar ist. Vorn ist der Mantel von oben nach unten durchgehend offen. Die beiden Längskanten werden von Grasschnüren gebildet, an die die waagerecht durchgeschossenen Zwirne geknotet sind. Von oben nach unten ist der Mantel nämlich von horizontal eingeflochtenen Zwirnen gegliedert, die erst das ganze Kleidungsstück zum Flechtwerk machen, während die vertikal verlaufenden Gräser, die den eigentlichen Mantel bilden, nicht miteinander verflochten oder verzwirnt sind. Die horizontalen Zwirnflechtungen zeigen Abstände von sechs bis sieben Zentimetern. Außer der Flechtung an der oberen

Abschlußkante lassen sich sieben oder acht horizontale, einfache Zwirne abzählen, so daß das Mantelgeflecht eine Länge von rund fünfzig Zentimetern oder etwas mehr besitzt. Darunter setzen sich die vertikalen Gräser als vierzig Zentimeter langer, frei fallender Fransenvorhang fort.

Die Konstruktion des Mantels bietet für einen Menschen, der sich über längere Zeit in der Wildnis aufhält, zahlreiche Vorteile. Einmal läßt er sich leicht anlegen und abnehmen. Man kann ihn bei der Rast als isolierende Unterlage oder im Nachtlager als Decke verwenden. Die lockere Flechtweise, die nur durch die sieben bis acht horizontal eingeschossenen Zwirne gehalten wird, bewirkt, daß der Mantel sehr beweglich ist und sich der Körperform gut anschmiegt. Das Unterteil wird von einem offenen Fransenvorhang gebildet, so daß die Beinbewegungen nicht beeinträchtigt werden. Ob das Geflecht etwa durch Fett imprägniert wurde, ist noch offen. Aber auch ohne eine solche Vorbehandlung sind Gras- oder Strohmatten sehr wasserabweisend. Man denke nur an die Reetdächer Norddeutschlands. Der Effekt wird durch die vertikale Anordnung der Gräser erhöht. Die horizontalen Durchschüsse sind dabei in größtmöglichem Abstand angebracht, da dort bei strömendem Regen ein gewisser Wasserstau eintritt. Bis in unser Jahrhundert hinein haben zum Beispiel Hirtenvölker die gegen Kälte und Nässe schützende Wirkung solcher Stroh- und Grasmäntel immer wieder genutzt.

Eine Reisebeschreibung der Jahre 1729 bis 1730 schildert eine solche Szene aus der Gegend um Turin in Oberitalien: »*Leute von geringem Stande, so zu Fuße gingen, trugen bis auf die Waden einen Mantel von Stroh oder dünnem Schilfe, so um den Hals fest zusammen gemachet, übrigens aber nirgends mit einander verbunden war, sondern frey in seiner Länge herabhing, und das darauf fallende Wasser alsbald wieder abtropfen ließ.*« Man könnte fast meinen, dem gelehrten Reisenden der Rokokozeit wäre der Mann im Eis in seinem gräsernen Mantel begegnet. Daß diese Art Bekleidung für den Jäger darüber hinaus einen hervorragenden Tarnungseffekt besitzt, sei nur am Rande erwähnt.

Betrachten wir die Ausrüstung des Gletschermannes insgesamt, so fällt auf, daß er zunächst vier textile Gebilde mit sich führte: nämlich erstens ein aus Grasschnüren geknüpftes Netz, das er vielleicht zum Vogelfang benutzte, zweitens die aus Baumbaststreifen geflochtene Dolchscheide, drittens das der Fußform angepaßte, ebenfalls aus Grasschnüren geknüpfte Netz in den Schuhen und viertens den aus langen Gräsern geflochtenen Mantel. Erstaunlicherweise fehlen gewebte Textilien völlig unter seinen vielfältigen Besitztümern. Diese Beobachtung steht im Gegensatz zu der auch unter Archäologen landläufigen Meinung, daß die Webkunst bereits in der Jungsteinzeit Europas ein hohes Niveau erreicht hatte. Deshalb wurde bezüglich der Bekleidung unseres Gletschermannes vielfach die Meinung geäußert, hier handele es sich um eine ganz spezielle Hochgebirgsausrüstung, während die normale jungsteinzeitliche Bevölkerung in gewebtenTextilkleidern herumlief. Dabei ist vorab festzustellen, daß man unter Textilien im wissenschaftlichen Sprachgebrauch alle aus Fasern durch Knüpfen, Flechten oder Weben hergestellten Stoffe versteht. Das Fasermaterial kann tierischer oder pflanzlicher Herkunft sein.

Der Schweizer Prähistoriker Dr. Josef Wininger nahm kürzlich eine Revision unserer textilarchäologischen Kenntnisse vor. Demnach wurde der Stand der Webtechnik offenbar bislang bei weitem überschätzt, wohl weil man die vollentwickelte Webkunst, wie sie sich aus den in den Baumsargbestattungen der nordischen Bronzezeit erhaltenen gewebten Wollkleidern darstellte, vorbehaltlos in die jüngere Steinzeit zurückprojizierte. Anlaß dafür waren Reste eines fehldatierten »broschierten Kunstgewebes« aus dem »Pfahlbau« von Irgenhausen in der Schweiz, das in Wirklichkeit in die späte Bronzezeit gehört. Ebenso schienen komplizierte Musterabfolgen auf menschengestaltigen Steinplatten, die zu Recht in die jüngere Steinzeit datiert werden, auf hochentwickelte Webtechniken hinzuweisen. Dabei berücksichtigte man aber nicht, daß auch auf Leder- und Fellkleidern durch verschiedene Verfahren raffinierte Musterwirkungen hervorgerufen werden können, wofür ja gerade der Gletschermann mit seinem gestreiften Fellmantel und dem sorgfältig geknüpften Grascape ein hervorragendes Beispiel abgibt. Auch die Schmuckquaste aus tordierten Fellriemchen ist in diesem Zusammenhang nicht zu vergessen. Überdies gilt es Sommer- und Wintertracht, genauso wie Männer-, Frauen- und Kinderkleidung zu unterscheiden. Nicht zuletzt müssen auch Repräsentationsbekleidungen für bestimmte Anlässe, etwa für Feste, oder für herausragende Persönlichkeiten, etwa für Häuptlinge, Medizinleute oder Schamanen, ins Auge gefaßt werden.

Gegenüber der Verarbeitung von Flachs beziehungsweise Leinen, die schon relativ früh in der Jungsteinzeit einsetzte, bildete eigentlich erst die Produktion von Schafwolle zur Herstellung gewebter Stoffe eine echte Alternative, insbesondere für die Bekleidung in klimatisch rauheren Gebieten oder während des Winters. Ansonsten zog man, wie ja auch heute noch, den Pelzmantel im Winter vor. Der Gletschermann, den der Tod beim Einsetzen des Winters ereilte, verkörperte darin keine Ausnahme.

Das allgemeine Aufkommen der Wollweberei als Grundvoraussetzung für die Herstellung effektiver textiler Winterkleider ist an die Existenz des Wollschafes gebunden. Wann dieses aus dem Kurzhaarschaf herausgezüchtet wurde, ist nicht genau bekannt. Allgemein setzt man diesen Zuchterfolg erst relativ spät im Neolithikum an. Ob der Mann im Eis das Wollschaf bereits kannte, ist derzeit noch fraglich, tut aber jetzt nichts zur Sache. Wininger jedenfalls stellte fest, daß man bislang kein jungsteinzeitliches Gewebe gefunden hat, dessen Stoffbahn breiter als zweiundzwanzig Zentimeter war. Die Regel sind Bandbreiten um die acht Zentimeter, die entsprechend der Fundsituation Längen bis zwei Meter erreichen und aufgrund der Erhaltungsmöglichkeiten im feuchten Milieu der »Pfahlbauten« immer nur als aus Leinen gewebt nachgewiesen sind. Solche Leinenbänder lassen sich vorzüglich als Gürtel, aber auch als Wickelgamaschen oder zum Wickeln von Säuglingen verwenden. Dieser Befund deutet mit ziemlicher Gewißheit darauf hin, daß der breite Gewichtswebstuhl in der Jungsteinzeit noch nicht erfunden war und daß offensichtlich damals nur einfache, sprich schmale Webrahmen und -geräte zur Verfügung standen. Daraus folgert, daß nur die »kleinen« Kleidungsstücke, wie Mützen, Schuhe, Gürtel und Binden, gelegentlich auch kurze Röckchen und Lendenschurze, zur Zeit des Gletschermannes und auch noch später geknüpft und geflochten, aber auch schon gewebt wurden. Ebenso folgert daraus, daß die »großen« Kleidungsteile, wie Hosen, Mäntel und andere Obergewänder, nach wie vor aus Fell und Leder bestanden.

Nun kann man aber einwenden, daß sich durch das Längszusammennähen mehrerer schmaler Bänder auch breite Stoffbahnen erzeugen lassen, die für eine Gesamtkörperbekleidung geeignet wären. Tatsächlich haben sich jedoch solche Nahtbereiche, die sich wegen der Verdoppelung ja besonders gut erhalten müßten, kaum je bei den Ausgrabungen finden lassen. Somit zeigt sich auch von dieser Seite her, daß die Webtechnik in der jüngeren Steinzeit noch nicht den Stand erreicht hatte, um großflächige Stoffe zu erzeugen.

Nehmen wir die von Wininger relativierten Kenntnisse zur Webkunst im Neolithikum für unseren Gletschermann in Anspruch, so ergibt sich daraus, daß der Mann im Eis mit seiner überwiegend aus Pelz genähten Kleidung den Trachtgewohnheiten seiner Zeit, zumal beim Herannahen des Winters, völlig entspricht. Der breite Gewichtswebstuhl, mit dem viele Jahrhunderte später die teilweise über zwei Meter breiten Stoffbahnen aus den nordischen Baumsargbestattungen gewebt wurden, entwickelte sich erst, offenbar in engem Zusammenhang mit der Zuchtlese des Wollschafes, im Verlauf des ausgehenden Neolithikums und der beginnenden Bronzezeit.

IV. Die Mumie

1. Die Erhaltung menschlicher Körper durch künstliche oder natürliche Mumifizierung

Die Natur hat es so eingerichtet, daß die Biomasse eines jeden Lebewesens nach seinem Tod über eine im einzelnen sehr variabel gestaltete Nahrungskette wieder in den natürlichen Kreislauf eingegliedert wird. Nur der Mensch hat diese sinnreiche Regel durchbrochen, als er anfing, sich über ein Leben nach dem Tod Gedanken zu machen. Dieses führte in allen Völkern und Kulturen zu einem höchst differenziert entwickelten Bestattungswesen. Auf der einen Seite gibt es die totale Leichenbeseitigung. Als Extremform findet sie ihren Ausdruck in der Verbrennung der Toten. Eine Mittelstellung nehmen die Türme des Schweigens in Persien ein, auf deren oberer Plattform die Toten den Geiern zum Fraß vorgelegt werden. Hier wird dem Fortleben der Seele mehr Gewicht beigemessen, während man die körperliche Hülle für unrein hält.

Auf der anderen Seite geht man in zahlreichen Religionen von einem körperlichen Weiterleben der Verstorbenen im Jenseits aus. Dies führt in manchen Fällen zum Versuch, die Körperlichkeit nach dem Tod zu bewahren. Das bekannteste Beispiel bieten die Bestattungssitten der alten Ägypter. Doch auch in vielen anderen Teilen der Welt versuchte und versucht man, den toten Körper durch artifizielle Manipulationen zu erhalten. Dabei nutzt man nicht selten bewußt oder unbeabsichtigt natürliche Gegebenheiten mit aus, die den biologischen Abbau der Organe beeinträchtigen oder verhindern. Gelingt es auf diese Weise, den natürlichen Zerfall einer Leiche gänzlich oder teilweise zu verhindern, so spricht man von einer Mumie. Daneben gibt es aber auch Mumifizierungsvorgänge, die ohne intentionelles Einwirken des Menschen eintreten, beispielsweise bei extremer Trockenheit, im Eis, im Salz oder im Moor. Es ist nicht zu verkennen, daß das Bestreben, die Toten mumifizieren zu lassen, vor allem in solchen Völkern Fuß gefaßt hat, bei denen dafür günstige natürliche Voraussetzungen gegeben sind. Was für den menschlichen Körper gilt, betrifft auch den tierischen Kadaver, der gelegentlich gewollt oder ungewollt Mumifizierungsprozessen unterliegt.

Prinzipiell lassen sich demnach drei Gattungen von Mumien unterscheiden:

- Körper, bei denen die Erhaltung von Weichteilen allein auf künstlichen Maßnahmen, beispielsweise durch Balsamierung, beruht.
- Körper, deren Erhaltung ausschließlich natürlichen Umständen zu verdanken ist, wie zum Beispiel Moor- oder Eisleichen.
- Körper, bei denen sowohl artifizielle als auch natürliche Einwirkungen die Erhaltung von Weichteilorganen begünstigen. Als Beispiel können dabei die Frostmumien aus den Kurganen von Pazyryk im Altaigebirge dienen. Letztlich rechnet auch ein großer Teil ägyptischer Mumien zu dieser Gattung, da das trockene Wüstenklima die Konservierung fördert.

In aller Regel stammen menschliche, aber ebenso tierische Mumien aus Begräbnissen. Auch die wenigen Mumien, die aufgrund einer Opferhandlung oder eines mit Tötung verbundenen Rechtsaktes entstanden sind, muß man wohl als zumindest irreguläre Grabfunde bezeichnen.

Dem Verstorbenen ein dem Brauchtum der jeweiligen Gesellschaft entsprechendes, würdiges Begräbnis zukommen zu lassen, ist vor ganz unterschiedlichen Hintergründen so fest im Streben und Handlungswillen der Menschheit verhaftet, daß es fast keine Ausnahmen zuläßt. Einen Hingerichteten am Galgen verwesen zu lassen, wird heute als Auswuchs einer entarteten mittelalterlichen Denkweise verurteilt. Selbst einen verschollenen Mitmenschen, von dem man aufgrund der Umstände annehmen muß, daß er längst gestorben ist, sucht man bisweilen sogar unter Lebensgefahr zu bergen, um ihn der Sitte gemäß begraben zu können. Erinnert sei nur an die Rettungsunternehmungen nach der verschollenen Franklin-Expedition um die Mitte des 19. Jahrhunderts, die ihrerseits über dreißig Todesopfer gefordert haben.

Der fern von seinen Angehörigen einsam verunglückte Tote unterliegt, da er ja nicht bestattet wird, dem natürlichen Verwesungsprozeß in sehr viel stärkerem Maße. Spätestens nach ein paar Jahren ist nichts mehr von ihm übrig. Aastiere, Mikroorganismen und Autolyse haben ihr Werk vollbracht. Mumifizierungen gehören in solchen Fällen zu den seltensten Ausnahmen. Dabei können vorgeschichtliche und historische Mumienfunde, die nicht aus Gräbern stammen, in erheblich größerem Umfang Aussagen über die Lebensumstände vergangener Kulturen bieten als die Auswertung ausgegrabener Nekropolen. Denn jede Bestattung unterliegt einem festgefügten Zeremoniell, das sich vom wirklichen Leben sichtlich entfernt hat. Für den Archäologen ist es oft schwer nachvollziehbar, in welcher Weise Grabausstattung und Beigaben die Lebensweise des Begrabenen reflektieren.

Wird indes ein Verunglückter geborgen, der kein Begräbnis erhielt und von dem etwa Reste der Bekleidung und der Ausrüstung erhalten blieben, dann zeigt sich, welche Kleider er zu Lebzeiten besaß, was für Schmuckstücke er gegebenenfalls bei seinen täglichen Verrichtungen trug und welche Geräte er dabei benutzte. Das Totenhemd im Sarg spiegelt nur selten die Alltagstracht wider. Die Grabbeigaben wurden nach imaginären Regeln von den Nachfahren ausgewählt und oft genug eigens für den Totenkult gefertigt, so daß aus Grabfunden zumeist nur sehr wenig über die realen Lebensumstände zu erschließen ist.

Die Voraussetzung für eine umfassende wissenschaftliche Auswertung eines Mumienfunds ist freilich immer, daß er rasch und möglichst unverändert der Forschung zugänglich gemacht wird.

Wenn wir nach dem Gesagten überlegen, welche Bedingungen für einen optimalen Gewinn an Erkenntnismöglichkeiten bei Mumienfunden vorhanden sein müssen, so sind realistisch betrachtet die Aussichten gleich Null.

- Jemand verunglückt. Er trägt seine Kleidung und Ausrüstung mit sich.
- Er kann von seinen Angehörigen nicht geborgen werden.
- Er wird weder von Aastieren noch durch Autolyse angegriffen.
- Er gerät samt seinen Habseligkeiten unter Mumifizierungsbedingungen.
- Er wird Jahrhunderte oder Jahrtausende nach seinem Tod wiederentdeckt.
- Der Fund kommt unverzüglich in die Hände der Wissenschaftler.

Fehlt nur ein Glied in der Kette, dann ist der Fund für eine effiziente Auswertung verloren. Ein negatives Beispiel sind die schon erwähnten Männer im Salz. Alle Voraussetzungen waren gegeben. Nur geschah die Entdeckung zu früh, als es noch keine archäologische Forschung gab. Ein Gegenbeispiel aus prähistorischer Zeit gibt es bislang weltweit nur einmal: Es ist der Mann vom Hauslabjoch.

2. Andere menschliche Mumien

Neben den Mumienfunden aus Gräbern gibt es eine äußerst geringe Anzahl von Funden menschlicher Leichen, die ohne ein vollzogenes Bestattungsritual mumifizierten. Die Männer im Salz haben wir schon erwähnt; sie gingen der Wissenschaft verloren.

Vergleichbar den Bergleuten aus den Salzminen Oberösterreichs ist der Fund zweier menschlicher Mumien aus einem südamerikanischen Kupferbergwerk. Eine der beiden wurde als *Kupfermann* späterhin auf Jahrmärkten herumgezeigt. Entdeckt hatte man ihn bei der Wiederaufnahme vorgeschichtlicher Erzabbaue im Jahre 1899 in der Restauradora-Mine bei Chuqincamata in Nordchile. Heute befindet sich die Mumie im American Museum of National History in Washington, USA. In diesem Fall beruht die natürliche Konservierung auf der Einwirkung bakteriozider Kupfersalze bei extrem geringer Luftfeuchtigkeit. Allerdings blieben nur die bretthart versteifte Haut und das Knochengerüst erhalten. Die sonstigen Weichteilorgane sind vergangen. Der Körper weist keinerlei

Deformierungen auf. Da auch ein 1932 aufgenommenes Röntgenbild ein unverletztes Skelett zeigte, nimmt man an, daß der Bergmann nicht durch Steinfall erschlagen wurde, sondern im Stollen erstickte. Das Ambiente des Fundes bietet einen eindrucksvollen Einblick in die Lebens- und Arbeitsbedingungen eines indianischen Bergmanns der Zeit um 400 bis 600 nach Christi Geburt. Das Haar trug er zu Zöpfen geflochten. Das Hinterhaupt war einer dem damaligen Schönheitsideal entsprechend kurz nach der Geburt vorgenommenen Schädeldeformation wegen künstlich abgeflacht. Bis auf einen Lendenschurz aus einem Wolltuchfetzen war er nackt. Um die Fesseln hatte er mit Fell verbundene Wollfäden gewunden. Bei ihm fand man große geflochtene Körbe zum Abtransport des Erzes. Seine persönliche Habe verwahrte er in einem sorgfältig gearbeiteten, mit Holzruten versteiften Ledersack. Als Gezähe dienten ihm ein schwerer Rillenschlägel und ein Steinhammer.

Nicht viel anders dürften die Erzsucher ausgerüstet gewesen sein, die das Kupfer für das Beil vom Hauslabjoch schürften.

In diesem Zusammenhang gilt es, kurz auf die Moorleichen einzugehen. Meldungen über Moorleichenfunde aus Norddeutschland, Südskandinavien, Holland und England, seltener aus anderen europäischen Landschaften, liegen schon seit einigen Jahrhunderten vor. Ihre Gesamtzahl dürfte weit über tausend betragen. Doch wurden nur einige wenige, kaum über zwei Dutzend, ausreichend wissenschaftlich bearbeitet. Mit der fast völligen Einstellung des Torfabbaus seit den fünfziger Jahren unseres Jahrhunderts gehören Hominiden-Moorfunde heute zu den größten Raritäten. Die Erhaltung von Weichteilorganen basiert auf der anaeroben Lagerung im feuchten Milieu sowie auf der Einwirkung der Moorsäuren. Die Kalkarmut des Moorbodens führt häufig zum Abbau der Knochensubstanz, so daß bei zahlreichen Funden nur noch eine Art Hautschlauch mit Resten der flach zusammengedrückten inneren Organe erhalten geblieben ist.

Ein großer Anteil der Moorleichenfunde läßt sich in die Jahrhunderte um Christi Geburt datieren. Nach antiken Überlieferungen sind diese Funde zumindest gelegentlich auf Rechtshandlungen zurückzuführen. Besonders schimpfliche Verbrechen, wie Ehebruch oder Homosexualität, wurden bei den germanischen Stämmen mit dem Versenken im Moor geahndet. Es liegen Beobachtungen für eine vorherige Hinrichtung durch Erdrosseln oder Kehlschnitt vor. Bei einer gewissen Anzahl der Moorleichen dürfte es sich aber auch um irreguläre Begräbnisse, zum Beispiel von Selbstmördern, und um Sonderbestattungen handeln. In allen den genannten Fällen sind Beigaben und Trachtbestandteile Ausnahmen. Oft sind die Toten nackt oder nur in eine Decke gehüllt.

Einige Moorleichenfunde legen jedoch den Verdacht nahe, daß ein Unglück geschah. Ein Verirrter oder Flüchtender versank im unsicheren Moorrasen und konnte sich nicht mehr selbst retten. Solche Unfälle ereigneten sich von der Steinzeit bis zum Zweiten Weltkrieg.

Der schon erwähnte Moorfund vom Møgelmose in Dänemark kam im Jahre 1857 beim Torfstechen zum Vorschein. Es soll sich um ein zwölf- bis vierzehnjähriges Kind gehandelt haben. Die Leiche wäre nach der Mitteilung des Entdeckers aufrecht stehend im Moor vorgefunden worden. Deshalb nimmt man an, daß das Kind, wahrscheinlich ein Mädchen, im Moor versunken ist und dabei auch seine Alltagstracht, nämlich den Fellponcho, getragen hat. Anzeichen für ein Verbrechen oder eine beabsichtigte Versenkung liegen nicht vor. Mittels einer pollenanalytischen Bestimmung in die Jüngere Steinzeit datiert, dürfte der Fund mit zu den ältesten Moorleichen gehören.

Zu den Mumienfunden, die Zeugnis von Unglücksfällen abgeben, gehören nicht zuletzt auch die Fettwachsleichen aus den Gletschern, bei denen es sich, abgesehen von wenigen Ausnahmen wie dem Söldner vom Theodulgletscher oder dem Hirtenmädchen vom Porchabellagletscher, durchweg um Alpinisten des 20. Jahrhunderts und um gefallene Soldaten aus den beiden Weltkriegen handelt. Sie werden in der Regel nach einer gerichtsmedizinischen Feststellung der Identität und Todesursache sowie nach Ausstellung des Totenscheins den Angehörigen zur Bestattung übergeben. Nicht selten werden Gletschertote durch die Scherkräfte der zu Tal fließenden Eismassen deformiert und zerstückelt. Das führt mitunter dazu, daß die sterblichen Überreste über viele Jahre getrennt geborgen werden. So wurden am 3. September 1953 ostwärts der Sankt Pöltener Hütte am Fuß eines Gletschers namens Prägratkees in Osttirol auf 2700 Meter Seehöhe weitgehend skelettierte menschliche Leichenreste entdeckt. Anhaftende Weichteile waren teils trockenmumifiziert und teils zu Fettwachs umgebildet. Mitgefundene Ausrüstungsgegenstände wie ein rechter Schuh, Textilfetzen, eine Holzpfeife und eine Hornbrille ermöglichten die Identifizierung. Es handelte sich um einen seit dem 3. September 1936 vermißten siebenunddreißigjährigen Engländer. Am 24. September 1990, also siebenunddreißig Jahre nach dem ersten Fund, wurden an der gleichen Stelle weitere menschliche Knochen, Kleiderreste und Teile eines linken Bergschuhs geborgen. Die gerichtsmedizinische Untersuchung ergab zusammen mit den kriminalpolizeilichen Erhebungen die Zuordnung des Fundes zu demselben Individuum. Die glaziologischen Beobachtungen an der Fundstelle erwiesen, daß die Leiche des in eine Gletscherspalte gestürzten Bergsteigers eineiste und durch die Spannungskräfte im Eis zerrissen wurde. Daß der Gletscher die Leichenteile über eine größere Strecke transportiert habe, wird wegen der geringen Fließgeschwindigkeit des Prägratkeeses um einen Meter pro Jahr nicht angenommen. Der Unfall ereignete sich im Jahre 1936 am Beginn einer länger anhaltenden Periode allgemeinen Gletscherrückzugs. Im Verlauf dieser Abschmelzung wurde im Jahre 1953 der erste Fund gemacht. Der Rest blieb zunächst unter einem neuerlichen Gletschervorstoß verborgen. Durch eine folgende Periode verstärkter Gletscherabschmelzung ab 1980 kam dann der zweite Fund 1990 an ziemlich der gleichen Stelle zum Vorschein.

Ein Gletschertoter wird jedoch nicht immer von den Scherkräften des Eises zermalmt. Zwar wird bei dem Mann vom Hauslabjoch die gute Erhaltung der Mumie als einzigartiger Glücksfall bezeichnet, doch es gibt Fälle ähnlicher Art. Im August 1923 war eine Seilschaft, bestehend aus zwei Männern und einer Frau, auf dem Madatschgletscher im Tiroler Pitztal unterwegs. Die Bergsteigerin stürzte in eine Gletscherspalte, das Seil riß, und die Tote konnte nicht geborgen werden. Neunundzwanzig Jahre später, am 14. August 1952, wurde ihre völlig unversehrte Leiche, bereits gänzlich ausgeapert, auf dem Moränenschutt am Fuß des Gletschers wiedergefunden. Nach den Erhebungen der Gendarmerie vor Ort »*hatte die Leiche zweifellos von der Unglücksstelle einen*

Weg vermutlich von mehreren hundert Metern im Gletscher zurückgelegt«. Trotz der Brüchigkeit solcher Fettwachsleichen wurde die Tote nach ihrer Entdeckung über unwegsames Gelände nahezu unbeschädigt zu Tal in die Leichenkapelle von Plangerosa verbracht.

Das gerichtsmedizinische Protokoll beschreibt das Aussehen der Fettwachsleiche sehr eindringlich. Eine Fettwachsbildung ist immer an ein feuchtes Milieu bei niedrigem Sauerstoffgehalt gebunden. Es gibt mithin solche Erscheinungen sowohl bei Eis- als auch bei Wasserleichen. In Erdgräbern lassen sich partielle Leichenwachsbildungen nur sehr selten und dann auch nur bei bestimmten Lagerungsbedingungen beobachten. Bei der Fettwachsbildung handelt es sich um eine chemische Umwandlung des Körperfetts, die vom Unterhautfettgewebe ausgeht, im Laufe der Zeit in die Tiefe fortschreitet und auch das Körperfett der inneren Organe angreifen kann. Nach Hydrolyse der Neutralfette kommt es zur Umwandlung der ungesättigten Fettsäuren, zum Beispiel der Ölsäure, unter Kettenverkürzung in Palmitin- und Stearinsäure. Ein Teil der Fettsäuren wird auch zu Kalziumverbindungen verseift. Die verbleibende Substanz ist jedoch keineswegs ein Wachs. Sie ist auch kein Fett im engeren Sinne mehr. Die Masse, die unter Erhaltung der Körperfülle nach dem Austrocknen das Knochengerüst panzerartig umgibt, kann am ehesten als Leichenlipid bezeichnet werden; doch hat sich demgegenüber allgemein der Name »Fettwachs« eingebürgert. Dieses sogenannte Fettwachs scheint relativ stabil zu sein, wird aber offensichtlich gelegentlich durch die Scherkräfte des Gletschers von Knochen gelöst, so daß letztlich bestenfalls das Skelettmaterial übrigbleibt. Dieses dürfte beispielsweise beim vierhundertjährigen Söldner vom Theodulgletscher mit seinen Maultieren der Fall gewesen sein. Dabei handelte es sich ursprünglich sicher auch um Fettwachsleichen. Beim Ausapern kamen indes nur noch Knochenreste zum Vorschein.

Bei der Frauenleiche vom Madatschgletscher hingegen bildeten Kopfschwarte, Wangen, Lippenumgebung und Kinn eine einheitliche Fettwachsmasse. Eine gleiche Bildung zeigten der Hals, die halbkugeligen Brüste, die Bauchdecke, die Geschlechtsteile und die Extremitäten. Selbst die Hände hatten sich bis zu den Fingerspitzen hin in Fettwachs umgewandelt. Auch am Rücken war der dorsale Skelettanteil einheitlich von einem Fettwachspanzer umschlossen. Die Obduktion erwies ein stark geschrumpftes Gehirn, das sich als leichte, aber relativ harte, trockene Masse mit deutlichen Windungen erkennen ließ.

Bei der Öffnung des Brustkorbs sah man die sehr dünn zusammengesunkenen, schwarzgrau verfärbten Lungenflügel. Die Pleurahöhle außerhalb der blattartigen Lunge war leer. Herz und Leber waren in Fettwachs umgewandelt. Nach dem Bericht des Gerichtsmediziners strömte es einen Geruch aus, der dem von Trockenmilchpulver verblüffend ähnlich war. Die Darmschlingen und das Gekröse zeigte sich teils pergamentartig vertrocknet, teils zu Fettwachs umgeformt.

Während bei Fettwachsleichen aus Gewässern Ober- und Lederhaut meist wegfaulen und die Oberfläche des Unterhautfettgewebes ein träubchenförmiges Relief, den sogenannten *Panniculus adiposus*, aufweist, zeigte sich bei der Toten vom Madatschgletscher eine wesentlich bessere Erhaltung der Haut.

Nicht immer jedoch vollzieht sich bei Gletscherleichen eine derart vollständige Umwandlung der Körperorgane in Fettwachs. Gelegentlich läßt sich auch Trockenmumifikation beobachten. Bei der Männerleiche vom Sulztalferner, die schon im Prolog angeführt wurde und die uns im letzten Teil dieses Buches noch einmal beschäftigen wird, waren die Weichteile des Kopfes, des Rumpfes und der oberen Extremitäten sowie die inneren Organe in Fettwachs umgebildet. Die Umwandlung endete jedoch an den Unterarmen, so daß diese und die Hände trockenmumifiziert erschienen. Dabei schrumpften die Weichteile, die Haut wurde verfestigt und lederartig braun. Voraussetzung für eine Mumifikation durch Dehydratation ist die Lagerung in einer trockenen und zugleich luftigen Atmosphäre. Die Dauer eines solchen Vorgangs geben die Gerichtsmediziner mit wenigen Wochen bis zu einigen Monaten an, während ausgedehnte Formen der Fettwachstransformation mehrere Jahre benötigen können.

Damit wird klar, daß die Mumifizierung des Mannes vom Hauslabjoch unter trockenen und zugigen Bedingungen geschehen sein mußte, wobei von vornherein mit der Abdeckung durch eine lokkere Schneeschicht zu rechnen ist. Andernfalls wäre die Leiche dem Befraß durch Aastiere ausgesetzt gewesen.

Im übrigen kommt es unter mitteleuropäischen Verhältnissen bei im Freien befindlichen Leichen zunächst zu einer Fäulnisphase, die zumal im Sommer von einer Weichteilzehrung durch Insektenlarven begleitet wird. Hinzu tritt eine Hautverfärbung durch grüne und schwarze Abbauprodukte des Blutfarbstoffs. Schließlich wird der Prozeß durch Trocknung unterbrochen. Deshalb finden sich bei zahlreichen Mumien oder deren Resten auch Fliegen- und Käferlarven, Milben sowie Puppenhülsen. Außerdem wird der Körper durch Aastiere angefallen. Füchse, Ratten und Mäuse fressen an der Leiche. Im Flachland wie im Hochgebirge machen sich Geier, Adler und Rabenvögel, aber auch kleinere Vögel über den Toten her.

Die Beschreibung verschiedener Mumifizierungsvorgänge an menschlichen Körpern läßt auch für die Erhaltung der Mumie aus dem Gletschereis am Hauslabjoch Erklärungen finden. Die hier aufgezählten Fallbeispiele lehren indes, daß es sich selbst weltweit gesehen um einen einzigartigen Sonderfall handelt. Für einzelne Momente finden sich zwar durchaus Gegenstücke. Die Bündelung einer nachgerade unglaublichen Fülle von Zufällen, die allein auf natürlichen Einwirkungen beruhen, erheben den Fund aus den Ötztaler Alpen jedoch zu einem säkularen archäologischen Ereignis.

3. Die Konservierung des Mannes im Eis

Bei der dauerhaften Lagerung des Mannes vom Hauslabjoch bestand die Aufgabe darin, eine natürliche Konservierung nahtlos in eine künstliche überzuführen. Das Institut für Anatomie der Universität Innsbruck besitzt im Kellergeschoß seines Gebäudes zwei Kühlzellen, die für diesen Zweck vorübergehend zur Verfügung gestellt werden konnten. Ihre Größe ist ausreichend, um die Mumie darin in horizontaler Lagerung auf einem Rolltisch ruhend aufzunehmen. Die zweite Kühlzelle läuft leer mit, um im Falle eines technischen Versagens eine sofortige Umlagerung veranlassen zu können. Da die beiden vorhandenen Kühlzellen für den normalen

Institutsbetrieb zur Verfügung zu stehen haben, wurden im Sommer 1992 zwei neue Kühlzellen eingebaut, die man zugleich auch mit stärkeren Aggregaten versehen hat.

Jede Zelle ist unabhängig von der anderen mit einem leistungsfähigen Kühlaggregat ausgestattet und konstant auf minus 6° Celsius eingestellt. Diese Temperatur entspricht der Jahresmitteltemperatur des Gletschereises am Hauslabjoch, die zwischen 0° Celsius im Sommer und etwa minus 10° Celsius im Winter schwankt. Die Luftfeuchtigkeit in der Kühlzelle wird durch eingebrachtes Eis auf fünfundsiebzig Prozent gehalten. Die Mumie selbst ist in ein steriles Operationstuch gehüllt, um das eine Lage »Crash-Eis« aufgebracht wird. Darüber wird eine stabile Plastikplane geschlagen, die sozusagen eine »feuchte Kammer« bildet, in der eine gleichmäßige Luftfeuchtigkeit von sechsundneunzig bis achtundneunzig Prozent gehalten werden kann. Zur Temperaturpufferung werden auf das Plastiktuch noch einmal Eispackungen aufgebracht, und darüber wird nochmals eine Plastikfolie gehüllt. Unter natürlichen Bedingungen beträgt die Luftfeuchtigkeit im Gletschereis zwar hundert Prozent, doch können die fehlenden Prozente, die mit den heute zur Verfügung stehenden technischen Möglichkeiten nur mit größtem Aufwand zu realisieren wären, vernachlässigt werden. Die Alternative wäre, daß man die Leiche neuerlich in einen sterilen Eisblock einfriert. Aber dann stünde sie nicht mehr für Untersuchungen zur Verfügung. Ebensowenig ließen sich die regelmäßigen Kontrollen durchführen. Das für die Konservierung benötigte Eis wird im Institut keimfrei aus destilliertem Wasser hergestellt.

Die Kühlzellen sind jeweils mit sechs Temperatur- und zwei Feuchtigkeitsfühlern versehen. Je ein Temperaturfühler ist an ein elektronisches Alarmgerät angeschlossen, das bei Abweichungen optischen und akustischen Alarm auslöst. Darüber hinaus sind ständig zwei Institutsmitglieder über Postpager an die Alarmanlage gekoppelt, so daß über Telefonnetz und Funk ein eventueller Alarm weitergeben wird. Die Stromversorgung der Alarmanlage ist zum Schutz vor Netzausfällen über Akkumulatoren abgesichert.

Zwei weitere elektronisch gesteuerte Sensoren überwachen ebenfalls die Temperatur und die Luftfeuchtigkeit. Der eine liegt direkt der Mumie an, der andere ist an der Innenwand der Kühlzelle befestigt. Diese übermitteln ihre Daten an Recorder, die die Meßzahlen jede Sekunde speichern und stündlich rund um die Uhr ausdrucken.

Zu Untersuchungszwecken wird die Mumie in eine sterile »Microflow box« gelegt, in die während der Arbeiten keimfreie Luft eingeblasen wird. Diese Box gleicht einem großen Aquarium, dessen vordere Scheibe sich hochklappen läßt. Zur Erhöhung der Luftfeuchtigkeit wird auch hier »Crash-Eis« eingebracht, doch läßt sich damit nur eine Konzentration von etwa sechzig Prozent erreichen. Deshalb und wegen der Temperaturerhöhung darf ein Untersuchungszeitraum dreißig Minuten, einschließlich des Ein- und Auspackens der Mumie, nicht überschreiten. Die Wissenschaftler tragen dabei sterile Operationsbekleidung. Nach einer solchen Prozedur benötigt die Leiche eine Erholungsphase von mindestens achtundvierzig Stunden, damit sich Temperatur und Luftfeuchtigkeit wieder auf die Ausgangswerte einstellen können.

Ziel dieser aufwendigen Konservierung, die in dieser Weise weltweit erstmals entwickelt worden ist, bleibt es, die Mumie in einem Zustand zu erhalten, der den nachfolgenden Forschergenerationen Untersuchungen ermöglicht, die mit den derzeitigen Methoden der Wissenschaft noch nicht durchzuführen sind.

4. Geschlechtsbestimmung, Sterbealter und Körpergröße

Die Mumie wurde am Abend des 24. September 1991 von der Gerichtsmedizin in die Anatomie überstellt. Damals war keinesfalls abzusehen, wie die Mumie auf den geplanten Konservierungsmodus reagieren würde und ob sie sich auf diese Weise überhaupt erhalten ließe. Es stand daher außer Frage, daß so rasch wie möglich umfangreiches Dokumentationsmaterial geschaffen werden mußte. Als absolut zerstörungsfrei arbeitende Methoden stehen in Innsbruck radiologische und computertomographische Einrichtungen zur Verfügung. Unter der Leitung von Professor Dieter zur Nedden von der Abteilung für Röntgendiagnostik und Computertomographie der Innsbrucker Universitätskliniken wurden konventionelle Röntgenaufnahmen der Mumie in Rückenlage von

Kopf, Brustkorb, Bauch, Brust- und Lendenwirbelsäule, Becken mit Hüftgelenken sowie von Knie- und Sprunggelenken hergestellt. Für die computertomographischen Untersuchungen wurde der gesamte Körper der Mumie bis zu den Sprunggelenken in axialen Schichten durchgescannt. Die Schichtdicke betrug im Körperbereich acht Millimeter und am Schädel sowie an den Knie- und Sprunggelenken vier Millimeter. Zusätzlich wurden die Felsenbeine des Schädels samt Innenohr im Superhochauflösungs-CT-Mode mit einem Millimeter Schichtdicke aufgenommen. Schließlich führte zur Nedden noch spiralcomputertomographische Untersuchungen im Schädel- und Beckenbereich durch. Nach Abschluß dieser Arbeiten konnte die Mumie der künstlichen Atmosphäre in der Kühlkammer anvertraut werden. Die bislang aus der ungeheuren Datenfülle gewonnenen Ergebnisse fließen mit in die nun folgende somatische Beschreibung des Mannes vom Hauslabjoch ein.

Die ersten Fragen, die der Archäologe beim Auffinden menschlicher Überreste aus prähistorischer Vergangenheit an den Anthropologen stellt, beziehen sich auf das Geschlecht, das Sterbealter und die Körpergröße des Verstorbenen. Die anthropologischen Untersuchungen am Gletschermann stehen unter der Leitung der Professoren Horst Seidler vom Institut für Humanbiologie der Universität Wien, Wolfram Bernhard vom Institut für Anthropologie der Universität Mainz und Torstein Sjøvold vom Osteologischen Forschungslabor der Universität Stockholm.

Die Geschlechtsbestimmung richtet sich nach der Ausbildung der primären und sekundären Geschlechtsmerkmale. Das Geschlecht wird beim Lebenden nach der Geburt entsprechend dem Erscheinungsbild der äußeren Genitalien festgestellt und in die Geburtsurkunde eingetragen. In Zweifelsfällen helfen Chromosomenuntersuchungen weiter. Bei Funden subfossiler und fossiler menschlicher Überreste ist die Bestimmung je nach Erhaltungszustand leicht bis unmöglich. Bei Mumienfunden, bei denen sich die äußeren Geschlechtsmerkmale erkennen lassen, bereitet die Sexualdiagnose meist keine Mühe. So war es auch beim Mann vom Hauslabjoch, wenngleich auch hier Einschränkungen zu machen sind. Die Verteilung der Körperhaare, die etwa durch Bartwuchs oder durch die Schamhaarbegrenzung typische männliche beziehungsweise weibliche Ausprägungen zeigt, leistete keine Hilfestellung, da bis auf vier Schamhaare die gesamte Kopf- und Körperbehaarung ausgefallen war.

Eine erste Geschlechtsbestimmung trafen bereits die Entdecker. Wegen des zierlich erscheinenden Körperbaus schloß Erika Simon auf die Leiche einer Frau. Dabei ist die Zierlichkeit selbstredend in erster Linie eine Folge der Austrocknung des Körpers während der Mumifizierung. Vorsichtig wie immer, gab der Gerichtsmediziner Unterdorfer am Montag, dem 23. September 1991, eine weitere Sexualdiagnose zu Protokoll: »*Die äußeren Geschlechtsteile blattartig, soweit beurteilbar höchstwahrscheinlich männlich, vertrocknet.*« Eine eingehende Untersuchung des äußeren Genitalbereichs durch den Anatomen Platzer ergab zwar geringe Verletzungen, doch ließen sich die erhaltenen blattartigen Gebilde eindeutig als Hodensack und Glied bestimmen. Damit war die Frage nach dem Geschlecht von anthropologischer Seite aus geklärt, zumal auch alle anderen Merkmale, die zur Diagnose herangezogen werden können, stets ausschließlich auf männliches Geschlecht hinwiesen. Genannt seien der relativ kleine Schambeinwinkel, das Stirnprofil mit stärkerer Ausprägung der Überaugenbögen und schräg zurückweichender Stirn, die eher eckige Augenhöhlenkontur oder die kräftige Ausbildung der Warzenfortsätze an der Schädelbasis.

Die archäologische Geschlechtsbestimmung kann sich nur an der Ausstattung, also an eventuellen Beifunden oder Beigaben, orientieren. Waffen gelten als typisch männliche Attribute. In unserem Fall ist die Sachlage klar. Bogen, Pfeile, Köcher und Beil gehören der Sphäre des Mannes an. Damit stimmen die anthropologische Sexualdiagnose und die archäologische Geschlechtsbestimmung im Ergebnis überein. Es kann nicht der geringste Zweifel bestehen, daß es sich bei der Mumie vom Hauslabjoch um eine männliche Leiche handelt.

Das genaue Sterbealter ist indes vor allem bei Erwachsenen schwieriger zu bestimmen. Bei dem Mann aus dem Eis waren keinerlei jugendliche Ausprägungen mehr zu beobachten, weil sämtliche Wachstumsprozesse am Individuum abgeschlossen waren. Damit liegt das erreichte Lebensalter deutlich über zwanzig Jahren. Der relativ starke Abkauungsgrad der Zähne, die durch die geöffnete Mundspalte zumindest im vorderen Gebißteil sehr gut zu erkennen sind, weist unter normalen Umständen auf ein Alter von fünfunddreißig bis vierzig Jahren hin. Doch können besondere Lebensbedingungen und Ernährungsgewohnheiten diesen Regelwert ziemlich variieren lassen. Auch der Verwachsungszustand der Schädelnähte läßt gegebenenfalls eine Altersgruppierung zu. Tatsächlich sind im Computertomogramm Schädelnähte zu erkennen. Es ist jedoch noch nicht geklärt, ob es sich dabei um offene, also noch nicht verwachsene Suturen handelt oder ob die Bilder bereits verstrichene Nähte zeigen, bei denen sich lediglich verblassende Strukturen aus dem Innern des Schädeldachs abzeichnen. Sollten sich die Obliterationsbefunde jedoch hinsichtlich der offen erscheinenden Abschnitte der Kranz- und Pfeilnaht verifizieren lassen, so müßte das angenommene Alter etwas nach unten, auf rund fünfundzwanzig bis dreißig Jahre, revidiert werden. Somit kommt als Altersspanne vorerst der Bereich zwischen dem fünfundzwanzigsten und vierzigsten Lebensjahr in Frage. Andererseits konnte zur Nedden bei der Auswertung der Röntgenbilder gewisse Verschleißerscheinungen an der Wirbelsäule sowie an den Knie- und Sprunggelenken beobachten, die die genannte Spanne wiederum etwas im oberen Bereich eingrenzen lassen.

Eine genauere Altersbestimmung erwartet man sich von der Untersuchung der Knochenbälkchenstruktur, der *Spongiosa*, in den Gelenkenden der Röhrenknochen, die mit zunehmendem Alter ihre Verstrebungsrichtung ändert sowie dünner und lockerer wird. Die modernsten Methoden arbeiten heute mit einer Standardabweichung von fünf bis sieben Jahren vom definitiven Lebensalter. Dabei werden altersbedingte Veränderungen in der harten Knochensubstanz, Bestimmungen des Mineralgehalts und Messungen der Markraumquerschnittfläche miteinander kombiniert. Diese Verfahren erfordern jedoch zumindest teilweise invasive Eingriffe, die erst in einer zukünftigen Untersuchungsphase vorgenommen werden. Bis dahin wird man sich mit der Feststellung begnügen müssen, daß der Gletschermann im Alter von fünfundzwanzig bis vierzig Jahren verunglückte, wobei die Tendenz eher zum höheren Alter (fünfunddreißig bis vierzig Jahre) geht.

Für die Messung der Wuchshöhe gibt es längst entwickelte,

bewährte Verfahren. Sie basieren durchweg auf der Längenmessung der Langknochen. Die abgenommenen Maße werden mit einem bestimmten, an Lebendmessungen gewonnenen Faktor multipliziert und ergeben dann die ursprüngliche Körpergröße. Da die diesbezüglichen Parameter nach unterschiedlichen rezenten Bevölkerungsgruppen aufgestellt wurden, weichen die nach den verschiedenen Tabellen errechneten Wuchshöhen ein wenig voneinander ab. Daß man beim Mann vom Hauslabjoch nicht einfach nur die Körperlänge der Mumie mißt, hat seinen Grund: Durch die Trokkenmumifizierung sind auch die Gelenkknorpel und die Zwischenwirbelscheiben geschrumpft, wodurch eine gewisse, wenn auch geringe Größenminderung zu erwarten ist. Bei den Knochen darf man hingegen davon ausgehen, daß durch die über fünftausendjährige Lagerung keine Verkürzung eingetreten ist.

Die erste Messung der Wuchshöhe erfolgte schon unmittelbar nach der Einlieferung in die Innsbrucker Gerichtsmedizin. Sie ergab, *»über dem linken Bein«* gemessen, eine Länge der Mumie von hundertdreiundfünfzig Zentimetern. Die weiterführenden anthropologischen Messungen nahmen Bernhard und Sjøvold vor. Da sich die Leiche in relativ gestreckter Haltung befindet, ließ sich die Distanz Scheitel–Fußsohle direkt abnehmen. Sie ergab hundertneunundfünfzig Zentimeter. Einen um einen Zentimeter kleineren Wert erhält man, wenn man die Hauptabschnitte des Körpers, nämlich Beinlänge, Rumpflänge sowie Kopfhöhe und Halslänge, addiert.

Da der linke Oberschenkelknochen teilweise freiliegt, konnte auch die Länge des einen Femurs bestimmt werden. Sjøvold maß 41,4, Bernhard 41,5 Zentimeter. So ließ sich die direkt gemessene Körperhöhe anhand der verschiedenen Schätzformeln für die Körperhöhenbestimmung an Langknochen überprüfen. Es ergaben sich folgende Werte:

Formel nach	Bernhard (41,5 cm)	Sjøvold (41,4 cm)
Olivier u. a. 1978	158,7 cm	–
Pearson 1899	159,9 cm	–
Manouvrier 1893	160,5 cm	–
Frotter u. Glaser 1952/58	160,9 cm	159,9 u. 161,6 cm
Breitinger 1937	163,1 cm	162,4 cm
Lorcke u. a. 1953	–	159,0 cm
Sjøvold 1990	–	158,8 cm

Aus diesen zehn Meßergebnissen gewinnt man rein rechnerisch einen Mittelwert von 160,5 Zentimetern. Dieses Maß liegt, wie nicht anders zu erwarten, deutlich über der direkt an der Mumie abgenommenen Körperlänge. Die Wuchshöhe des Mannes vom Hauslabjoch betrug demnach zum Zeitpunkt seines Todes rund hundertsechzig Zentimeter mit einem Schwankungsbereich von einem bis zwei Zentimetern nach oben und nach unten.

5. Das Haupt- und Körperhaar

Da der Mann vom Hauslabjoch bei seiner Auffindung völlig kahl zu sein schien, entstanden sogleich Gerüchte, er sei geschoren worden, er habe sich komplett rasiert, die Haare seien infolge einer Krankheit ausgefallen oder er habe an einer genetisch bedingten Haarlosigkeit gelitten. Nichts davon ist wahr. Eines der empfindlichsten Organe des menschlichen Körpers bildet die Oberhaut, die Epidermis. Auf ihr setzen nach Eintritt des Todes Verwesungserscheinungen relativ rasch ein, auch wenn es in der Folge zu einer Trockenmumifizierung kommt. Deshalb sind auch bei Trockenmumien, die durch natürliche Einwirkungen erhalten blieben, in der Regel die Haare ausgefallen. Diese Beobachtung gilt selbstverständlich für Menschen- wie Tierleichen. Ein treffendes Beispiel ist der schon erwähnte gefriergetrocknete Katzenkadaver, der 1992 aus dem Eis des Schaufelferners im Stubaital aperte. Auch bei diesem sind alle Körperhaare ausgefallen, mit Ausnahme der sehr tief wurzelnden, langen Schnurr- und Brauenhaare. Unseren Gerichtsmedizinern, die den Gletschermann als erste untersuchten, war diese Erscheinung durchaus geläufig, weshalb für die folgenden Untersuchungen auch Haarspezialisten herangezogen wurden. Zu fragen war vor allem, ob sich unter den zahlreich eingelieferten Haarbüscheln, die überwiegend von der Kleidung und anderen Ausrüstungsgegenständen stammten, auch menschliche Haare befanden. Diese Untersuchungen stehen unter der Leitung von Dr. Manfred Wittig vom Bundeskriminalamt in Wiesbaden und Dr. Gabriele Wortmann vom Deutschen Wollforschungsinstitut in Aachen. Neben der Bestimmung von Tierhaaren gelang es erwartungsgemäß, auch Humanhaare in genügender Menge nachzuweisen. Erkennbar waren Haupt- und Körperhaare. Bei einigen Haaren besteht die Vermutung, daß es sich um Barthaare handelt.

Aus einer Probe liegt sogar eine ganze Strähne vor, die sich aus mehreren hundert Haaren zusammensetzt. Danach ist die Haarform wellig und die Haarfarbe dunkelbraun bis schwarz. Die maximale Länge beträgt neun Zentimeter, doch ist ausdrücklich zu betonen, daß bislang keine vollständigen Haare gefunden werden konnten. Die meisten Haare sind gebrochen, und es lassen sich entweder die Teile mit Haarwurzeln oder solche mit Haarspitzen ausmachen. Daraus ist zu schließen, daß das Haupthaar des Mannes vom Hauslabjoch ursprünglich sicher deutlich über neun Zentimeter lang gewesen ist. Die Dicke der Haupthaare variiert zwischen fünfzig und neunzig Mikrometern.

Ein Teil der Haare ist im Bereich der Wurzeln kolbenförmig verdickt, was dem Ruhe- beziehungsweise dem Endzustand des individuellen Wachstumszyklus der Haare entspricht. Ein anderer Teil läuft konisch zu und zeigt im Wurzelbereich eine typische Bänderung. Man erkennt darin Leichen- oder Kadaverhaare mit wurzellosen Haarschäften, die dadurch entstehen, daß ehedem wachsende Haare in der Haut abgeschnürt werden. Das geschieht zum Beispiel, wenn die Blutversorgung des Haarfollikels infolge einer schädigenden Beeinträchtigung versagt. Dieser Befund legt nahe, daß es sich bei den »Leichenhaaren« tatsächlich um nach dem Tod ausgelöste Haare des Gletschermanns handelt. Der Regelfall, daß nach Todeseintritt leichte Verwesungserscheinungen die Oberhaut angreifen, findet also hierin seine Bestätigung und erklärt den postmortalen Haarausfall.

Andere Haare können aufgrund ihrer abweichenden Form und erkennbarer Ungleichheiten der Haarschaftoberfläche als Körperhaare eingestuft werden, wobei vorläufig noch unklar ist, inwieweit es sich um Achsel-, Scham- oder sonstiges stark entwickeltes Körperhaar handelt.

Vom oberen Rand des Grasmantels, also von dem Teil des Gewandes, das unmittelbar unter Kinn, Hals und Oberkörper der Leiche gelegen hatte, ließ sich eine größere Probe menschlichen Haares abnehmen. Sie liegt als dunkelbraunes bis schwarzes, kraushaariges Material vor. Die Einzelhaare sind deutlich dicker als die Haupthaare. Ihre Stärke beträgt an der breitesten Stelle des Haarschafts bis hundertsechzig Mikrometer. Dieses Probenmaterial wird vorläufig als Barthaar angesehen.

Da sich die Haaransatzstellen am Kopf des Mannes vom Hauslabjoch mit den derzeit zur Verfügung stehenden Methoden nicht feststellen lassen, andererseits aber gerade diese die Physiognomie des menschlichen Antlitzes in besonderem Maße prägen, läßt sich über das Aussehen des Gletschermanns zu Lebzeiten nicht sehr viel sagen. Immerhin trug er mindestens neun Zentimeter langes Haupthaar, wobei bei seinem erreichten Lebensalter durchaus mit einer wie auch immer gearteten Glatzenbildung zu rechnen ist (Stirnglatze, Scheitelglatze).

Mit sehr großer Wahrscheinlichkeit trug er einen Bart. Freilich werden sich zur Frage einer Frisur oder eines Bartschnitts kaum Hinweise ergeben. Die einzeln gefundenen Haupthaarsträhnen deuten eher darauf hin, daß er sein Haar offen und nicht etwa zu Zöpfen geflochten oder zu einem Knoten geschlungen trug.

Bemerkenswert ist in diesem Zusammenhang ein Ergebnis der Spurenmetallanalyse von Haarproben des Gletschermanns. Die Bleikonzentrationen liegen ganz erheblich unter denen einer modernen Population. Wenn man es sich auch kaum anders vorgestellt hätte, so bestätigen diese Untersuchungen, die freilich bislang nur an Haarproben durchgeführt und noch nicht durch Gewebeanalysen verifiziert wurden, doch nachdrücklich, daß wir heute in einer von Schadstoffen belasteten Umwelt leben müssen. Der Mann vom Hauslabjoch konnte jedoch noch saubere Luft atmen und unverseuchte Nahrung zu sich nehmen. Andererseits ließen sich in den untersuchten Haarproben auch deutlich erhöhte Arsenwerte feststellen. Dies könnte unter anderem damit erklärt werden, daß der Mann im Eis gelegentlich metallgewinnenden und/oder -verarbeitenden Prozessen beigewohnt hat. Hier wäre dem Kenntnisstand seiner Zeit entsprechend am ehesten an eine Kupfermetallurgie zu denken.

Wie die Haare, so sind auch sämtliche Finger- und Zehennägel der Mumie ausgefallen. Ein Fingernagel konnte bei der Nachuntersuchung im Spätsommer 1992 an der Fundstelle wiedergefunden werden. Drei weitere Zehennägel ließen sich bei der Restaurierung des linken Schuhes im Römisch-Germanischen Zentralmuseum bergen.

Die Untersuchung des Fingernagels durch Dr. Luigi Capasso von der Soprintendenza Archeologica dell'Abruzzo in Chieti, Italien, erbrachte interessante paläopathologische Befunde. Einige Verletzungen am vorderen Ende der Nageloberfläche können darauf zurückgeführt werden, daß der Mann seine Nägel gleichsam als Arbeitswerkzeuge benutzt hat. Außerdem erlaubt die Feststellung von drei sogenannten »Beau-Streifen« im Nagel das Ausmaß, den Zeitpunkt und die Dauer von drei schwerwiegenden Streßsituationen zu rekonstruieren. Der Auslöser dieser Belastungen bleibt natürlich verborgen; bei Frauen käme beispielsweise eine Geburt in Frage. Danach mußte der Mann in seinen letzten fünf Lebensmonaten drei fatale Ereignisse überwinden, und zwar etwa vier, drei und zwei Monate vor seinem Tod. Dieser letzte Streß war der stärkste, und die Systemstörung im Nagelwachstum, die zur Bildung des dritten Beau-Streifens führte, dauerte mindestens zwei Wochen an. Wir werden auf diesen bemerkenswerten Befund noch einmal zurückkommen müssen.

6. Die Sterbelage

Durch den Austrocknungsprozeß während der Mumifizierung ist die Haut des Toten vom Hauslabjoch jetzt lederartig zäh. Ihre Färbung ist an den einzelnen Körperstellen unterschiedlich. Sie reicht von einem hellen, elfenbeinfarbenen Ton über beigebräunlich bis hin zu einem tiefen, gelegentlich fast schwärzlichen Braun. In den ersten Tagen, als die Leiche antaute, bis zu ihrem Aufenthalt in der Gerichtsmedizin, als sie gänzlich auftaute, zeigte es sich, daß die Mumie durch die Dehydratation nicht völlig verhärtet war, wie es bei Trockenmumien sonst der Fall zu sein pflegt. Dies erwies sich sehr deutlich, als sich der Oberkörper der Leiche an der Fundstelle anheben ließ, obwohl die Beine noch angefroren waren. Die Mumie war also zumindest in geringem Umfang passiv beweglich. Ebenso ließ sich beim Einsargen in Vent der sperrig abstehende linke Arm einbiegen, wobei zwar wahrscheinlich der Oberarmknochen brach, die Haut aber unverletzt blieb. Möglicherweise beruht diese Beweglichkeit auf einer gewissen Rehydratation der Mumie während ihrer Lagerung im Schmelzwasser an der Fundstelle. Damit ließe sich auch das nach der Einlieferung in die Gerichtsmedizin geschätzte höhere Gewicht *»zwischen zwanzig und dreißig Kilogramm«* erklären. Demgegenüber wiegt die Mumie vom Hauslabjoch unter stabilisierten Umständen konstant 13,030 Kilogramm. Bei fast vollständiger Dehydratation bedeutet dies zurückgerechnet ein ursprüngliches Körpergewicht um die fünfzig Kilogramm, vielleicht etwas mehr, vielleicht etwas weniger.

Die Lage der Mumie im Auffindungszustand entspricht im großen und ganzen einer natürlichen Sterbehaltung. Es zeichnen sich aber auch Anomalien ab. Deutlich ist vor allem die unnatürliche Haltung des linken Armes, der rechtwinklig zur Körperachse ausgestreckt nach rechts weist und flach auf den Hals direkt unter das Kinn gedrückt erscheint. Ebenso ist die linke Ohrmuschel aus ihrer natürlichen Lage heraus schräg nach vorn umgeklappt. Die Faltlinie verläuft dabei auffällig gerade. Bei der Betrachtung des Mumienantlitzes stechen vor allem die Weichteildeformierungen im Gesicht hervor. Nase und Oberlippe sind platt nach rechts oben verschoben. In diesem Zusammenhang ist gleichermaßen auf eine kleine Hautfläche neben dem linken Auge hinzuweisen, die nach dem Tod entstandene, feine, körnige Vertiefungen aufweist. Aus diesen Beobachtungen ist zu schließen, daß es nach dem Ableben noch zu geringen Lageverschiebungen gekommen sein muß. Diese sind auf Eisdruck und -bewegungen zurückzuführen. Damit läßt sich auch das Unfallgeschehen einigermaßen rekonstruieren.

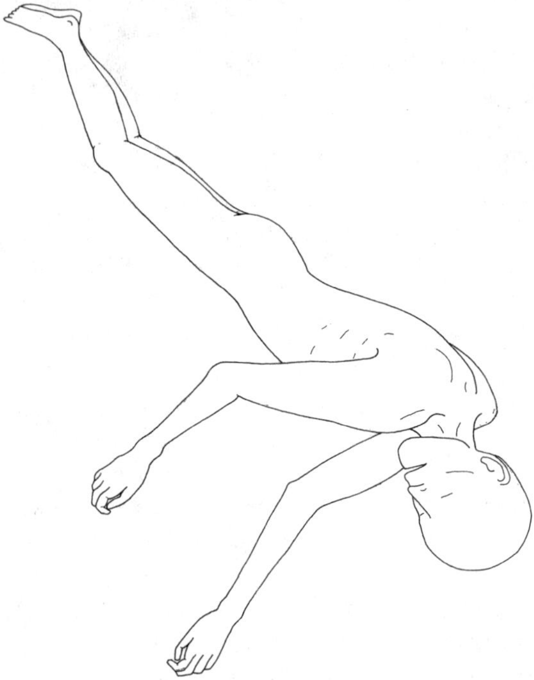

Sterbelage des Mannes vom Hauslabjoch. Er legte sich auf die linke Körperseite. Bei dem rechtsseitigen, unverheilten Serienrippenbruch ist dies die Lage, die am wenigsten Schmerzen bereitet. Der Kopf ruhte, ebenfalls rechtsseitig, auf einem Felsblock. Beide Arme streckte er muskulär entspannt vor sich. Die Füße lagerten übereinander. Das linke Ohr war nach vorn geklappt. In dieser Lage erfror der Mann wahrscheinlich nach nur wenigen Stunden. Anzeichen eines Todeskampfes liegen nicht vor. Der Erfrierungstod im Zustand völliger Erschöpfung ist ein sanfter, vom Bewußtsein nicht wahrgenommener Tod. Ursprünglich ruhte der Mann in voller Kleidung auf der felsigen Unterlage.

Offenbar von einem Schneesturm, plötzlichem Nebel oder beidem überrascht, befand sich der Mann vom Hauslabjoch im Zustand völliger Erschöpfung. In einer Felsrinne, die er vielleicht von früheren Paßbegehungen her kannte, suchte er notdürftig Schutz vor den Unbilden der Witterung. Mit letzter Kraft richtete er sich für eine Übernachtung ein. Er deponierte Beil, Bogen und Rückentrage am Felssims. Womöglich verzehrte er an dieser Stelle seinen letzten Proviant: ein Stück zähes, getrocknetes Steinbockfleisch. Zwei Knochensplitter, die beim Abschneiden der Fleischstreifen versehentlich steckengeblieben waren, kaute er ab und spuckte sie aus. Mittlerweile war es dunkel geworden. Jeder Schritt bedeutete Lebensgefahr. Es schneite ununterbrochen, im Sturm drang eisige Kälte durch seine Kleider. Eine entsetzliche Müdigkeit breitete sich in den Gliedern aus. Zwischen Überlebenswillen und zunehmender Gleichgültigkeit gegenüber der eigenen physischen Bedrohung raffte er sich noch einmal auf, er wußte, daß Schlafen den Tod bedeutete. Noch ein paar Schritte taumelte er vorwärts. Der Köcher fiel herab. Vor sich ertastete er eine aufragende Felswand. Auch hier war der Weg versperrt. Er wendete sich zurück. Unter ihm nur lockeres Felsgeröll. Er strauchelte und stürzte hart auf einen Felsblock. Der Glutbehälter entglitt seiner Hand; seine Mütze fiel hinab. Jäh durchfuhr ihn wieder dieser Schmerz an der rechten Brustseite. Er wollte nur ein wenig verschnaufen, aber das Schlafbedürfnis war stärker als sein Wille. Aus einem ganz bestimmten Grund, auf den wir später noch zu sprechen kommen, drehte er sich auf die linke Körperseite, damit wenigstens der Schmerz nachließ. Den Kopf bettete er auf den Fels. Weitgehend apathisch, gelangte die an sich unangenehme Situation der umgeknickten Ohrmuschel nicht mehr in sein Bewußtsein. Der linke Arm lag muskulär entspannt und wohl im Ellenbogenbereich leicht angewinkelt vor dem Rumpf. Der rechte Arm war fast gestreckt und hing nach vorn herab. Die Füße ruhten übereinander; der linke Schuh lag unter dem rechten. Binnen kurzem froren die Kleider an der rauhen Unterlage fest. Er spürte den Kältetod nicht mehr. Über Nacht gefror auch der Leichnam.

Ob diese fiktive Darstellung des Sterbens den Tatsachen entspricht, werden wir nie erfahren. Sie ist nur eine Möglichkeit, sich die Vorgänge zu veranschaulichen.

Der Glaziologe Patzelt berichtete uns, daß in dieser Höhenlage während einer Nacht durchaus zweihundert Zentimeter Schnee fallen können. Zusätzlich führen Windverdriftungen noch zu erhöhter Schneeabdeckung, also zu Schneewehen- und -wächtenbildungen.

Aber so hoch brauchte die Schneedecke gar nicht gewesen zu

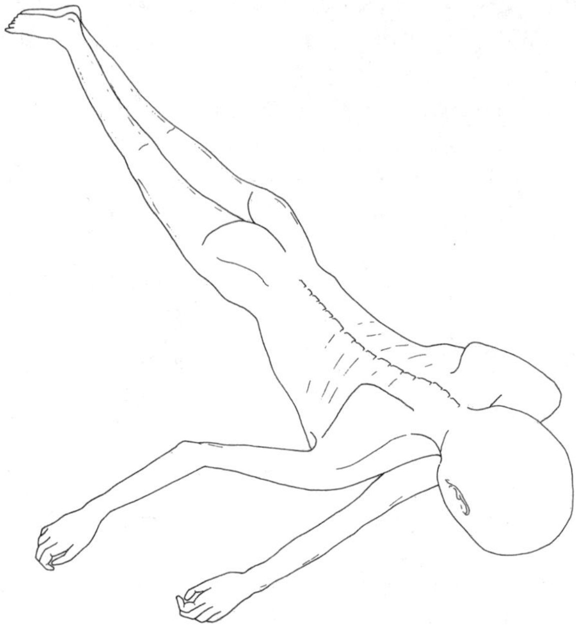

Auffindungslage der Mumie im September 1991. Gegenüber der Sterbeposition (Abb. Seite 220) sind geringe Lageveränderungen eingetreten. Durch Eisdruck und leichte Gleitbewegungen der Eismasse im basalen Teil der Felsrinne wurde der Körper in axialer Richtung um etwa neunzig Grad von der Seiten- in die Bauchlage gedreht. Dabei entstanden auch die Weichteilverschiebungen im Gesicht, das nun direkt dem Felsen auflag. Nase und Oberlippe wurden nach rechts oben verschoben.

sein, als der nächste Tag herandämmerte. Jedenfalls schützte diese den Toten, sonst wäre er sofort von Geiern oder Rabenvögeln entdeckt und angegriffen worden. Mit Insektenflug ist in dieser Jahreszeit nicht mehr zu rechnen. Solcher Schnee bleibt mehrere Jahre lang luftdurchlässig. In dieser Zeit führte eine kombinierte Gefriertrocknung zur Mumifizierung der Leiche.

Schnee braucht etwa zehn bis zwanzig Jahre, um zu Eis zu werden. Sobald dieses Eis über der Fundstelle am Hauslabjoch eine bestimmte Dicke erreicht hatte, begann der Gletscher talwärts zu fließen. Dabei werden ungeheure Kräfte freigesetzt. Nach Einschätzung des Glaziologen dürfte die maximale Eisabdeckung am Hauslabjoch etwa zwanzig bis fünfundzwanzig Meter erreicht haben. Da aber die Fundstelle selbst in einer geschützten Mulde lag, floß die Hauptmasse des Gletschers über die Einsenkung hinweg, während das basale Eis in der Rinne nahezu ruhig blieb. Gleichwohl ist auch in der Tiefe mit modifizierten Eisdruckbewegungen wie auch mit einem geringen basalen Gleiten der Eismasse zu rechnen. Der bei wechselnden Eishöhen unterschiedliche Überlagerungsdruck wird teilweise nach unten abgeleitet. Dies führt zu Verschiebungen, die sich aber im Dezimeterbereich aufhalten. Es ist mit Eisbewegungen am Boden der Rinne von höchstens dreißig bis fünfzig Zentimetern zu rechnen.

Solchen leichten Bewegungskräften war auch die Mumie vom Hauslabjoch ausgesetzt. Sie wurde, und dieser Prozeß kann sich in Jahrzehnten oder Jahrhunderten abgespielt haben, aus ihrer ursprünglichen, linksseitigen Lage gleichsam in Bauchlage gedreht und in dieser Position im September 1991 aufgefunden. Da der linke Arm am Felsen angefroren war, wurde der Körper sozusagen über ihn hinweggezogen, was zu der unnatürlichen Haltung des linken Armes führte. Bei dieser axialen Drehung der Mumie um etwas weniger als neunzig Grad geriet der rechte Arm in die Tiefe neben den Felsblock, auf dem der Tote ruhte, weshalb die Freilegung der rechten Hand auch eine solche Mühe bereitete. Sie gelang erst während der offiziellen Bergung durch den Gerichtsmediziner Henn am Montag, dem 23. September 1991. Der Kopf lag zunächst mit der linken Schläfenregion auf dem Felsen, wodurch die körnigen Eindrücke über und neben dem linken Auge entstanden. Das Eis bewegte dann den Kopf in Drehrichtung auf das Gesicht, wobei die Weichteilnase und die Oberlippe als am weitesten vorstehende Partien abgeflacht und nach rechts oben verzogen wurden. Das linke Ohr, das während der Drehbewegung des Toten im Eis bereits mumifiziert war, behielt die nach vorn geklappte Stellung mit der scharfen Beugelinie bei. Die Füße indes verharrten in ihrer ursprünglichen Lage und waren von den Bewegungskräften nicht betroffen.

Die Fließrichtung der Hauptmasse des Gletschers am Hauslabjoch erfolgte rechtwinklig zum Verlauf der Felsrinne talwärts nach Südwesten. Die Mumie am Boden wurde freilich in entgegengesetzter Richtung gedreht. Das entspricht den Bewegungskräften des Eises, das beim Übergleiten der Mulde schräg nach vorn gegen die die Rinne zum Südwesten hin begrenzende Felsrippe drückte. Auf diese Weise wurde, wenn auch in minimalen Ausmaßen, das Eis im Sinne einer Kreisbewegung am Boden der Einsenkung in die Gegenrichtung geschoben.

Schon von den ersten Besuchern der Mumie wurde immer wieder darauf hingewiesen, daß die linke Hand in einer Weise geschlossen sei, als habe sie einen Gegenstand damit umfangen. Deshalb tauchten in den ersten Tagen hartnäckige Gerüchte auf, der Tote halte das Beil oder den Bogen in der Hand. Diese Darstellung entspricht aber nicht der Wirklichkeit. Beide Hände befinden sich in natürlicher Sterbehaltung, wobei in diesem Fall durch das Einfrieren des Körpers nach dem Tod die beim Sterben eingenommene Fingerhaltung bewahrt blieb. Es kann sich folglich auch nicht um eine während der Todesstarreentwicklung eingekrallte Handhaltung handeln, wie sie sonst häufig bei Leichen zu beobachten ist.

7. Die Tätowierungen

Schon als Markus Pirpamer und Kulis den Fundplatz unmittelbar nach der Entdeckung des Toten durch das Nürnberger Ehepaar aufsuchten, bemerkten sie Zeichen auf der Haut des Toten. Zunächst war von Brandmalen und sogar von Peitschenhieben die Rede, weshalb auch der Staatsanwalt und der Untersuchungsrichter in den Fall einbezogen wurden. Da die Haut der Mumie partienweise abgedunkelt ist, lassen sich diese Male zum Teil nur schwer ausmachen. Im einzelnen sind bislang vierzehn Strichgruppen, bestehend aus nur einem bis zu sieben Strichen, sowie zwei Kreuze identifiziert worden:

- zwei parallele Streifen um das linke Handgelenk,
- vier Strichbündel links der Lendenwirbelsäule,
- ein Strichbündel rechts der Lendenwirbelsäule,

Oben: Das Gürteltäschchen aus Kalbsleder. Die Gürtelenden sind an beiden Seiten abgerissen (zur Tragweise vergleiche Textabbildung auf Seite 139). Das Stück wurde lange benutzt und weist mehrfache Reparaturen auf. Die Öffnung befindet sich an der oberen Längsseite. Rechts und links lassen sich Raffungen erkennen, die durch die dort befestigten Lederriemen der Beinröhren entstanden sind. Rechts ist eine angeknotete Grasschnur sichtbar, an der wahrscheinlich der Dolch hing. © Christin Beeck, RGZM.

Unten: Teile eines Echten Zunderschwammes aus dem Gürteltäschen. Anhaftende Pyritkristalle beweisen, daß der Mann vom Hauslabjoch ein Schlagfeuerzeug mit sich führte. Der Feuerschlagstein und die Pyritknolle sind allerdings verlorengegangen, ob schon zu Lebzeiten des Gletschermannes oder erst während der verschiedenen Bergungsversuche ist vorerst nicht geklärt. © Christin Beeck, RGZM.

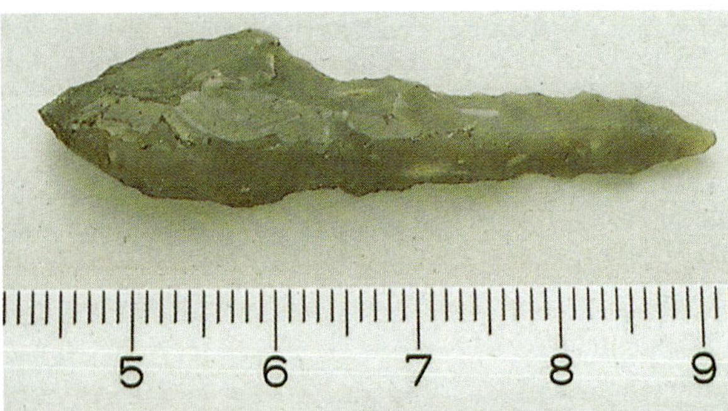

Von oben nach unten: Klingenkratzer aus Feuerstein aus dem Gürteltäschchen, ein Vielzweckgerät, mit dem man schaben, schneiden, schnitzen, hobeln und glätten konnte. Feiner »Sichelglanz« an einer Kante zeigt, daß der Mann im Eis damit auch Gräser und/oder Getreide ernte-te. © Christin Beeck, RGZM.

Lamellenstück aus Feuerstein aus dem Gürteltäschchen. Mit seinen rasiermesserscharfen Kanten lassen sich feine Schnitz- und Schneidearbeiten ausführen. © Christin Beeck, RGZM.

Bohrerartiges Feuersteingerät aus dem Gürteltäschchen. Das schmale Ende diente zu feinen Bohrungen, mit dem breiten Ende konnte man hobeln und Späne herstellen. © Christin Beeck, RGZM.

Ahle aus dem Mittelfußknochen eines kleinen Wiederkäuers. Beide Enden sind sekundär angebrochen. Es ist nicht geklärt, ob dies schon zu Lebzeiten des Mannes vom Hauslabjoch oder erst während der Bergung geschah. Das nadelspitze Ende ließ sich für feine Näharbeiten, aber auch zum Tätowieren verwenden. Das spatelförmige Ende konnte beispielsweise als Zunderstocher benutzt werden. © Christin Beeck, RGZM.

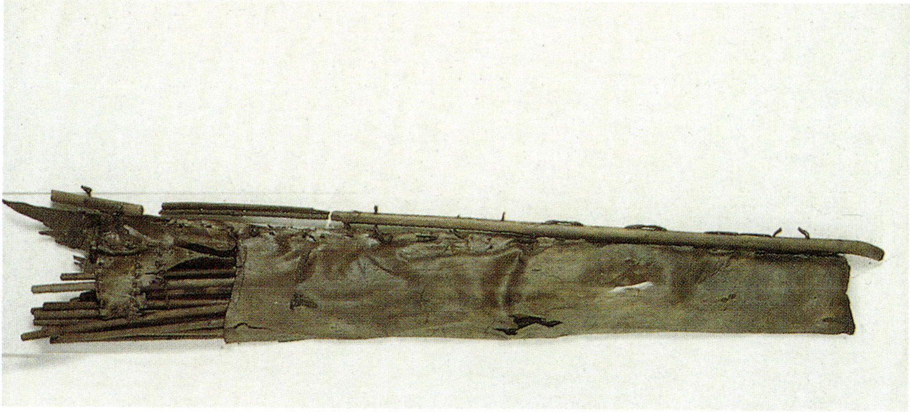

Oben: Der Köcher. Er besteht aus einem Fellsack, an den seitlich als Versteifung ein Haselstock geknüpft ist. Wie auch bei der Mumie sind die Haare fast vollständig ausgefallen, so daß das Stück jetzt ledern wirkt. Oben schauen die Enden der vierzehn Pfeilschäfte heraus. Sämtliche Beschädigungen am Köcher sind bereits zu Lebzeiten des Mannes entstanden. © Christin Beeck, RGZM.

Rechts: Oberteil des Köchers mit halbkreisförmiger Flügelklappe. Der Inhalt ist bereits entnommen. Die vordere Verschlußklappe und der Trageriemen des Köchers waren schon vor dem Tod des Mannes abgerissen und verlorengegangen. © Christin Beeck, RGZM.

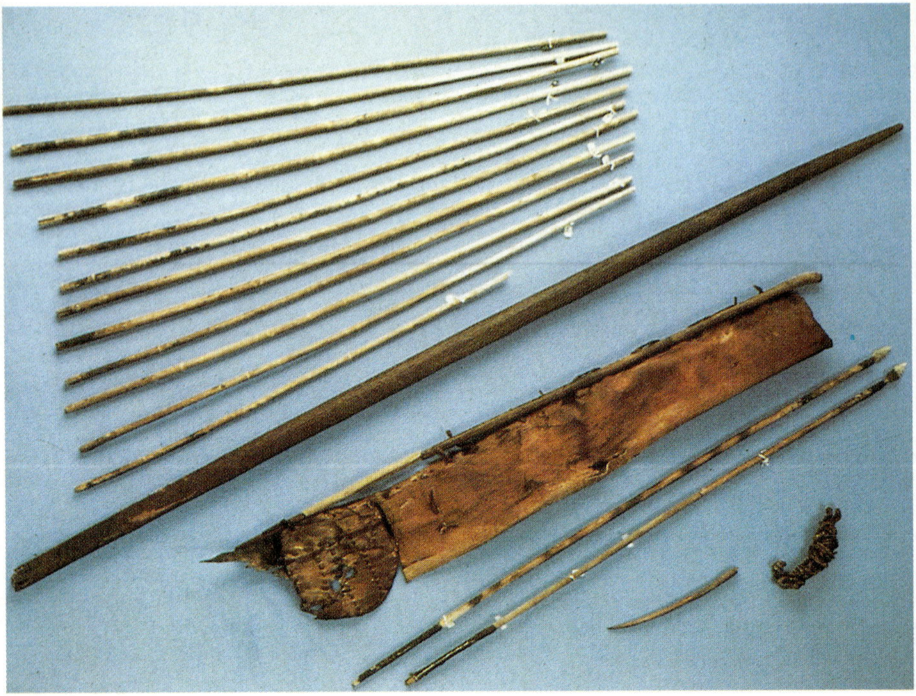

Oben: Schräg in der Mitte der abgebrochene Bogenstab, darüber die Pfeilrohschäfte, davon einer gekürzt; darunter der Köcher, die beiden »schußbereiten« Pfeile, der Hirschgeweihdorn und die gebündelte Bastschnur, bei der es sich vermutlich um die Bogensehne handelt. © Christin Beeck, RGZM.

Unten: Gebündelte Bastschnur aus dem Köcher; ein Ende ist geknotet. Die Länge ist schwer zu schätzen, abgerollt mag sie etwa 1,9 bis 2,1 Meter betragen. Vermutlich war die Schnur als Sehne für den noch nicht fertiggestellten Bogen vorgesehen. © Christin Beeck, RGZM.

- ein kreuzförmiges Zeichen an der Innenseite des rechten Knies,
- drei Strichbündel auf der linken Wade,
- ein kleines, kreuzförmiges Zeichen links neben der linken Achillessehne,
- ein Strichbündel auf dem rechten Fußrücken,
- ein Strichbündel neben dem rechten äußeren Fußknöchel und
- ein Strichbündel oberhalb des rechten inneren Fußknöchels.

Die medizinischen Untersuchungen ergaben noch keine Klärung, ob die beiden Streifen am linken Handgelenk von Tätowierungen oder von einer ziemlich straff gezogenen Schnürung herrühren, die freilich nicht so stark gewesen war, daß sie den Blutkreislauf beeinträchtigte. Gleichwohl führt jeder von außen ausgeübte Druck zu einem leichten Blutstau, der sich nach dem Tod des Individuums als dunkle Hautverfärbung abzeichnen kann. Dem Gerichtsmediziner sind solche Erscheinungen geläufig. Sie bilden zum Beispiel das erste Tatmerkmal bei Strangulierungen. Demnach wäre zu folgern, daß der Mann vom Hauslabjoch ein doppelt gewundenes Band um das Handgelenk geschlungen hatte. Leider wurde bei der Freilegung der linken Hand aus dem Eis nicht darauf geachtet, ob beziehungsweise was der Tote am Handgelenk trug. Trotzdem zwei Überlegungen zu dieser Frage:

Einmal hätte er einen oder mehrere Gegenstände mittels eines zweifach geschnürten Bandes am Handgelenk tragen können, wobei unter den aufgefundenen Ausrüstungsteilen eigentlich nur die beiden Birkenporlinge, die ja auf längere Fellstreifen gefädelt sind, in Erwägung gezogen werden können. Ihre genaue Fundlage ist nicht gesichert. Sie wurden nach dem Bergen der Mumie aus der verbliebenen Eiswanne aufgesammelt. Danach ist eine Lageposition am linken Handgelenk nicht auszuschließen. Wenn dies auch eine sehr wahrscheinliche und vom Befund her zufriedenstellende Lösung ist, so soll doch eine andere Möglichkeit nicht völlig ausgeschlossen werden.

Es käme nämlich auch eine Schutzvorrichtung in Frage, wie sie gelegentlich von Bogenschützen benutzt wird. Bogenschützen aus historischer und moderner Zeit tragen nicht selten eine derbe Lederstulpe, mit der sie den Unterarm und/oder den Daumen der

Hand, die den Bogen in der Mitte hält, vor der zurückschnellenden Bogensehne schützen; wenn sie Rechtshänder sind, dann natürlich links.

Aus vorgeschichtlicher Zeit kennt man steinerne Arm- und Daumenschutzplatten, die, der Form der Gliedmaßen angepaßt, leicht gewölbt zugerichtet wurden. Durch an den Schmalseiten angebrachte Löcher ließen sie sich an Unterarm und Daumen festschnüren. Die Glockenbecherleute der ausgehenden Jüngeren Steinzeit benutzten gern solche sehr sorgfältig aus weichem Gestein geschliffenen Arm- und Daumenschutzplatten. In einem Ausnahmefall bestand eine solche Platte sogar aus Gold. Bei ihrem Besitzer handelte es sich sicher um eine hochangesehene Person, vielleicht um einen Stammeshäuptling. Darüber hinaus ist natürlich auch mit ledernem Armschutz zu rechnen, der sich sonst nicht erhalten hat, der aber auf jeden Fall mit Schnüren oder Bändern am Unterarm hätte befestigt werden müssen.

Sollte der Mann vom Hauslabjoch, der sich ja als Bogenschütze ausweist, einen solchen getragen haben, so ist er vielleicht bei den nicht sehr systematischen Bergungsunternehmungen verlorengegangen und vom Wind verweht worden, oder aber er läßt sich unter den zahlreichen eingelieferten Leder- und Fellfetzen nicht mehr rekonstruieren.

Von den beiden hier angedeuteten Möglichkeiten, wie die zwei Streifen am linken Handgelenk entstanden sein könnten, scheint mir das Tragen der Birkenporlinge die wahrscheinlichere zu sein, da auch die Länge und Stärke der beiden Fellstreifen, auf die die Pilze gefädelt sind, sehr gut zu diesem Bild passen. Es ist aber, wie gesagt, noch nicht sicher, ob es sich um Druckstreifen oder um echte Tätowierungen handelt.

Bei allen übrigen Zeichen auf der Haut des Mannes vom Hauslabjoch handelt es sich mit Sicherheit um Tätowierungen. Die Arbeitsgruppe um Dr. Bernard Naafs vom Institut für Dermatologie in Rotterdam untersuchte Hautproben aus dem Bereich der Farbmarken des Gletschermannes. Die Gewebepräparate ließen bei der Betrachtung unter dem Mikroskop erkennen, daß die jungsteinzeitliche Tätowierungstechnik den heute angewandten Methoden sehr ähnlich ist. Zusätzlich ergab die Makroskopie eine bemerkenswerte Übereinstimmung mit modernen therapeutischen Tätowierungen, wie solche noch heute beispielsweise in Afrika oder Indien praktiziert werden. Üblicherweise wird dabei mit einem sehr scharfen beziehungsweise spitzen Gerät die Haut angestochen, geritzt oder eingeschnitten. In diese Wunden reibt man einen Farbbrei. Das am häufigsten gewählte Pigment bildet pulverisierte Holzkohle, die mit Speichel oder lauwarmem Süßwasser angerührt wird. Sie ergibt den bekannten Blauton der Tätowierungen. Da sich die Tätowierungen des Gletschermanns deutlich blaufarben abheben, darf vermutet werden, daß für seine Zeichen ebenfalls Holzkohle verwendet wurde. Die exakte Linienführung der Rückentätowierungen weist eindeutig darauf hin, daß er sich diese Zeichen nicht selbst zugefügt haben kann. Bei allen übrigen Zeichen, nämlich denen auf Beinen und Füßen, ist nicht auszuschließen, daß sie der Mann vom Hauslabjoch mit eigener Hand gestochen hat. Von dem mitgeführten Werkzeug wäre die Knochenahle mit der nadelscharfen Spitze, die er in seinem Gürteltäschchen verwahrte, sogar als dienliches Gerät geeignet. Nach allen Erfahrungen finden aber Selbsttätowierungen nur in extremen Ausnahmesituationen statt. Eine oder mehrere davon für den Mann im Eis zu postulieren, besteht vernünftigerweise kein Grund. Man darf also davon ausgehen, daß alle Tätowierungen von einer anderen Person ausgeführt wurden.

Bei der Verteilung der Zeichen auf dem Körper ist kein eigentliches System zu erkennen. Die links der Lendenwirbelsäule eingelassenen Strichgruppen sind vertikal angeordnet. Von oben nach unten betrachtet beginnen sie mit einer Vierergruppe, darauf folgen zwei Dreiergruppen, dann gibt es eine Lücke, an die noch einmal eine Vierergruppe anschließt. Deren weiterer Verlauf ist durch die Verletzungen der Mumie im linken Hüft- und Glutealbereich aber nicht erhalten. Immerhin fällt auf, daß exakt in Höhe der linken Lücke eine Vierergruppe rechts der Lendenwirbelsäule angebracht ist.

Unterhalb des linken Knies ist auf der Wade eine Siebenergruppe erkennbar, an die sich zunächst im Abstand von 12,1 Zentimetern nach unten eine Dreiergruppe anschließt, dem noch einmal, nach innen versetzt, ein Einzelmal folgt. Sonst findet sich am linken Fuß

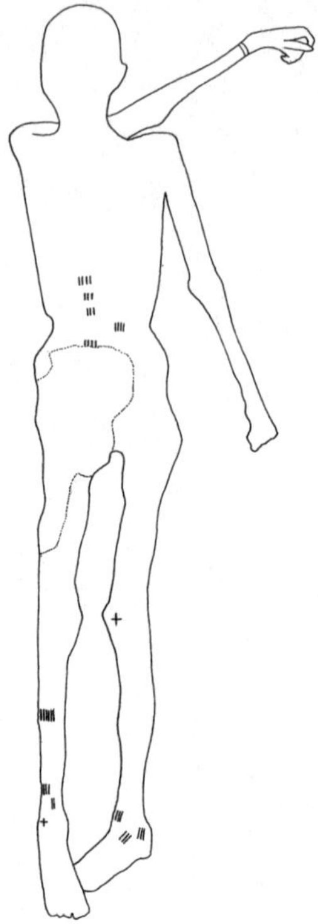

Übersicht zu den bislang am Körper der Mumie vom Hauslabjoch entdeckten Tätowierungen. Die Leiche wird in Bauchlage gezeigt. Der durch den Schrämhammer des ersten Bergungsversuchs verursachte Weichteildefekt mit Hautverlust im Bereich des linken Gesäßes und des linken Oberschenkels ist umrandet. Die Tätowierungen konzentrieren sich an der Lendenwirbelsäule, am rechten Knie und an den Sprunggelenken sowie auf der linken Wade. Bei den beiden Streifen am linken Handgelenk ist noch nicht geklärt, ob es sich um Druckstellen oder doch um Tätowierungen handelt.

nur noch ein kleines, kreuzförmiges Zeichen, das seitlich neben der Achillessehne etwas oberhalb der Spitze des äußeren Knöchels eintätowiert ist. Ebenfalls wahllos verteilt erscheinen die Tätowierungen am rechten Bein. Gleichwohl ist unübersehbar, daß sich hier die Anbringung auf Knie- und Sprunggelenk beschränkt. Das Kreuzzeichen auf der Innenseite des Knies besticht durch seine tiefblaue Farbe, da an dieser Stelle die Hautoberfläche sehr hell beigefarben ausgeprägt ist. Um das rechte Sprunggelenk gruppieren sich drei Bündel aus jeweils drei vertikal zur Körperachse angebrachten Strichen. Eines findet sich leicht nach außen versetzt auf dem Fußrücken, das andere seitlich am Außenknöchel und das letzte rechts oberhalb des Innenknöchels. Es ist nicht ausgeschlossen, daß sich auf sehr dunklen Hautpartien weitere Zeichen befinden, die noch nicht entdeckt wurden.

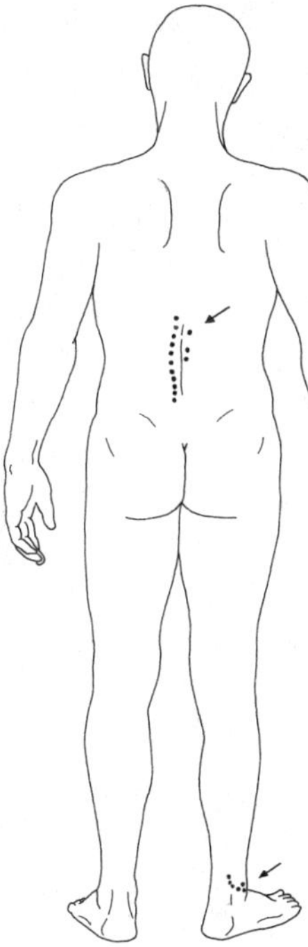

Idealzeichnung der männlichen Mumie aus Kurgan 2 von Pazyryk im Altaigebirge Sibiriens. Ähnlich wie beim Mann vom Hauslabjoch dienten die punktförmigen Tätowierungen an der Lendenwirbelsäule und am rechten Sprunggelenk (Pfeile) einem therapeutischen Zweck. Der Deutlichkeit halber sind die sonstigen Tätowierungen auf der Haut des skythenzeitlichen Nomadenfürsten weggelassen worden. Sie zeigen Darstellungen ineinander verschlungener Fabelwesen von hoher künstlerischer Qualität.

Tätowierungen und andere Formen der Hautzeichnung etwa durch Bemalung oder durch Narbenmuster lassen sich zu allen Zeiten und bei fast allen Völkern auf unserer Erde nachweisen. Um beim engeren Thema zu bleiben, weise ich beispielsweise auf die kunstvollen Bilder auf der Haut des Nomadenfürsten von Pazyryk im sibirischen Altaigebirge aus der Zeit um 400 vor Christus und auf den eintätowierten Gesichtsschmuck der grönländischen Eskimos von Qilakitsog aus der Zeit um 1500 nach Christi Geburt hin. Selbst in unserer hochzivilisierten zeitgenössischen Kultur sind Tätowierungen keinesfalls aus der Mode gekommen. Früher ließen sich bevorzugt Seeleute tätowieren, damit sie im Fall eines Schiffbruchs als solche erkannt wurden und ein christliches Begräbnis erhielten. Soziale Randgruppen wie Prostituierte kennzeichnen damit ihr Gewerbe. Gefängnisinsassen drücken mit thematisch einschlägigen Tätowierungen ihren Protest gegen die Gesellschaft aus, die sie inhaftiert. Als Angehörige eines sich als elitär fühlenden Männerbundes wiesen sich die SS-Leute untereinander durch die unter dem Oberarm eintätowierte Blutgruppe aus. Auch die Opfer des NS-Staates, die KZ-Insassen, bekamen in ganz ähnlicher Weise, wenn auch als völlig konträre Maßnahme, eine Nummer auf den Arm eintätowiert.

Damit sind wir bereits bei der Frage nach den Beweggründen, die den Mann im Eis veranlaßten, sich tätowieren zu lassen. Das Anbringen von Zeichen auf der Haut des menschlichen Körpers folgt einem psychischen oder einem praktischen Zweck, wobei beides auch ineinanderfließen kann. Zum einen dienen Tätowierungen vordergründig einem Schönheitsempfinden, wenn es sich um künstlerische Darstellungen oder um sprechende Bilder handelt. Oft dokumentiert man auch durch rituell festgelegte Zeichen bestimmte Lebensstufen, sehr häufig beispielsweise die Geschlechtsreife. Bisweilen werden damit auch sexuelle Signale überhöht oder ganz allgemein Gemütszustände zum Ausdruck gebracht wie Liebe, Haß, Trauer oder Rachsucht. Darüber hinaus geben offen oder verdeckt getragene Zeichen ein politisches oder religiöses Bekenntnis ab. Eine andere Gruppe von Tätowierungen bezeichnet zum Beispiel Rang und Würde in einer Gesellschaft, Eigentumsrechte, Verfügungsgewalt, Herkunft oder Identität, Zugehörigkeit zu einer Gruppe und nicht zuletzt Leistungen wie die Zahl getöteter Feinde, erlegter Tiere oder erworbener Frauen. Schließlich gibt es Tätowierungen, aber auch andere in den gleichen Zusammenhang gehörende Verfahren, wie etwa das Kauterisieren, das heißt das Einbrennen von Zeichen zu therapeutischen Zwecken.

In dieser Richtung gedeutete Zeichen trägt beispielsweise der Mann aus dem zweiten Kurgan der Pazyryk-Nekropole zusätzlich zu den prachtvollen sonstigen Tätowierungen. Dabei handelt es sich zum einen um eine vertikale Reihe von elf Punkten links und zum anderen um eine ebensolche aus nur drei Punkten rechts der Lendenwirbelsäule. Zusätzlich befindet sich am rechten Sprunggelenk eine bogenförmige Reihe aus sechs Punkten. Abgesehen davon, daß es sich dort um Punkte, hier um Striche handelt, ist die Übereinstimmung zwischen den Zeichen des Nomadenfürsten und denen des Gletschermanns dermaßen frappant, daß man nicht an Zufall glauben will, auch wenn Tausende von Kilometern und Jahren dazwischen liegen.

Professor Renate Rolle vom Institut für Ur- und Frühgeschichte der Universität Hamburg hat aus der Fülle der hier nur ausschnitthaft angedeuteten Motivationen zum Anbringen von Hautzeichen den Blick auf Heilbehandlungen in der volkskundlichen Medizin gelenkt. Hauptsächlich ist dabei das »Brennen« zu berücksichtigen, das bis in unsere Zeit bei eurasischen Steppennomaden, aber auch in der tibetischen Volksmedizin zum Einsatz kommt. Dabei versucht man rheumatische und arthritische Erkrankungen durch Brennen der befallenen Gelenke zu behandeln wie auch prophylaktisch eine Abhärtung gegen Witterungseinflüsse zu erzielen. Man benutzt dafür unterschiedliche Instrumente, angefangen von heißen Pfeifenköpfen bis hin zu Kauterisierungsgeräten wie Loch- und Brenneisen. Die tibetische Heilkunde brennt noch heute Kräuter in die Haut, um zum Beispiel Gelenkschmerzen, Sterilität oder Rükkenleiden zu beheben. Mit Kräutern gefüllt, setzt man die Spitze des glühenden Brenneisens auf die Haut, eine Methode, die von zahlreichen Naturvölkern mit gutem Erfolg angewendet wird. Bereits in der antiken medizinischen Fachliteratur, im »*Corpus Hippocraticum*«, gibt es den Hinweis, daß die Skythen auf ihren Körpern überall Brandmale als Folge therapeutischer Kauterisierungsmaßnahmen trugen. Man schließt daraus, daß die erwähnten Punktreihen am Rücken und am rechten Fuß des Pazyryk-Mannes als Folge solcher Heilbehandlungen anzusehen sein könnten.

Leider wurden seinerzeit keine Röntgenuntersuchungen an den Altaimumien durchgeführt, und den Computertomographen gab es damals noch nicht, um die äußerlichen Beobachtungen mit dem knöchernen Befund in Verbindung zu bringen. Doch unabhängig davon stellt sich beim Mann vom Hauslabjoch die Frage, ob an den den Tätowierungen benachbarten Knochen Auffälligkeiten oder gar Abweichungen von der Norm des gesunden Gelenks zu diagnostizieren sind.

In erster Linie wären also die Lendenwirbelsäule, das rechte Kniegelenk und die beiden Sprunggelenke auf ihren gesundheitlichen Habitus zu überprüfen, weil an diesen Stellen markante Tätowierungen in Nachbarschaft zu Gelenken angebracht sind. Mit anhaltender Spannung haben wir also die ersten Ergebnisse der Röntgenaufnahmen abgewartet. Und was wir kaum zu hoffen wagten, trat ein: »*In der Lendenwirbelsäule konnten wir diskrete bis mittelgradige degenerative Veränderungen im Sinne einer Osteochondrose und auch einer leichten Spondylose feststellen. Auch an den Kniegelenken und insbesondere an beiden Sprunggelenken zeigen sich Abnützungserscheinungen mäßigen Grades*«, beschreibt zur Nedden den Befund. Somit liegt es nahe, daß zwischen den Tätowierungsfeldern auf der Haut des Mannes vom Hauslabjoch und den vom Röntgenologen festgestellten alters- beziehungsweise belastungsbedingten Verschleißerscheinungen ein innerer Zusammenhang besteht. Die bläulichen Zeichen dürften deshalb zumindest teilweise den Zweck gehabt haben, lindernd auf die schmerzenden Gelenke einzuwirken, eine Maßnahme, die mit Erfolg von der Volksmedizin bis in unsere Zeit angewandt wird. Bleibt noch, eine Erklärung für die Strichbündel auf der linken Wade zu finden, mit denen kein knöcherner Befund korrespondiert. Hier ist man auf Vermutungen angewiesen. Gerade die Wadenmuskulatur ist bei starken Belastungen, zum Beispiel beim Bergsteigen, für gewisse Reizerscheinungen empfänglich, die im Volksmund als »Muskelkater« und »Wadenkrampf« bezeichnet werden. Vielleicht hat unser Gletschermann hin und wieder daran gelitten und sich einer entsprechenden medizinischen Behandlung unterzogen.

Bis zur Auffindung des Gletschermannes galten die auf der Haut einer ägyptischen Priesterin beobachteten Tätowierungen als die ältesten Farbmarken. Die Mumie der Hathor-Priesterin läßt sich in die Zeit des Mittleren Reiches (2040 bis 1780 vor Christi Geburt) datieren. Im Falle des Mannes im Eis handelt es sich also um die bisher weitaus ältesten Tätowierungen, die je auf einem menschlichen Körper entdeckt wurden.

Wie immer bei spektakulären Ereignissen beginnt sogleich die Gerüchteküche zu brodeln. Halb- und Unwahrheiten werden als feste Tatsachen verbreitet. Bestimmte Medien und selbsternannte Experten fangen die Seifenblasen mit Begeisterung ein und vermarkten sie als festen Bestandteil unseres Wissens, selbst wenn sie schon längst geplatzt sind. Die Dinge verselbständigen sich und geraten außer Kontrolle. Obwohl ich mir vorgenommen habe, in diesem Buch nur die wissenschaftlichen Erkenntnisse entsprechend dem gegenwärtigen Forschungsstand zu referieren und klar zu formulieren, welche Vermutungen, Deutungen und Hypothesen sich daraus gegebenenfalls ableiten lassen, muß ich auf zwei Presseberichte eingehen, die beim unbefangenen Leser zu Irritationen geführt haben könnten:

So greift »Der Spiegel« in seiner Ausgabe 10, 1993 das Gerücht auf, »in Ötzis Hintern seien Spermien gefunden worden«, ein Gerücht, das in Schwulenmagazinen kolportiert werde. Dabei handelt es sich um eine freie Erfindung, zumal gerade die Analregion der Mumie durch den Schrämhammer des ersten Bergungstrupps bis tief in den knöchernen Beckenbereich hinab zerstört ist. Überdies fanden in den erhaltenen Weichteilpartien des Beckens noch keinerlei Untersuchungen, ebensowenig wie Probenentnahmen, statt. Unter den durch die Dehydratation des Leichnams stark zusammengedrückten inneren Organen ließ sich im Computertomogramm bislang nicht einmal der Mastdarm identifizieren. Sehr viel wichtiger erscheint hingegen die Bestimmung eines eventuellen Enddarminhalts, also des Kots, der interessante Erkenntnisse über aufgenommene Nahrungsmittel, Verdauungstätigkeit, Parasitenbefall und mögliche Darmkrankheiten vermitteln könnte.

Am hartnäckigsten hielt sich das Gerücht, der Gletschermann sei entmannt gewesen, sein Penis amputiert und die Hoden zu Lebzeiten entfernt worden. Offensichtlich geht dieses Märchen ebenfalls auf einen »Spiegel«-Artikel zurück, den die Wochenzeitschrift in ihrer Ausgabe 5, 1992, veröffentlichte. Danach habe Platzer mit einem weiteren Mysterium aufgewartet. Der Hodensack sei vorhanden, nicht aber die Hoden. *»Das sieht wie herausgeschält aus«*, soll der Anatom gesagt haben. Auch der Penis des prähistorischen Grenzgängers sei spurlos verschwunden. Ich hielte der Kastrationsidee eine einfachere Erklärung entgegen, daß nämlich die brachialen Bergungstrupps dem Toten »*postmortale Läsionen*« zugefügt hätten.

Die von der Zeitschrift immerhin noch vorsichtig als Hypothese unter Berufung auf angebliche Aussagen von Platzer und mir konstruierte Kastrationstheorie verselbständigte sich in der Folgezeit. Aus Vermutungen wurden Tatsachen. Das ging sogar so weit, daß mich ein Münchner Privatmann bezichtigte, ich hätte den Penis des Mannes vom Hauslabjoch gestohlen. Es entwickelten sich die absurdesten Ideen, die darin gipfelten, die Mumie könne gar nicht aus den Alpen stammen. Vielmehr müsse es sich um einen Menschen handeln, der aus einem Kulturbereich stamme, in dem aus religiösen Gründen Kastrationsriten praktiziert worden seien. Und dafür kämen die Alpenländer nicht in Frage, sondern allenfalls der Mittelmeerraum oder Vorderasien. Dort hätten die Priester ihre Genitalien geopfert, um in den Tempeln der Großen Mutter dienen zu dürfen...

Richtig ist allein, daß im Rahmen des Untersuchungsprogramms der Mumie die Genitalregion erst für einen relativ späten Zeitpunkt angesetzt war. Aus verschiedenen, aus wissenschaftlicher Sicht unabdingbaren Gründen mußten andere Teilprogramme, wie beispielsweise die Computertomographie und die Photogrammetrie, vorgezogen und deren erfolgreiche Datenaufnahme abgewartet werden. Insbesondere die photogrammetrischen Untersuchungen waren sehr zeitaufwendig, weil dafür erst ein neues Verfahren entwickelt werden mußte, mit dem das sonst unerläßliche Anbringen von Paßmarken direkt am Körper des Toten vermieden werden konnte. Andernfalls wäre es unvermeidlich zu möglicherweise gefährlichen Kontaminationen gekommen.

Die erste äußerliche, vorerst rein autoptische Begutachtung des Genitalbereichs der Mumie fand am 1. April 1993 statt. Deshalb konnte vor diesem Zeitpunkt auch keine kompetente Äußerung zu diesem Fragenkomplex erfolgen. Was vorher in den Medien und von den selbsternannten Eismann-Experten geäußert wurde, kann nur als bestenfalls leichtfertiger, schlimmstenfalls verantwortungsloser Sach- und Wissenschaftsjournalismus bezeichnet werden.

Die Untersuchung begann unter der Leitung Platzers um 14.00 Uhr. Außer mir waren Professor Othmar Gaber und Dr. Karl-Heinz Künzel sowie weiteres Hilfspersonal anwesend, das assistierte. Wie bei allen anderen Forschungen an der Mumie, so filmte Professor Herbert Maurer auch den gesamten Verlauf dieses Vorgangs, um die Dokumentation sämtlicher Untersuchungsschritte am Mann vom Hauslabjoch komplett zu halten. Wichtige Einzelbeobachtungen wurden in Nahaufnahmen festgehalten. Alle Ergebnisse diktierte Platzer laufend ins Mikrofon. Auch die Diskussionsbeiträge der anderen beteiligten Wissenschaftler wurden auf Band gesprochen. Vorher hatten wir sterile Einweg-Operationskleidung, also Gummihandschuhe, Haar- und Mundschutz sowie den OP-Kittel, angelegt.

Es ist vorauszuschicken, daß bei dieser ersten Untersuchung des Genitalbereichs noch keinerlei Gewebeproben entnommen wurden. Daher müssen auch die im folgenden vorgetragenen Ergebnisse als vorläufig gelten, da sie einstweilen nicht histologisch verifiziert sind.

Der Zustand der Geschlechtsorgane war schon von den Gerichtsmedizinern nach der Einlieferung der Mumie in den Seziersaal als »*blattartig eingetrocknet*« beschrieben worden. Sie hatten sich seitdem nicht verändert, waren aber nun durch die Lagerung in der Kühlzelle bei minus 6° Celsius wieder gefroren. Gleichwohl erwiesen sich die Genitalien trotz der starken Dehydratation als in begrenztem Umfang passiv beweglich, ohne daß Beeinträchtigungen der Substanz eintraten. Dies erleichterte die Untersuchungen ganz wesentlich.

Der größere Teil der blattartigen, zunächst in unklarem Verband ruhenden, gewellten Gebilde erwies sich als der Hodensack, an den der ebenfalls flachgedrückt erscheinende Penis angefroren war. Nachdem der Umriß des Penis einigermaßen festgestellt worden war, begann die äußerst behutsame Trennung der beiden Geschlechtsteile. Durch vorsichtiges Einführen der mit den sterilen Gummihandschuhen geschützten Fingerspitzen gelang es, Millimeter um Millimeter, den Penis ein wenig vom anhaftenden Scrotum abzuheben.

Entsprechend dem bei der Mumifizierung eingetretenen fast vollständigen Verlust an Körperflüssigkeit erscheint der Hodensack jetzt an seiner Ansatzstelle in der Vorderansicht zwischen den Leistenbeugen als rund sechs Zentimeter breites, im Umriß unregelmäßig halbkreisförmig gewelltes und etwa ebenso langes Gebilde. Die Dicke nimmt von oben nach unten ab. Sie beträgt an der Austrittstelle unter der Schambeinfuge des Beckens mehr als einen Zentimeter. Bis zum unteren Rand verdünnt sich der Hodensack auf kaum zwei Millimeter.

Es ist freilich ausdrücklich zu betonen, daß die hier angegebenen Maße nur grob geschätzt sind. Zu unserer Verblüffung stellte sich heraus, daß die bereitliegenden, eigens für diese Untersuchungen sterilisierten elektronischen Meßgeräte bei Temperaturen unter 0° Celsius nicht ansprachen. Bei der Kürze der zur Verfügung stehenden Zeit war es nicht mehr möglich, sterilisierte herkömmliche, mechanisch arbeitende Meßinstrumente herbeizubringen, die dann auch nur weniger genaue Daten hätten liefern können. Ich erwähne dieses Vorkommnis nicht zuletzt deshalb, um klarzumachen, welche Probleme bei einem dermaßen außergewöhnlichen Forschungsprojekt immer wieder auf uns zukommen, und daß die Erarbeitung wissenschaftlich vertretbarer Ergebnisse eben seine Zeit benötigt.

Auf der Vorderseite des Hodensacks zeichnete sich deutlich die vertikal in der Mitte verlaufende, runzelige Naht ab, die *Raphe scroti*, zu der die beiden Hautteile beim männlichen Geschlecht im Embryonalstadium zusammenwachsen. Beim weiblichen Geschlecht schließen sie sich nicht, sondern bilden die beiden äußeren oder großen Schamlippen.

Die beiden Hoden selbst ließen sich nicht tasten. Hier können nur Gewebeuntersuchungen genauere Auskünfte geben. In Frage kommt eine durch Körperflüssigkeitsverlust eingetretene, extreme Abflachung, die ein Palpieren durch die Häute des Hodensacks hindurch nicht zuläßt. Andererseits besteht auch die Möglichkeit, daß durch Autolyse Reduktionserscheinungen eingetreten sind. Als endokrine Drüsen können die Hoden nach dem Tod Auflösungsprozessen durch körpereigene Enzyme unterliegen. Auf jeden Fall aber darf als Ergebnis dieser ersten Untersuchung am Genitalbereich des Mannes vom Hauslabjoch mit an Sicherheit grenzender Wahrscheinlichkeit ausgeschlossen werden, daß vor oder nach dem

Tod eine Kastration vorgenommen wurde. Lediglich am unteren Rand des Hodensacks ließen sich die geringen postmortalen Läsionen feststellen, die schon von Anfang an beobachtet wurden und die zu einer folienartigen, kaum wahrnehmbaren Auffächerung der basalen Hodensackhäute geführt haben. Diese leichten Verletzungen sind sicher erst im Verlauf der verschiedenen Bergungsversuche entstanden. Trotzdem ist es erstaunlich, wie gut sich ein so empfindliches Organ über eine Zeit von mehr als fünftausend Jahren erhalten hat.

Vor dem Hodensack tritt die Peniswurzel ebenfalls zwischen den Leisten und unter der Schambeinfuge heraus. Das männliche Glied zeigt sich gleichermaßen abgeflacht. An der Wurzel ist es rund drei bis vier Zentimeter breit und verschmälert sich ein wenig nach unten, wo es etwas unregelmäßig gerundet endet. Die Länge beträgt zirka fünf Zentimeter. Deutlich spürbar konnte die Harnröhre von der Wurzel bis zur Eichel palpiert werden, während sich die Schwellkörper nicht tasten ließen. Bei einer sichelförmigen Falte kurz oberhalb der Penisspitze dürfte es sich um die Vorhaut handeln. Beschädigungen beziehungsweise Verletzungen, seien es solche vor oder nach dem Tode des Individuums, wurden bei dieser ersten vorläufigen Untersuchung am Penis nicht festgestellt.

Die Beschreibung des Intimbereichs unseres Gletschermanns hätte an dieser Stelle nicht so ausführlich ausfallen müssen. Aber angesichts eines teilweise hemmungslosen Journalismus und mitunter nachgerade schamloser Autoren halte ich es für unabdingbar, den ausufernden Spekulationen mit wissenschaftlich erarbeiteten Sachargumenten entgegenzutreten. Nach seinem tragischen Tod in der Gletscherwelt der Alpen und nach einer kaum vorstellbaren Verkettung günstiger Umstände steht der Tote vom Hauslabjoch unserer und, so hoffen wir, auch unseren folgenden Generationen als Forschungsobjekt zur Verfügung. Das konnte der Mensch der Jungsteinzeit nicht ahnen und hätte es vielleicht auch mit seinen religiösen Gefühlen nicht vereinbaren können. Er hat sich nicht aus freien Stücken zu einem »Geschenk für die Wissenschaft, ja die ganze Menschheit gemacht«, wie es der Tiroler Landeshauptmann Partl einmal ausdrückte. Um so mehr sind wir verpflichtet, auch diesem toten Körper gegenüber die ethischen und moralischen

Normen unserer Gesellschaft walten zu lassen. In seinem Referat während des ersten Internationalen Symposions zum Thema »Der Mann im Eis« in Innsbruck 1992 hat uns Professor Hans Rotter S. J. vom Institut für Moraltheologie und Gesellschaftslehre der Universität Innsbruck gemahnt, auch in diesem Fall bei allen wissenschaftlichen Interessen die Grenzen der Pietät nicht zu überschreiten und die Würde des Mannes vom Hauslabjoch auch über seinen Tod hinaus zu wahren.

In diesem Zusammenhang sei noch ein Gedanke aufgegriffen, den der schwedische Anthropologe Sjøvold einmal geäußert hat. Es geht dabei um eine Verbindung zwischen dem jungsteinzeitlichen Mann aus dem Gletscher der Ötztaler Alpen und uns heutigen Menschen, nämlich um die Frage, ob er als direkter Vorfahre unserer gegenwärtigen Generation betrachtet werden darf. Dazu führt Sjøvold ein bekanntes Beispiel aus der Populationsgenetik an, das den so relativen Begriff »Verwandtschaft« näher erklärt.

In welchem Verwandtschaftsgrad stehen wir überhaupt zu Menschen, die vor Jahrhunderten lebten?

Dazu eine einfache Überlegung: Jeder Mensch hat zwei Eltern, vier Großeltern, acht Urgroßeltern, sechzehn Ururgroßeltern und so weiter. Er hat 2^n Vorfahren ^{n}Generationen zurück, wenn es keine Verwandtschaften gäbe.

Nehmen wir an, daß im Durchschnitt eine Generation fünfundzwanzig Jahre währt, so ist der Zeitraum von hundert Jahren durch vier Generationen bestimmt. Unter der Annahme absolut fehlender Verwandschaft würde die Zahl der Vorfahren tausend Jahre zurück 2^{40} Vorfahren betragen. So viele Menschen hat es noch nie gegeben.

Für den Zeitraum »fünftausend Jahre zurück« ergibt sich nach Sjøvold die astronomisch unvorstellbar hohe Zahl, eine fünfzehn mit fünfzig Nullen: 1 500 000 000 000 000 000 000 000 000 000 000 000 000 000 000 000 000.

Das zeigt, daß der Mann vom Hauslabjoch, der ja erwachsen war und durchaus Kinder gezeugt haben könnte, zumindest ein klein wenig mit uns allen noch genetisch verbunden ist.

Abschließend zu diesem Abschnitt ist noch kurz auf die DNA-Untersuchungen einzugehen. Es ist dies ohne jeden Zweifel die häufigste Frage, die uns gestellt wird, was denn bei den DNA-Bestimmungen herausgekommen sei, ob man mit der DNA des Gletschermannes »klonen« könne, wobei hinter diesem Fragenkomplex nicht selten Vorstellungen à la »Jurassic Park« stehen, also eine Genklonierung.

Mit DNA (= englisch: *d*esoxyribo*n*ucleic *a*cid) oder DNS (= deutsch: *D*esoxyribo*n*uklein*s*äure) bezeichnet man eine in den Zellen aller Lebewesen vorkommende Nukleinsäure, die als Träger der genetischen Information die stoffliche Substanz der Gene (= Erbanlagen) darstellt und die Fähigkeit zur identischen Verdoppelung besitzt. Die DNA bestimmt also, ob eine Eizelle sich zu einem Mikroorganismus, zu einem Tier, zu einer Pflanze oder zu einem Mensch entwickelt, wobei die Erbanlagen in der Regel festgelegt sind. Manchmal ändern sich diese auch. Dann spricht man von einer Mutation. Da solche Mutationen heute auch künstlich erreicht werden können, technisch ist dies auch bei menschlicher DNA möglich, besitzt die Frage nach der DNA des Gletschermannes durchaus eine gewisse Brisanz, auch wenn sich die Gesetzgebung vieler Länder bemüht, solche Manipulationen zu verhindern.

Selbstredend ging es bei den von Professor Svante Pääbo vom Zoologischen Institut der Universität München geleiteten Untersuchungen zur DNA des Gletschermannes um andere Probleme, wobei von vornherein feststand, daß es nicht zu überwältigenden Ergebnissen kommen würde. Der Grund dafür ist, daß der Mann im Eis sowohl zeitlich als auch räumlich ein völlig isoliertes Individuum bildet. Deshalb können etwa Bezüge seiner Erbanlagen, wie es vielfach in der DNA-Forschung geschieht, zu anderen mehr oder weniger zeitgleichen und ortsnahen Menschenfunden nicht getroffen werden. Immerhin gelang Pääbo und seinen Mitarbeitern eine wesentliche Grundvoraussetzung. In der Tat konnte, was zunächst ja nicht feststand, DNA aus Gewebeproben des Gletschermannes isoliert werden. Freilich waren nur relativ wenige und dazu fragmentierte DNA-Moleküle pro Probeneinheit erhalten geblieben. Die Analyse der erhaltenen DNA-Molekülsequenzen zeigte, daß der Mann in die genetische Variation des heutigen Europäers paßt und daß er insbesondere zur zentral- und nordeuropäischen Bevölkerung sehr nahe verwandt ist.

Somit ist auch von dieser Seite her bewiesen, daß es sich bei der Mumie vom Hauslabjoch zweifelsohne um einen Europäer und nicht etwa um eine aus Ägypten oder Südamerika eingeschmuggelte Mumie handelt.

9. Innere Organe und Verletzungen

In den vorangegangenen Abschnitten habe ich über wichtige Ergebnisse des äußeren Befundes der Mumie gesprochen, soweit der Untersuchungsstand zum jetzigen Zeitpunkt tragfähige Erkenntnisse vermitteln kann. Die Forschungen an den inneren Weichteilen haben soeben erst begonnen, so daß dazu kaum etwas Wissenswertes mitzuteilen ist.

Immerhin zeigte der Aufbau der Haut, daß das Unterhautfettgewebe bemerkenswert schwach ausgebildet ist. Damit ist ein Hinweis auf den Ernährungsstand zum Zeitpunkt des Todes gegeben. Das darf nicht dahingehend interpretiert werden, daß der Mann im Eis unterernährt oder gar magersüchtig gewesen wäre. Richtiger ist sicher festzustellen, daß er kein Gramm Fett zuviel am Leibe hatte. Kalorienzufuhr und Kalorienverbrauch standen mithin in einem ausgewogenen Verhältnis zueinander. Seine Lebensweise, die mit einiger Gewißheit nicht mit einem nur vorübergehenden Aufenthalt im Hochgebirge verbunden war, ließ es nicht zu, daß er Fett ansetzte.

Andererseits zeigen die histologischen Präparate insgesamt eine außergewöhnlich starke Reduktion des Körperfettsystems, das sich ja aus dem Speicherfett etwa im Unterhautfettgewebe oder im Bauchraum und aus dem Baufett zusammensetzt, das für die ordnungsgemäße Funktion aller Organe des menschlichen Körpers unabdingbar ist. Die Ursache dafür ist noch nicht recht erklärlich. Es käme zum Beispiel bei ohnehin mangelnden Fettreserven eine vor dem Tode durchgemachte, sicher nicht freiwillige Hungerkur in Betracht. Doch kann auch ein postmortaler Abbau der Körperfette nicht ausgeschlossen werden.

Auch über den Zustand des Gehirns gibt es bereits erste Informationen, die bislang ausschließlich von der computertomographischen Bildanalyse stammen. Die Untersuchung wurde einerseits in Vier-Millimeter-Schichten, zum anderen mittels Spiralcomputertomographie durchgeführt. Der Schädel war bei beiden Durchläufen unterschiedlich positioniert. Daher ließ sich feststellen, daß das Gehirn seine Lage in der Schädelkapsel je nach Position ändert. Diese Lageveränderungen waren immer dann besonders ausgeprägt, wenn die Mumie aus der Rücken- in die Bauchlage gedreht wurde. Im Schnittbild zeigten sich dabei zwei Aufhellungslinien, die quer zum Verlauf des Stirn- und des Hinterhaupthirns die Gehirnmasse durchziehen. Sie deuten darauf hin, daß durch Manipulationen an der Leiche vor und nach der Bergung, besonders wohl während des Transports nach Innsbruck, das Gehirn, das ja gefroren und damit fest war, in diesen Teilen gebrochen (frakturiert) ist.

Im Hochauflösungsverfahren ließen sich sogar schwache Arterienverkalkungen im Bereich der Gehirnbasis beobachten. Solche arteriosklerotischen Veränderungen in den Blutgefäßen treten zwar individuell sehr verschieden, normalerweise aber erst im hohen Alter auf. Selbst wenn man das Sterbealter des Mannes vom Hauslabjoch mit fünfunddreißig bis vierzig Jahren sehr hoch einschätzt, würde das bedeuten, daß diese Verkalkungen relativ früh im Leben aufgetreten sind. Eine gewagte Hypothese wäre, daß eine stoffwechselbedingte Anfälligkeit für frühe Verkalkungen vorgelegen hat. Zum Beispiel könnte ein erhöhter Cholesterinspiegel im Blut dafür verantwortlich gewesen sein.

Bei der Auswertung der computertomographisch und röntgenologisch gewonnenen Daten besteht unter anderem die Aufgabe darin, Abweichungen von der Norm der gesunden Organe dahingehend zu differenzieren, inwieweit sie zu Lebzeiten entstanden sind, mit der oder den Todesursachen zusammenhängen oder sich auf Ereignisse nach dem Tode, sei es auf die Lagerung im Eis, sei es auf Bergungsunglücke, zurückführen lassen.

So konnte etwa ein zu Lebzeiten erlittener Nasenbeinbruch diagnostiziert werden. Der vordere Teil des Nasenbeines ist fast rechtwinklig nach innen verlagert, die Bruchstelle insgesamt sehr gut verheilt. Dieser Befund hat sich natürlich nachhaltig auf die Physiognomie des Gesichtes ausgewirkt: Der Mann im Eis trug in seinen letzten Lebensjahren eine »Boxernase«.

Auffallend war des weiteren eine knapp einen Zentimeter große Knochenauflösung am Endglied der kleinen Zehe. Solche Veränderungen findet man typischerweise bei Erfrierungen. Fehlende Anzeichen einer Heilungsreaktion am Knochen können den Schluß zulassen, daß diese Erfrierung möglicherweise nicht älter als acht bis zehn Monate ist, der Mann im Eis sie demnach spätestens im letzten Winter vor seinem Tod erlitten hat.

Bei der Beschreibung der Ausrüstung des Mannes vom Hauslabjoch im dritten Teil dieses Buches, insbesondere bei der Betrachtung des Bogenstabs und des Köchers mit seinem Inhalt, haben sich sehr konkrete Anhalte ergeben, daß der Mann kurz vor seinem Tod ein Desaster erlitten haben muß. Dieses Ereignis war mit beträchtlichen Gewalteinwirkungen verbunden. Des weiteren habe ich auf Seite 221 mitgeteilt, daß er Schmerzen an der rechten Brustseite ertragen mußte und sich deshalb zum Sterben auf die linke Körperseite legte, damit der Schmerz nachließ. Die Erklärung für diesen Befund wird jetzt nachgeholt.

Die Auswertung einer in Rückenlage angefertigten Röntgenaufnahme zeigte zunächst, daß von den normalerweise beim Menschen vorhandenen zwölf Rippenpaaren nur elf ausgebildet sind. Am zwölften Brustwirbel sind dementsprechend auch keine Gelenkflächen nachweisbar. Statistisch gesehen ist das beidseitige Fehlen eine sehr seltene Anomalie. Physiologisch bleibt sie freilich ohne Belang und hat, ohnehin unbemerkt geblieben, den Aktivitätsradius des Mannes in keiner Weise beeinträchtigt.

Sehr viel bemerkenswerter sind hingegen mehrere Rippenbrüche, denn sie geben Auskünfte über Ereignisse im Leben des Mannes. So zeigen die fünfte bis neunte Rippe linksseitig knöchern verheilte Frakturen, die im Sinne eines Serienrippenbruchs aufzufassen sind. Alle fünf Brüche sind sehr gut und vollkommen verheilt, wenn auch die Bruchflächen ein wenig gegeneinander verschoben blieben. Serienrippenbrüche kommen vor allem bei sturzgefährdeten Personen vor. Die Mediziner diagnostizieren solche bevorzugt bei Betrunkenen, Sportlern und Bergsteigern. Der Mann vom Hauslabjoch hat folglich lange vor seinem Tod einen Unfall erlebt, bei dem ihm der linke Brustkorb eingedrückt wurde. Rippenbrüche heilen im allgemeinen gut und ohne weitere Behandlung ab, wenn man den Arm einigermaßen ruhighalten kann. Nach rund drei Monaten ist der Heilungsprozeß abgeschlossen.

Völlig anders stellen sich indes weitere Rippenbrüche dar, die den rechtsseitigen Thorax betreffen. Hier läßt das Röntgenbild erkennen, daß die dritte bis sechste Rippe gebrochen und auch an den Bruchflächen etwas gegeneinander verschoben sind. Doch zeigen sich in diesem Fall keinerlei Spuren einer knöchernen Heilung. Diese Tatsache grenzt den Zeitpunkt der Ursache für das traumatische Ereignis auf etwa acht Wochen vor seinem Tod bis postmortal ein. Möglicherweise *nach* dem Tode deshalb, weil es auch nach genauester Auswertung des Röntgenbilds nicht völlig auszuschließen ist, daß die frischen Rippenbrüche durch Eisdruck oder bei der Bergung entstanden sein könnten. Sehr viel wahrscheinlicher ist aber ein Unfall kurz vor dem Tod des Mannes vom Hauslabjoch. Wie erwähnt, läßt sich der Zeitpunkt für die rechtsseitigen Rippenfrakturen am Lebenden aufgrund der fehlenden Callusbildung auf maximal zwei Monate vor Todeseintritt zurückdatieren.

Sieht man diese Verletzung tatsächlich als Folge einer gewaltsamen Auseinandersetzung an, würde dies ein Szenario vorstellbar machen, das die unzureichende Ausrüstung unseres Gletschermanns zu begründen vermag. Die physische Beeinträchtigung aufgrund des Schmerzes muß zu einer ernsten Behinderung geführt haben. Gleichwohl begab sich der Mann vom Hauslabjoch in eine unwirtliche Region, und das noch dazu ohne ausreichenden Proviant. All das kann also durchaus als Indiz für eine »Flucht mit letzter Kraft« aufgefaßt werden.

Auch die mitgeführten unfertigen Waffen, der Bogen und die Pfeilschäfte, passen in dieses Bild, ebenso wie die beschädigte Dolchklinge und der durchgerissene Kinnriemen seiner Mütze. Die Zeit für die Beschaffung des Rohmaterials und die begonnene Bearbeitung darf mit einigen Tagen, allenfalls einer bis zwei Wochen veranschlagt werden. Das Desaster könnte sich durchaus davor abgespielt haben. Auch auf die linksseitige Lage beim Sterben am Hauslabjoch sei noch einmal verwiesen. Eine solche Lagerung stellt nämlich bei einem unverheilten Serienrippenbruch am rechten Brustkorb im Gegensatz zur Rücken-, Bauch- oder rechtsseitigen Lage die relativ bequemste Position dar. Jene also, die die geringsten Schmerzen verursacht.

Noch ein weiterer interessanter Befund am Skelett des Mannes im Eis darf in diesem Zusammenhang nicht unerwähnt bleiben. Das Röntgenbild der beiden Oberarmknochen zeigt unterschiedliche Verkalkungsgrade, und zwar ist der rechte Humerus gegenüber dem linken, der einen Normalstatus besitzt, ein wenig entkalkt. Auf der Röntgenaufnahme zeichnet sich das dadurch ab, daß der linke Knochen mehr Strahlung absorbiert hat und somit heller wirkt. Der Röntgenologe erkennt darin Inaktivitätserscheinungen, die sich vom Beginn der Behinderung an nach etwa zwei bis drei Wochen manifestieren. Für den Mann vom Hauslabjoch läßt sich somit erschließen, daß er den rechten Arm mindestens eine entsprechende Zeitlang gleichsam »geschont« hat, sicher um die Schmerzen in der rechten Brustgegend in erträglichen Grenzen zu halten. Überdies hatte er ja die gleiche Verletzung, nur an der anderen Brustseite, schon einmal zu einem früheren Zeitpunkt erlitten. Von daher wußte er, daß eine Ruhigstellung des Armes einer raschen und komplikationslosen Heilung von Rippenbrüchen förderlich ist.

Alle Befunde zusammengenommen, und dazu gehört auch die aus dem Beau-Streifen des Fingernagels erschlossene Streßsituation, dürfte sich das »Desaster« ungefähr in der Zeitspanne von zwei, drei Wochen bis zwei Monaten vor seinem Tod ereignet haben. Es verwundert nicht, daß er, dermaßen gehandikapt, die Unbilden am Hauslabjoch nicht mehr überlebte.

10. Der Zahnapparat

Bei der Betrachtung des Zahnapparats unseres Gletschermanns fällt sogleich die etwa vier Millimeter breite Lücke im Oberkiefer zwischen den beiden ersten Schneidezähnen auf. Eine solche Lückenbildung wird in der anthropologischen Literatur als *Trema* bezeichnet. Es handelt sich dabei um eine innerhalb der Norm liegende, gar nicht einmal sehr seltene Varietät. Über die Häufigkeit des Tremas bei prähistorischen Skeletten liegen freilich nur wenige Untersuchungen vor. In Österreich konnte bei Menschen aus der

Frühbronzezeit in sechzehn Prozent der untersuchten Fälle ein solches Trema beobachtet werden.

Als anatomische Ursache für die Entstehung eines Tremas werden in der Literatur sehr verschiedene Möglichkeiten angegeben. Sie reichen von einer direkten Merkmalsvererbung bis hin zu einem besonders tief angesetzten Oberlippenbändchen, das die Zähne auseinanderdrängte. Beim Mann im Eis imponiert ein ungewöhnlich breit angelegter *Canalis incisivus*, dessen Austrittsöffnung sich am Gaumen hinter den Schneidezähnen findet. Die extrem große Öffnung (*Foramen incisivum*) könnte auch für seine Tremabildung verantwortlich sein. Als weiterer direkt am Kiefer des Gletschermanns erhebbarer Befund, der die Bildung eines Tremas in dieser Größenordnung begünstigen konnte, ist der relativ weit angelegte Zahnbogen im Oberkiefer und das damit im Zusammenhang stehende Fehlen der Weisheitszähne zu nennen.

Damit ist bereits eine weitere Besonderheit im Zahn- und Kieferapparat des Mannes vom Hauslabjoch angesprochen. Röntgenbilder und Computertomogramme zeigen, daß alle vier Weisheitszähne fehlen. Teilweise sind diese Zähne zwar im Kiefer angelegt, doch keiner von ihnen ist durchgebrochen.

Die Verminderung der Gesamtzahl der Zähne im menschlichen Gebiß, hauptsächlich als Folge des Fehlens der hintersten Molaren oder der zweiten Incisiven, wird als evolutiver Trend erkannt, das heißt, die Verkleinerung des Kieferapparats in der Entwicklung der Menschheit von der »äffischen« Schnauze zum heutigen flachen Untergesicht sollte entsprechend zu einer Verminderung der Zahl der Zähne führen. Bei statistischen Untersuchungen an Gebissen wurden bei verschiedenen Gruppen aus vorgeschichtlicher, historischer und gegenwärtiger Zeit fehlende Weisheitszähne in einer Häufigkeit von 1,5 bis 34 Prozent beobachtet. Beispielsweise beträgt der Faktor bei Australiern nur 1,5 und bei grönländischen Eskimos mit extremer Gebißleistung bis zu 31,1 Prozent. Somit darf das Fehlen aller vier Weisheitszähne beim Mann vom Hauslabjoch auch für seine Zeit lediglich als Abweichung, keinesfalls aber als Abnormität gegenüber einem vollzählig ausgebildeten Gebiß bezeichnet werden. Das Fehlen der vier Zähne läuft auch nicht dem evolutiven Trend entgegen. Denn die seitdem vergangenen fünftausend Jahre nehmen innerhalb des menschlichen Evolutionsgeschehens nur eine Sekunde ein. Diese kurze Zeit rechtfertigt nicht die Annahme, zwischen dem Jungsteinzeitler und uns heutigen Menschen hätten irgendwelche physiologischen Unterschiede bestanden.

Ein drittes sogleich ins Auge fallendes Merkmal am Gebiß zeigt sich im Abkauungsgrad der Zähne. Die Abrasion muß als ungewöhnlich stark bezeichnet werden. Beim bloßen Betrachten täuscht der Eindruck ein wenig, da sich durch den Schrumpfungsprozeß auch das Zahnfleisch etwas zurückgezogen hat, so daß nunmehr die Zahnhälse teilweise freiliegen und somit die Zähne länger wirken.

Grundsätzlich setzt sich die Abrasion das ganze Leben lang fort. Man kann daher aus dem Abkauungsgrad Hinweise auf das Sterbealter gewinnen. Die dafür aufgestellte Formel gibt für den Mann vom Hauslabjoch die Spanne zwischen fünfunddreißig und vierzig Jahren an. Eine Möglichkeit für das Entstehen der starken Abrasion kann zum Beispiel auf den regelmäßigen Verzehr von hartem Dörrfleisch zurückgeführt werden, wie dies bei nordamerikanischen Indianern belegt ist (Pemmikan). Auch das Kauen von Tierhäuten, um sie weich und geschmeidig zu machen (Inuit), käme in Frage. Nicht nur in der jüngeren Steinzeit dürfte der Hauptgrund im Aufnehmen von durch das Mahlen auf Steinmühlen (Quarzsand) verunreinigter Getreidenahrung zu suchen sein.

Man sollte annehmen, daß die durch übermäßige Beanspruchung des Gebisses entstandene Abrasion dazu führte, daß beim Gletschermann die Zahnreihen beim Schließen der Kiefer in korrespondierender Weise fest aufeinanderliegen. Das ist aber nicht der Fall. Vielmehr zeigt sich eine verstärkte Abnutzung im linken Frontalbereich des Oberkiefers. Sie führt dazu, daß bei Kieferschluß eine flachbogige, horizontale Öffnung bleibt, vergleichbar den irregulären Zahnabnutzungen bei modernen Pfeifenrauchern. Solche Erscheinungen bezeichnen die Zahnmediziner als Gebrauchsusur, die nicht als Folge eines normalen Kauaktes anzusehen ist. Beim Mann vom Hauslabjoch legt das Befundbild nahe, damit eine regelmäßig ausgeführte Alltagshandlung in Verbindung zu bringen, die wir allerdings nicht kennen. Bei rezenten Naturvölkern hat man derartige Gebrauchsusuren beispielsweise als Folge einer häufigen Verwendung von Blasrohren beobachtet.

Des weiteren lassen sich im Frontzahnbereich, also an den Schneide- und Eckzähnen, wenige Millimeter große, flächige Schliff-facetten nachweisen. Auch bei diesem Merkmal kann man versuchen, die Entstehung mit einer Alltagshandlung zu erklären. Bei Ausgrabungen in jungsteinzeitlichen Feuchtbodensiedlungen, den von alters her so bezeichneten »Pfahlbauten«, hat man mehrere längliche Birkenteerklumpen gefunden, die deutlich erkennbare menschliche Zahnabdrücke tragen. Deshalb hat man sie sogleich zum »Kaugummi der Vorzeit« hochstilisiert. Doch muß dahingestellt bleiben, welche Funktion diese Artefakte wirklich ausübten, ob Genußmittel, Hygienebedarf oder Werkstoff. Das Kauen solcher Brocken, deren Material der Mann vom Hauslabjoch ja für Schäftungen und als Klebstoff verwendete, kann durchaus zu den irregulären Schliffflächen an den Frontzähnen geführt haben. Die damit einhergehende Aufwärmung macht das Material geschmeidiger und damit besser verarbeitbar.

Schließlich sei noch auf einen negativen Befund aufmerksam gemacht. Das Gebiß des Mannes vom Hauslabjoch ist völlig kariesfrei. Eine wesentliche Ursache der Kariesbildung beruht auf der Vergärung von Kohlehydraten, zum Beispiel Zucker oder feingemahlenem Mehl, in der Mundhöhle durch Mikroorganismen. Diese setzen Säuren frei, durch die eine Auflösung des Zahnschmelzes und des Dentins erfolgt. Für Europa ist seit der Jüngeren Steinzeit eine zunehmende Intensität des Kariesbefalls zu beobachten, besonders dramatisch seit dem frühen Mittelalter. Heute beträgt die Häufigkeit mehr als neunundneunzig Prozent. Mit seinem gesunden Gebiß steht unser Gletschermann fast noch vor dem Einsetzen dieser leidvollen Fehlentwicklung.

11. Das Schädelmodell

Bei der wissenschaftlichen Untersuchung von Mumien befindet sich der Anthropologe in der mißlichen Lage, daß ihm seine gewohnten Probanden nicht zur Verfügung stehen. Die von der Humanbiologie verwendeten Parameter für individuelle und vergleichende Studien am Menschen sind samt und sonders entweder an Lebenden oder am Skelett entwickelt worden. Eine Mumie aber, insbesondere eine Trockenmumie, steht irgendwie dazwischen. Zwar hilft heutigentags die Röntgenologie und die Computertomographie über vieles hinweg, aber auch diese Methoden können die komplexen Anforderungen, die an eine exakte Untersuchung und Vermessung etwa des Schädels einer Mumie gestellt werden, nicht in wünschenswertem Umfang erfüllen. Dazu kommt, daß aus Erhaltungsgründen und wegen der Kontaminationsgefahr die Mumie möglichst wenig berührt werden soll, weshalb Untersuchungsmethoden vorzuziehen sind, die weitestgehend oder besser völlig kontaktfrei arbeiten.

Deshalb war von Anfang an vorgesehen, ein Schädelmodell des Gletschermanns zu erstellen. Derartige Verfahren, nach computertomographischen Daten Schädelmodelle zu rekonstruieren, sind bereits in Gebrauch und haben sich bewährt. Sie beschränken sich aber auf die Produktion von zweidimensionalen Modellen, also auf solche, die die äußere Gestalt des Schädels zwar wiedergeben, innen aber massiv sind.

Der Innsbrucker Radiologe zur Nedden nahm die Herausforderung an, erstmals auf der Welt nach den computertomographischen Daten des Kopfes der Gletschermumie ein dreidimensionales Modell des Schädels aufzubauen. Er benutzte dazu die Stereolithographie, die bislang vor allem in der Luft- und Raumfahrt, aber auch in der Autoindustrie und Architektur mit Erfolg angewandt wird.

Das Stereolithographiesystem besteht aus einem Ultraviolett-Laser, der sich oberhalb eines mit lichtempfindlichem, flüssigem Acrylharz gefüllten Beckens befindet. In diesen Behälter wird eine perforierte Grundplatte exakt Schicht um Schicht abgetaucht. Der Laserstrahl fährt Punkt für Punkt, von den verarbeiteten computertomographischen Bilddaten gesteuert, in 0,25 Millimeter starker Schichtung die Platte ab. Wo der ultraviolette Laserstrahl auftrifft, verhärtet sich die Harzflüssigkeit durch Polymerisation. Die ausgehärtete Schicht läßt man abtropfen und taucht sie erneut ins Bad. Wieder fährt der Laserstrahl durch die Flüssigkeit und härtet die nächsthöhere Schicht. Auf diese Weise entstand in nahezu vierzig

Stunden Arbeitszeit ein exaktes, dreidimensionales Schädelmodell des Gletschermannkopfs, bei dem nicht nur die Gehirnkapsel, sondern auch die Nebenhöhlen und die kleineren Cavitäten des Schädels als Hohlräume ausgebildet sind.

Das erste je in diesem extrem aufwendigen Verfahren gebaute Schädelmodell irritierte durch einige unklare Bildungen. Es gab beispielsweise Perforationen im Stirnbereich, bei denen zunächst fraglich war, ob es sich um pathologische Erscheinungen oder um rechenbedingte Fehldarstellungen handelte. Nach einer Optimierung des Verfahrens zeigte sich dann in einem zweiten Durchlauf, daß sich die vermeintlichen Pathologica ausgeglichen hatten. Nunmehr steht eine auf Bruchteile von Millimetern genaue Wiedergabe des Eismann-Schädels zur Verfügung.

Bereits eine erste Begutachtung ergab, daß der Schädel Deformierungen aufweist. Es handelt sich dabei um mechanisch verursachte Asymmetrien, die mit an Sicherheit grenzender Wahrscheinlichkeit durch Eisdruck und -bewegungen verursacht worden waren. Diese führten unter anderem zu einem Bruch des rechten Jochbogens mit einer Verschiebung der Bruchflächen um gut zwei Millimeter. Auch die rechte knöcherne Augenhöhle ist geringfügig verzogen. Insbesondere zeichnen sich am Hirnschädel leichte Asymmetrien ab, die nur als Folge postmortaler Deformierungen zu deuten sind. In einem eigens dafür entwickelten Programm wird derzeit versucht, diese Veränderungen rechnerisch aufzuheben. Erst mit einem solchermaßen korrigierten Schädelmodell wird es möglich sein, nach der von dem Russen Michail M. Gerasimow ausgearbeiteten und inzwischen vielfach verbesserten Methode eine plastische Gesichtsrekonstruktion des Mannes vom Hauslabjoch zu versuchen.

Das am Mann im Eis erstmals erfolgreich entwickelte Stereolithographieverfahren zur Herstellung von dreidimensionalen Schädelmodellen ließ sich umgehend in die medizinische Praxis umsetzen. Nach Innsbruck kam ein acht Monate altes libysches Mädchen, dessen Kopf durch eine mediane Gesichtsspalte entstellt war. Diese grausige Mißbildung hätte dem bedauernswerten Kind ein trauriges Leben, bestenfalls am Rand der Gesellschaft, beschieden. Man kann heute solche Defekte operieren. Doch bildet der Eingriff in den Gehirnbereich jedesmal ein äußerst gewagtes Unterfangen mit oft unvorhersehbaren Komplikationen. Deshalb entschloß man sich zur Anfertigung einer Stereolithographie. An diesem Modell legte zur Nedden die Schnittführung fest. Auch während der mehrstündigen Operation durch Professor Hans Anderl wurde der Fortgang der Eingriffe laufend am bereitstehenden Schädelmodell überprüft. Die Operation gelang, und das Mädchen besitzt nun eine normale, lebenswerte Zukunft. Es wird noch einiger plastischer Korrekturen bedürfen. Aber dann wird nichts mehr daran erinnern, daß dieses Gesicht einmal das eines Monstrums gewesen ist.

Mit diesem eindringlichen Beispiel dürfte hinreichend klargestellt sein, daß die Forschungen am Mann vom Hauslabjoch keinesfalls einem Selbstzweck dienen. Vielmehr werden zahlreiche innovative Ansätze entwickelt, die weit über die Erkenntnisse hinaus, die uns der Mann im Eis direkt vermittelt, den Menschen zum Nutzen gereichen sollen.

V. Der Mann im Eis und seine Welt

1. Die Steinzeit im zirkumalpinen Raum

Die Kulturperiode der Steinzeit wird von den Prähistorikern in die drei Abschnitte Alt-, Mittel- und Jungsteinzeit oder in der Fachsprache *Paläo-*, *Meso-* und *Neolithikum* unterteilt. Im südmitteleuropäischen Raum ist die älteste menschliche Besiedlung bislang seit dem Mittelpaläolithikum, also seit etwa 250 000 Jahren, nachweisbar. Diese Menschen lebten als Jäger und Sammler nicht viel anders als manche Naturvölker bis in unsere Zeit. Bis an das Ende des Mesolithikums im 6. Jahrtausend vor Christi Geburt veränderte sich die Lebensweise der Menschen nicht. Klimatisch folgte auf mehrere von Glazialen unterbrochene Warmzeiten nach der Würmvereisung am Ende der Altsteinzeit um 10 000 vor Christi Geburt das gemäßigte Klima der Jetztzeit (*Holozän*). Wärmeempfindliche Tiere, wie Mammut, Wollnashorn und Höhlenbär, starben bei uns aus oder folgten, wie Rentier und Lemming, den Rändern der nach Norden Richtung Skandinavien zurückweichenden Vergletscherung. Ur, Wisent, Elch, Bär, Wolf, Fischotter, Biber, Luchs, Wildkatze und Schildkröte würden, wenn der Mensch in den vergangenen Jahrhunderten nicht allzu gedankenlos mit der Natur umgegangen wäre, auch heute noch Feld und Wald beleben. Viele dieser Arten sind bereits bei uns ausgerottet oder zumindest bedroht, nur wenigen wird eine Überlebenschance geboten.

Für den Menschen der Alt- und Mittelsteinzeit bildete das jagdbare Wild die Nahrungs- und damit Lebensgrundlage. Tierknochenfunde aus Rast- und Wohnplätzen, an denen sich die Jäger durch Zelte oder Windschirme vor den Unbilden der Witterung schützten, belegen, daß vom Reptil, Vogel, Fisch und Kleinsäuger bis hin zum wehrhaften Großwild, wie Mammut, Auerochs und Bär, alles der Ernährung zugeführt wurde. Das Sammeln von Kräutern, Wurzeln, Früchten und Samen ergänzte den Nahrungsbedarf der wenigen Familien oder Kleinsippen, die unseren Raum unstet bevölkerten.

Dem Nahrungserwerb dienten Speerschleudern, Kompositharpunen und andere spezialisierte Jagdwaffen, für deren Herstellung hochentwickelte Geräte aus Feuerstein verwendet wurden. Bildliche Darstellungen von Mensch und Tier, auf Felswände gemalt oder in Elfenbein geschnitzt, sowie geringe Funde von menschlichen Begräbnissen weisen auf magische Vorstellungen (Jagdzauber) und ritualisierte Praktiken hin.

Im Verlauf des 6. Jahrtausends vor Christi Geburt erfolgte eine umfassende Änderung der Wirtschaftsweise, die durch das Aufkommen von Ackerbau und Viehzucht ermöglicht wurde. Die Forschung ist sich heute darin einig, daß die Umstellung vom »*Food-gatherer*« zum »*Food-producer*« nicht autochthon erfolgt ist, sondern von außen übernommen wurde. Die Welle erreichte, ausgehend vom altorientalischen Zentrum der Kulturentwicklungen im »Fruchtbaren Halbmond«, über Anatolien und den Balkan die mitteleuropäischen Siedlungsgebiete.

Umstritten ist, ob sich dieser als Neolithisierung oder »neolithische Revolution« bezeichnete Vorgang im Rahmen von Einwanderungen fremder Völkerschaften vollzogen hat, oder ob sich die neuen Errungenschaften schrittweise ausgebreitet haben und im Sinne einer Kulturübertragung von der jeweils angrenzenden Bevölkerung übernommen wurden. Beide Modelle sind freilich auch in inniger Verflechtung denkbar – ich selbst gebe letzterem den Vorzug.

Für die einheimische mesolithische, jagende Bevölkerung, die in unserem Betrachtungsraum meines Erachtens in den Neolithisierungsprozeß integriert wurde, brachte dies Veränderungen der Lebensweise von kaum vorstellbaren Ausmaßen mit sich. Natürlich wurde die traditionelle Wirtschaftsweise keineswegs, geschweige denn abrupt, aufgegeben. Auch in der Jungsteinzeit waren die Jagd und das Sammeln wichtige Faktoren des Nahrungserwerbs. Ja, es gab sogar noch im vollen Neolithikum dörfliche Gemeinschaften, bei denen der überwiegende Teil des Fleischbedarfs durch Wildbret gedeckt wurde.

Die Übernahme der produzierenden Wirtschaftsweise führte zu einer totalen Veränderung des Siedlungswesens. Zelte, Windschirme und Felsüberhänge genügten als vorübergehende Wohnstätten nicht mehr, das Vieh mußte im Winter in Ställen untergebracht werden, Vorratsräume waren anzulegen. Die Felder wurden über Monate hinweg bewirtschaftet, bei Landbedarf mußte gerodet werden. Das alles erforderte standortgebundene, gelegentlich auch mit Gräben und Palisaden befestigte Dauerwohnplätze mit winterfesten Häusern. Der Mensch wurde seßhaft.

In der bäuerlich strukturierten Lebensform der Jungsteinzeit beherrschte der einzelne das gesamte Wissen seiner Zeit und besaß alle Fähigkeiten und Fertigkeiten, die zur Verrichtung der täglichen Arbeit nötig waren; er konnte jagen, sammeln und fischen; er vermochte das Feld zu bestellen, das Vieh zu versorgen und Häuser zu bauen; er töpferte, bereitete die Nahrung zu und stellte die dafür nötigen Geräte und Werkzeuge her. Er fügte sich in das soziale Verhalten seiner Gemeinschaft ein und kannte die damit verbundenen Bräuche und Riten bis hin zu Bestattungszeremonien, die bereits im Neolithikum erstaunlich verschiedenartig und kennzeichnend für die einzelnen Kulturgruppen waren. An diese Wissens- und Befähigungsvielfalt des jungsteinzeitlichen Menschen werden wir uns erinnern müssen, wenn wir später überlegen, womit sich der Mann vom Hauslabjoch zu seinen Lebzeiten beschäftigt haben mag.

Selbstredend gab es im Verlauf der bald viertausendjährigen Geschichte des Neolithikums im südmitteleuropäischen Raum immer wieder Neuerungen, Veränderungen, progressive Entwicklungen und sicherlich auch Rückschläge. Kontinuierlich befand sich der Mensch auf dem Wege des Fortschritts – mit welchem Ziel auch immer. Der Archäologe kann solche Veränderungen selbst an seinem meist spröden Quellenmaterial, wenn auch bisweilen nur nuancenhaft, konstatieren. Aufbauend auf erkennbaren Wandlungsstufen war es möglich, die Jungsteinzeit in vier Kulturabschnitte zu gliedern. Man nennt sie *Altneolithikum, Mittelneolithikum, Jungneolithikum* und *Endneolithikum*. Um etwa 2200 vor Christi Geburt begann dann die Frühe Bronzezeit.

Das Altneolithikum war die Zeit der Landnahme. Die ersten bäuerlichen Siedler hatten noch die freie Auswahl und konnten sich die besten Böden aneignen. In allen bedeutenden Lößgebieten Mitteleuropas breiteten sich Ackerbau und Viehzucht aus. Nirgends drang die Besiedlung bis an den Fuß der Alpen vor.

Im Mittelneolithikum waren die Lößflächen bereits knapp geworden, aber es gab immer noch genügend gute Böden für die Landwirtschaft. Erstmals rückte die jungsteinzeitliche Kultur von Norden her bis hart an den Alpenfuß heran. Das Schweizer Mittelland wurde besiedelt. Man stieß isaraufwärts vor, und auch im Salzburger Raum faßte der mittelneolithische Mensch Fuß.

In dieser Zeit, also im 5. Jahrtausend vor Christi Geburt, dehnte sich auch von Süden her der Siedlungsraum bis an den Alpenfuß aus. Nicht nur das Vorland wurde okkupiert, man folgte auch den sich von Norden her öffnenden Tälern bis fast auf Sichtweite des Hauptkamms. Die Klimagunst Südtirols lockte weit tiefer in die Täler, als es am Nordrand der Alpen der Fall war.

Die eigentliche Erschließung der Alpen erfolgte im Jungneolithikum, das spätestens um 4000 vor Christi Geburt begonnen haben dürfte. Damals wurden die ersten umfassenden Rodungsmaßnahmen in den besiedelbaren Tallandschaften vorgenommen, man entwickelte speziell für die Nutzung der Hochgebirge neue Wirtschaftsformen. Wir werden darauf noch einmal zu sprechen kommen, wenn wir uns mit dem Lebensraum und der Lebensweise des Mannes vom Hauslabjoch beschäftigen.

In dieser Zeit kam aber noch etwas Entscheidendes hinzu, das die Erschließung der Alpentäler spürbar gefördert hat: Der Mensch lernte in unserem Raum den Umgang mit den Metallen kennen – und die Alpen sind reich an Kupferlagerstätten. Auf der Suche nach Erz drangen Menschen in die Berge, begaben sich die Täler hinauf, über Grate hinweg und paßten ihre Lebensgewohnheiten und Wirtschaftsweisen dem Hochgebirge an. Es bildeten sich die kennzeichnenden Kulturen und Gruppen des Jungneolithikums heraus. Doch keine von ihnen überschritt die Pässe, Joche und Sättel des Alpenhauptkamms. Man hatte eine Atempause eingelegt.

Erst in den letzten Jahrhunderten der Jüngeren Steinzeit, im Endneolithikum, das mit Beginn des 3. Jahrtausends vor Christi

Geburt einsetzte, traten – wenn auch noch sehr zaghaft – Kulturerscheinungen auf, die beiderseits der Alpen vergleichbare Spuren hinterlassen haben.

Der Mann vom Hauslabjoch lebte in den Jahrzehnten zwischen 3350 und 3100 vor Christi Geburt. Er gehörte damit in das Jungneolithikum, und zwar eher in dessen ausklingende Zeit. Ob damals bereits erste Erscheinungen endneolithischer Kulturen zu beobachten sind, kann derzeit von der archäologischen Forschung noch nicht klar überschaut werden, scheint aber nicht völlig ausgeschlossen zu sein. Doch auch unabhängig davon stellt sich die Frage, ob sein Kulturgebiet von archäologischer Seite her näher einzugrenzen ist oder, einfacher gesprochen, ob er einer der von der Forschung herausgearbeiteten Kulturgruppen zugeordnet werden kann. Dabei geht es vordergründig auch darum, ob seine »Heimatsiedlung« nördlich oder südlich des Alpenhauptkammes gelegen hat.

Die Gliederung des Fundstoffs der Jungsteinzeit und die Zuweisung zu einzelnen Kulturen und Gruppen orientiert sich nahezu ausschließlich an der Keramik. Keramische Gefäße, Töpfe, Kannen, Krüge, Näpfe, Schüsseln, Schalen und Teller, unterlagen ihren Ausformungen und Verzierungen zufolge raschen Modewechseln in Zeit und Raum. Das war im Neolithikum nicht anders, als es in unserer Zeit ist. Günstig wirkt sich für die Erforschung der Jungsteinzeit zudem aus, daß sich Keramik mit einfachen Mitteln überall vor Ort herstellen ließ und daß sie wegen ihrer Zerbrechlichkeit in der Regel auch nicht über weite Strecken transportiert wurde. Der Mann vom Hauslabjoch war offensichtlich für lange Wege ausgerüstet, jedenfalls verweisen die von ihm mitgeführten Birkenrindenbehälter darauf.

Die mehr oder weniger isolierten Kulturgruppen wurden meist nach einem berühmten oder nach dem ersten in der Fachliteratur veröffentlichten Fundplatz benannt wie zum Beispiel *Pfyn, Cortaillod* und *Horgen* in der Schweiz, *Michelsberg, Altheim* und *Cham* in Süddeutschland, *Mondsee* und *Baden* in Österreich oder *Lagozza* und *Remedello* in Italien. Daneben gibt es Kulturbezeichnungen, die sich nach besonderen keramischen Merkmalen richten wie die *Kultur der Vasi a bocca quadrata* (Gefäße mit viereckiger Mündung), die *Schnurkeramische Kultur* oder die *Glockenbecher-Kultur*. Alle die genannten Kulturen sind während des Jung- und Endneolithikums um das Zentralalpengebiet herum zu finden, wobei Pfyn, Cortaillod, Michelsberg, Altheim, Mondsee, Baden, Vasi a bocca quadrata und Lagozza überwiegend im Jungneolithikum anzusiedeln sind. Horgen, Cham, Schnurkeramik, Glockenbecher und Remedello rechnet man weitgehend dem Endneolithikum zu. Kleinere lokale Gruppen werden hier nicht mitberücksichtigt. Für Remedello ist gesichert, daß es mit seiner älteren Stufe bereits während eines späten Abschnitts des Jungneolithikums einsetzte. Dies ist für die kulturchronologische Beurteilung des Fundes vom Hauslabjoch von sehr großer Bedeutung, weil damit zumindest eine zeitliche Brücke zwischen diesem und den Grabfunden von Remedello bei Brescia in der Lombardei geschlagen werden kann.

Wenn unser Gletschermann ein keramisches Gefäß mit sich geführt hätte, wäre seine Einordnung in eine bestimmte jungsteinzeitliche Kulturgruppe sehr viel einfacher gewesen. Dessenungeachtet wird man sein »Heimatdorf« am ehesten in den der Fundstelle am nächsten gelegenen neolithischen Siedlungsgebieten zu suchen haben. Dies sind das nordtirolerische Inntal und südlich des Alpenhauptkamms das Etschtal. Von der Fundstelle am Hauslabjoch durch das Ötztal hinab in die Tallandschaft des Inn sind es rund sechzig bis siebzig Kilometer. Aus dem Ötztal selbst ist bislang noch kein sicherer jungsteinzeitlicher Fund bekannt geworden. Das mag daran liegen, daß das Ötztal in dieser Zeit tatsächlich noch nicht besiedelt war, andererseits unterliegt das Bodenrelief des Tals – und das gilt eigentlich für alle hochgelegenen Alpentäler – starken verändernden Einflüssen durch die Naturgewalten. Hangerosionen, Murenabgänge und Steinlawinen füllen die teilweise engen Talgründe auf. Versperrt der Steinschlag eine schmale Schlucht, so staut sich dahinter ein See, der oft Jahrhunderte braucht, bis er sich durch das Hindernis hindurchgefressen hat und wieder ausläuft. Die Gewässer suchen sich ständig neue Betten. Aus historischer Zeit gibt es genügend Berichte, daß Häuser und Höfe von Bergkatastrophen verschüttet wurden. Die damit einhergehende Aufschotterung des Talbodens kann durchaus dazu geführt haben, daß eventuell vorhandene neolithische Siedlungen und Gräberfelder in den

Rechts: Vier Spitzen aus Hirschgeweih, die mit langen Baststreifen zu einem Bündel gewickelt sind, gehörten zum Inhalt des Köchers. Bei den nur grob bearbeiteten Spitzen handelt es sich vermutlich um Ersatzmaterial, beispielsweise zur Herstellung von Pfeilspitzen. © Christin Beeck, RGZM.

Mitte: Langer Dorn, entsprechend der Krümmung der Hirschgeweihstange, aus deren Rinde er gearbeitet ist, leicht gebogen. Das Vielzweckgerät fand sich im Köcher. © Christin Beeck, RGZM.

Unten: Mit Baststreifen gebündeltes Rohsehnenmaterial aus dem Köcher. Die beiden Sehnen stammen aus den Fersen eines Tieres von der Größe eines Rindes oder Hirsches. © Christin Beeck. RGZM.

Oben: Ausschnitt aus dem Obergewand des Mannes vom Hauslabjoch. Die Pelzhaare sinc ausgefallen, so daß die Kleidung jetzt ledern wirkt. Das Bild veranschaulicht die Akkuratesse, mit der die Nähte geführt wurden. Als Nähmaterial dienten gefaserte und gedrillte Tiersehnen. © Christin Beeck, RGZM.

Rechte Seite, oben: Fragment des Mantels, aus rund ein Meter langen Gräsern geflochten und in Abständen von sechs bis sieben Zentimetern von horizontalen Zwirnen durchschossen. Der Mantel besaß eine Länge von etwa neunzig Zentimetern und reichte dem Mann vom Hauslabjoch bis zu den Knien. © Christin Beeck, RGZM.

Rechte Seite, unten: Vereinzelt finden sich an der Kleidung des Gletschermannes auch grob ausgeführte Nähte mit Fäden aus leicht gedrillten Gräsern. Offensichtlich hat der Mann diese behelfsmäßigen Reparaturen selbst vorgenommen, wenn er sich längere Zeit von seinem »Heimat-dorf« entfernt hatte. © Christin Beeck, RGZM.

43 44 45 46 47 48 49

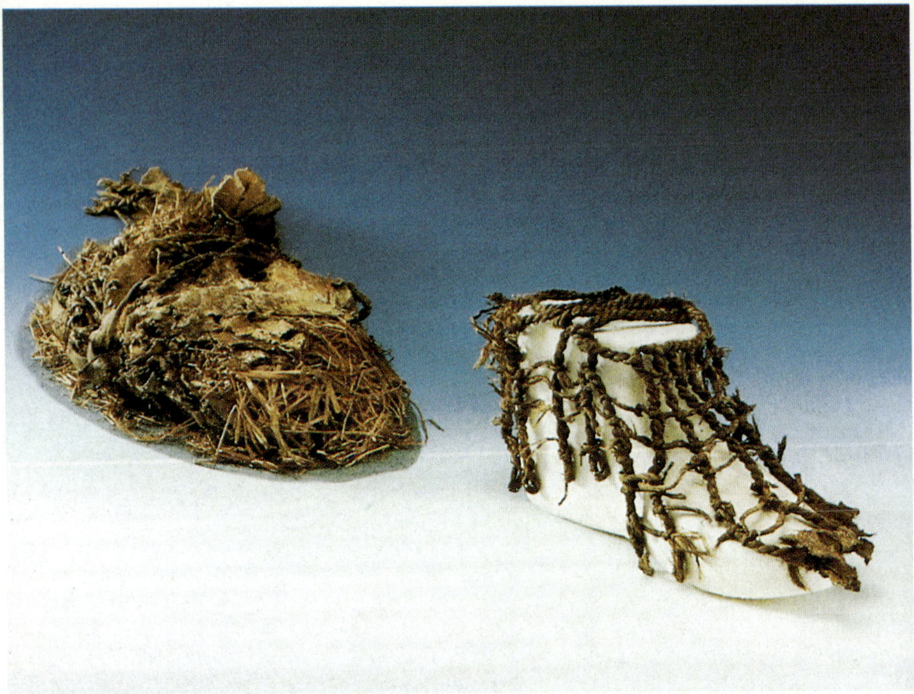

Oben: Die Schuhe des Mannes vom Hauslabjoch; links der besser erhaltene rechte Schuh im Originalzustand; rechts das vom schlechter erhaltenen linken Schuh gelöste, innere Schnurnetz, das das zu Wärmezwecken eingelegte Heupolster fixieren sollte. Vom Oberleder sind nur mehr Reste erhalten. Die Schäfte wurden mit um die Knöchel gewickelten Grasschnüren festgebunden. Zwei unter das Sohlleder geknüpfte Lederbänder sollten die Griffigkeit der Schuhsohlen erhöhen © Christin Beeck, RGZM.

Links: Die Mütze des Mannes vom Hauslabjoch. Sie wurde im Verlauf der Nachgrabung 1992 etwa siebzig Zentimeter unter dem Kopf der Mumie am Fuß des Felsblockes, auf dem der Tote bäuchlings geruht hatte, gefunden. © Walter Leitner.

vergangenen Jahrtausenden metertief unter Geröll vergraben wurden und sich somit dem archäologischen Zugriff entzogen haben. Außerdem hat in Tirol soeben erst eine partielle archäologische Landesaufnahme, verbunden mit entsprechenden Feldforschungen, eingesetzt.

Nicht viel anders sind die Voraussetzungen im Inntal. Was hier innauf- und -abwärts an neolithischen Funden bekannt ist, läßt sich in einer Schuhschachtel unterbringen: einige Feuersteingeräte, darunter auch Pfeilspitzen, ein paar Steinbeile und kaum eine Handvoll Scherben. Es handelt sich durchweg um Einzel-, Streu- und Zufallsfunde, sie genügen aber immerhin für den Nachweis, daß ein wie auch immer gearteter, dünner jungsteinzeitlicher Siedlungsschleier das Inntal überzogen hat, wobei es für ein Eindringen in die Seitentäler einstweilen keine konkreten Hinweise gibt.

Eine Zuweisung der spärlichen Relikte zu einzelnen der erwähnten neolithischen Kulturen ist äußerst problematisch. Jedenfalls kann man ausschließen, daß sich darunter solche aus den älteren Abschnitten, dem Alt- und Mittelneolithikum, befinden. Anders sieht es jedoch mit den jüngeren Abschnitten des Neolithikums aus, mit denen dann auch die Zeit des Mannes vom Hauslabjoch erreicht wird. Einige wenige Scherben, die in Innsbruck-Hötting gefunden wurden, könnten sich, wenn auch mit erheblichen Vorbehalten, der jungneolithischen *Altheimer Kultur* zuordnen lassen. Andere wiederum aus derselben Sandgrube sowie aus Angath bei Wörgl zeigen eventuell gewisse Anklänge an die *Chamer Kultur*, die wohl schon im ausgehenden Jungneolithikum einsetzte, ihre Hauptentwicklung indes im Endneolithikum erlebt hat.

Um das »Heimatdorf« und damit die Kulturstufe unseres Gletschermanns zu ermitteln, empfiehlt es sich, zunächst alle Kulturen auszuschließen, denen er nicht angehört haben kann. Beginnen wir bei denen, die den Alpenbogen nördlich begleiten. Der Übersicht halber soll dabei von Westen nach Osten vorgegangen werden. Ebenso erscheint es nützlich, zuerst die Kulturen, die vornehmlich dem Jungneolithikum angehören, und erst in einem zweiten Anlauf die des Endneolithikums zu behandeln.

Die *Cortaillod-Kultur* ist eine rein innerschweizerische Angelegenheit. Mit bislang fünfundvierzig ^{14}C-Datierungen läßt sich ihre

Dauer ausgezeichnet überblicken. Danach liegt ihr Schwerpunkt zwischen 3800 und 3400 vor Christi Geburt, wobei das Datenspektrum bis über die folgende Jahrtausendwende hinausreicht. Zeitlich gesehen käme sie für den Mann vom Hauslabjoch in Betracht. Ihre Hauptverbreitung liegt jedoch in der Westschweiz. Mit Ausläufern nach Osten erreicht sie im Norden knapp die Gegend um Zürich, im Süden dringt sie rhôneaufwärts ein wenig über den Genfer See hinaus vor. Das ist von der Fundstelle in den Ötztaler Alpen weit über zweihundert Kilometer Luftlinie entfernt, zu Fuß noch erheblich mehr und über schwierige Pässe hinweg. Da es nun dem Hauslabjoch näher liegende, zeitgleiche Kulturen gibt, darf Cortaillod für die folgenden Betrachtungen entfallen.

Die *Pfyner Kultur* mit ihrem Hauptvorkommen um den Bodensee herum schiebt sich einerseits dichter an unsere Fundstelle heran. Andererseits liegt die gesamte Breite ihres ^{14}C-Datenspektrums von 4200 bis 3500 vor Christi Geburt so deutlich vor der Zeit des Gletschermanns, daß auch sie ausgeschlossen werden kann.

In noch ausgeprägterem Maße gilt dies für die *Michelsberger Kultur*. Zwar erreicht sie mit ihren Ausläufern Südbayern und den Salzburger Raum und kommt damit dem Alpenfuß am Innaustritt sehr nahe, zeitlich liegt sie aber mit einer ^{14}C-Datenspanne von 4400 bis 3800 vor Christi Geburt – bei einem nur geringen Überlappungsbereich – mit ihrem Höhepunkt sogar noch deutlich vor Pfyn.

Besser ins Bild paßt die *Altheimer Kultur*. Ihr Hauptverbreitungsgebiet nimmt Bayern südlich der Donau ein, von wo aus sie sich bis hart an das Alpenvorland herantastet und auch noch das Gebiet um Salzburg erreicht. Von ihr gibt es bislang nur elf ^{14}C-Daten, bei denen keineswegs gesichert ist, ob sie die gesamte Dauer der Altheimer Kultur umfassen, die zahlreiche bedeutende Fundstellen aufweist. Dieses kleine Datenspektrum beginnt um 3800 und endet um 3350 vor Christi Geburt, berührt also soeben noch die untere Oszillationsgrenze der Gletschermann-Daten. Trotz dieser Einschränkung sollte sie aber vorerst noch in der Diskussion bleiben.

An die Altheimer Kultur schließt sich im Osten die *Mondsee-Kultur* an, die von Norden her merklich in die Alpentäler eindringt

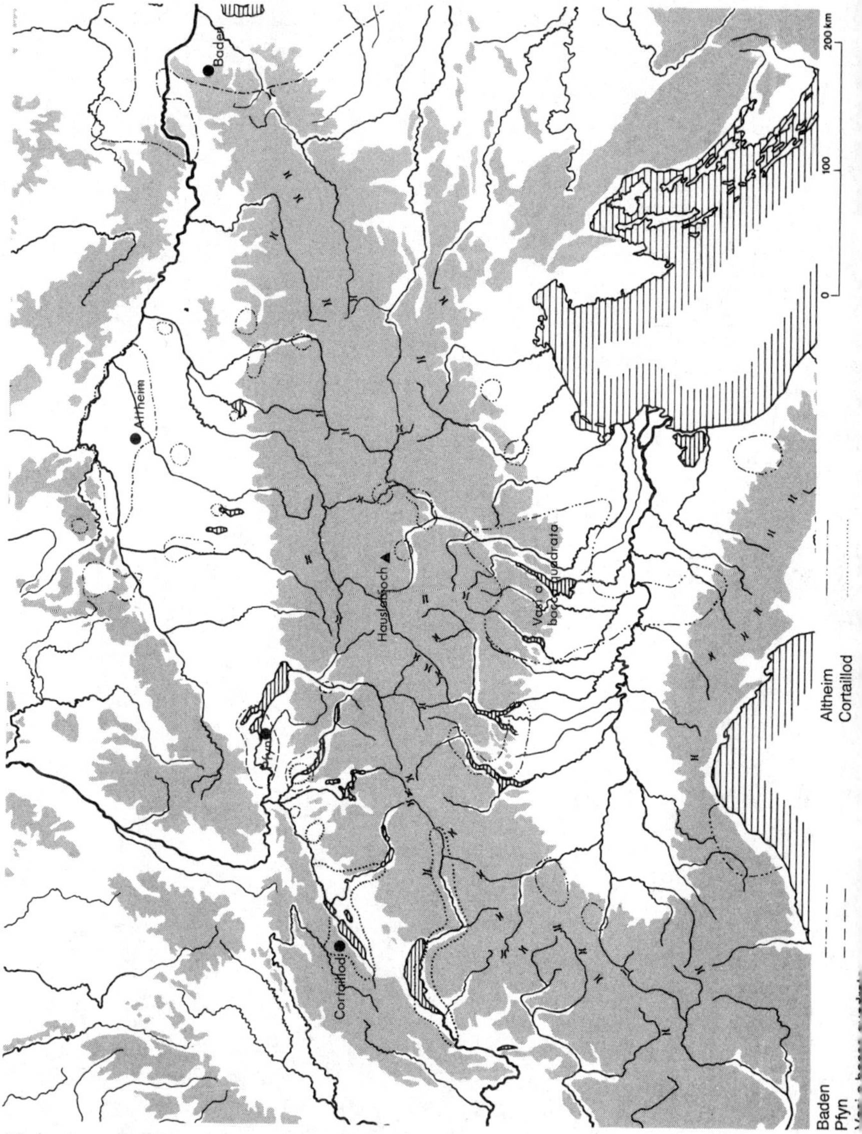

Verbreitungsgebiete wichtiger jungsteinzeitlicher Kulturen im zirkumalpinen Raum. Die norditalienische Kultur der Vasi a bocca quadrata (Gefäße mit viereckiger Mündung) schob sich zwar bis weit in die Alpentäler nach Norden vor und siedelte auch im Vinschgau. Sie endete aber bereits einige Jahrhunderte, bevor der Mann im Eis verunglückte. Die Karte verdeutlicht zugleich die abgelegene Lage des Hauslabjochs im Vergleich zu den Siedlungsgebieten anderer jungsteinzeitlicher Kulturen am nördlichen Alpenbogen.

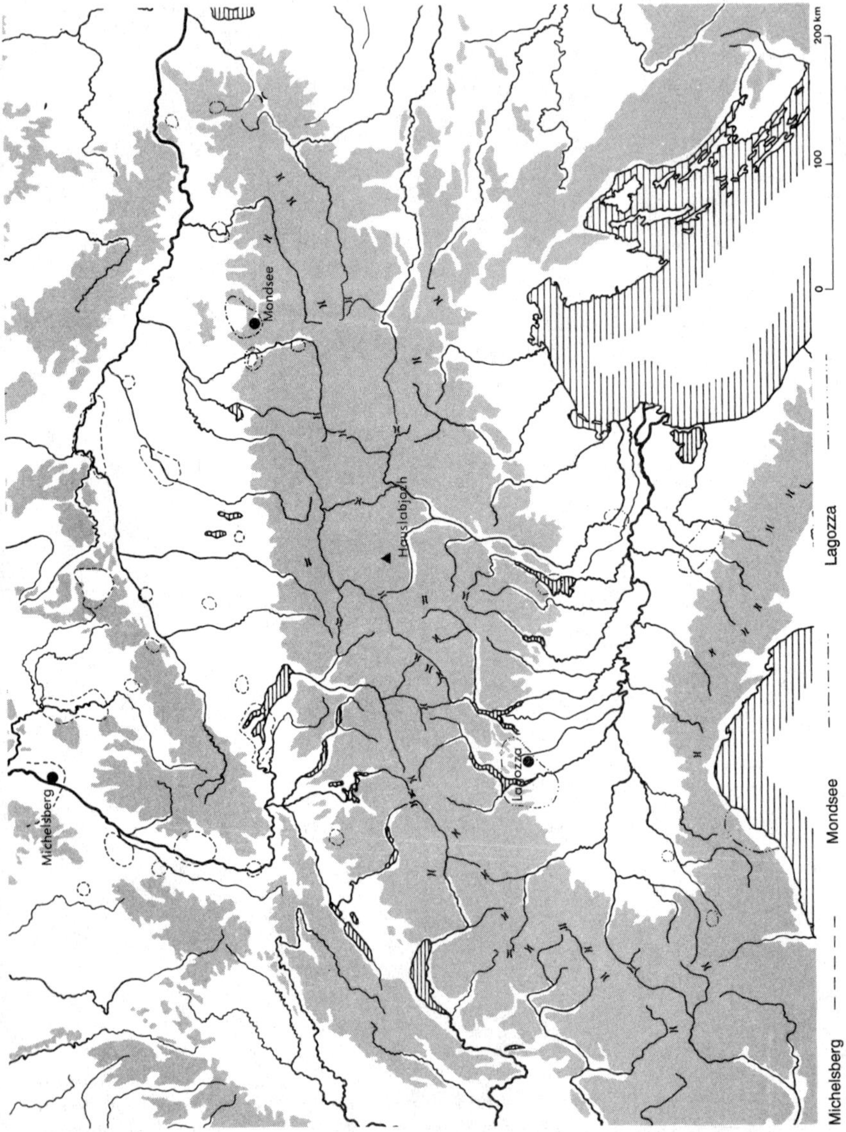

Verbreitungsgebiete wichtiger jungsteinzeitlicher Kulturen im zirkumalpinen Raum. Auch diese Karte zeigt die abgelegene Lage des Hauslabjochs. Näheres über das zeitliche Verhältnis der Kulturen zum Fund vom Hauslabjoch im Text.

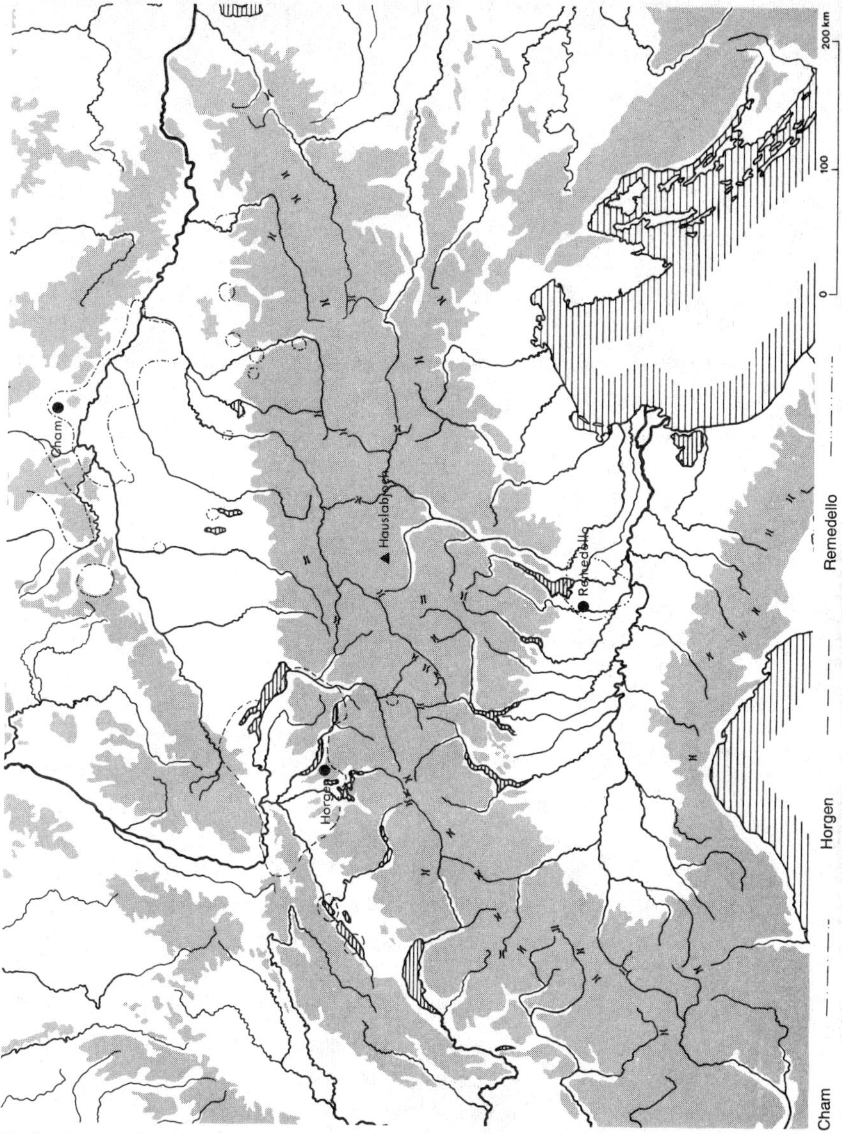

Verbreitungsgebiete wichtiger jungsteinzeitlicher Kulturen im zirkumalpinen Raum. Die nordalpinen Kulturen von Horgen und Cham dringen zwar vereinzelt in südlicher Richtung in die Alpentäler ein, wahren aber, obwohl zumindest teilweise zeitgleich, deutliche Distanzen zum Hauslabjoch. Südlich der Alpen ist das Kerngebiet der Remedello-Kultur angegeben. Neben dieser in einer frühen Phase mit dem Fund vom Hauslabjoch zeitgleichen Kultur existieren verwandte Kulturerscheinungen, die weit nach Norden in die Alpentäler vorstoßen und auch den Vinschgau erreichen. Sie überbrücken somit die relativ große Entfernung zwischen Remedello und Hauslabjoch, sind aber noch nicht genügend erforscht, um schon als eigenständige Kulturerscheinungen beschrieben werden zu können.

und nach Westen bis an die Salzach ausstrahlt. Ihre zweiundzwanzig ^{14}C-Daten reichen von 3700 bis 2900 vor Christi Geburt und überdecken damit zwar die Daten vom Hauslabjoch, ihre am weitesten im Westen auftretenden Ausläufer liegen jedoch immer noch über zweihundert Kilometer Luftlinie von unserem Fundplatz entfernt. Deshalb wird man die Mondsee-Kultur im Rahmen unserer Überlegungen vernachlässigen dürfen.

Noch deutlicher entfällt die *Badener Kultur.* Sie paßt zwar mit ihrem ^{14}C-Datensatz zwischen 3400 bis 2900 vor Christi Geburt ausgezeichnet in unsere Zeit, stößt aber nach Westen donauaufwärts nicht einmal bis Linz vor und muß deshalb ebenfalls aus räumlichen Gründen außer Betracht bleiben.

Soweit also zu den jungneolithischen Kulturen des nördlichen Alpenbogens. Im Endneolithikum komplizieren sich die Verhältnisse vor allem deshalb, weil sich die einschlägigen Kulturen zumindest teilweise sehr viel stärker zeitlich und räumlich überschneiden als in der vorangegangenen Zeit. Beginnen wir wieder im Westen, in der Schweiz.

Hier bildet die *Horgener Kultur* eine der wichtigen Erscheinungen des letzten Abschnitts der Jungsteinzeit. Ihr Verbreitungsgebiet erstreckt sich von der Westschweiz über das Mittelland, beiderseits des Hochrheins, um den Bodensee herum und den Alpenrhein hinauf bis Liechtenstein. Mit immerhin einundzwanzig ^{14}C-Daten läßt sich ihre Dauer gut überblicken. Der Kernbereich liegt zwischen 3400 und 2900 vor Christi Geburt. Wenn sich diese Spanne auch gut mit den Hauslabjochdaten deckt, so sollte man die Horgener Kultur aufgrund der großen Distanz besser doch beiseite lassen.

Die *Chamer Kultur* findet man in Altbayern mit Ausläufern nach Böhmen und Österreich. Die Westgrenze bildet der Lech, so daß es nicht zu Kontakten mit der Horgener Kultur kommt. Nach Süden schiebt sie sich bis an die Schwelle der Münchner Schotterebene zum Alpenvorland heran und stößt sogar die Salzach aufwärts bis in den Pongau vor. Die Träger dieser Kultur besaßen also den Mut, auch bis tief ins Gebirge einzudringen. Die bislang sechzehn ^{14}C-Daten umgreifen den engeren Zeitraum von 3000 bis 2700 mit einem Gesamtschwankungsbereich von 3200 bis 2500 vor Christi Geburt, so daß es noch zu Berührungen, möglicherweise sogar zu

Überschneidungen mit dem Datenspektrum vom Hauslabjoch gekommen sein kann.

Die *Schnurkeramische Kultur* siedelt in weiten Gebieten Mitteleuropas und folgt damit einem Trend des Endneolithikums, großräumig aufzutreten. Sie bleibt aber den Gebirgen fern. In der Schweiz zieht ein breiter Streifen vom Genfer See über das Mittelland zum Bodensee, der sich in östlicher Richtung spürbar ausdünnt und mit spärlichen Fundpunkten in Oberbayern lediglich bis zum Unterlauf des Inn vorrückt. Die nur dreizehn ^{14}C-Daten verweisen die Blütezeit der Schnurkeramik zwar in die Zeit von 2900 bis 2500 innerhalb eines Schwankungsbereichs von 3200 bis 2300 vor Christi Geburt, womit sie gegenüber Cham erkennbar jünger ist. Ihre unbezweifelbare Neigung indes, das Gebirge zu meiden, scheidet sie von vornherein aus unserem Betrachtungskreis aus.

Die *Glockenbecher-Kultur* mit ihrem paneuropäischen Verbreitungsgebiet, es reicht von der nordafrikanischen Küste im Süden bis nach Jütland im Norden und von Portugal im Westen bis in die Ungarische Tiefebene im Osten, bildet eine der faszinierendsten Erscheinungen des Endneolithikums. Fundstellen gibt es nördlich wie südlich der Alpen. Beweglich und mobil stößt sie mit Stationen wie Sitten-Petit Chasseur im schweizerischen Wallis bis tief ins Herz der Zentralalpen vor. Sie wäre dazu prädestiniert, unseren Gletschermann aufzunehmen, wenn denn die Zeiten passen würden. Die Glockenbecherkultur erstreckt sich, gemessen an siebenundfünfzig Proben, zwischen 2800 und 2200 vor Christi Geburt. Auch ihr Schwankungsbereich setzt erst um 3000 vor Christi Geburt ein, so daß es nicht zu Berührungen mit den Hauslabjochdaten kommt.

Damit bleiben von den nordalpinen Kulturen der Jungsteinzeit allenfalls Altheim und Cham übrig.

2. Jungsteinzeitliche Kulturen nördlich und südlich der Alpen und der Mann im Eis

In einer Entfernung von nur knapp zwanzig Kilometern südlich des Hauslabjochs erstreckt sich in ostwestlicher Richtung beiderseits des Oberlaufs der Etsch der *Vinschgau*. Mit einer Länge von rund fünfzig Kilometern zwischen Mals und Meran und seinen weiten Talgründen bietet er günstiges Siedlungsland. Deshalb verwundert es nicht, daß er im Neolithikum intensiv erschlossen wird. Es scheinen sich sogar einige neolithische Gruppen mit eigentümlichem Charakter unterscheiden zu lassen. Doch ist unverkennbar, daß in dieses kleine Siedlungsgebiet mitten zwischen den Gletschern der Ötztaler Alpen und der Ortlergruppe vom Gardasee her und etschaufwärts die großen jungsteinzeitlichen Kulturen Oberitaliens ausstrahlen.

Neben einer Vielzahl lokaler Erscheinungen sollen hier die Kultur der *Vasi a bocca quadrata* und die *Lagozza-Kultur* für das Jungneolithikum sowie die *Remedello-Kultur* für das Endneolithikum besonders hervorgehoben werden. Synchronisierungen und zeitliche Abgrenzungen, wie sie für die Zone nordwärts der Alpen einigermaßen zufriedenstellend getroffen werden konnten, lassen sich hier nur in erheblich gemindertem Umfang durchführen, da lediglich vergleichsweise wenige ^{14}C-Daten zur Verfügung stehen.

Die späte Kultur der Vasi a bocca quadrata besitzt ihr Hauptverbreitungsgebiet im östlichen Teil Nordpadaniens, also im Trentino, und im westlichen Venetien. Sie reicht weit die Alpentäler hinauf und manifestiert sich in wünschenswerter Deutlichkeit auch im Vinschgau. Das Spektrum ihrer ^{14}C-Daten endet freilich bereits in der Mitte des 4. Jahrtausends, genauer um 3600 bis 3500 vor Christi Geburt, so daß sich kein zeitlicher Zusammenhang mehr mit den Hauslabjochfunden ergibt.

Den westlichen Nachbar der Vasi a bocca quadrata bildet die Lagozza-Kultur der oberitalienischen Poebene. Ihre Nordgrenze säumt den Fuß des südlichen Alpenbogens, ihre Einflüsse sind bis in die Gegend um den Gardasee und etschaufwärts bis über Trient hinaus erkennbar, verfehlen jedoch knapp den Vinschgau selbst. Die ^{14}C-Daten reichen von 3800 bis 3400 vor Christi Geburt. Es gibt auch noch zwei jüngere Daten (3300 bis 2800), doch sollen diese beiden aus unklaren Fundsituationen kommen und nicht zuverlässig sein. Strenggenommen bedeutet dies also, daß Lagozza auch die weitgefaßte Datenspanne vom Hauslabjoch bestenfalls soeben noch berühren könnte. Man müßte diese Kultur wahrscheinlich in Erwägung ziehen, wenn keine geeignetere Alternative zur Verfügung stünde.

Diese bietet sich trotz höchst verwickelter Verhältnisse mit der Remedello-Kultur an, die im Betrachtungsraum neben weniger bedeutenden Gruppen die zentrale Erscheinung des Endneolithikums bildet. Remedello ist nördlich des Apennins hauptsächlich in der östlichen Poebene verbreitet. Ausstrahlungen dieser Kultur, freilich unter örtlich veränderten Gegebenheiten, lassen sich bis tief in die südlichen Alpentäler und selbst bis in den Vinschgau hinein belegen. Die wenigen bislang erstellten ^{14}C-Daten stammen aus der zweiten Hälfte des 4. und aus der ersten Hälfte des 3. Jahrtausends vor Christi Geburt und sind damit für den Fundkomplex vom Hauslabjoch relevant. Darüber hinaus gibt es auch noch sechs ^{14}C-Daten von nahestehenden Kulturerscheinungen, deren Schwankungsbereich von 3300 bis 3000 vor Christi Geburt reicht und die damit die Zeit des Gletschermanns ebenfalls überschneiden. Von daher ist es erlaubt, eine vorerst nur zeitliche Verbindung zwischen dem Hauslabjoch und Remedello zu knüpfen.

Was ist von den jung- und endneolithischen zirkumalpinen Kulturen bei unserem Ausschlußverfahren noch übriggeblieben? Im Norden sind dies spätes Altheim und frühes Cham, im Süden frühes Remedello. Allen drei Kulturen ist gemeinsam, daß sich ihre Hauptverbreitungsgebiete nördlich beziehungsweise südlich des Alpenfußes erstrecken. Allen dreien ist aber ebenso gemeinsam, daß sie auch bis in die Alpentäler vorstoßen. Dort regen sie endemische oder entstehende lokale Neolithgruppen an, vermitteln ihnen manche Ideen und helfen ihnen, örtliche Eigenheiten zu vervollkommnen. Die genannten Kulturen strahlen also weit über ihr Kerngebiet hinaus und initiieren neue Entwicklungen. Nicht selten verwischt sich dabei ihr Einfluß und läßt sich dann archäologisch nur schwer nachvollziehen. Besonders wenn auch noch Anregungen aus anderen Richtungen, nicht zuletzt über den Alpenhauptkamm hinweg, auftreten, läßt sich das feingesponnene Netz der interkulturellen Verbindungen oft kaum noch entwirren.

Wir befinden uns noch immer auf der Suche nach der Lage des »Heimatdorfs« unseres Gletschermanns. Festgestellt haben wir, daß es zu seiner Zeit die jeweils nächstgelegene neolithische Besiedlung nördlich des Alpenhauptkamms im Oberinntal, kurz Oberland genannt, und südlich der Wasserscheide im Vinschgau gibt. Das nordtirolerische Oberland ist vom Hauslabjoch rund fünfzig Kilometer, der südtirolerische Vinschgau rund zwanzig Kilometer Luftlinie entfernt, zu Fuß selbstredend erheblich mehr. Was liegt näher, als den Mann im sonnigen Vinschgau anzusiedeln? Doch so einfach wollen wir es uns nicht machen. Nüchtern betrachtet, handelt es sich um einen archäologischen Fund, den wir zwar schon zeitlich eingestuft haben, dem aber noch die Kulturzuweisung mangelt. Das Fehlen von Keramik zwingt uns, zu anderen Fundtypen zu greifen.

Im Blickfeld steht dabei an erster Stelle das Beil. Der Mann vom Hauslabjoch muß demnach Kontakt zu einem Kulturmilieu gehabt haben, in dem die Kupfermetallurgie souverän beherrscht wurde. Mich stört die immer wieder aufgestellte, aber völlig unbewiesene Behauptung, daß das Kupfer im Jung- und Endneolithikum als besonders wertvoll galt, extrem selten war und seinem Besitzer zu hohem Ansehen verhalf. Für den Archäologen ist es der billigste Gemeinplatz, daß wir das Metallinventar einer vorgeschichtlichen Kulturgruppe zu einem ganz überwiegenden Anteil, oft genug sogar ausschließlich, nur aus Grabfunden kennen. Noch dazu – und das haben wir oben schon erörtert – wurde das Grabbeigabengut nach von uns nicht mehr nachvollziehbaren Ritualen ausgewählt. Es ist mithin völlig offen, ob der Tote seinen gesamten Metallbesitz grundsätzlich mit ins Grab bekam.

Damit kommen wir zum entscheidenden Punkt. Von den dem Hauslabjoch nördlich nahestehenden Kulturen kennen wir keine Gräber. Altheim und Cham haben Leichenbeseitigungsverfahren praktiziert, die sich dem archäologischen Zugriff entziehen. Damit bleibt uns eine ganz wesentliche Quelle zum Studium ihrer Metallurgie vorenthalten. Wir müssen uns auf das beschränken, was in ihren Siedlungen überliefert ist. Da Kupfer jederzeit wieder eingeschmolzen werden kann, bleibt natürlich nicht viel übrig.

Wie gesagt, kennen wir Altheim nur aus seinen Siedlungen. Sie befinden sich bevorzugt in weiten, fruchtbaren Talgründen und an sanften Hängen. Verteidigungsgünstige Höhen- und Spornlagen treten deutlich zurück. Nur drei Feuchtbodensiedlungen sind bekannt. Fast alle Altheimer Dörfer sind dadurch gekennzeichnet, daß ihre ursprünglichen Geh- und Nutzungsniveaus durch Erosion abgetragen sind, so daß bei Ausgrabungen überwiegend nur die künstlichen Eintiefungen wie Pfostenlöcher, Gruben und Gräben zum Vorschein kommen. Vollständige Hausgrundrisse kennt man von den wenigen Talbodensiedlungen. Es fällt auf, daß zahlreiche Wohnplätze von wehrhaften Gräben oder Palisaden umgeben sind, die ein Schutzbedürfnis der Siedlungsgemeinschaften signalisieren.

Wie üblich wird Altheim hauptsächlich durch die Eigentümlichkeiten seiner Keramik charakterisiert. Mit ihrer Verzierungslosigkeit folgt sie einem Trend der Zeit, und nichts ist langweiliger, als Altheimer Scherben zu sortieren. Häufig wird der Mundsaum der Gefäße mit einem Tonwulst verstärkt, den man mit dicht gesetzten Fingertupfen andrückt, womit die sogenannten Arkadenränder entstehen. In Ermangelung eines Besseren bezeichnet man dies dann als die typische Verzierungstechnik der Altheimer Kultur.

Für die Herstellung der Feuersteingeräte wird bevorzugt ein jurassischer Plattenhornstein verwendet. Aus diesem produzierte man unter anderem die bekannten Altheimer Sicheln, die der Kultur eine ausgeprägte agrarische Komponente verleihen. In unserem Zusammenhang ist es wichtig, zu betonen, daß die Feuersteinpfeilspitzen einheitlich mit einer geraden oder eingezogenen Basis ausgerüstet sind, ganz im Gegensatz zu den Pfeilspitzen des Mannes vom Hauslabjoch, die Schäftungsdorne besitzen.

Altheim verfügt über eine gut belegte Metallurgie. Man kennt Flachbeile, Pfrieme und Schmuckanhänger aus Kupfer. Ebenso wird dieser Kultur eine schwere, massive, aus Kupfer gegossene Lochaxt zugewiesen, der dann die Altheim-Leute formal identische Knaufhammeräxte aus Felsgestein nachempfanden.

Auch bei der westlich benachbarten Pfyner und bei der im Osten anrainenden Mondsee-Kultur wird eine entwickelte Metallurgie erkennbar. Pfyn zeigt eine besondere Vorliebe für Uferrand- und Feuchtbodensiedlungen, weshalb sich seine Kulturschichten weit besser erhalten haben als solche in mineralischen Böden. So entdeckte man denn auch Spuren der Kupferverarbeitung etwa in Form von dickwandigen, grobtonigen und innen verschlackten Gußtiegeln. Kupferfunde selbst sind wie gewöhnlich selten, da keine Erdgräber angelegt wurden. Immerhin fand man im Moordorf von Schorrenried bei Ravensburg einen sehr schönen, zwölf Zentimeter langen Kupferdolch. Er besitzt eine trapezförmig abgerundete Heftzunge mit Nieten und eine schmal dreieckige Klinge ohne Mittelrippe.

Mondsee kennt gleichfalls Metallverarbeitung und Kupfergeräte, von denen neben Gußtiegeln, Spiralanhängern und einem Nietdolch mit angedeuteter Mittelrippe vor allem die Flachbeile zu erwähnen sind. Sie stehen formal den Altheim-Beilen nahe und unterscheiden sich mit ihren fehlenden seitlichen Schmiedegraten (Randleisten) deutlich vom Hauslabjoch-Beil. Wenn damit auch gezeigt werden konnte, daß die jungneolithischen Kulturen nördlich der Alpen über eine wohletablierte Kupfermetallurgie verfügten, so ergeben sich doch keinerlei Bezüge zwischen Altheim und dem Hauslabjoch.

Die Chamer Kultur bevorzugt noch deutlicher als Altheim Höhen- und Spornlagen als Plätze für ihre Siedlungen. Diese werden dann regelmäßig mit Grabensystemen gegen das Hinterland befestigt. Cham brilliert mit einer qualitätvollen Keramik, löst sich von den monotonen Produkten seiner Vorläuferkulturen und entwikkelt schöpferisch neue Formen und Dekore. Die Chamer Leute stellen gleichsam die avantgardistischen Kubisten unter den einfallslosen Neorealisten dar. Ihre Töpfe, Hochgefäße, Schüsseln und Schalen überziehen aufgesetzte Leisten in Netzen, Bündeln und Gruppen. Alle Verzierungselemente betonen bewußt die Gefäßtektonik, die der Chamer Kultur ihr eigenwilliges, unverwechselbares Gepräge geben. Selbst in nebensächlich erscheinenden Randelementen wie den Spinngeräten affrontiert Cham seine Nachbarkulturen. Übergroß gestaltet und oft hübsch verziert, bezeichnet man diese Schwungräder der hölzernen Spindeln als »bombastische Spinnwirtel«.

Die teilweise zeitgleiche Horgener Kultur der Schweiz fällt mit einer vergleichbaren Extravaganz in der Ausformung ihrer Keramik auf. Die Horgener haben ihre Gefäße in verhaltener Ausgewogenheit und in konsequenter Reduktion auf praktische Effekte gestaltet. Der Verzicht auf übertriebene Oberflächenbehandlung und das sparsam, aber pointiert gesetzte Dekor verleiht ihren Töpfen, Eimern und Näpfen ein selbst unserem heutigen Geschmack entsprechendes, wohlgefälliges rustikales Aussehen. Dabei gelang ihnen eine Erfindung, indem sie den Schwerpunkt ganz bewußt nach unten drückten. Mit behäbigen, dicken und schweren Böden ausgestattet, ist es fast unmöglich, ein solches Gefäß umzustoßen. Man betrachte dagegen die kippeligen Formen der benachbarten Kulturen mit ihren geblähten Bäuchen über oft winzigen Böden. Vielfach mußte man Löcher in die Hüttenböden scharren und die Becher und Flaschen hineinstellen, damit sie nicht umstürzten.

Da die Chamer Kultur keine archäologisch faßbaren Bestattungssitten besaß und die Siedlungsplätze auf den Höhen häufig arg durch Erosion gelitten haben, bleiben Zeugnisse der Metallurgie selten. Daß sie gleichwohl das Metallhandwerk ausübte, beweisen ein kupferner Angelhaken aus der Chamer Siedlung von Riekhofen und ein Gußtiegel von Köfering, ebenfalls bei Regensburg, in dem Metall geschmolzen wurde.

Feuersteinpfeilspitzen mit gerader und eingezogener Basis gibt es in der Chamer Kultur zuhauf. Sie gleichen denen der vorangehenden Altheimer Kultur. Daneben treten sehr vereinzelt auch gestielte Pfeilspitzen an bislang fünf Fundstellen auf, von denen zwei im Alpenvorland gelegen sind. Eine davon liegt am Inn bei Dobl, vierzig Kilometer nördlich von Kufstein, in der auch ein schöner, zweiflächig retuschierter Feuersteindolch ausgegraben wurde.

Stielpfeilspitzen und Feuersteindolche der Art, wie sie der Mann vom Hauslabjoch mit sich führte, kommen nördlich des Alpenbogens im Jungneolithikum auf und sind in den endneolithischen Kulturen bei Schnurkeramik und Glockenbechern vertreten. Ihr Vorkommen im Zusammenhang mit metallurgischen Fähigkeiten ist unübersehbar. Wechselseitige Beeinflussung ist denkbar, zumal die Glockenbecherleute der Iberischen Halbinsel, dort von Metallreichtum verwöhnt, auch langgestielte Pfeilspitzen aus *Kupfer* besitzen!

Jedenfalls zeichnen sich nach dem Gesagten gewisse, wenn auch sehr bescheidene Bezüge des Hauslabjochfundes zu einer möglicherweise frühen, noch jungneolithischen Phase der Chamer Kultur sicher deutlicher ab als solche zur älteren Altheimer Kultur.

Doch selbst wenn man die wenigen, vielleicht Chamer Fundscherben von Angath und Innsbruck-Hötting mit einbezieht, ist es doch noch ein sehr weiter Weg von der am weitesten im Süden gelegenen echten Chamer Siedlung, nämlich Dobl, das Inn- und Ötztal hinauf bis zum Hauslabjoch. Zu Fuß wären es über zweihundertfünfzig Kilometer, teilweise eine recht beschwerliche Strecke.

Damit möchte ich folgendes zum Ausdruck bringen. Wenn man fragt, welche nordalpine Kultur der Jungsteinzeit am ehesten zeitlich den Funden vom Hauslabjoch entspricht, so käme ein frühes Cham sehr wohl dafür in Betracht. Ausdrücklich ist aber zu betonen, daß unser Gletschermann wohl kein Mitglied der Chamer Kulturgemeinschaft war. Die verbindenden Elemente liegen in dieser Zeit, kurz vor der Wende vom 4. zum 3. Jahrtausend vor Christi Geburt, nur allgemein im kulturellen Trend. Handfeste Konnexe zwischen Cham und Hauslabjoch gibt es nicht.

3. Remedello-Kultur und Vinschgau

Im Gegensatz zu den soeben behandelten nordalpinen Kulturen weist sich die Remedello-Kultur neben Wohnplätzen auch in einigem Umfang mit Gräberfeldern aus. Deshalb können wir ihren Metallbesitz sehr viel besser überschauen, als es bei Pfyn, Horgen, Altheim, Cham oder Mondsee der Fall war. Remedello kennt Flach- und Randleistenbeile aus Kupfer. Daneben gibt es Pfrieme und Armringe aus demselben Metall. Hervorzuheben ist eine besondere Dolchform mit straffer, schmal dreieckiger Klinge und Mittelrippen. Am Heft besitzt sie eine kleine, rechteckige Schäftungszunge mit einem Loch zum Aufnehmen des Nietes. Den hohen Stand der Metallurgie bezeugen eine prachtvolle Hammerkopfnadel und ein mit Punzbuckelreihen verzierter Brustschmuck in Gestalt einer Mondsichel, beide aus Silber.

Außer der Metallausstattung besitzt Remedello natürlich auch eine Fülle an Gegenständen aus herkömmlichen Materialien. In unserem Zusammenhang sind die Geräte aus Feuerstein hervorzuheben. Es kommen in ziemlicher Anzahl große und kleine zweiflächig retuschierte Dolche vor. Die Pfeilspitzentypen variieren. Es ist freilich unverkennbar, daß die gestielte Form zahlenmäßig dominiert.

Im Gräberfeld von Remedello findet sich auch das einstweilen beste Vergleichsstück für das Beil vom Hauslabjoch. Abgesehen davon, daß das Remedellobeil mit 11,8 Zentimetern um 2,5 Zentimeter länger ist als das vom Hauslabjoch, bestehen keinerlei formale Unterschiede. Die Nackenflächen sind länglich-rechteckig, die Umrisse schmal trapezförmig, die Seiten facettiert, die zart geschmiedeten Randleisten identisch und die Schneidenbahnen bei beiden Beilen leicht geschwungen. Das nordpadanische Beil wurde in Grab 102 gefunden. Zu dessen Inventar gehören noch ein Dolch und vier gestielte Pfeilspitzen, alle aus Feuerstein. Die zweiflächig retuschierte Dolchklinge ist zwar mit dreizehn Zentimeter Länge doppelt so groß wie ihr Gegenstück vom Hauslabjoch. Sie weist auch ein abgerundetes Heftende auf. Es gibt aber vom Gräberfeld auch kleinere Feuersteindolche mit abgesetzter Heftzunge, wie zum Beispiel ein Stück ohne Grabzusammenhang mit 9,2 oder ein anderes aus Grab 13 mit 9,6 Zentimeter Länge, die dem Dolch vom Hauslabjoch formal und von der Größe her sehr nahekommen. Die Dolchklinge vom Hauslabjoch ist wegen ihrer abgebrochenen Spitze heute nur noch 6,4 Zentimeter lang. Ursprünglich wird sie etwa 7,2 bis 7,3 Zentimeter gemessen haben. Sie liegt damit unter den längsten Pfeilspitzen der Remedello-Nekropole, die eine Größe bis 8,8 Zentimeter erreichen. Ohnehin wäre sie als solche kategorisiert worden, hätte man die Klinge nicht mit Griff gefunden. Durchmustert man unter diesem Gesichtspunkt den Bestand der Feuersteingeräte von Remedello, die bislang als Pfeilspitzen bezeichnet wurden, so finden sich sehr wohl Stücke, die merklich von der klassischen Form mit spitz zulaufendem Schäftungsdorn abweichen und sich vom Umriß her der Dolchklinge vom Hauslabjoch anpassen. Auf diese Weise wird klar, daß große Pfeilspitzen und kleine Dolchklingen mit ihren Längen einen Überschneidungsbereich besitzen. Im Einzelfall dürfte eine Funktionszuweisung pro-

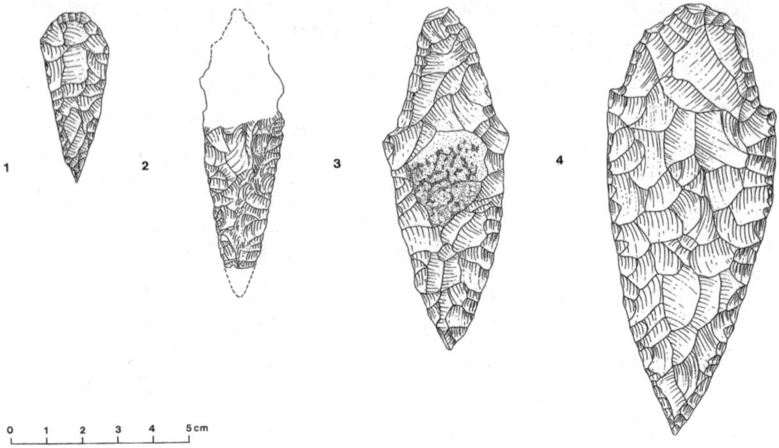

Die Dolchklinge vom Hauslabjoch (Nr. 2) im Vergleich mit einer Spitze (Nr. 1) und zwei Dolchklingen (Nr. 3 und 4) vom Gräberfeld Remedello bei Brescia in Oberitalien. Alle Geräte bestehen aus Feuerstein. Bei der Klinge vom Hauslabjoch ist die Spitze abgebrochen und fehlt; sie wurde in der Zeichnung ergänzt. Der Umriß des Heftbereichs konnte nur nach dem Befund der Röntgenbilder gezeichnet werden, wobei sich wegen der Zersplitterung am oberen Ende der genaue Verlauf der Heftzunge nicht klar erkennen ließ und hier gestrichelt angegeben wurde.

blematisch bleiben, wenn Griff oder Schaft nicht erhalten sind. Zugleich wird damit deutlich, daß sich zum winzigen Dolch vom Hauslabjoch formal gleiche Gegenstücke in Remedello finden, wo offensichtlich etliche der Feuersteingeräte einer neuerlichen Gebrauchsanalyse zu unterwerfen sind.

Die Übereinstimmung von Hauslabjoch und Remedello, Grab 102, ist frappant. Hier wie dort gehören zur Ausstattung des Mannes das Kupferbeil, der Feuersteindolch und die gestielten Pfeilbewehrungen, noch dazu in nachgerader identischer Ausführung. Die Inventare von Remedello, Grab 102, und vom Gletscher in den Ötztaler Alpen ließen sich austauschen, ohne daß es jemandem auffiele.

Diese unerwartete Parallele wiese den Mann vom Hauslabjoch ohne jegliche Einschränkung nach Süden, wären die Gräber von Remedello im zwanzig Kilometer nahen Vinschgau und nicht in der in Luftlinie hundertfünfzig Kilometer entfernten Nekropole zwi-

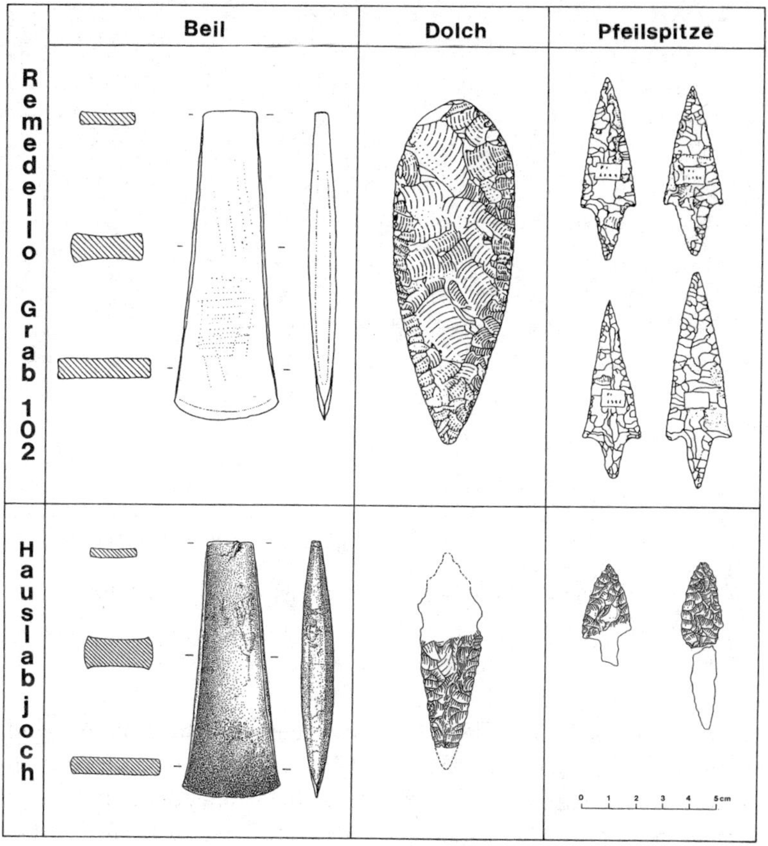

Inventar des Grabes 102 von Remedello bei Brescia in Oberitalien (oben) im Vergleich mit den entsprechenden Ausrüstungsgegenständen des Mannes vom Hauslabjoch (unten). Die Beile bestehen aus Kupfer, die übrigen Geräte aus Feuerstein. Zum Dolch vom Hauslabjoch siehe Abbildung Seite 272. Der Umriß der Schäftungsdorne der Pfeilspitzen vom Hauslabjoch wurde den Röntgenbildbefunden entsprechend nachgezeichnet. Bei den Pfeilspitzen von Remedello wurden die rechteckigen, aufgeklebten Etiketten mit den Museums-Inventarnummern mitgezeichnet.

schen Cremona und Gardasee gefunden worden. Am Oberlauf der Etsch drücken sich die jungneolithischen Kulturerscheinungen anders aus.

Es gilt also zu überprüfen, ob Ausstrahlungen der Remedello-

Kultur durch das Trentino hindurch bis in die jungneolithischen Siedlungsgebiete Südtirols spürbar sind. Das ist tatsächlich der Fall. So werden etwa seit jeher die Feuersteindolche von Eppan, Rentsch und Kaltern, alle bei Bozen, sicher zu Recht mit Remedello in Verbindung gebracht. Ebenso dürften die Kupferflachbeile von Hirzlsteig am Rosengarten, Kollmann im Eisacktal und Lana bei Meran auf entsprechende Einflüsse zurückgeführt werden, mit welchen Vorkommen wir schon ziemlich dicht – Meran liegt am östlichen Ausgang – an den Vinschgau herangekommen sind.

In diesem lieblichen Talbecken selbst konnten zwar einstweilen nur wenige neolithische Siedlungsspuren nachgewiesen werden. Erwähnenswert sind von Westen nach Osten Müstair mit einer Blattspitze und einer Stielpfeilspitze, der Tartscher Bichel mit einer Scherbe und einer Steinkeule, Eyrs mit einer Hammeraxt, Laas mit einer Stielpfeilspitze, Kortsch ebenfalls mit einer Stielpfeilspitze und weiteren Feuersteingeräten, Schlanders mit einer Lochaxt, Goldrain mit einer Blattspitze und Schloß Juval, in dem der Bergsteiger Messner lebt, mit zahlreichen Scherben- und Feuersteinfunden. Am Ostausgang des Vinschgaus um Meran herum verdichten sich dann die Fundstellen mit einem Steinbeil und einer Feuersteinklinge von Algund sowie zwei weiteren spitznackigen Steinbeilen von Dorf Tirol. Besondere Beachtung verdienen die Steinkammergräber von Algund und Gratsch. Die Steine der beiden Gratscher Gräber mit den »Seelenlöchern« wurden in der Spätantike für die Errichtung eines Einzelgrabs mit Körperbestattung wiederverwendet. Die, wenn auch nur spärlichen Funde belegen klar, daß der Vinschgau im Jung- und Endneolithikum besiedelt war. Ähnlich wie im nordtirolerischen Inntal verhindern ungünstige Fundbedingungen und mangelnde Forschungstätigkeit indes einen umfassenden Überblick.

Allein mit diesem Fundmaterial lassen sich keine überzeugenden Verbindungen zu Remedello aufzeigen. Doch schafft hier eine völlig anders geartete Quellengruppe Abhilfe. Gemeint sind die Bildsteine, die auch als »Statuen-Menhire« bezeichnet werden. Sie kamen an zwei Stellen im Vinschgau zum Vorschein, einmal als Altarstein in der Bühelkirche von Latsch in Sekundärverwendung und dann als Vierergruppe bei Weinbergarbeiten am Abbruchrand eines steilen Schotterfächers zum Etschbett bei Algund.

Diese Bildsteine sind für die Beurteilung des Verhältnisses zwischen Hauslabjoch und Remedello von immenser Bedeutung. Latsch liegt fast genau südlich des Hauslabjochs in nur achtzehn Kilometer Entfernung, Algund dann noch einmal gut zwanzig Kilometer östlich von Latsch etschabwärts am östlichen Ausgang des Vinschgaus. Sollte es gelingen, diese fünf Bildsteine mit Remedello zu verknüpfen, dann wird man den Standort des »Heimatdorfs« unseres Gletschermanns sehr viel enger einkreisen können. Nur am Rande sei vermerkt, daß das Vorkommen vergleichbarer »Statuen-Menhire« nach Süden durch das Trentino hindurch über das Hauptverbreitungsgebiet der Remedello-Kultur hinweg bis nach Ligurien streut. Nördlich des Alpenhauptkamms fehlen sie völlig.

Dicke Bücher sind schon über den Sinngehalt dieser Bildsteine geschrieben worden. Tatsache ist jedenfalls, daß sie nicht aufgrund bestimmter Fundumstände oder mittels Begleitfunden datiert werden können. Ihre zeitliche Einordnung richtet sich allein nach den dargestellten Bildinhalten.

Die vier Algunder Steine wurden dicht nebeneinanderliegend entdeckt und gehören ohne Zweifel zu einer gemeinsamen Anlage. Sie unterscheiden sich durch Größe, Erhaltungszustand und Darstellungen. Die Bilder sind überwiegend eingelassen, offenbar hat man die Linienführung der Zeichnungen zunächst vorsichtig eingepickt und dann nachgeschliffen.

Stein 1 wurde am 11. Februar 1932 entdeckt. Er kam am Fuß einer Abbruchhalde beim Ausheben eines Fundamentgrabens für eine Hangstützmauer in etwa einem Meter Tiefe zum Vorschein. Es handelt sich um einen Torso, der oben und unten abgebrochen ist und dessen fehlende Teile nicht gefunden wurden. Das im Querschnitt abgerundet rechteckige, sich nach oben ein wenig pyramidal verjüngende Mittelteil besitzt noch eine Höhe von 1,1 Metern. Wie die übrigen Steine, so besteht auch das Fragment aus örtlich anstehendem, grobkörnigem Töller Marmor. Der Stein ist sehr sorgfältig rundum flächig abgearbeitet. Zwei auf der Vorderseite plastisch vorstehende Halbkugeln deutet man als weibliche Brüste. Sie werden von einem breiten, an den Seiten girlandenartig gerafften Rillenbündel eingefaßt. Auf der Rückseite verlaufen die Rillen senkrecht.

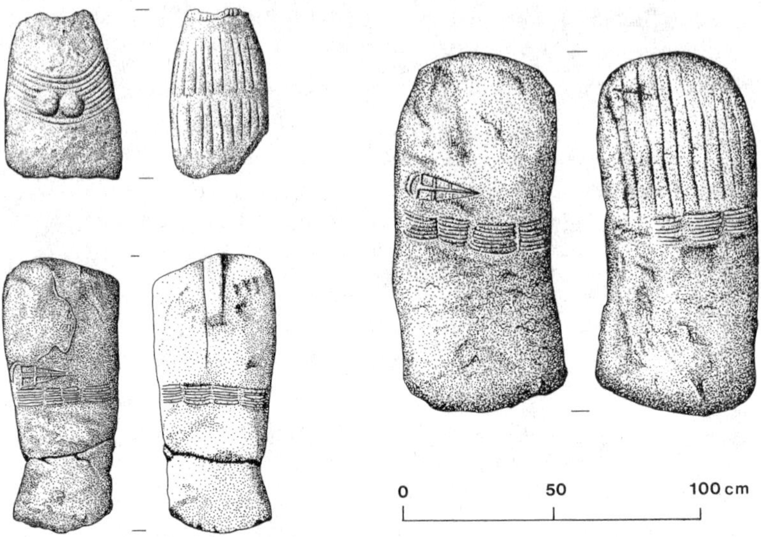

Bildsteine von Algund im Vinschgau jeweils mit Vorder und Rückseite. Links oben: Stein 1; links unten: Stein 3; rechts: Stein 4 (Beschreibung und Deutung siehe Text).

Am folgenden Tag stießen die Arbeiter auf *Stein 2*. Es handelt sich um eine riesige Platte aus Töller Marmor von 2,75 Meter Höhe, einem Meter Breite, 0,35 Meter Dicke und einem Gewicht von 2420 Kilogramm. Sie fand sich ebenfalls in Absturzlage, etwa acht Meter von Stein 1 entfernt, 0,5 bis 0,7 Meter tief schräg im Boden, von abgerutschtem Schotter bedeckt. Die Vorderseite des Blocks ist flach, die Rückseite leicht gewölbt. Bearbeitung und Linienführung entsprechen denen von Stein 1. Ein unter einer Horizontalrille in Abständen gerafftes Linienbündel umgibt den Stein wie einen Gürtel. Im oberen Teil scheint ein Gesicht und eine Dolchaufhängung angedeutet zu sein. Darunter zeigt sich eine Gruppe von acht Dolchen. Rechts und links davon ist das Bildfeld mit je sieben Beilen behangen. Unter dem Gürtel finden sich noch einmal zwei Dolche und ein vierrädriger Wagen mit Doppelgespann. Auf der Rückseite der Platte sind bis zum Gürtel hinab senkrechte Rillen sichtbar.

Zehn Jahre später, am 29. März 1942, entdeckte man *Stein 3*. Er

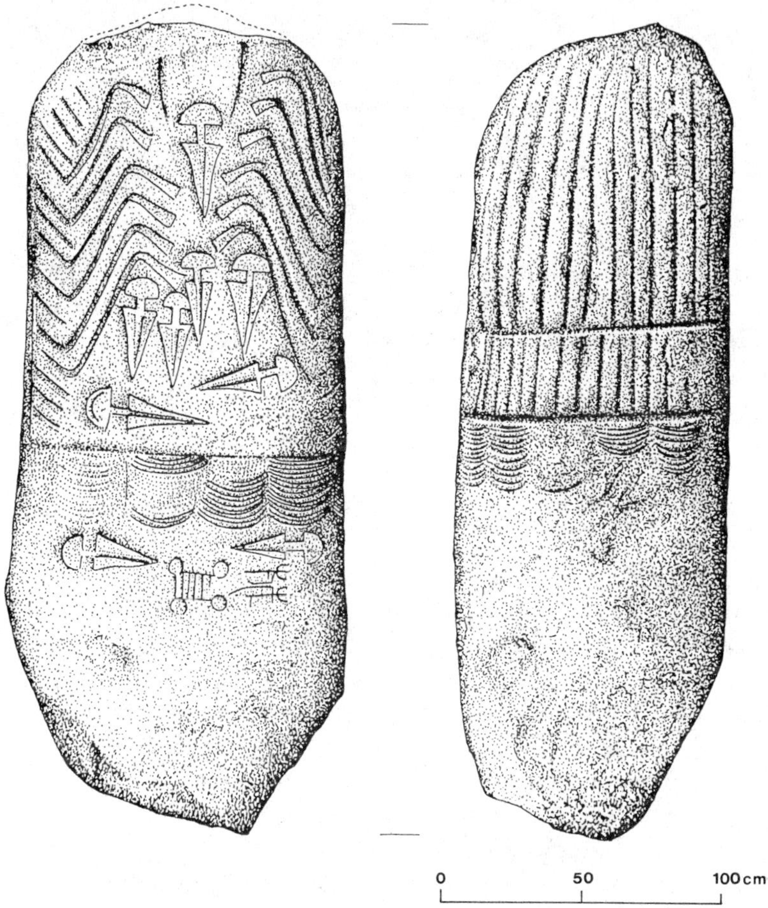

Bildstein 2 von Algund mit Vorder- und Rückseite (Beschreibung und Deutung siehe Text).

lag nicht am Fuß der Geröllhalde, sondern im Hang selbst, etwa zwanzig Meter höher und 5,5 Meter unter der oberen Abbruchkante flach auf einem alten Bodenhorizont. Dieser war durch Erosionsschutt in späterer Zeit entsprechend hoch überdeckt worden. Die Töller Marmorplatte ist wie die anderen Steine bearbeitet. Sie besitzt eine Höhe von 0,95 Metern, eine Breite von 0,38 Metern und eine Dicke von 0,11 Metern bei einem Gewicht von zweiundsechzig Kilogramm. Dieser Stein trägt als Verzierung nur das horizontale, wiederholt geraffte Rillenband als Gürtel und darüber auf der Vorderseite einen Dolch.

Der Fundplatz von *Stein 4* lag nur zwanzig Zentimeter von dem des Steines 3 entfernt. Er wurde erst am 11. August 1942 bemerkt. Diese Platte blieb, wenn auch leicht geneigt, stehen, als der alte Bodenhorizont von der Mure überrollt wurde. Die Maße betragen 1,15 Meter Höhe und 0,5 Meter Breite bei einem Gewicht von hundertsiebzig Kilogramm. Material und Bearbeitung gleichen denen der anderen Steine. Der vierte Marmorblock zeigt einen ähnlichen Schmuck wie Stein 3, nur daß er auf der Rückseite elf Rillen aufweist, die in senkrechter Anordnung die obere Hälfte flächig überziehen.

Aus den von den Entdeckern während der Bergungsarbeiten getätigten Beobachtungen ergibt sich folgender Befund. Auf einem von Norden her sanft abfallenden Erosionsfächer, rund zwanzig Meter über der Talsohle, wurden die Steine dicht nebeneinander aufgestellt und mit ihren basalen Enden so tief in den Untergrund eingelassen, daß sie genügend Standfestigkeit besaßen, die Bildzonen indes sichtbar blieben. Da dieser Bodenhorizont dicht mit Holzkohlebröckchen und -flitterchen durchsetzt war, müssen dort Feuer abgebrannt worden sein, weshalb die Forschung von einem »Kultplatz« spricht. Zu einem unbekannten Zeitpunkt wurde der Platz von einer oder mehreren Muren mehr als fünf Meter hoch überdeckt. Irgendwann drängte die mäandrierende Etsch ihren Lauf nach Norden und begann am Fuß des Schotterfächers zu nagen. Es bildete sich eine steile, mehr und mehr zurückweichende und immer höher werdende Abbruchwand, bis eines Tages die ersten Bildsteine abstürzten. Zwei von diesen, vielleicht waren es ursprünglich noch mehr, ließen sich 1932 wiederfinden. Zwei weitere blieben oben am Platz (*in situ*) und konnten 1942 aufgespürt werden.

Ein knappes Jahr nach der Auffindung des Gletschermanns entdeckte der Archäologe Nothdurfter bei bauhistorischen Untersuchungen in der Bühelkirche von Latsch neuerlich einen reichverzierten Bildstein aus örtlich ausstehendem Laaser Marmor. Er kam unter der barocken Holzverschalung der Altarmensa zum Vorschein und diente somit immer noch der Kultausübung. Ein gewisser Synkretismus ist vorstellbar, indem man auf diese Weise die heidnischen Zeichen christlich akkommodierte. Der ursprüngliche Standort ist unbekannt, man wird ihn aber in der näheren Umgebung, vielleicht Richtung Laas, wo der Marmor herstammt, suchen dürfen. Der Neufund ist noch nicht abschließend wissenschaftlich untersucht. Es lassen sich aber der typische geraffte Gürtel wie auf den Algunder Steinen und außerdem ein Gewirr von Dolchen, Sonnensymbolen, Figuren, Beilen und Rillen ausmachen. Man gewinnt den Eindruck, daß sozusagen mehrere »Malschichten« übereinanderliegen.

Das gleiche gilt für den großen Stein 2 von Algund. Die Forschung nimmt an, daß bei diesem eine erste Bearbeitungsphase die Dolche und den Gürtel beinhaltet. In einer zweiten Phase behing man das Oberteil ziemlich symmetrisch mit den Beilen. Zuletzt gravierte man den bespannten Wagen ein.

Solche sich überdeckenden Bildschichten werden verständlich, wenn man davon ausgeht, daß die eingetieften Zeichen farbig ausgelegt wurden. Sobald die erste »Malschicht« abgewittert und die Farben abgewaschen waren, schuf man eine neue Komposition.

Für unsere Fragestellung sind die abgebildeten Beile und Dolche von exorbitanter Bedeutung. Auf allen Vinschgauer Zeichensteinen bilden beide jeweils einen absolut einheitlich ausgeprägten Typus.

Die Beile weisen eine Knieholmschäftung mit leicht geschwungenem Griff auf. Die Schäftungsgabel steht nahezu rechtwinklig vor. Die schmale, sich zur Schneide hin merklich trapezförmig verbreiternde Klinge gibt an, daß eine solche aus Metall dargestellt werden sollte. Nimmt man das Beil vom Hauslabjoch und legt es auf die Steinplatte, so drängt sich nachgerade der Eindruck auf, man hätte just dieses gleichsam als »Mutterpause« gewählt.

Die Dolche auf den Zeichensteinen besitzen alle eine straffe, schlanke, dreieckige Klinge. Die Mittelrippe ist plastisch herausgearbeitet. Am Heft endet die Klinge mit einer rechtwinklig zur Dolchachse angelegten, breiten Basis. Dem kurzen Griff folgt ein mächtig ausgebildeter, halbkreisförmiger Knauf. Auch hier steht außer Zweifel, daß Metallklingen gemeint sind. Ihre einzigen und auch noch überaus spezifischen Vergleichsstücke finden die

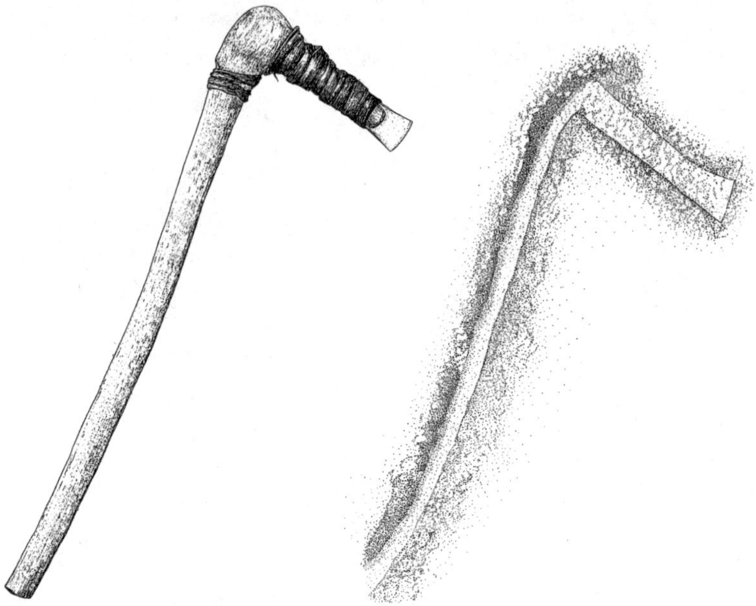

Das Beil vom Hauslabjoch (links) im Vergleich mit der Darstellung eines Beils auf dem Bildstein 2 von Algund im Vinschgau (rechts). Die Gegenüberstellung zeigt, daß der Bildhauer des Algunder Steins beabsichtigte, ein Beil mit Kupferklinge nachzuempfinden.

Vinschgauer Dolche in den Kupferdolchen der Remedellokultur. Natürlich haben sich bei letzteren die Griffe nicht erhalten, da sie aus Holz oder Horn bestanden. Aber die Klingen kann man über die Steinabbildung legen, ohne daß sich die geringsten Abweichungen ergeben. Überdies sind diese eigenwilligen Kupferdolche besonders typisch für die Remedello-Kultur. Die wenigen Metalldolche, die man von den sonstigen kupferführenden jungsteinzeitlichen Kulturen nördlich der Alpen kennt, weisen andere Formmerkmale und Umrisse auf. Südlich der Alpen streuen Remedello-Dolche bis nach Mittelitalien.

Ich habe schon darauf aufmerksam gemacht, daß die Ausrüstung des Mannes vom Hauslabjoch mit Randleistenbeil, Feuersteindolch und Stielpfeilspitzen unleugbare Affinitäten zum Süden widerspiegelt. Vor allem das Männergrab 102 des Friedhofs von

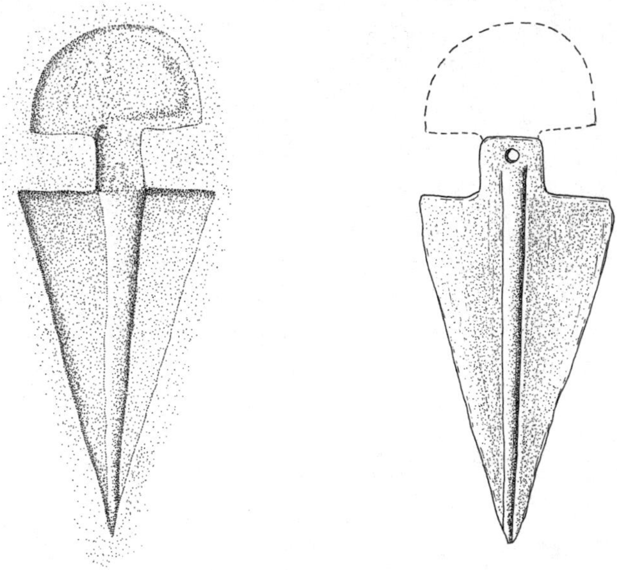

Darstellung eines Dolches auf dem Bildstein 2 von Algund im Vinschgau (links) und kupferne Dolchklinge vom Gräberfeld Remedello bei Brescia in Oberitalien (rechts) mit zeichnerisch ergänztem Knauf. Die Gegenüberstellung verdeutlicht, daß dem Künstler, der die Bilder auf dem Stein von Algund schuf, ein Dolch des Remedello-Typs als Vorbild diente. Damit erweisen sich die engen Beziehungen zwischen dem Vinschgau und der norditalienischen Remedello-Kultur.

Remedello selbst zeigt mit Randleistenbeil, Feuersteindolch und Stielpfeilspitzen eine eindeutige Übereinstimmung. Andererseits kennen wir aufgrund ungünstiger Fundumstände und mangelnden Forschungsstands die jungneolithischen Kulturen nicht, die damals den Vinschgau besiedelten. Nicht einmal die jungsteinzeitlichen Scherben- und Feuersteinfunde von Schloß Juval am Ausgang des Schnalstals sind bislang der Forschung zugänglich gemacht worden. Zweifellos liegen die Überreste aber größtenteils noch im Boden und können eines Tages mit etwas Glück ausgegraben werden.

Die Bildsteine von Algund und Latsch verweisen in aller Eindringlichkeit darauf, daß der Künstler, der jene Denkmäler schuf,

Remedello-Dolche sowie -Beile der Art wie vom Hauslabjoch und wie aus dem Zentrum der padanischen Remedello-Kultur kannte und nur diese zum Vorbild für seine Darstellungen wählte.

Zugleich zeigt sich damit, daß der Vinschgau in der Zeit, zu der der Mann im Eis lebte, von einer jungsteinzeitlichen Bevölkerung bewohnt war, die enge Kontakte zum Kerngebiet der Remedellokultur unterhielt.

Betrachten wir unter diesen Gesichtspunkten noch einmal die Lage der Fundstelle am Hauslabjoch in den Ötztaler Alpen. Vom Vinschgau her ist sie über das Schnalstal relativ bequem in einigen Stunden, höchstens in einem knappen Tagesmarsch zu erreichen. Vom Inntal her bräuchte man mindestens drei, wenn nicht vier anstrengende Tagesmärsche durch schwieriges, teilweise unwegsames Gelände. Die kulturellen Bezüge, die sich an der Ausrüstung des Gletschermanns ablesen lassen, weisen vielfältig und wohl eindeutig nach Süden. Um nicht der Voreingenommenheit bezichtigt zu werden, habe ich vorhergehend auch die gleichzeitigen nordalpinen Kulturen der Jungsteinzeit ausgiebig erwähnt. Aber dort zeigte sich nichts, was über den allgemeinen Zeitgeist hinaus konkrete Verbindungen zum Hauslabjoch aufweist.

Unter dem Aspekt der Forschung handelt es sich bei der Entdekkung am Hauslabjoch, mag sie auch als noch so sensationell und spektakulär bezeichnet werden, schlicht und einfach um nichts weiteres als um einen neuen Fundpunkt auf der archäologischen Landkarte. Als Besonderheit schält sich die Fundlage hoch in der Gletscherwelt der Alpen abseits der Altsiedlungslandschaften heraus. Dessenungeachtet hat der Wissenschaftler auch in diesem Fall die bewährten methodischen Grundlagen seines Fachs anzuwenden. Nach zeitgemäßem Verfahren erfolgte als erstes die chronologische Einordnung. Das gelang bei unserem Neufund mittels der ^{14}C-Datierung in überzeugendem Maße. Als zweites hat die Zuweisung zu einer der von der Forschung herausgestellten und abgrenzbaren Kulturerscheinungen zu erfolgen, wenn dieses nicht von vornherein durch kultureigentümliche Beifunde möglich ist. Dafür eignet sich, zumal im Neolithikum, vorzüglich die Keramik, die aber am Hauslabjoch fehlt. Deshalb mußten wir auf andere Fundtypen ausweichen, die nun allesamt nach Süden weisen. Wenn auch auf dem Umweg über Remedello, so ließ sich in wünschenswerter Deutlichkeit eine dem Hauslabjochfund zeitgleiche jungneolithische Besiedlung im Vinschgau feststellen.

Die Kultplätze mit ihren Bildsteinen, bei denen sich die Menschen am lodernden Feuer versammelten, sprechen nachdrücklich gegen einen nur zarten Siedlungsschleier, wie sich ein solcher im Inntal abzeichnet. Im Vinschgau lebte demnach in dieser Zeit eine Bevölkerung mit festgefügten rituellen Praktiken, wohletabliert und das Land neolithischer Wirtschaftsweise gemäß für Ackerbau und Viehzucht nutzend. Es widerspräche jeglicher archäologischer Methodik, einen neuen Fundkomplex kulturell weit außerhalb des nächstgelegenen Siedlungsgebiets unterzubringen.

Von daher erscheint es angemessen, das »Heimatdorf« des Mannes vom Hauslabjoch im Vinschgau zu suchen. Ich gehe sogar so weit und halte es nicht für ausgeschlossen, daß unser Gletschermann den heiligen Stein von Latsch mit eigenen Augen gesehen hat.

4. Anthropologische Probleme

Das Ergebnis der vorangegangenen Abschnitte, wonach der Mann vom Hauslabjoch in einer jungneolithischen Siedlungsgemeinschaft des Vinschgaus beheimatet war und sein Schweifgebiet von dort aus bis mindestens zum Alpenhauptkamm reichte, ist auf rein archäologischem Wege gewonnen worden. Diesen Vorschlag gilt es nun mit den bislang erarbeiteten naturwissenschaftlichen Erkenntnissen zu konfrontieren.

Uns wird immer wieder die Frage gestellt, warum wir denn nicht einfach mittels einer anthropologischen Untersuchung klären, ob der Gletschermann einem nord- oder einem südalpinen »Stamm« angehörte, um auf diese Weise zu erfahren, wo sein Heimatgebiet lag. Aber diese Frage ist falsch formuliert. Bei allen Versuchen, den Mann im Eis mit den Methoden der klassischen Anthropologie zu beschreiben und ihn hinsichtlich seiner Individualität bestimmten zeitgleichen Populationen zu- beziehungsweise einzuordnen, darf vom Standpunkt einer objektiven Wissenschaft her nicht unberücksichtigt bleiben, daß es sich nur um ein Individuum handelt. Über die Population, zu der er aus anthropologischer Sicht gehören könnte, haben wir keine ausreichende Kenntnis, da die geeigneten Vergleichsserien in weiten Gebieten seines kulturellen Umfelds fehlen. Aber auch ungeachtet dieses Mankos sollte es dem Mann vom Hauslabjoch erspart bleiben, ihn mit längst überholten und verworfenen rassekundlichen Etiketten des späten 19. und des frühen 20. Jahrhunderts zu belasten, die ihn womöglich einem mediterranen, dinarischen oder nordischen Rassetypus angegliedert hätten.

Die seriöse Anthropologie ist primär eine vergleichende Wissenschaft, deren eigentliches Ziel darin besteht, Unterschiede anthropologischer Merkmale in Raum und Zeit aufzuzeigen. Für die prähistorische Anthropologie bedeutet dies, daß metrische Daten von einzelnen Schädeln oder Mittelwerte von Schädelserien mit anderen verglichen werden, um Ähnlichkeiten und Unterschiede von anthropologischen Einzelmerkmalen oder Merkmalskombinationen aufzuzeigen. Die bisherigen Ergebnisse solcher Datenvergleiche haben gezeigt, daß große morphologische Ähnlichkeiten der Meßwerte häufig genetische oder ethnologische Beziehungen zum Ausdruck bringen und somit zur Herkunftsfrage von Einzelindividuen beziehungsweise Gruppen beitragen können. Nur unter diesem Aspekt darf der Versuch unternommen werden, die anthropologische Stellung der Gletschermumie im Kreis der jungsteinzeitlichen Bevölkerung des zirkumalpinen Raumes aufzuzeigen.

Für eine solche vergleichende Analyse besitzen wir Datenserien von mehreren tausend Schädeln und – freilich in geringerem Umfang – von Langknochen aus verschiedenen jungsteinzeitlichen Kulturgruppen Europas. Leider stehen, mit Ausnahme von Remedello, von den Kulturen, die der Fundstelle am Hauslabjoch unmittelbar benachbart sind, nur wenige anthropologische Funde zur Verfügung. Für die Horgener Kultur der Schweiz gibt es lediglich Daten eines einzigen männlichen Individuums aus Meilen am Zürichsee. Durch Skelettfunde relativ gut belegt ist die Badener Kultur am Ostrand der Alpen. In die Untersuchungen einbezogen wurden aber auch eine Vielzahl von Vergleichsserien aus weiter entfernten Kulturgebieten. Bei dieser Analyse zeigt die Gletschermumie vom Hauslabjoch die größten Ähnlichkeitsbeziehungen mit den anthropologischen Funden der Remedello-Kultur.

Die Körpergröße des Gletschermanns – rund 160,5 Zentimeter – ist, verglichen mit heutigen Bevölkerungsgruppen, relativ gering. Immerhin liegt er damit noch ein wenig über der durchschnittlichen Körpergröße der jungsteinzeitlichen Bevölkerung der Toskana, die sich bei hundertachtundfünfzig Zentimetern einpendelt. Die norditalienischen und südtirolerischen Fundgruppen weisen die gleiche oder nur geringfügig höhere Wuchsgrößen auf als der Gletschermann. Auch im Schweizer Neolithikum liegen die Körperhöhen relativ niedrig und teilweise weit unter hundertsechzig Zentimetern. Das Horgener Skelett besaß ebenfalls nur eine Größe von hundertsechzig Zentimetern. Ebenso sind die Träger der Badener Kultur mit einem Durchschnittswert von hundertdreiundsechzig Zentimetern nicht viel größer als der Mann vom Hauslabjoch.

Vergleichsserien von neolithischen Bevölkerungsgruppen aus Nordafrika, Sizilien, Sardinien, Frankreich und Osteuropa, aber auch solche von Schnurkeramikern und Glockenbecherleuten Mitteleuropas liegen im Mittel um hundertsiebzig Zentimeter. Damit zeigt auch die Körpergrößenberechnung unter Bezugnahme auf weit entfernt gelegene Kulturgebiete, daß der Gletschermann sich sehr wohl in den Kreis der alpinen und zirkumalpinen Gruppen des Neolithikums einfügt. Allerdings darf aus anthropologischer Sicht der Bezug zu Remedello nicht überbewertet werden, da es sich wegen des Fehlens nordalpiner Datensätze vorerst nur um einen Schluß *e silentio* handelt. Er widerspricht freilich auch nicht den hier postulierten Kulturverbindungen zwischen Hauslabjoch, Vinschgau und Remedello.

5. Hölzer und sonstige pflanzliche Funde vom Hauslabjoch

Für die Herstellung seiner Ausrüstung setzte der Mann vom Hauslabjoch in großem Umfang organisches, vor allem vegetabilisches Material ein. Dabei handelt es sich zunächst um Hölzer zur Anfertigung der Geräte und Waffen, um Bast als Schnur- und Bindematerial und um Rinde für die Behälter. Gräser fanden bei der Bekleidung vielfältige Verwendung. Nicht zuletzt bestand auch der Inhalt des Gluttransporteurs ausschließlich aus pflanzlichen Teilen, nämlich Gräsern, Blättern, Nadeln und Holzkohlen. Schließlich sind gleichfalls die Blütenpollen, die an der Kleidung hafteten und sich im Eis an der Fundstelle abgelagert haben, von großer Bedeutung.

Abgesehen von den Pollen wurden alle anderen Materialien gezielt ausgewählt. Dabei darf man nicht von vornherein davon ausgehen, daß unser Gletschermann seinen Bedarf in allen Fällen mit eigenen Händen der Natur entnommen hat. Beispielsweise kann man sich vorstellen, daß er seinen Grasmantel nicht selbst geflochten hat, sondern daß dieser von anderen Mitgliedern seiner dörflichen Gemeinschaft hergestellt wurde, die dann auch die speziellen, rund einen Meter langen Gräser gesammelt haben. Das gleiche könnte für die kunstfertig geknüpfte Dolchscheide gelten.

Selbstredend muß man ebenso in Erwägung ziehen, daß er vielleicht auch andere Teile der Ausrüstung nicht selbst anfertigte und sich dann auch den Rohstoff nicht zu besorgen brauchte. In Frage käme Handel, Tausch, Geschenk, Diebstahl oder Raub. Bei dem Erwerb des Feuersteins oder des Kupferbeils – Rohstoffe, die örtlich nicht vorhanden sind – könnte man an dergleichen denken. Dagegen bereitete die Beschaffung von Knochen keine Mühe, und Hirschgeweih konnte in Form von Abwurfstangen leicht gesammelt werden.

Die Tatsache aber, daß der Mann vom Hauslabjoch vor seinem Tod noch an seinem Bogen und an mehreren Pfeilschäften gearbeitet hat, dürfte ein eindeutiger Hinweis darauf sein, daß er sich die Hölzer dafür mit eigener Hand beschafft hat. Das gleiche ist auch für den Inhalt des Glutbehälters vorauszusetzen, ebenso für das Gras in den Schuhen, das ja häufig gewechselt werden mußte. Es ist also davon auszugehen, daß er sich zumindest einen großen Teil des Rohmaterials für seine Ausrüstung selbst beschaffte.

Vor allem bei der Betrachtung der verwendeten Hölzer setzt uns die Artenvielfalt in Erstaunen. Das ist aber kein Zufall. Jeder Gegenstand unterliegt bestimmten, oft sehr unterschiedlichen Benutzungsansprüchen, weshalb auch der für die Herstellung ausgewählte Rohstoff entsprechende ergologische und technische Voraussetzungen mitbringen muß. Der Mann vom Hauslabjoch hat für die Anfertigung seiner Ausrüstung die jeweils am besten geeigneten

Hölzer ausgewählt. Dazu gehört ein großes Maß an Erfahrung, die uns heutigen Zivilisationsmenschen völlig verlorengegangen ist, die aber für das Leben und Überleben in einem naturvölkischen Milieu unerläßlich war. Freilich wachsen die Bäume und Sträucher nicht überall. Manche bevorzugen Tal-, andere Höhenlagen. Der Gletschermann hat folglich innerhalb seines Schweifgebiets gezielt nach bestimmten Hölzern gesucht. Wenn es uns also gelingt, ihre Wuchsstandorte aufzuzeigen, so gewinnen wir sicherlich einen guten Überblick über den Lebensraum unseres Gletschermanns.

Im 19. Jahrhundert bildete der Vinschgau noch eine der Kornkammern Südtirols (Roggen, Buchweizen). Das zeigt, daß Bodengestalt und Klimagunst dem Getreideanbau förderlich sind, weshalb sie sicherlich auch den Bauern des Neolithikums Siedlungsanreize geboten haben. Heute liegt der Schwerpunkt der landwirtschaftlichen Nutzung im Obstanbau, im Osten zusätzlich in der Rebkultur. Die intensive Bodennutzung hat die natürliche Vegetation verdrängt. So können wir uns heute kaum mehr ein Bild vom Aussehen der Landschaft machen, wie es sich vor fünftausend Jahren den Blicken des Betrachters darbot. Allenfalls unwirtliche Höhenlagen mögen sich ihr ursprüngliches Pflanzenkleid unversehrt bewahrt haben.

Wenn man sich den Siedlungsraum des jungsteinzeitlichen Menschen vorstellen will, muß man sich zunächst alle modernen Verkehrsstränge wegdenken, die heutzutage in einem engmaschigen Netz die Landschaft zerschneiden, wie Eisenbahn-, Bundes- und Landstraßen bis hin zu den mittlerweile durchweg asphaltierten Feld- und Forstwegen. Ebenso die häßlichen Strommasten und -leitungen wie auch die teils verhängnisvolle Regulierung selbst kleiner Bachläufe. Industriegebiete, Freizeiteinrichtungen und Bebauungszonen lassen den Urzustand nicht einmal mehr erahnen.

Für den damaligen zwischenörtlichen wie überregionalen Verkehr genügten ausgetretene Pfade. Bei den geringen Ansprüchen an die Wegeführung ist wohl auch mit einem gelegentlichen Wechsel des Routenverlaufs zu rechnen. Dazu kommen im Vinschgau sicherlich auch Verlegungen als Folge der sich ändernden Bodengestalt. Das obere Etschtal wird im besonderen Maße durch die riesigen Schotterkegel der Gebirgsbäche geprägt, die aufgrund von

Murenabgängen und Geröllawinen ständigen Bewegungen unterliegen.

Der gesamte Talgrund war, versumpft und mit dichtem Urwald bedeckt, durch den sich die Etsch immer wieder ein neues Bett fraß, für jegliche Siedlungstätigkeit denkbar ungeeignet, dafür aber reich an jagdbarem Wild.

Zur Anlage der Siedlungen wählte der Mensch der Jüngeren Steinzeit Anhöhen und Kuppen am Talrand, wofür im Vinschgau der Schloßberg von Juval und der Tartscher Bühel gute Beispiele abgeben. Von dort aus schuf er kleine Rodungsinseln, denn die ackerbaulich bewirtschafteten Felder lagen in unmittelbarer Nähe der Gehöfte. Daran schlossen sich zunächst mehr oder weniger lichte Gehölze an, aus denen das Bauholz herausgeschlagen wurde und die der Waldweide und Viehdrift dienten. Dahinter folgten die undurchdringlichen Urwälder, und hangwärts lagen die dichten Bergwälder, das Schweifgebiet unseres Gletschermanns, aus dem er sich seine Rohstoffe besorgte. Eine Übersicht über die von ihm verwendeten Hölzer zeigt die Tabelle auf Seite 289.

Im folgenden wollen wir kurz die besonderen Eigenschaften der einzelnen Holzarten beschreiben sowie die Wuchsstandorte aufzeigen.

Die *Eibe* ist ein vorzügliches Nutzholz. Sie wurde in vorgeschichtlicher Zeit fast ausschließlich zur Herstellung von Bogen verwendet. Daß sie der Mann vom Hauslabjoch auch zur Fertigung seines Beilholms wählte, ist ein Ausnahmefall. Die zeitgleichen, aus den zirkumalpinen Feuchtbodensiedlungen bekannten Beilschäfte bestehen in abnehmender Frequenz aus Esche, Eiche, Buche und Kernobsthölzern. Der immergrüne Nadelbaum besitzt ein harzfreies, zähes, hochelastisches und schweres Holz, das nicht fault und kaum von Anobien befallen wird. Wegen seiner Härte ist es schwer zu schnitzen. Die scharfgegrateten Schnitzfacetten am Hauslabjochbogen lassen daran denken, daß der Gletschermann dafür die Kupferklinge seines Beils verwendete. Die Eibe ist im südlichen wie nördlichen Alpenbereich verbreitet. Sie wächst weniger in der Ebene und bevorzugt mittlere Gebirgslagen bis zu tausendvierhundert Metern, ebenso wintermilde Standorte auf Südhängen. Schluchtwälder und Steilhänge werden nicht gemieden.

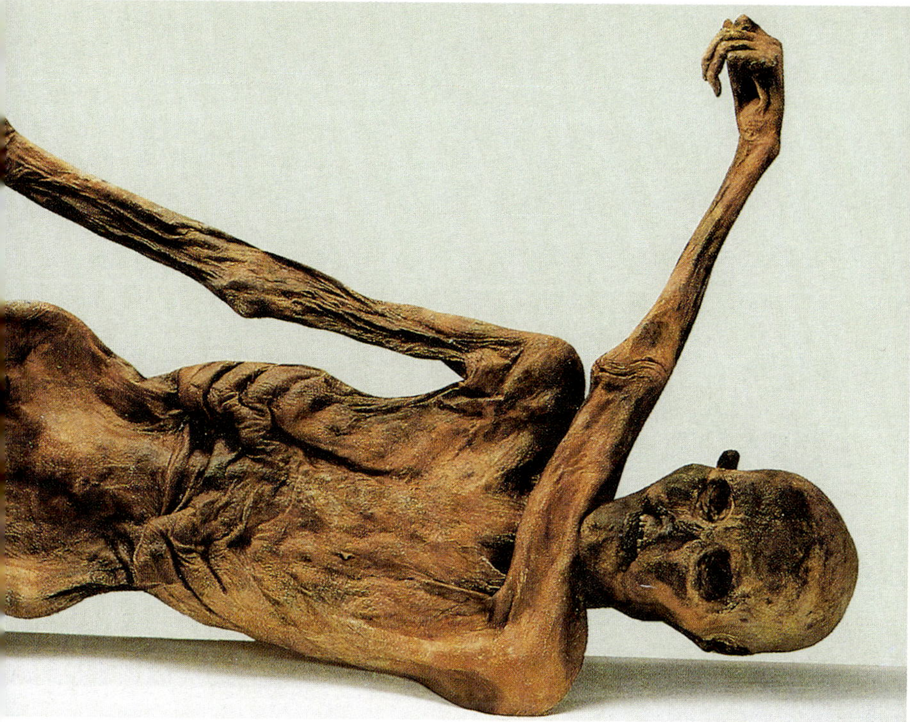

Oberkörper der Gletschermumie von vorn. Deutlich ist die unnatürliche Haltung des linken Armes zu erkennen, der durch leichte Gleitbewegungen des Gletschereises am Boden der Felsrinne unter das Kinn gedrückt wurde. © Herbert Maurer.

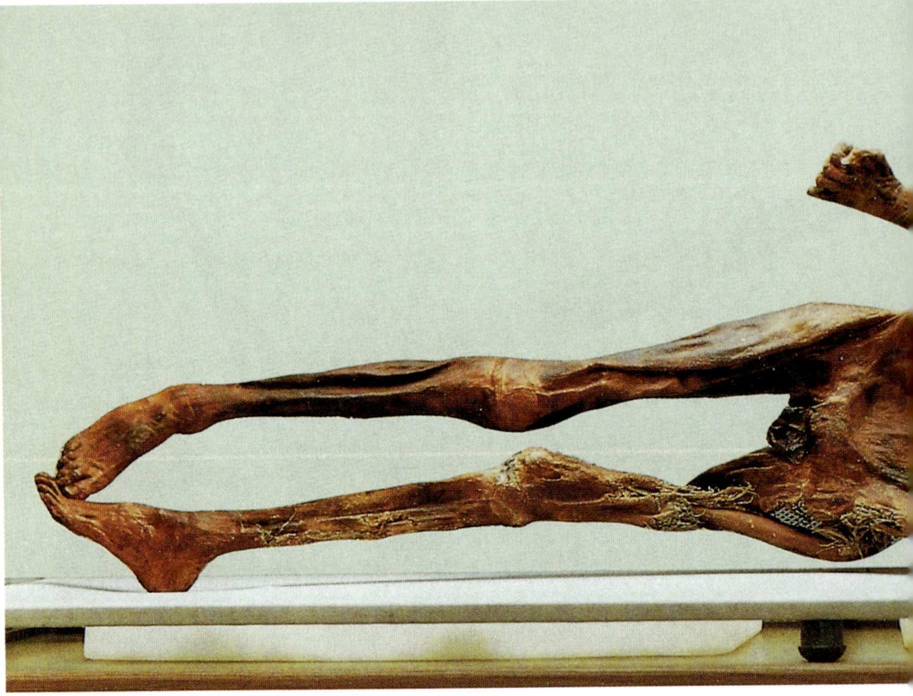

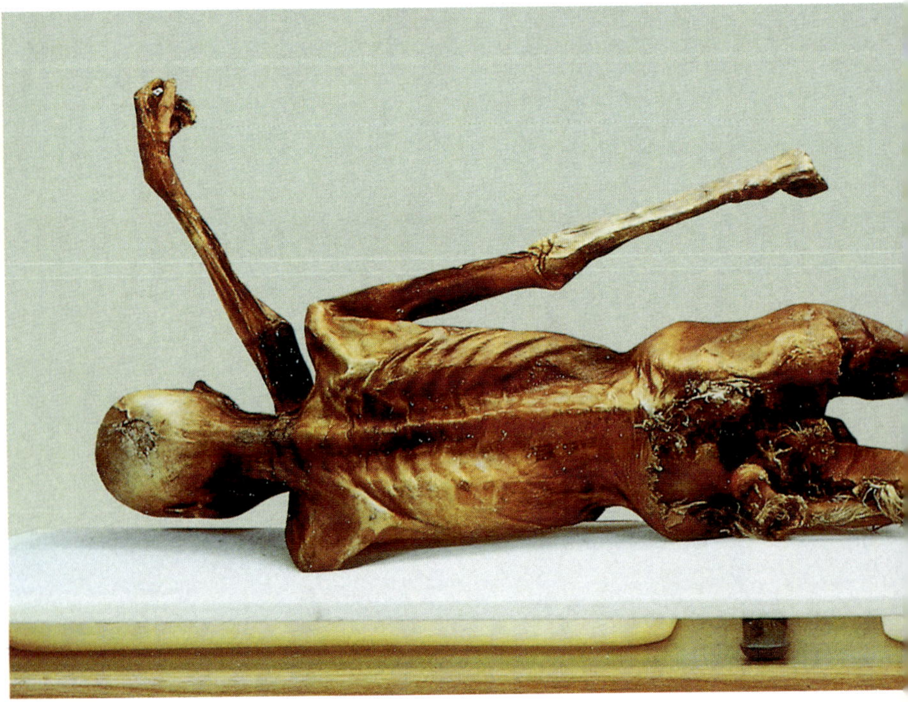

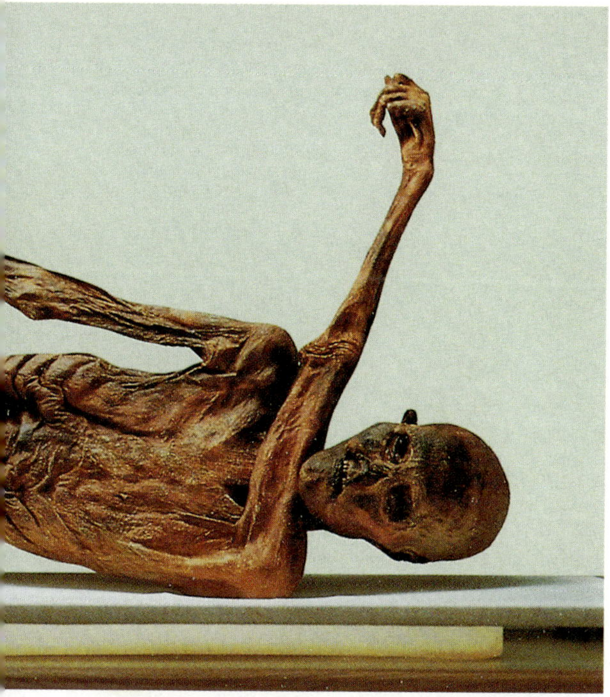

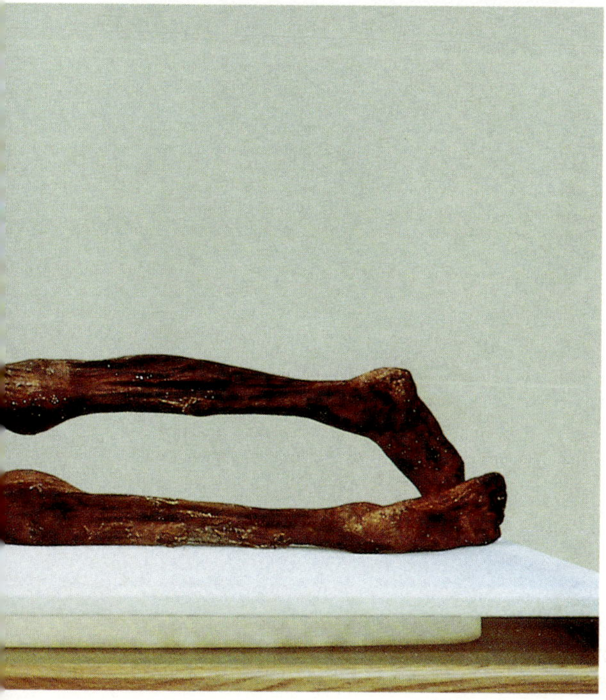

Links oben und unten: Gesamtaufnahmen der Gletschermumie von vorn und hinten. Am linken Gesäß und Oberschenkel ist der große Weichteildefekt zu sehen, der beim ersten Bergungsversuch durch den Schrämhammer entstand. © Herbert Maurer (oben) und © Wolfgang Neeb, STERN (unten).

Nächste Seite: Das rechte Profil des Kopfes, aufgenommen unmittelbar nach der Einlieferung in die Gerichtsmedizin und noch vor der Leichenwäsche am 23. September 1991. © Hans Unterdorfer.

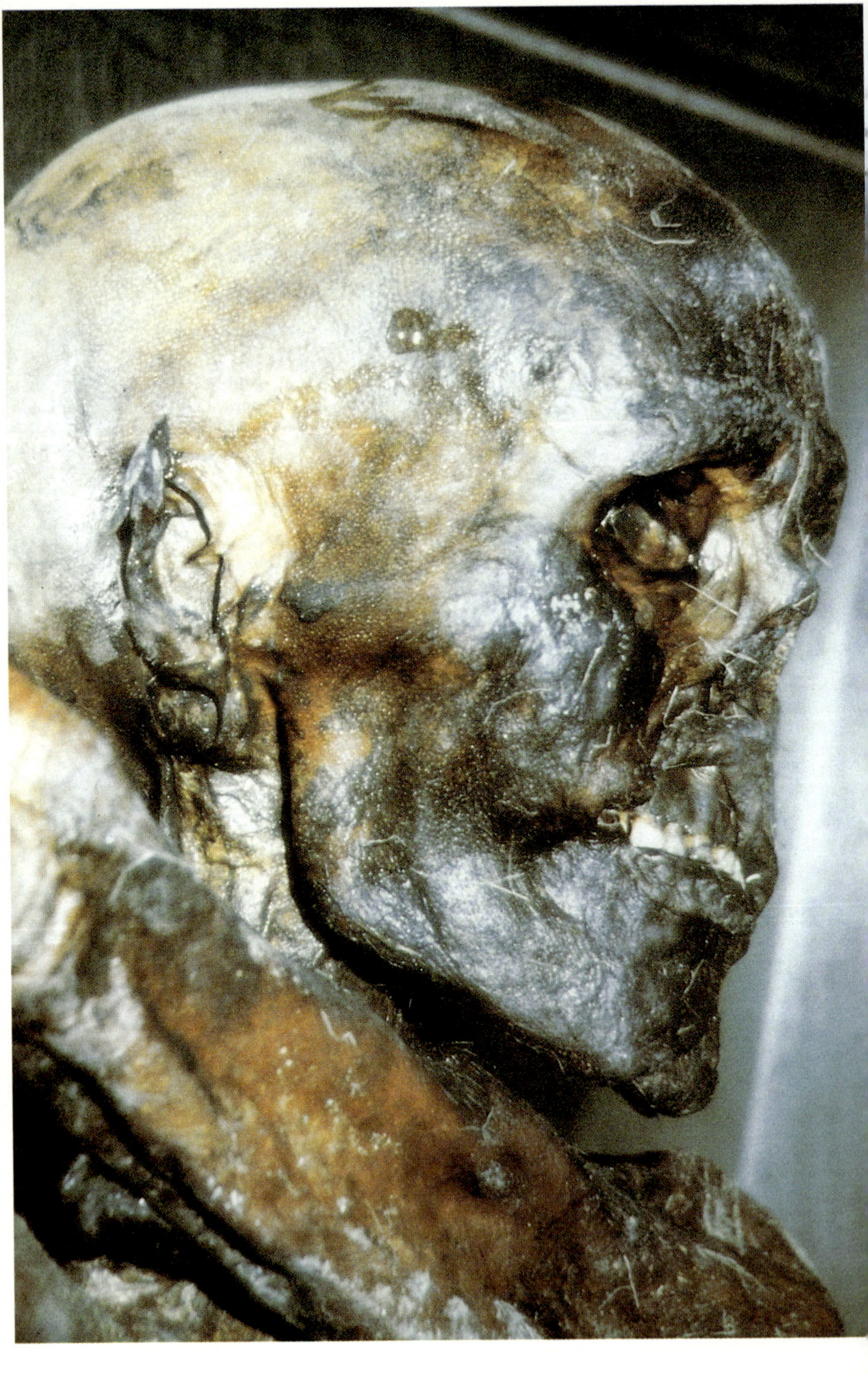

Nr.	Gewächs	lat. Name	Nutzung für den Mann im Eis	Verwendung
1	Eibe	Taxus baccata	Holz	Bogen, Beilholm
2	Linde	Tilia sp.	Holz (Ast), Bast	Retuscheur, Schnur, Bindematerial
3	Esche	Fraxinus excelsior	Holz	Dolchgriff
4	Hasel	Corylus avellana	Holz (Stock)	U-Holz der Rückentrage, Köcherversteifung
5	Lärche	Larix decidua	Holz	Bretter der Rückentrage, Brennstoff
6	Wolliger Schneeball	Viburnum lantana	Holz (Trieb)	Pfeilschaft
7	Hartriegel	Cornus sp.	Holz (Trieb)	Pfeilschaft
8	Birke	Betula sp.	Rinde, Saft	Behälter, Teer
9	Netzweiden T.	Salix reticulata T.	Holz	Brennstoff
10	cf. Felsenbirne	cf. Amelanchier ovalis	Holz	Brennstoff
11	Erle	Alnus viridis	Holz	Brennstoff
12	Fichte	Picea abies	Holz, Nadeln	Brennstoff, ?
13	Kiefer	Pinus sp. (non cembra)	Holz	Brennstoff
14	Ulme	Ulmus sp.	Holz	Brennstoff
15	Wacholder	Juniperus sp.	Nadeln	?
16	Spitzahorn	Acer platanoides	Blätter	Isoliermaterial
17	Schlehdorn	Prunus spinosa	Frucht	Nahrungsmittel

Die *Linde* besitzt ein weiches, wenig biegsames, zähes Holz, das sich gut bearbeiten läßt. In vorgeschichtlicher Zeit spielte es ergologisch keine Rolle; ganz selten fertigte man daraus mal einen Dolch-, ein andermal einen Messergriff an. Der Gletschermann benutzte ein Aststück als Druckstab seines Retuscheurs. Der Lindenbast läßt sich als Bindematerial verwenden. Gefasert wird er zu Fäden und Schnüren gedrillt beziehungsweise gezwirnt, die sehr reißfest sind. Der Mann im Eis wickelte damit die Geweihspitzen und die Rohsehnen in seinem Köcher zu Bündeln. Das Nähmaterial für den Birkenrindenbehälter und die vermutliche Bogensehne bestehen ebenfalls aus Bast. Die Linde bevorzugt keine bestimmten Biotope, findet sich in den Zentralalpen aber nur verstreut bis in Höhen um tausendfünfhundert Meter. Gern begibt sie sich in die Buchen- und Erlenbestände der Ebene, steigt aber auch mit in den Eichen-,

Hainbuchen- und Ahornwäldern die Hänge hinauf. Mit Ulme, Ahorn und Esche wächst sie gleichfalls in Schluchtwäldern.

Das Holz der *Esche* fand in vorgeschichtlicher Zeit vielfältige Verwendung. Es ist hart, fein- und langfaserig, elastisch, biegsam und gut zu bearbeiten. In großem Umfang wurde es in prähistorischer Zeit für Werkzeugstiele, speziell für Axt- und Beilholme verwendet. Auch für das Schnitzen von Holzschüsseln und -schalen benutzte man es gern. Der Mann vom Hauslabjoch fertigte seinen Dolchgriff daraus. Heute ist die Esche durch Pflanzung weit verbreitet. Von Natur aus kommt sie im Alpengebiet vor, fehlt aber im Oberinn- und Alpenlechtal, ebenso auch im Gebiet um Bozen und in anderen Teilen Südtirols. Sie bevorzugt feuchte Buchen- und Auwaldgesellschaften, wächst in Uferbereichen wie in den Laubmischwäldern der Ebenen und steigt in mittlere Gebirgslagen bis um tausendvierhundert Meter empor. Sie meidet trockene Böden, scheint aber Kalkuntergrund zu schätzen.

Die *Hasel* bildet ein mäßig hartes, zähes, biegsames und gut spaltbares Holz. Stammdurchmesser bis zwanzig Zentimeter sind bekannt. Als Werkholz spielte sie in vorgeschichtlicher Zeit eine geringe Rolle. Gelegentlich verwendete man sie zur Herstellung von Axt- und Beilholmen. Für die lehmbeworfenen Flechtwerkswände beim Hausbau und als biegsame Ruten für die Backofenkuppeln war sie unerläßlich. Der Gletschermann wählte je einen Haselstock für das U-förmig gebogene Rahmenwerk seiner Rückentrage und für die seitliche Versteifungsstrebe des Köchers. Der Haselstrauch, seltener -baum, ist allgemein über das Alpengebiet verbreitet. Er wächst als Unterholz in lichtreichen Laubwäldern mit Erle, Ulme, Linde und Ahorn. Deutlich bevorzugt er Waldränder, Hecken und Sammelgesellschaften in der Ebene und dringt in mittlere Gebirgslagen bis in tausendsechshundert Meter Höhe vor.

Die sommergrüne *Lärche* gibt, abgesehen von der Eibe, das dauerhafteste Nadelholz ab. Es ist biegefest und leicht zu bearbeiten. Werkhölzer aus Lärchenholz liegen aus neolithischer Zeit sonst nicht vor, insofern bildet unser Gletschermann wieder einen Sonderfall. Er schnitt daraus zwei Bretter für seine Rückentrage. Die Lärche findet sich von den Seealpen bis zum Wienerwald. Es gibt sie in Reinbeständen oder gemischt mit Zirbelkiefer und Fichte, seltener mit Bergföhre, Buche oder Tanne. Sie bevorzugt den obersten Waldgürtel der subalpinen Stufe, in der sie von der Ebene (dreihundert bis fünfhundert Meter) bis in Höhen von zweitausenddreihundert Metern aufsteigt.

Vom *Wolligen Schneeball* wurden nur die dünnen Triebe verwendet, die sehr hart und schwer, dabei auch besonders geradwüchsig sind, so daß man sie hauptsächlich für Pfeilschäfte, daneben aber auch gelegentlich für die Herstellung von feinen Rutenkämmen benutzte. Dementsprechend schnitzte der Eismann den größten Teil seiner Pfeile aus Schneeballtrieben. Der Schneeball liebt sonnige Waldränder, Hecken, lichte Eichen- und Kieferwälder. Er findet sich in Aulandschaften der Ebenen bis hinauf in Höhen von tausendsechshundert Metern auf mäßig trockenen, kalkhaltigen Böden.

Wie der Schneeball fand auch der *Hartriegel,* über dessen ergologische Eigenschaften nichts bekannt ist, fast ausschließlich als Pfeilschaftholz Verwendung. Ganz vereinzelt schnitzte man Dolch- und Messergriffe aus ihm. Unser Mann fertigte den kurzen Vorschaft des Kompositpfeils aus diesem Material. Aus der Gattung Hartriegel (*Cornus sp.*) kommen der Blutriegel (*Cornus sanguinea*) oder die Kornelkirsche (*Cornus mas*) in Betracht, da sich diese holzanatomisch nicht unterscheiden lassen. Blutriegel ist nördlich wie südlich des Alpenhauptkamms vor allem in Augehölzen verbreitet, während die Kornelkirsche nördlich des Alpenhauptkamms nur in Vorarlberg (Bodenseegebiet) wächst. Zusätzlich soll es einen, allerdings fraglichen Bestand im Zillertal geben. Südlich der Wasserscheide findet sie sich im östlichen Vinschgau um Meran und sonst in Südtirol nur noch in der Umgebung von Bozen. Sie liebt lichte und krautreiche Laubmischwälder und steigt von der Ebene bis in die montane Stufe um tausendvierhundert Meter hoch.

Aus zwei Gründen findet die *Birke* in vorgeschichtlicher Zeit bevorzugt Verwendung. Ihr Holz selbst wird außer als Brennmaterial nicht genutzt. Dagegen läßt sich besonders bei jungen Bäumen die Rinde gut abziehen. Sie ist flexibel und auch in getrocknetem Zustand sehr widerstandsfähig. Das prädestiniert sie für die Anfertigung von Behältern und Etuis, außerdem von Booten (in Europa bislang nicht nachgewiesen). Der Mann vom Hauslabjoch führte zwei solche zylindrischen Behälter mit sich, von denen er einen als Gluttransporteur verwendete. Der von frischen Wunden abgezapfte Saft läßt sich zu Birkenteer, dem Alleskleber der Vorzeit, einkochen. Mit dieser Kittmasse schäftete der Gletschermann die Pfeile und das Beil, nicht jedoch den Dolch. Die Birke bevorzugt lichte Laub- und Nadelwälder, Brandflächen, Magerweiden und in höheren Lagen auch Hochmoorgebiete. Sie wächst von der Ebene bis fast zur Waldgrenze bei rund tausendneunhundert Metern vor allem in kühler, feuchter Klimalage.

Die Spalierweiden, hier der *Netzweidentyp*, wachsen in den Alpen als strauchig kriechendes Gebüsch bevorzugt über der Waldgrenze zwischen tausendneunhundert und zweitausenddreihundert Metern. Sie finden sich auf meist lange, sieben bis acht Monate, schneebedeckten und durchfeuchteten, mild humosen und kalkreichen Stein- und Rohschuttböden. Sie treten auch als Pionierpflanzen an offenen Erdstellen auf und bilden somit ein wichtiges Gewächs zur Wiederbegrünung von Karen, das heißt von Murenabbruchstellen. Als Nutzholz sind sie bedeutungslos. Der Mann vom Hauslabjoch schürte damit ein Lagerfeuer, von dessen glimmenden Holzkohlen er etwas in seinen Glutbehälter füllte.

Der *Felsenbirnentyp* wurde bislang unter prähistorischen Hölzern nicht identifiziert. Seine Früchte gelten als ungenießbar. Er bevorzugt Kalkböden und fehlt daher weitgehend in den Zentralalpen. Er wächst vereinzelt bis gesellig an festen Abhängen, in Felsspalten, auf Felsschutt und Steinböden. Von der Ebene steigt er bis in Höhen von rund tausendsechshundert Metern. Holzkohlebröckchen der Felsenbirne fanden sich im Glutbehälter.

Die *Erle* ist in den Alpen verbreitet, findet sich aber häufiger auf kalkarmem Untergrund. Sie wächst auf Auböden, im subalpinen Knieholz und in Lawinengräben. An Bachläufen steigt sie tiefer hinab, erreicht freilich auch Höhen bis zu zweitausend Metern. Das grobfaserige, weiche, dabei aber ziemlich feste und elastische Holz wurde in vorgeschichtlicher Zeit fast ausschließlich zum Schnitzen von Holzgefäßen verwendet. Der Mann im Eis nutzte es als Brennstoff in seinem Glutbehälter.

Heute ist die *Fichte* der häufigste Nadelbaum in den Alpen. Von Natur aus bildet sie Reinbestände erst ab achthundert Meter Höhe.

Gemischt mit anderen Nadelholz- und Laubbäumen steigt sie auch tiefer hinab. Selbst in winterkalter Klimalage wächst sie bis zur Waldgrenze, in Tirol bei etwa tausendneunhundert bis zweitausenddreihundert Meter. Ihr weiches, elastisches, leicht spaltbares Holz wurde nur höchst selten verwendet. Man kennt einige kleine Gefäßformen. Holzkohlebröckchen fanden sich im Gluttransporteur. Bei einigen unverbrannten Nadeln, die an den Spitzahornblättern klebten, dürfte es sich um zufällige Beimengungen handeln.

Die *Kiefer* oder *Föhre* spielte als Werkholz in vorgeschichtlicher Zeit keine Rolle. Sie ist weit verbreitet und gedeiht auf allen Böden, selbst auf extrem nährstoffarmen. In den Alpen findet man sie auf der Ebene bis hinauf zur Waldgrenze. Dem Mann im Eis diente sie als Brennstoff im Birkenrindenbehälter.

Die *Ulme* oder *Rüster* besitzt ein hartes, elastisches und zähes, allerdings leicht spaltbares Holz, das in der Jungsteinzeit nur ganz selten einmal als Axtholm oder als Furchenstock gebraucht wurde. Holzkohlebröckchen fanden sich unter dem Brennstoff im Gluttransporteur. Eingesprengt oder gruppenweise verkörpert die Ulme einen typischen Baum der Auen und Schluchtwälder, kommt aber mit anderen Arten auch in der Ebene bis hinauf ins Mittelgebirge, aber nicht über tausendvierhundert Metern, vor.

Ebenso wie die Fichtennadeln sind die im Gluttransporteur unter dem Isoliermaterial aufgefundenen Nadeln des *Wacholders* als zufällige Beimengungen zu betrachten. Heute verwendet man sein zähes Holz für kleine Schnitz- und Drechselarbeiten. Seine schwarzbraunen, blaubereiften »Scheinbeeren« finden in der Heilkunde, als Küchengewürz und als Räuchermittel Verwendung. Vielleicht gerieten die Nadeln beim Sammeln von Beeren unbeabsichtigt in den Birkenrindenbehälter. Der immergrüne Strauch oder Baum bevorzugt sonnige Hänge und nimmt auch mit den unfruchtbarsten Böden vorlieb. Auf Magerweiden, in Gebüschgesellschaften und Zwergstrauchweiden steigt er in den Alpen bis auf Höhen über zweitausendfünfhundert Meter.

Einen Sonderfall bilden die Blätter des *Spitzahorns*. Sie fanden zusammen mit Grasbüscheln als Isoliermaterial zwischen Glut und Gefäßwand im Birkenrindenbehälter Verwendung. Die Stiele fehlen. Es liegen nur die Spreiten vor. Der Chlorophyllgehalt beweist, daß sie frisch geerntet wurden, und zwar, da sie ausgewachsen sind, zwischen Juni und September. In vorgeschichtlicher Zeit wurde das Ahornholz sehr häufig zur Gefäßherstellung verwendet, weniger für Messergriffe, Axt- und Beilholme oder Furchenstöcke. Das Holz ist hart, sehr reibfest und elastisch, läßt sich gut bearbeiten, neigt aber zu Anobienbefall und verträgt keine Feuchtigkeit. Der Spitzahorn fehlte ursprünglich im Inntal. Er ist sonst im Gebirge verbreitet, findet sich vereinzelt bis gruppenweise in Eichen- oder Buchenwäldern und wächst vom Tiefland bis in die montane, seltener subalpine Stufe bei tausenddreihundert bis tausendsechshundert Meter Höhe.

Für die Verwendung des Holzes des *Schlehdorns* gibt es aus prähistorischer Zeit keine Belege. Heute nimmt man es allenfalls zur Herstellung von Spazierstöcken. Es gilt als sehr zäh. Die Früchte waren allgemein als Zukost beliebt. Sie reifen von Anfang August bis Anfang Oktober. Am Hauslabjoch fand sich eine Schlehe. Der Gehalt an Fruchtsäure und Gerbstoffen macht die Frucht indes erst nach Frosteinwirkung genießbar, so daß sich die Gebrauchszeit auf Ende September bis Anfang Oktober einengen läßt. Der Schlehdorn bildet an Waldrändern und Rainen oft undurchdringliche Hecken. Er ist allgemein verbreitet, vor allem an sonnigen Hängen, aber auch in lichten Laub-, seltener Nadelwäldern. Er wächst von der Ebene bis in mittlere Gebirgslagen von etwa tausendfünfhundert Metern.

Die von dem Mann vom Hauslabjoch als Werk- und Brennstoff sowie als Nahrungsmittel und Isolierung verwendeten vegetabilischen Materialien wurden, soweit sie von Baum- und Strauchgewächsen stammen, auch auf die von ihnen bevorzugten Biotope hin untersucht. Sie vermitteln einen bemerkenswerten Überblick über sein Schweifgebiet wie über seinen Lebensraum, wobei Fragen zur Struktur und Wirtschaftsweise seines »Heimatdorfs« in diesem Abschnitt noch ausgeklammert bleiben. Des weiteren gehen wir nach wie vor davon aus, daß dieses Dorf, wie es die archäologische Analyse andeutet, im Vinschgau gelegen hat.

Unter natürlichen Wuchsbedingungen, die der jungsteinzeitliche Mensch noch kaum spürbar angetastet beziehungsweise beeinträchtigt hatte, sind Gewächse belegt, die von den Auwäldern des

Talgrunds über die Gehölze der Ebenen, Terrassen wie unteren erosiven Schotterkegel und Hang- wie Bergwälder bis über die Baumgrenze hinauf in die Hochgebirgszonen reichen. Insbesondere der Holzkohleninhalt des Birkenrindenbehälters streut von der Ulme, die aus den tieferen Lagen stammen muß, über die übrigen bestimmbaren Reste bis hin zu Arten, die in der subalpinen Zone beziehungsweise direkt bis hinauf zum Waldgrenzbereich wachsen. Die aufgrund des Jahresringradius dünnstämmigen Weidenreste (*Salix reticulata T.*) stammen sogar aus dem Bereich über der Waldgrenze. Die für die Herstellung der hölzernen Gerätschaften gezielt ausgewählten Rohmaterialien wachsen vornehmlich in Biotopen zwischen den beiden Extremen. Es ist eine naheliegende Vermutung, daß der Gletschermann sich diese Hölzer selbst besorgt hat.

Bei den Holzkohleresten aus dem Glutbehälter aber darf man mit hoher Gewißheit davon ausgehen, daß er das Brennholz mit eigener Hand gesammelt hat. Von daher ist festzuhalten, daß er vom Talgrund (Ulme) bis oberhalb der Waldgrenze (Netzweide) Lagerfeuer unterhalten hat. Das Anlegen eines Feuers geschieht in aller Regel in Zusammenhang mit Übernachtungen und bezeugt somit längerfristige Aufenthalte und nicht nur ein kurzes Verweilen am Ort. Für die Rekonstruktion seiner Lebensweise wird man folglich ein Modell entwickeln müssen, das Aktionen sowohl im Talgrund als auch oberhalb der Baumgrenze einschließt.

Die *Kornelkirsche* kommt im oberen Inntal wie in seinen Nebentälern natürlich nicht vor, gedeiht aber südlich des Alpenhauptkamms im östlichen Vinschgau und in der Umgebung von Bozen. Wenn der Pfeilschaft aus diesem Holz und nicht aus dem des Blutriegels besteht, was – wie gesagt – holzanatomisch nicht ausgeschlossen werden kann, dann ist damit ein entscheidender Hinweis darauf gegeben, daß das Schweifgebiet des Gletschermanns vom Hauslabjoch aus gesehen durchaus nach Süden ausgerichtet war. Über die archäologische Analyse hinaus zielt damit möglicherweise auch die botanische Untersuchung in die gleiche Richtung.

Die Untersuchung der Großpflanzenreste hat darüber hinaus wichtige Hinweise zum Todeszeitpunkt des Mannes im Eis ergeben. Die glaziologischen Überlegungen wie auch die Aufschlüsselung der damit verbundenen Mumifizierungserscheinungen weisen auf die ersten nachsommerlichen Schneefälle bei Wintereinbruch hin. Dieses Ergebnis kann nun weiter abgesichert werden. Die Spitzahornblätter wurden zwischen Juni und September geerntet. Die Schlehe wurde vermutlich in der zweiten September- oder ersten Oktoberhälfte gesammelt. Dem entspricht auch die Analyse des Pollenspektrums. Die Botanik hat taugliche Methoden zur Feststellung der jahreszeitlichen Schichtung des Gletschers mit Hilfe des im Eis eingeschlossenen Blütenstaubs entwickelt.

Direkt neben der Köcherfundstelle wurden dem dort ungestörten Eis Proben entnommen und aus diesen dann im Labor zweitausendzweihundertzweiundzwanzig Pollen isoliert. Die Auszählung ergab hohe Werte für Kiefer (*Pinus*), Erle (*Alnus*) und Rispengräser (*Poaceae*). Einen Mittelwert zeigte der Pollenflug des Beifußes (*Artemisia*), während Birke (*Betula*), Hasel (*Corylus*), Fichte (*Picea*), Ulme (*Ulmus*) und Buche (*Fagus*) ebenso wie Efeu (*Hedera*), Farn (*Pteridium*), Brennessel (*Urticaceae*), Wegerich (*Plantago*) und andere nur vereinzelt nachzuweisen waren und damit anzeigten, daß ihre Hauptflugsaison vorüber war. Daraus ergibt sich, daß das Eis, in dem der Gletschermann ruhte, im Spätsommer bis Frühherbst (September/Oktober) gebildet wurde.

6. Getreidefunde vom Hauslabjoch und der jungsteinzeitliche Ackerbau

Von hervorragender Bedeutung ist der Nachweis domestizierten Getreides. Für die Versorgung der jungsteinzeitlichen Bevölkerung bildete es den wichtigsten Kohlehydratlieferanten. Während des alpinen Neolithikums baute man vier Getreidesorten an, und zwar drei Weizenarten, nämlich Einkorn (*Triticum monococcum*), Emmer (*Triticum diococcum*) und Nacktweizen (*Triticum aestivum/durum*) sowie Gerste (*Hordeum vulgare*). Regional und zeitlich wurden diese vier Sorten unterschiedlich intensiv kultiviert. Die Weizenarten lieferten Brotgetreide, während Gerste eher als Grütze und als Einlage in Eintopfgerichten verzehrt wurde.

Bei den Restaurierungsarbeiten in Mainz entdeckte man auch

zwei Getreidekörner. Beide befinden sich im Spelz und hatten sich in den Fellbüscheln der Kleidung verhakelt. Sie stammen also nicht aus einem mitgeführten Proviantrest, sondern gelangten zufällig und unbeabsichtigt auf das Hauslabjoch. Desgleichen fanden sich unter dem Isoliermaterial des Glutbehälters zwei unverkohlte Spelzenreste und ein Ährenstengelstück des Einkorns sowie Fruchtschalenteile einer nicht näher bestimmbaren Weizenart (*Triticum sp.*). Diese Funde belegen zunächst eindeutig, daß der Mann vom Hauslabjoch in Kontakt zu einer getreideanbauenden Gesellschaft stand. Man wird vernünftigerweise unterstellen dürfen, daß es sich dabei um die Gemeinschaft seines »Heimatdorfs« gehandelt hat. Das Getreide wird im Spätsommer/Frühherbst geerntet, dann gedroschen und für den Winter gelagert. Die Ährenreste stellen Dresch- beziehungsweise Worfelabfall dar. Damit wird klar, daß sich der Mann vom Hauslabjoch während oder kurze Zeit nach dem Dreschen des Getreides in seinem Dorf aufgehalten hat, denn das Isoliermaterial mußte ja immer wieder einmal ausgewechselt werden, und deshalb konnte es noch nicht lange in seinem Glutbehälter gewesen sein. Da die Ernte- und Dreschzeit jeweils den vollen Einsatz des arbeitsfähigen Anteils der Dorfbevölkerung erfordert, darf man weiter vermuten, daß der Gletschermann, sollte er sich gewöhnlich längerfristig von seiner Siedlung entfernt haben, eigens zur Spätsommerzeit heimkam, um bei der Getreideernte und beim Dreschen mitzuhelfen.

7. Die Wirtschaftsweise in der Jungsteinzeit

Die Aufschließung der Siedlungsgebiete und die damit verbundene Wirtschaftsentwicklung in den Tallandschaften des Gebirges durch den jungsteinzeitlichen Menschen lief anders ab als auf dem flachen Land oder an den Seeufern. Vorauszuschicken ist aber noch einmal, daß neben Jagen und Sammeln das Wirtschaftssystem immer auf zwei Füßen stand, nämlich dem Ackerbau *und* der Viehzucht.

Die in den vergangenen Jahrzehnten intensivierten Forschungen in den Feuchtbodensiedlungen des Vorlandes nördlich und südlich der Alpen haben bemerkenswerte Aufschlüsse über die wirtschaftliche Struktur des Neolithikums ergeben. Sie bescheinigen den Menschen der Jungsteinzeit eine hochentwickelte Ackerbaukultur. Man darf diese Resultate mit Bedacht und unter gewissen Einschränkungen auch auf den Vinschgau übertragen. Bei der Betrachtung des insgesamt ja noch spärlichen neolithischen Fundmaterials aus der Tallandschaft zwischen Ötztaler Alpen und Ortlermassiv war immerhin aufgefallen, daß zur Anlage der Dörfer die Randhöhen der Talebene bevorzugt wurden. Wir hatten als Beispiel den Schloßberg von Juval und den Tartscher Bühel erwähnt. Allein die Siedlungstopographie gibt damit einerseits einen Bezug zu den Talebenen und -terrassen, andererseits zu den Hochlagen des Gebirges zu erkennen, die offensichtlich jeweils in das Wirtschaftssystem integriert wurden. Die Lage der Siedlungen auf Anhöhen entspricht sehr wahrscheinlich auch einem gewissen Schutzbedürfnis. Sie bietet einen guten Überblick auf die nähere Umgebung, so daß eine drohende Gefahr, seien es Menschengruppen oder wilde Tiere, rasch und rechtzeitig auszumachen ist.

Für den Häuserbau wie für die Äcker mußten Freiflächen geschaffen werden, wobei man sich sowohl der Handrodung als auch der Brandrodung bediente. Man nahm es dabei billigend in Kauf, wenn sich daraus Waldbrände entwickelten. Sofern die Flächen nicht urbar gemacht wurden, eroberte die Natur das verbrannte Land rasch wieder zurück.

Neben den genannten Getreidearten wurden in der Jüngeren Steinzeit auch Ölpflanzen wie Lein (*Linum usitatissinum*) und Schlafmohn (*Papaver somniferum*), von den Hülsenfrüchten nur die Erbse (*Pisum sativum*) angebaut. Mit der Kultivierung dieser Nutzpflanzen ist auch im Neolithikum des Vinschgaus zu rechnen, obwohl durch die Getreidefunde an der Kleidung und im Glutbehälter des Mannes vom Hauslabjoch einstweilen nur der Anbau von Einkorn, einer einzeiligen Weizenart, nachgewiesen ist.

Bestimmte ackerbauliche Aktivitäten lassen sich am besten durch die Analyse der Unkrautsamen aus den Kulturpflanzenproben der jungsteinzeitlichen Siedlungen ableiten. Besonders Untersuchungen an Schweizer Feuchtbodensiedlungen haben gezeigt, daß in den älteren Abschnitten des Neolithikums die Bodenbearbeitungsmaßnahmen noch nicht sehr intensiv waren. Möglicherweise wurden in ziemlich weiten Abständen auf den Feldern mit Furchenstöcken Rillen gezogen und in diese das Saatgut eingestreut. So blieb genügend Platz für ackerfremde Pflanzen. Ab dem Jungneolithikum, und damit befinden wir uns in der Zeit des Gletschermanns, vervollkommnete sich die Anbautechnik. Seit dieser Zeit fand man in den Proben vorwiegend typische Ackerunkräuter, die vorher fehlten. Daraus kann man schließen, daß die Saatpflanzen einen dichteren Stand auf den Äckern erhielten, vielleicht als Folge einer breitwürfigen Aussaat. Des weiteren zeigte die Unkrautanalyse, daß sowohl mit dem Anbau von Winter- als auch mit dem von Sommerfrüchten zu rechnen ist. Vermutlich dienten die Getreidearten als Winterfrüchte, die im Herbst gesät wurden. Im Frühjahr folgte eine zweite Aussaat mit Sommerfrüchten wie Lein, Mohn und Erbse. Erntezeit war für beide im September und Oktober.

Darüber hinaus zeigte sich, daß im Jungneolithikum mit einer Ausweitung der Ackerflächen zu rechnen ist, was mit einer deutlichen Zunahme der Bevölkerung erklärt wird. Damals wurden zusätzliche Felder auch auf nährstoffärmeren, hangwärts gerichteten Böden gerodet. Das läßt sich an der Zunahme jener Ackerunkräuter erkennen, die flachgründigere, trockenere und basenreichere Böden bevorzugen. Dies scheint auch für den Vinschgau zu gelten, in dem sich gegenüber älteren Fundmaterialien eine spürbare Verdichtung für jung- und endneolithische Fundstellen abzeichnet. In der Schweiz setzte dies vornehmlich in der Zeit der Horgener Kultur ein, im Vinschgau könnte man an Einflüsse einer späten Kultur der Vasi a bocca quadrata und der Lagozza-Kultur denken. Diesen siedlungsgenetischen Prozeß dürfte auch der Mann vom Hauslabjoch, dem wir eine Position in der folgenden Frühphase der Remedello-Kultur zuweisen, noch miterlebt haben.

Die einzelnen Kulturpflanzen baute man im Fruchtwechsel auf getrennten Ackerflächen an, wobei die Fruchtfolge durchweg mit den anspruchsvollen Nacktweizen einsetzte. Wenn auch nicht eindeutig nachweisbar, so ist doch auch mit Brachen zu rechnen, die dann zusammen mit den abgeernteten Feldern als Viehweide genutzt wurden. Das Weidevieh verbesserte durch seine Exkremente die Bodengüte, so daß sich ein Acker auch über mehrere Jahre hinweg bepflanzen ließ. Die Getreideernte erfolgte nicht als Ährenlese, sondern die Halme wurden immer geschnitten. Auf diese Weise konnte zumindest in begrenztem Umfang Stroh gewonnen werden. Neben geschneiteltem Laub, also abgeschnittenen, blättertragenden Zweigen von Laubbäumen, verwendete man dieses als Futter während der Aufstallung des Viehs im Winter. Eine Heuwirtschaft ist für das Neolithikum nirgendwo nachgewiesen.

Für das Schneiden der Getreidehalme verwendete man Sicheln und Erntemesser aus Feuerstein. In diesem Zusammenhang erinnern wir uns an den Sichelglanz, der auf dem Klingengerät des Gletschermanns zu beobachten ist. Damit gewinnt die Vorstellung, er habe bei der Ernte und beim anschließenden Dreschen des Getreides mitgeholfen, weitere Nahrung. Jedenfalls dürfen den jungsteinzeitlichen Bauern beachtliche agronomische Fähigkeiten unterstellt werden.

Die Sammelwirtschaft ergänzte den Ackerbau, spielte aber gegenüber der wirtschaftlichen Dominanz der Getreidekultur nur eine untergeordnete Rolle. Für die Bevorratung wichtig waren der Wildapfel (*Malus silvestris*), der auch getrocknet wurde, die Haselnuß (*Corylus avellana*), die Eichel (*Quercus sp.*) und die Buchecker (*Fagus silvatica*). Als weitere Obst- und Beerenfrüchte sorgten Himbeere (*Rubus idaeus*), Brombeere (*Rubus fruticosus*), Hagebutte (*Rosa sp.*), Holunder (*Sambucus sp.*) und Schlehe (*Prunus spinosa*) für saisonale Abwechslung im Nahrungsangebot.

Sicher darf auch der Verzehr von wildwachsenden Gemüse- und Salatpflanzen vorausgesetzt werden, doch gelingt der Nachweis nicht, da diese vor der Samenreife geerntet werden. Ebenso sollte man Speisepilze nicht vergessen. Baumpilze wurden als Zundermaterial und für therapeutische Zwecke gesammelt. Sie sind andernorts des öfteren belegt und wurden auch von unserem Gletschermann genutzt.

Tierarten	lat. Name	Nutzung durch den Mann im Eis	Material
Steinbock	Capra ibex	Fleisch, Amulett	Knochen, Horn
Rothirsch	Cervus elaphus	Dorn für Retuscheur, großer Dorn, 4 Spitzen, Laschen der »Leggings«, Oberleder der Schuhe	Geweih, Pelzleder (Fell)
Ziege, Schaf, Gemse oder Steingeiß	Capra sp. sive Ovis aries	Ahle	Knochen
Haus- oder Wildrind	Bos sp.	Gürtel	Kalbsleder
Ziege	Capra hircus	Kleidung	Pelzleder (Fell), Leder
Rind oder Hirsch	Bos sp. sive Cervus elaphus	Rohsehnen (für Fäden und Schnüre)	Sehne
Braunbär	Ursus arctos	Schuhsohlen, Mütze	Pelzleder (Fell)
Gemse	Rupicapra rupicapra	Köcher	Pelzleder (Fell)
Vogel	Avis (fera)	Pfeilschaftbefiederung	Feder

8. Tierische Produkte und die jungsteinzeitliche Viehzucht

Für die Herstellung seiner Ausrüstung, aber auch als Nahrungsmittel nutzte der Mann im Eis, wie nicht anders zu erwarten, in einigem Umfang tierische Produkte. Als Lieferanten standen ihm Haus- und Wildtiere zur Verfügung. Im Rahmen der paläozoologischen Untersuchungen ist die tierartliche Bestimmung zur Zeit noch nicht weit fortgeschritten. Dies hängt zum Teil daran, daß ein Fundkomplex mit vollständiger Erhaltung auch empfindlicher organischer Materialien wie Felle, Leder, Federn und Sehnen bislang noch nie zutage kam und deshalb die Methoden zur Zuweisung bis hinab in den Speziesbereich erst entwickelt werden müssen. Einstweilen kann folgende Übersicht geboten werden (siehe auch die obenstehende Tabelle):

Für den Wildtieranteil sicher identifiziert ist zunächst der Steinbock (*Capra ibex*) in Form von Halswirbelfragmenten und eines Hornstücks. Diese sind offensichtlich als Nahrungsabfall, jenes als Amulett oder Heilmittel zu werten und bezeugen damit die erfolgreiche Jagd auf das Steinwild.

Ebenfalls zweifelsfrei belegt ist der Rothirsch (*Cervus elaphus*), dessen Geweihstangen für die Geräteherstellung in der Jüngeren Steinzeit wie auch heute noch eine Rolle spielen. Die Spangeräte des Gletschermanns, der Dorn des Retuscheurs, der große, gebogene Dorn und die vier gebündelten Spitzen, lassen nicht erkennen, ob sie aus Abwurfstangen oder aus den Geweihen erlegter Tiere gefertigt wurden, weshalb hier Jagd und Sammeltätigkeit in Betracht zu ziehen sind.

Die Bestimmung des Knochenmaterials der kleinen Ahle aus dem Gürteltäschchen läßt sich bislang nur auf Hausziege, Hausschaf, Gemse und den weiblichen Steinbock (*Capra hircus, Ovis aries, Rupicapra rupicapra sive Capra ibex*) einengen.

Ähnlich ist es bei dem Kalbsledergürtel, für den sowohl das Hausrind wie der wilde Ur oder Auerochs (*Bos taurus sive Bos primigenius*) in Frage kommen. Letztlich ist auch der Wisent (*Bison bonasus*) nicht völlig auszuschließen, doch gehört er im alpinen Bereich zur seltensten Beute jungsteinzeitlicher Jäger, da er weite Waldlandschaften bevorzugt und deshalb eher im Flachland anzutreffen ist. Der Ur hingegen schätzte auch die Auwälder und könnte seinerzeit durchaus im oberen Etschtal, wenn auch nur in geringen Beständen, gelebt haben.

Im übrigen besteht die Kleidung und der Köcher des Gletschermanns aus Pelzleder, das durch Gerbung aus den Fellen von verschiedenen Tieren gewonnen wurde. Damit sind auf der einen Seite Rothirsch, Braunbär und eventuell Gemse als Wildtiere und andererseits die Ziege als Haustier angesprochen. Hirsch, Bär und Gemse müssen gejagt worden sein. Das Fell der Ziegen stammt von Haustieren. Bei dem Rohsehnenmaterial aus dem Köcher kommt aufgrund der Größe nur der Hirsch oder das Wild- beziehungsweise Hausrind in Frage. Die Federn der Pfeilschaftbefiederungen müssen von einem Wildvogel stammen, da der neolithische Mensch noch kein Hausgeflügel kannte. Das erste Federvieh, das in Mitteleuropa eingeführt wurde, ist das Haushuhn, das erstmals in der frühen

Eiszeit (Hallstattkultur) im 6. Jahrhundert vor Christi Geburt auch bei uns heimisch wurde. Natürlich schließt das nicht aus, daß in den jungsteinzeitlichen Siedlungen gelegentlich auch Wildfänge gehalten wurden.

Gemauserte Vogelfedern konnte man sammeln. Für die Bereitung der Befiederung benötigt man aber zahlreiche und sorgfältig ausgewählte Federn, so daß man dabei doch eher einen gejagten Vogel vermuten möchte.

Die Analyse des tierischen Materials aus der Ausrüstung des Mannes vom Hauslabjoch ergibt also vorerst den positiven Nachweis der Jagd auf Bär, Gemse, Steinbock und Hirsch sowie Vogel. Bei Hirsch und Vogel kann man auch an Sammeltätigkeit (Abwurfstangen, Federn) denken. Die umfangreiche Verwendung von Ziegenfellen zur Herstellung der Kleidung (Mantel, Lendenschurz, »Leggings«) weist aber darauf hin, daß die viehzüchterische Komponente im Leben des Mannes einen wesentlichen Anteil besaß.

Wie gesagt, bildete die Viehzucht stets eines der beiden Standbeine der neolithischen Wirtschaft. Das gilt für den gesamten zirkumalpinen Raum und selbstverständlich auch für den Vinschgau. Zu den fünf klassischen Haustierarten der Jungsteinzeit zählen in Mitteleuropa der Hund, die Ziege, das Schaf, das Schwein und das Rind. Das Hauspferd, für dessen Vorkommen es zumindest im Jung- und Endneolithikum Belege gibt, steht außerhalb dieses Rahmens. Aber wir werden auch auf dieses nützliche Tier noch einmal zu sprechen kommen müssen.

Der Hund (*Canis familiaris*) stammt vom Wolf (*Canis lupus*) ab und bildet das älteste Haustier des Menschen. Seine Domestikation läßt sich bis in die ausgehende Altsteinzeit zurückverfolgen. Er wurde in vergleichsweise geringer Zahl in den Siedlungen gehalten und diente als Wach- und Hütehund wie als Jagdbegleiter. Zusätzlich machte er sich als Abfallvertilger nützlich. Schmuckanhänger aus durchbohrten Mittelfußknochen des Hundes aus dem schweizerischen Neolithikum weisen auf die besondere Beziehung zwischen Mensch und Tier hin. Sein Fleisch wurde, wie Schlachtspuren an einigen Hundeknochen zeigen, nur gelegentlich verzehrt.

Das Hausschwein (*Sus domesticus*) besitzt das Wildschwein (*Sus scrofa*) als Vorfahr. Wurde es in der Umgebung der Siedlung gehalten und vor dem Schlachten im Herbst zur Eichel- und Eckernmast in die Wälder getrieben, kam es leicht zum Wiedereinkreuzen durch Keiler. Es dürfte aber den Menschen kaum gestört haben, wenn die Sau im Frühjahr plötzlich Ferkel mit zarten Längsstreifen auf dem Rücken warf. Hauptsache, sie waren gesund und zahlreich. Dem Schwein genügt eine relativ anspruchslose Pflege. Es diente ausschließlich als Fleisch- und Fettlieferant. Schweine hat man in deutlichen, freilich mitunter wechselnden Anteilen am Hausvieh in allen jungneolithischen Siedlungen gehalten, deren Knochenfunde tieranatomisch bestimmt wurden.

Ohne Zweifel bildet das Hausrind (*Bos taurus*) das wichtigste Nutztier im Neolithikum. Es stammt vom Auerochsen (*Bos primigenius*) ab. Wurde es auf die Weide, insbesondere auf die Waldweide, gelassen, konnte es ebenfalls zu Wiedereinkreuzungen durch einen Urstier kommen, ein Problem, dem sich rasch entgegenwirken ließ, wenn man die Kälber frühzeitig schlachtete. Das Rind ist ein ziemlich anspruchsvolles Haustier. Wenn die Haltung erschwert wurde, etwa durch lange Fütterungsdauer im Winter, verringerte sich sein Anteil zugunsten der Schweine, die als Allesfresser bessere Kostverwerter sind. Mitunter aber konnte das Rind im Neolithikum bis zu sechzig Prozent des Hausviehbestands einnehmen. Sie sanken aber bei schwierigen Haltungsbedingungen auf zwanzig Prozent und tiefer. Als Fleisch-, Schmalz-, Milch-, Butter- und Käseproduzent wie als Lieferant von Häuten, Sehnen und anderen Rohmaterialien stellte es sich als das wertvollste Hausvieh dar. Offensichtlich wurde das Rind in der Jüngeren Steinzeit bereits als Zug- und Lasttier eingesetzt.

Die Domestikationsgeschichte des Pferdes (*Equus sp.*) ist in vielen Aspekten rätselhaft. Zum einen hängt dies damit zusammen, daß sich zumindest in einer frühen Phase der Haustierwerdung die Haus- und Wildpferdknochen nicht gut unterscheiden lassen. Die ältesten europäischen Hauspferdebelege stammen aus der Ukraine. Sie werden an den Ausgang des 5. Jahrtausends vor Christi Geburt datiert. Demnach ist es durchaus möglich, gelegentlich sogar gesichert, daß die Pferdeknochenfunde aus jung- und endneolithischen Siedlungen Mitteleuropas bereits zu Haustieren gehören. Außerdem stünden nach Ansicht mancher Forscher dem wildlebenden

Steppentier in den urwaldbedeckten Landschaften Mitteleuropas nicht die geeigneten Biotope zur Verfügung.

Funde von Doppeljochen und Wagenteilen mit Scheibenrädern aus Feuchtbodensiedlungen weisen auf den Einsatz von Zugtieren im jung- und endneolithischen Milieu des Alpenraums hin. Das erinnert natürlich sofort an die bespannte Wagendarstellung auf dem Bildstein 2 von Algund im Vinschgau. Die Darstellung ist auf eine ungelenke Strichzeichnung reduziert. Man erkennt den rechteckigen, gegitterten Wagenkasten von oben. Die Räder sind aus der Perspektive gedreht und werden gleichsam flachgelegt in der Seitenansicht gezeigt. Zwischen den beiden vierbeinigen Zugtieren befindet sich die Mitteldeichsel. Ob mit einem kurzen Querstrich am Vorderende der Deichsel ein Joch gemeint ist, bleibt dahingestellt. In der Literatur werden als Zugtiere Ochsen beziehungsweise Rinder angegeben. Man bezieht sich dabei auf sichelförmige Bögen am Kopf der Tiere, die als Hörner gedeutet werden. Als Pferdeohren kann man sie also wohl nicht interpretieren.

Die Wagendarstellung auf dem Algunder Stein gilt als eine dritte »Malschicht«. Sie wäre demnach jünger als die sonst eingelassenen Zeichen in Form von Remedello-Dolchen und -Beilen. Ganz weit ausgegriffen, könnte diese dritte Überarbeitung des Steins irgendwann zwischen Jungsteinzeit und Eisenzeit, also innerhalb eines Zeitraums von bis zu dreitausend Jahren vorgenommen worden sein. Mit den neuen Funden von Wagenteilen und Jochen aus Schichten der Pfyner Kultur und der Schnurkeramik geht aber die Geschichte des Wagenrads und damit der Zugtiere in sehr viel ältere Zeiten zurück als bislang vermutet. Demzufolge könnte auch die Wagendarstellung von Algund durchaus noch neolithisch und damit zeitgleich mit dem Mann im Eis sein. Hier ist zwar offensichtlich ein Rindergespann gezeigt. Die Pferdeknochenfunde aus den jungsteinzeitlichen Siedlungen des zirkumalpinen Raumes weisen aber darauf hin, daß damals auch das Pferd als Zug- und Arbeitstier genutzt wurde. Denn in allen Kulturen der Alten Welt, die das Pferd zähmten, wurde es zunächst immer als Zugtier und erst viel später als Reittier eingesetzt.

Abgesehen vom Hund, bilden Ziege (*Capra hircus*) und Schaf

(*Ovis aries*) die ältesten Haustiere des Menschen. Ihre Domestikation geschah vor etwa zehntausend Jahren in Vorderasien im Bereich des Fruchtbaren Halbmonds. Schafe und Ziegen können sehr gut in einer gemeinsamen Herde auf die Weide getrieben werden, da sie nur teilweise Futterkonkurrenten sind und so die Wiesen optimal ausnutzen. Wie auch heute noch überwog in den vorgeschichtlichen Kleinviehherden in der Regel das Schaf, das außer zur Produktion von Fleisch, Fett und Milch vor allem der Wolle wegen gehalten wurde. Die Ziege hingegen liefert mehr Milch.

Während das Großvieh bereits von alters her wegen des enormen Futterverbrauchs eher in der Nähe der Siedlung oder auf eigens dafür gerodeten guten Böden zur Weide getrieben wurde, entwikkelte sich für die genügsameren Schafe und Ziegen schon relativ früh eine besondere Form der Weidewirtschaft. Sie wird von der volkskundlichen Forschung als »Transhumance« bezeichnet, hat aber nichts mit Übersinnlichkeit zu tun. Es handelt sich dabei vielmehr um die extensive Nutzung von natürlichen Wiesen, meist auf kargen Böden, die sonst zu nichts anderem taugen. Grundsätzlich findet dabei auch keine Meliorisierung etwa durch Humusauftrag, Düngung oder Ausschneiden von Gestrüpp statt. Für die Transhumance eignen sich auch brandgerodete Flächen, bei denen die natürliche Wiederbewaldung durch den Viehverbiß vereitelt wird. Gerade Ziegen naschen gern an Knospen und frischen Trieben und ersticken die Renaturalisierung im Keim. Da für eine solche Form der Weidewirtschaft selbst für relativ kleine Herden große Flächen benötigt werden, die oft sehr weit von den Heimatgebieten entfernt sind, bedeutet dies für den Hirten, daß er mit seinen Tieren wochen- und monatelang unterwegs ist. Aus historischer Zeit wissen wir, daß diese Art der Wanderweidewirtschaft oft über viele hundert Kilometer führt. Vor allem in den Gebieten, die in der kalten Jahreszeit schneebedeckt sind, sucht sich der Hirte wintermilde Weidegebiete. Zum Beispiel sind in den Schafzuchtgebieten der Schwäbischen und Fränkischen Alb in Süddeutschland die Herden alljährlich zweimal auf die große Wanderung gegangen, im Frühjahr auf die Albhöhen und im Herbst bis nach Burgund und in die angrenzenden Räume, zum Teil sogar auch noch weiter südwärts, und im Frühjahr wieder zurück.

Die europäische Wanderweidewirtschaft ist keinesfalls als eine Art Zwischenstufe der nomadischen Lebensführung zu betrachten. Sie besaß vielmehr innerhalb der ortsständigen Ackerbauwirtschaft ihren festen Platz. Der Marburger Prähistoriker Professor Wolfgang Dehn rekonstruierte das Modell etwa folgendermaßen: Der Hof mit den ständig bebauten Feldern und dem Großviehbestand, wie Rindern, Pferden und Schweinen, bildet das Zentrum; dazu kommen die Schafe und Ziegen als nützliche Lieferanten von Fleisch, Fellen, Häuten, Talg, Milch und Wolle. Ein Hirte betreut sie im Sommer in näher gelegenen Weidegebieten, in Schwaben und Franken etwa auf den Albhöhen, und zieht mit der Herde im Winter in bessere Weidegründe, aus denen er erst im Frühjahr zurückkehrt. In ähnlicher Weise darf die Transhumance in vorgeschichtliche Zeit zurückprojiziert werden.

Für unseren Zusammenhang ist es von allergrößter Bedeutung, daß eine vergleichbare Wanderweidewirtschaft, vorerst lediglich historisch nachweisbar, von den Vinschgauer Bauern betrieben wurde und, wenn auch mit geringerer Kopfzahl, selbst jetzt noch durchgeführt wird. Dabei werden die Herden ab Mitte Juni von Süden her das Schnalstal empor über die Joche des Alpenhauptkamms (Hochjoch, Niederjoch, Eisjoch, Hauslabjoch, Tisenjoch) in das Ötztal mit seinen Nebentälern (Niedertal, Rofental, Venter Tal, Gurgler Tal) getrieben. Hier besitzen die Vinschgauer Bauern bis heute Weidegründe.

Der Abtrieb erfolgt ab Anfang September. Er beginnt mit der schweren Arbeit des Zusammentreibens der Herde und der Suche nach versprengten Tieren. Für die rund fünfzig Kilometer lange Strecke zurück in den Vinschgau benötigen Schafe und Schäfer etwa eine bis zwei Wochen.

Wichtig ist die zweimalige Schafschur im Jahr, weshalb auch angestrebt wird, daß die Tiere jeweils im Frühjahr und Herbst in ihr Heimatdorf zurückkehren. Denn diese Arbeit kann der Hirte nicht allein bewältigen. Vor der Erfindung der Schere in der Jüngeren Eisenzeit (La-Tène-Kultur) wurde die reife Wolle »gepflückt«. Zugleich wurden überzählige Widderlämmer, alte und für die Zucht nicht mehr brauchbare Tiere geschlachtet.

Für das Verhältnis der Groß- zur Kleinviehhaltung liegen uns aus jungsteinzeitlichen Siedlungen der Schweiz bemerkenswerte Beobachtungen vor. Dort wurde festgestellt, daß sich die Relation zugunsten der Schaf- und Ziegenhaltung ändert, je weiter die Dörfer vom Flachland entfernt und je näher sie beispielsweise den Randhöhen des schweizerischen Jura liegen. Übertragen auf den Vinschgau als ausgesprochene Gebirgsregion würde dies bedeuten, daß dort in neolithischer Zeit die Kleinviehwirtschaft eine erheblich größere Bedeutung besessen haben muß als der Rinder-, Pferde- und Schweinebestand. Leider gibt es aus dem Vinschgau einstweilen keinerlei Tierknochenbestimmungen aus jungsteinzeitlichen Siedlungen. Dafür entschädigen uns Forschungsergebnisse, die die Glaziologen, Meteorologen und Botaniker der Universität Innsbruck zumal für das Ötztal zusammengetragen haben. Grundlage dieser Untersuchungen bilden sogenannte Pollenprofile aus Mooren. Selbst im Gebirge entstehen in Staulagen Hang- und Hochmoore, die über viele Jahrtausende hinweg die Blütenpollen der Pflanzen wie in einem Kalender archivieren.

Im Zuge vegetations-, gletscher- und klimageschichtlicher Bestimmungen wurden im oberen Ötztal zahlreiche pollenanalytische Untersuchungen durchgeführt. Dabei hat man auch das höchstgelegene Torfprofil der Alpen, das Moor am hinteren Rofenberg in 2760 Meter Seehöhe, ausgewertet. Dieses Moor liegt dem Hauslabjoch direkt gegenüber. Da sich dieses Gebiet weit über der natürlichen Waldgrenze befindet, konnten umweltverändernde Einflüsse nur über die Krautvegetation erfaßt werden. Man stellte fest, daß Änderungen in den Pflanzengesellschaften, die durch menschliche Aktivitäten verursacht waren, bis in die Zeit um 4300 vor Christi Geburt zurückreichen, also noch rund tausend Jahre älter sind als der Mann im Eis. Für diese Zeit zeigt sich eine deutliche Umstrukturierung der Vegetationsdecke von natürlichen Zwergstrauchheiden zu krautreichen alpinen Rasen, in denen Weideanzeiger vorherrschend sind, hier vor allem der Madaun (*Ligusticum mutellina*). Unter Weideanzeigern versteht man Pflanzen, die bevorzugt dort wachsen, wo Viehherden zum Grasen hingeführt werden. Damit ist speziell erwiesen, daß die für das obere Ötztal historisch belegte Hochweidenutzung bereits zur Zeit des ausgehenden Mittelneolithikums einsetzte. Zu betonen ist dabei, daß die Transhumance in das Ötztal im Mittelalter und in der Neuzeit vom südlich gelegenen Vinschgau aus erfolgte und nicht etwa von Norden, vom Inntal und unteren Öztal, her.

Pollenprofile aus unterschiedlichen Höhenlagen des Ötztals zeigten überdies ein überraschendes Ergebnis. Normalerweise würde man denken, daß die wirtschaftliche Erschließung einer Tallandschaft von unten nach oben erfolgte. Das heißt, daß man zunächst unten im Talgrund siedelte und von hier aus allmählich die höheren Lagen in den Bewirtschaftungsraum einbezog, indem man durch Rodung von der näheren Umgebung der Dörfer aus sich auch hang- und bergwärts neue Weidegebiete erschloß. In Wirklichkeit ist es genau umgekehrt. Die Pollenprofile erwiesen unbezweifelbar, daß die Vergrößerung der Nutzungsflächen von den von Natur aus baumfreien Bergwiesen oberhalb der natürlichen Waldgrenze aus, die hier in klimagünstiger Situation bis 2300 Meter reichen kann, nach unten, also talwärts, hinabstieß.

Noch eine weitere Erkenntnis leitet sich aus den Analysen der Pollenprofile des oberen Ötztals ab. Die Blütenpollen von Pflanzen, die auf menschliche Siedlungstätigkeit, mithin auf Gehöfte und Dörfer, hinweisen, treten erst ab etwa 1000 nach Christi Geburt auf. Das läßt sich sehr gut mit den urkundlich überlieferten Erstnennungen der Ötztaler Ortschaften verbinden, die alle frühestens im 12. Jahrhundert auftreten. Überdies wurde das innere Ötztal im Mittelalter ausschließlich von den Südtiroler Bauern genutzt, so daß es noch in einer Urkunde von 1300 nach Christi Geburt »Vent im Schnalstal« heißt. Schließlich war Vent bis 1919 kirchlich der Pfarre Tschars im Vinschgau unterstellt. Damit wird deutlich, daß die Bewirtschaftung des hinteren Ötztals vom Jungneolithikum an und weit bis in das Mittelalter hinein immer von Süden her, genauer vom Vinschgau aus, über die Joche des Alpenhauptkamms hinweg betrieben wurde.

Für das hier entwickelte Modell einer Wanderweidewirtschaft zwischen Vinschgau und hinterem Ötztal bildet der Nachweis einer menschlichen Begehung der dortigen Hochweidegebiete eine wichtige, wenn nicht unerläßliche Voraussetzung. Entsprechende Fundstellen waren aber bislang völlig unbekannt, schon weil noch niemand danach gesucht hatte.

Deshalb wurde unter der Leitung des Innsbrucker Prähistorikers Dr. Walter Leitner ein archäologischer Survey ins hintere Ötztal organisiert. Ziel dieser Aktionen war die Auffindung menschlicher Spuren aus der Steinzeit. Es war die sprichwörtliche Suche nach der Nadel im Heuhaufen. An insgesamt sechsundzwanzig fundverdächtigen Stellen legte man Sondagen an. Was kaum zu hoffen war, trat ein. Bei der letzten Sondiergrabung tief hinten im Ötztal wurde man fündig. Dort etwas oberhalb von Vent, in 2050 Metern Seehöhe, am sogenannten »Hohlen Stein«, stieß in Luftlinie nur zehn Kilometer vom Hauslabjoch entfernt, Leitner bereits in einer nur klein angelegten Grabungsfläche auf Reste von Lagerfeuern und, was viel wichtiger ist, auf Feuersteinwerkzeuge des vorgeschichtlichen Menschen. Diese können aus der Zeit des Gletschermannes stammen, vielleicht sogar noch älter sein. Eines dieser Geräte besteht darüber hinaus aus der gleichen Feuersteinvarietät, aus der die Feuersteingeräte des Mannes im Eis gefertigt sind, womit sich deutliche Bezüge zwischen Hauslabjoch und Hohle Stein ergeben. Mit der Entdeckung des steinzeitlichen Rastplatzes am Hohle Stein ist somit bewiesen, daß das hintere Ötztal zur Zeit des Gletschermannes bekannt war und begangen wurde.

Für den Mann vom Hauslabjoch folgern daraus drei ganz entscheidende Tatsachen:

- Zu seiner Zeit wurde auf den Bergwiesen des oberen Ötztals Weidewirtschaft betrieben.
- Diese Bewirtschaftung erfolgte vom Vinschgau aus.
- Es gab hier einen steinzeitlichen Rastplatz.

Noch einige weitere Aspekte der vorangegangenen Betrachtungen seien hier zusammenfassend genannt.

- Im Neolithikum gewann die Schaf- und Ziegenhaltung gegenüber der Großviehzucht Vorrang, je gebirgiger die Siedlungsgebiete waren.
- Der Hirte verließ den Sommer über mehrere Monate lang mit seiner Kleinviehherde das heimatliche Siedlungsgebiet.
- Das wirtschaftliche Zentrum bildete das Dorf im Tal mit Ackerbau und Großviehhaltung.

9. Was war der Mann im Eis von »Beruf«?

Es ist an der Zeit, sich Gedanken darüber zu machen, in welcher Form der Mann im Eis in das Leben seiner jungneolithischen Dorfgemeinschaft integriert war. Schon bevor ich an diesem Buch zu schreiben begann, gab es eine lebhafte Diskussion über die Art seiner Betätigung, wobei man ihm unter anderem gleichsam im Sinne eines neuzeitlichen Innungs- und Zunftwesens, eine bestimmte Berufsausübung zuzuschreiben versuchte. Im einzelnen sind folgende Denkmodelle vorgeschlagen worden:

- Er war ein Ausgestoßener.
- Er war ein Schamane oder Priester.
- Er war ein Erzsucher.
- Er war in Handelssachen unterwegs.
- Er war ein Jäger.
- Er war ein Bauer.
- Er war ein Hirte.

Bevor wir die einzelnen Theorien erörtern und uns vielleicht für die eine oder andere entscheiden, wollen wir noch kurz seinen sozialen Status untersuchen. Angesichts seiner im Vergleich zu zeitgleichen Grabausstattungen ziemlich umfangreichen Ausrüstung, besonders wegen des Kupferbeils, das er mit sich führte, geht die Tendenz mitunter dahin, ihm innerhalb seiner Gesellschaft einen hohen sozialen Rang zu bescheinigen. »Er war gewiß ein reicher Bauer«, hieß es. Dazu ist festzuhalten, daß es sich beim Mann im Eis zunächst um ein einzelnes Individuum handelt, das wir zudem nicht aus einem Grab kennenlernen. Wir können es deshalb nicht mit ausstattungssoziologischen Untersuchungen konfrontieren, die manchmal mit Erfolg an größeren Gräberfeldern aus prähistorischer oder frühgeschichtlicher Zeit unternommen wurden. Es fehlt eine adäquate Vergleichsbasis, zumal Grabausstattung und eventueller Rang im Leben zwei völlig verschiedene Dinge sein können. Ob ein Kupferbeil im Jungneolithikum überhaupt ein besonders wertvolles Eigentum darstellte, ist, wie bereits gesagt, eher zu bezweifeln, jedenfalls nicht vorbehaltlos zu akzeptieren. Außerdem zeigen die massenhaften Abbildungen von Beilen und Dolchen auf den Bildsteinen von Algund und Latsch, daß Kupferartefakte seiner Zeit im Vinschgau durchaus geläufig waren. Sie kennzeichnen wohl eher allgemein die Sphäre des Mannes, weniger soziales Ansehen und Vermögen. Auch in den Gräberfeldern der Remedello-Kultur sind Metallgegenstände nicht gerade besonders selten. Die dort mit ihnen Bestatteten scheinen jedenfalls nicht einer besonderen Gesellschaftsschicht anzugehören, was die Forschung, sicher zu Recht, auch so sieht. Da wir aus der näheren Umgebung des Mannes vom Hauslabjoch mit einer Ausnahme keine Gräber kennen, wird die Beurteilung nahezu unmöglich. Man wird vielleicht nicht fehlgehen in der Annahme, daß er weder auffällig arm noch signifikant reich war, also ein ganz normaler Mann.

Die Vorstellung, beim Gletschermann handle es sich um einen aus der Gesellschaft gestoßenen Außenseiter, basiert auf der abseitigen Fundstelle am Hauslabjoch. Wie wir mittlerweile festgestellt haben, liegt sie jedoch in unmittelbarer Nachbarschaft zu den Pässen (vom Tisenjoch nur achtzig Meter entfernt), über die damals wie heute vom Vinschgau aus die Weidegebiete des Ötztals bewirtschaftet werden. Das Argument ist damit haltlos. Auch auf seine waldläuferhafte Ausrüstung mit den Fellkleidern, insbesondere auf das Fehlen von Textilien, wird zugunsten dieser Theorie verwiesen. Nicht zuletzt spräche ebenso seine ganze Ausstattung mit Werkzeug, Waffen und Gerät einschließlich Reparaturmaterial dafür, daß der Mann sich abgesetzt hatte, um sein Leben einsam in der Wildnis zu fristen und zu beschließen.

Abgesehen davon, daß es sich durchweg um Schlüsse *e silentio* handelt, lassen sich dagegen eine Reihe von handfesten Gründen einwenden. Richtig ist sicherlich die Vorstellung, daß er mit seiner Ausrüstung durchaus in der Lage war, sich längere Zeit abseits einer kontrollierten Versorgung aufzuhalten. Wir werden dies im folgenden noch einmal aufgreifen müssen. Andererseits zeigen die therapeutischen Tätowierungen, daß er in medizinischer Behandlung war, demzufolge in Kontakt mit mindestens einer heilkundigen Person stand. Des weiteren belegen die Druschreste in seiner Kleidung und im Glutbehälter, daß er sich noch im Jahre seines Todes zur Erntezeit in einer ackerbautreibenden Siedlung aufgehalten hatte. Auch die Herstellung seiner Kleidung und vielleicht weiterer Teile seiner Ausrüstung, ich denke vor allem an die Dolchscheide, dürfte von anderer Hand geschehen sein. Die höchst unterschiedliche Qualität der Kleiderreparaturen weist ebenfalls darauf hin. Von ihm selbst ist sicherlich nur das unbeholfene Flicken mit gedrillten Gräsern vorgenommen worden. Alles in allem spricht nichts für ein Außenseitertum. Der Mann im Eis stand vielmehr zumindest temporär in engem Kontakt mit einer Siedlungsgemeinschaft.

Eine zweite Theorie erhebt unseren Gletschermann zum Schamanen. Damit verbunden wird die Vorstellung, er hätte sich zu den Gipfeln der Berge begeben, um womöglich in priesterlicher Funktion seinen Göttern besonders nahe zu sein oder um sich gar selbst dort oben zu opfern. Der Schamanismus ist vornehmlich eine Erscheinung bei Naturvölkern und nicht selten an jägerische Populationen gebunden. Obwohl viele Bücher über das Wesen des Schamanismus geschrieben wurden, stehen dic Gelehrten der zivilisierten Welt diesem Phänomen meist hilf- und verständnislos gegenüber, so daß sich die Abhandlungen in der Regel auf die Beschreibung von Äußerlichkeiten beschränken. Danach trägt der Schamane masken- und tierhafte Verkleidung, die vielfältig mit Amuletten, magischen Gebilden und geräuscherzeugenden Elementen behängt ist. Den Kopf verbirgt er hinter einer Maske, die Hirsch, Vogel, Bär, Wisent oder eine andere Tierart darstellt. Offensichtlich kennzeichnend ist der Tanz zu monotoner Musik, hauptsächlich nach Rhythmusinstrumenten, der den Schamanen in Trance versetzt und bis zur Erschöpfung oder Ohnmacht führen kann. Nicht selten scheint die Handlung eine Verneigung vor dem Tier zu sein, mit dem man sich geistig verbunden fühlt, das man aber trotzdem zur Ernährung der Sippe töten muß. Deshalb sollen auch entschärfte Jagdwaffen zum Fundus des Schamanen gehören. Darüber hinaus scheint aber die Tätigkeit bedeutend vielschichtiger zu sein. Sie reicht tief hinab in die Gründe der Menschen- und Tierseele und umfaßt in vielfältiger Weise die Sphäre geisterhafter Erscheinungen auf verschiedenen transzendentalen Ebenen.

Die Vorstellung, der Mann im Eis sei ein Schamane oder ein Priester gewesen, reflektiert letztlich das weitverbreitete mensch-

liche Streben, schwer oder gar nicht verständliche Dinge zu mystifizieren. Als Gründe, die die Deutung in diese Richtung lenken sollen, werden die Einsamkeit und Höhenlage der Fundstelle, das Mitführen eines amulettartigen Gegenstands, die unfertigen Jagdgeräte, die Tätowierungen und die vermeintliche Kastration angeführt.

- Richtig ist, daß das Hauslabjoch mit 3210 Meter Seehöhe die bislang höchstgelegene archäologische Fundstelle der Alpen bildet. Die vorangegangenen Ausführungen haben gezeigt, daß der Übergang den Weg vom Vinschgau zu den Weidegebieten des Ötztals markiert und schon in vorgeschichtlicher Zeit vorwiegend aus wirtschaftlichen Gründen benutzt wurde. Das Auffinden eines verunglückten Menschen an diesem Bergpfad läßt sich demnach rational erklären.
- Die Dolomitperle mit der Fellstreifenquaste als schamanisches Utensil zu deuten, würde im Gegenzug bedeuten, daß wir jeden prähistorischen Grabfund, der mindestens eine Perle oder ein

Darstellungen von Mischwesen, die als »Schamanen« gedeutet werden. Diese Abbildungen legen in aller Deutlichkeit dar, daß der Mann im Eis jedenfalls kein Schamane gewesen ist, wie es vielfach erwogen wurde. Links: »Wisent-Mann« von Gabillon, Dordogne; Mitte: »Hirsch-Mann« von Les Trois Frères, französische Pyrenäen; rechts: »Auerochs-Mann«, ebenfalls von Les Trois Frères. Das Alter dieser Höhlenbilder wird auf etwa zwanzigtausend bis fünfzehntausend Jahre vor unserer Zeitrechnung geschätzt.

ähnliches Fundstück enthält, zu einem Schamanengrab erheben müßten. Damit blieben kaum noch Nicht-Schamanengräber übrig. Ohnehin hat die Forschung noch kein Modell entwickelt, Schamanengräber als solche zu identifizieren, was sicherlich ein sehr reizvolles Thema wäre. Hingegen kennt man einige, meist altsteinzeitliche Felsbilder, die Personen offensichtlich mit Tiermasken beim Tanz darstellen. Diese deutet man meistens als Schamanen oder Tiergötter.

- Die genaue Analyse der Bearbeitungsspuren widerlegt die Behauptung, bei dem unfertigen Bogen und den Pfeilrohschäften handle es sich um schamanenhafte Scheinwaffen. Es steht außer Zweifel, daß diese zu gebrauchstauglichem Jagdgerät fertiggestellt werden sollten. Dessen Vollendung vereitelte allerdings der Tod.
- Die Tätowierungen ließen sich eindeutig als Therapeutika im Rahmen einer oder mehrerer Heilbehandlungen ansprechen, die die Gelenkerkrankungen des Gletschermanns lindern sollten. Sie

können deshalb vordergründig erklärt werden und brauchen nichts mit Spiritismus oder mystischen Zahlenspielen zu tun haben.
– Die Kastrationstheorie widerlegt sich durch den anatomischen Befund von selbst und muß als Unsinn *ad acta* gelegt werden.

Somit bleiben eigentlich in keiner Richtung Fragen offen, die irgendwie mit der Ausübung einer religiösen oder spirituellen Betätigung in Einklang zu bringen wären.

Andere Überlegungen gehen in die Richtung, ob der Mann vom Hauslabjoch ein Erzsucher beziehungsweise ein Prospektor gewesen sein könnte. Grundlage dieser Vorstellung bildet die Tatsache, daß er ein Kupferbeil mit sich führte. Deshalb müßte er in irgendeiner Weise mit der Metallurgie seiner Zeit zu tun gehabt haben. Des weiteren spräche die Fundstelle an einem hoch in den Alpen gelegenen Paß dafür, daß er im Gebirge unterwegs gewesen wäre, um eben Erzlagerstätten zu suchen. Die Probleme, die mit diesem Fragenkomplex zusammenhängen, lassen sich nur sehr unzulänglich beleuchten und jedenfalls beim gegenwärtigen Forschungsstand nicht befriedigend entschlüsseln.

Für den Fortgang scheint es daher nützlich zu sein, zunächst klar zusammenzustellen, was wir über die Metallurgie des Jungneolithikums, also der Zeit des Gletschermanns, wissen. In gleicher Weise müssen wir aber feststellen, was wir nicht wissen.

Unbezweifelbar ist auf jeden Fall, daß es in der zweiten Hälfte des vierten vorchristlichen Jahrtausends eine Metallurgie gegeben hat, wofür der Gletschermann selbst mit dem Kupferbeil ein Beispiel abgibt. Ebenso hat uns der Überblick über die zeit- und ortsnahen jungsteinzeitlichen Kulturen nördlich und südlich des Alpenbogens gelehrt, daß metallurgische Kenntnisse damals weit verbreitet und allgemein gängig waren. Dabei ist freilich deutlich geworden, daß sich die Metallurgie, jedenfalls in unserem Betrachtungsraum, auf die Verarbeitung von Kupfer beschränkte. Hingegen hat es im Osten, etwa im Karpatenbecken, auch im Jungneolithikum eine bereits hochentwickelte Metallurgie des Goldes gegeben.

Bei den von uns betrachteten Kulturen, die für die Zeit des Gletschermanns relevant sind, gibt es keinen einzigen Hinweis darauf, daß weitere Metalle, beispielsweise Silber oder Zinn, verwendet wurden. Auch für die beiden Silberfunde aus der Remedello-Kultur, die Hammerkopfnadel und den mondsichelförmigen Blechschmuck, wird man ein bereits endneolithisches Alter annehmen müssen, eine Zeitstellung also, die deutlich nach der des Gletschermanns liegt. In den alpinen Randkulturen unseres Betrachtungsraums treten die ersten Silberfunde erst in der Glockenbecher-Kultur und, wie gesagt, mit einer fortgeschrittenen Phase der Remedello-Kultur auf. Damit ist die ziemlich gesicherte Feststellung gegeben, daß für unseren Fragenkomplex alle anderen früh genutzten Metalle mit Ausnahme des Kupfers entfallen.

Eine weitere, in unserem Zusammenhang sehr wichtige Beobachtung liegt aus Siedlungen der Pfyner, Chamer und Mondsee-Kultur vor. Dort fand man Schmelztiegel, die eindeutig beweisen, daß Kupfer verarbeitet wurde. Damit ist zumindest der Hinweis gegeben, daß schon vor und während der Zeit des Mannes im Eis am Nordrand der Alpen Kupfergegenstände gegossen wurden. Die Guß- und Schmelztiegelfunde sagen freilich nicht mehr, als daß man in den genannten Siedlungen in der Lage war, Kupfer zu schmelzen und in eine gewünschte Form zu gießen. Sie teilen uns nicht mit, aus welchen Lagerstätten das Metall stammt und wo es gegebenenfalls verhüttet wurde.

Die dritte Quelle, aus der Informationen zu gewinnen sind, bilden die Kupfergegenstände selbst, beispielsweise die Beilklinge vom Hauslabjoch. Wie bei der Beschreibung des Beils im zweiten Teil dieses Buches bereits dargelegt, wurde die Klinge nicht aus gediegenem Kupfer gegossen, das gelegentlich in Form von Nuggets an den Erzausbißstellen gesammelt werden konnte. Vielmehr verwendete man für die Herstellung ein Kupfererz, am ehesten Malachit oder Azurit, das zunächst in einem ersten Arbeitsgang verhüttet werden mußte. Erst das auf diese Weise gewonnene Rohkupfer ließ sich durch Gießen oder Kaltbearbeitung in die gewünschte Form bringen. Wenigstens für die Gießtechnik läßt sich die Kenntnis des Verfahrens für Pfyn und Mondsee positiv belegen.

Mit den drei angeführten Aspekten sind eigentlich schon die gesicherten Belege zusammengefaßt, die uns konkretes Wissen über die Metallurgie des Jungneolithikums vermitteln. Sehr viel umfangreicher ist hingegen der Katalog unseres Nichtwissens.

Nördlich und südlich des Alpenhauptkamms gibt es zahlreiche größere und kleinere Kupfererzlagerstätten, die auch für unseren Gletschermann in mehrtägigen Expeditionen erreichbar gewesen wären. Das Suchen und Auffinden von Erzausbissen über Tage dürfte keine Schwierigkeiten bereitet haben und ist sicherlich auch von den jungsteinzeitlichen Menschen mit Erfolg betrieben worden. Die Montanarchäologie geht in der Regel davon aus, daß die Metallurgie des Kupfers (und ebenso des Goldes) mit dem zufälligen Auffinden von gediegenen Nuggets einsetzte. Der *Homo faber* probierte die glänzenden Gebilde aus und lernte ihre Verwendungs- und Nutzungsmöglichkeiten kennen. Ein weiterer Schritt war dann die Entdeckung, daß man dasselbe Metall auch aus Erzen gewinnen kann, wobei die Fähigkeit, die dafür nötigen hohen Schmelztemperaturen zu erzeugen, dem Neolithiker vom Keramikbrand her vertraut waren.

Hier treten indes beträchtliche Lücken in unseren Kenntnissen auf. Wir wissen nicht, wo der jungsteinzeitliche Mensch geschürft hat, welche Techniken er dabei einsetzte und welche Geräte er dafür verwendete. Dr. Gerhard Sperl vom Institut für Festkörperphysik der Österreichischen Akademie der Wissenschaften in Leoben hat darauf hingewiesen, daß die einfachste Methode des Erzabbaus das Abschaben über Tage liegender Malachitkrusten bildete. Einem so gewonnenen und verhütteten Erz entspräche in etwa auch der Spurenmetallgehalt des Beils vom Hauslabjoch. Allerdings sind aus dem Alpenraum bislang weder neolithische Schurfe noch Verhüttungsplätze bekannt geworden. Die ältesten Nachweise vorgeschichtlichen Bergbaus in den Alpen gehen einstweilen nur bis in die Frühe Bronzezeit zurück. Es fragt sich ohnehin, ob ältere Spuren jemals archäologisch erkennbar sein werden, da solche ja zumeist von jüngeren, vor allem historischen Aktivitäten überdeckt sein dürften.

Eine ganz andere, nicht weniger wichtige Frage schließt sich hier an. Waren die Personen, die sich im Rahmen der Erzsuche, Verhüttung, Kupfergewinnung und Geräteherstellung betätigten, allein auf diese Tätigkeit spezialisiert, und bestritten sie ihren Lebensunterhalt durch den Vertrieb der von ihnen erzeugten Fertigprodukte? *Strictu sensu* würde das dann bedeuten, daß der Mann vom Hauslabjoch sein Kupferbeil zum Beispiel gegen Nahrungsmittel eingetauscht hätte. Einer solchen Vorstellung käme entgegen, daß in vielen Kulturen der Bergmann und der Metallhandwerker durchaus eine eigenständige Stellung innerhalb ihrer Gesellschaft innehatten, den Ablauf des Arbeitsgeschehens vielfach als Geheimnis hüteten und wegen ihrer Fertigkeiten ein entsprechendes Ansehen genossen.

Unter den gegebenen Voraussetzungen, insbesondere angesichts des höchst dürftigen Wissensstandes über das jung- und endneolithische Metallgewinnungs- und -verarbeitungsverfahren, bliebe es reine Spekulation, wenn man dem Mann vom Hauslabjoch unterstellte, er wäre gleichsam hauptberuflich oder wenigstens an irgendeiner Stelle in diesen Wirtschaftsprozeß integriert gewesen. Freilich läßt es sich, obwohl der Fundkomplex, abgesehen vom Kupferbeil selbst, keinen positiven Hinweis bietet, auch nicht völlig ausschließen, da ja eine gewisse Arsenbelastung, die mit metallurgischen Tätigkeiten in Verbindung gebracht werden könnte, in Gewebeproben des Gletschermannes nachgewiesen wurde.

Ohne im einzelnen die möglichen Tauschwaren näher zu klassifizieren, sind immer wieder Überlegungen angestellt worden, ob der Mann im Eis vielleicht ein Händler oder Kaufmann war. Hinter dieser Deutung stehen in erster Linie die Qualität und Quantität des alpinen Transits im allgemeinen wie in vorgeschichtlicher Zeit im besonderen. Die ersten Kunststraßen quer über die Alpen, wenn auch wohl nicht immer ganzjährig benutzbar, schufen die Römer, womit sie primär Probleme der militärischen Verwaltung der Nordprovinzen beseitigen wollten. Den Soldaten folgten die Händler, Kaufleute und Privatreisenden. In der folgenden Zeit bis zur Einführung moderner Verkehrssysteme wie Tunnel, Schiene, Autobahn und Flugplatz änderten sich das Prinzip und übrigens auch die Streckenführung des Alpentransits nicht mehr sehr stark.

Man geht davon aus, daß die Römer mit ihren Trassierungen alten, bereits vorgeschichtlich erschlossenen Routenführungen folgten. Entsprechend basierten die römischen Paßheiligtümer, an denen die Reisenden für das gute Gelingen ihrer Vorhaben opferten und im Fall des Erfolgs für den glücklichen Heimweg dankten, auf prähistorischen Wurzeln. Richtig ist sicherlich, daß es neben den großen Pässen, wie Großer und Kleiner Sankt Bernhard, Reschen, Brenner, Radstädter Tauern, Septimer oder Julier, auch weniger bedeutende Übergänge gab, die bestenfalls als Saumpfade ausgebaut waren. Die zahllosen kleinen Sättel und Joche, die lediglich örtliche, allenfalls regionale Bedeutung besaßen und besitzen, müssen hier ebenso erwogen werden, denn in diese Kategorie gehören auch die Übergänge, die das Ötztal mit dem Schnalstal verbinden und die jedenfalls im transalpinen Verkehr keine große Rolle gespielt haben.

Die vier Komponenten, die mit der Nutzung der alpinen Hochgebirgszonen in Zusammenhang stehen, nämlich Jagd, Bergbau, Hochweide und Transit, haben natürlich ihre archäologischen Spuren hinterlassen. Diese werden je nach ihren örtlichen Fundumständen als Verlust-, Depot-, Paß-, Opfer- oder einfach als Höhenfunde deklariert. Sie bezeugen in erster Linie, daß das Hochgebirge wirtschaftlich genutzt wurde und daß der Alpenhauptkamm keine unüberwindliche Barriere bildete.

Ebenso lassen vergleichbare Fundformen nördlich wie südlich des Alpenhauptkamms keine Zweifel aufkommen, daß zu allen Zeiten ein reger Personenverkehr und Warenaustausch in beide Richtungen über das Gebirge hinweg erfolgte. Dabei sind die italienischen Importe und Einflüsse in der Zone nordwärts der Alpen besser zu erfassen, was vielleicht damit zusammenhängt, daß die typischen nördlichen Ausfuhrgüter archäologisch kaum nachweisbar sind. Aus römischer Zeit erfahren wir durch den Geographen Strabo, daß es sich dabei um Häute, Felle, Honig, Bernstein und Sklaven handelte. In den Ostalpen dürften auch Rohstoffe wie Salz, Eisen und Gold eine Rolle gespielt haben, die aber entweder verbraucht wurden oder, zu Gegenständen einheimischer Formgebung verarbeitet, sich ebenfalls dem archäologischen Zugriff entziehen. Neben dem Austausch von Naturalien kann die Forschung für das Neolithikum insbesondere einen Handel mit Rohstoffen wie Feuerstein, Jade, Mittelmeermuscheln und Kupfer nachweisen, der nicht selten über viele hundert Kilometer hinwegführte. Gelegentliche Funde importierter Keramik gehen primär selbstverständlich nicht auf einen Gefäßhandel, sondern auf einen solchen des Inhalts zurück.

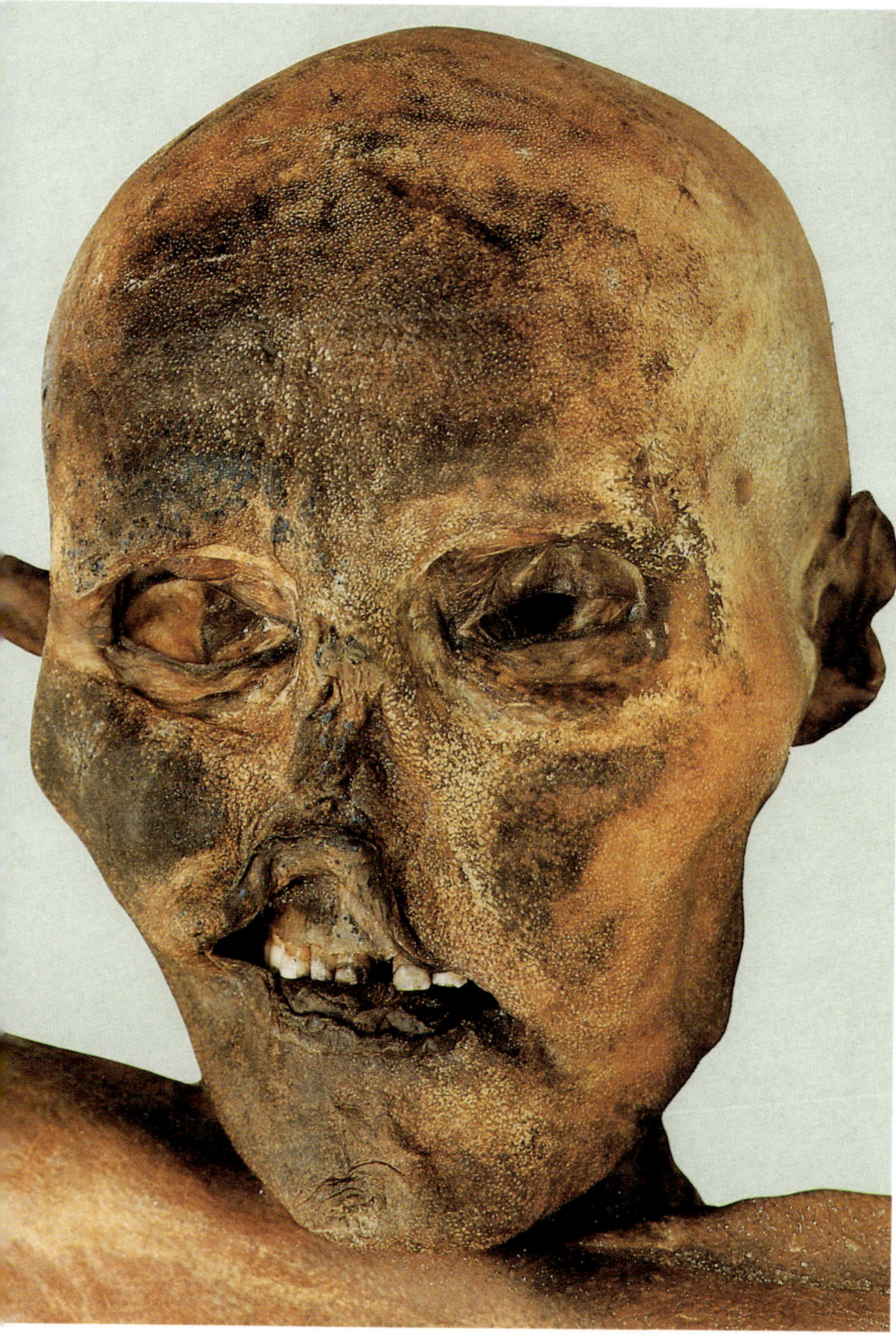

as Antlitz der Mumie aus dem Gletscher vom Hauslabjoch.
Herbert Maurer.

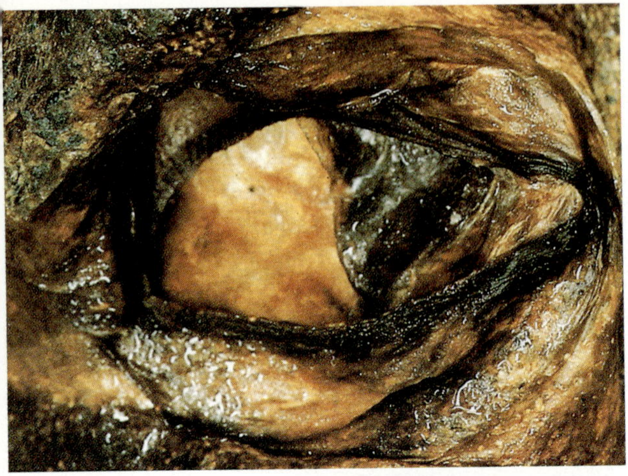

Oben: Das rechte Auge der Mumie. © Herbert Maurer.

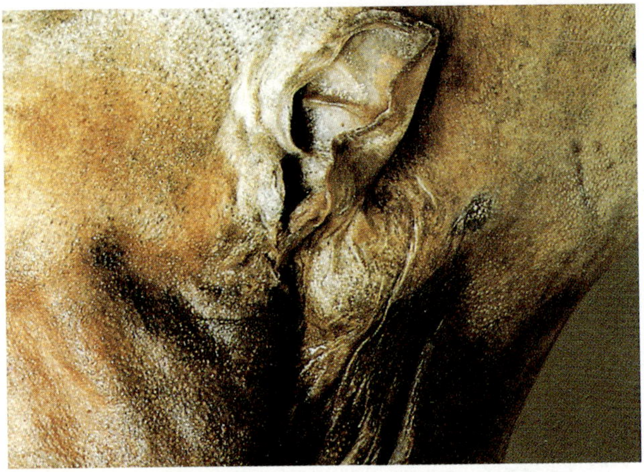

Mitte: Das linke Ohr der Mumie aus dem Gletscher. Man beachte die vertikale Faltlinie, an der die Ohrmuschel nach vorn geklappt ist. © Herbert Maurer.

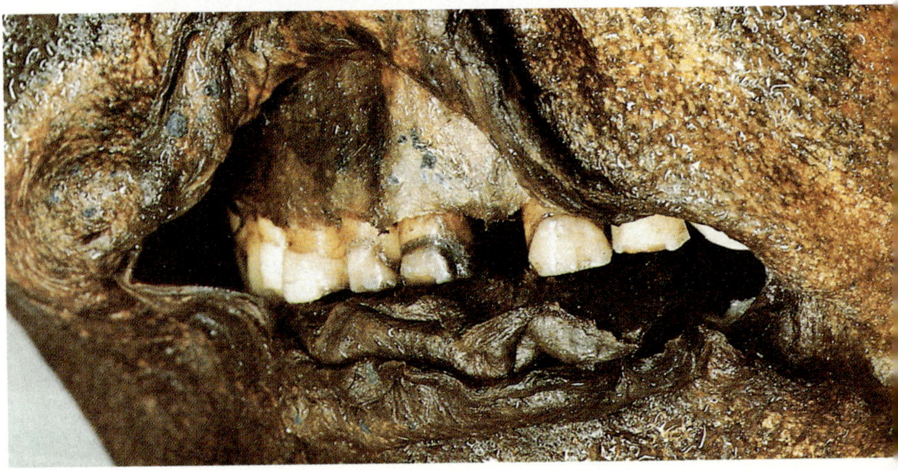

Unten: Der Mund der Mumie vom Hauslabjoch. Man erkennt die angeborene Zahnlückenbildung im Oberkiefer, das sogenannte Trema.
© Herbert Maurer.

Oben: Strichgruppentätowierung beidseits der Lendenwirbelsäule. © Hans Unterdorfer.

Mitte: Kreuztätowierung auf der Innenseite des rechten Knies. © Roger Teissl.

Unten: Kleine Strichgruppentätowierung auf dem Außenknöchel des rechten Fußes. © Hans Unterdorfer.

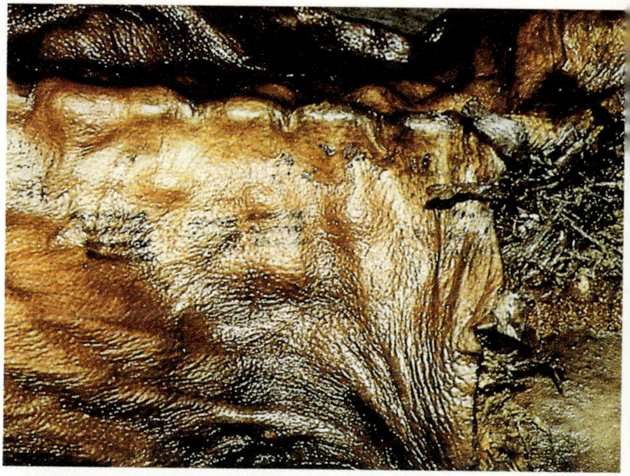

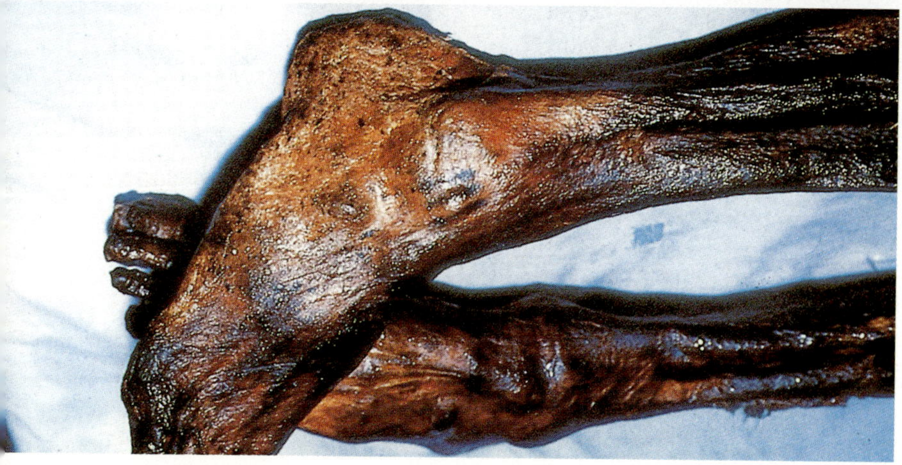

Oben: Bildstein von Latsch im Vinschgau in der Bühelkirche. Das Bild zeigt die Rückseite des Marmorsteins mit Girlandengürtel (rechts), Strichgruppen und Sonnensymbolen (links). © Hans Nothdurfter.

Unten: Bildstein von Latsch im Vinschgau. Für seine sekundäre Verwendung als Altarplatte wurde der Stein oben, unten links verschmälert. Man erkennt auf der Vorderseite den mehrfach gerafften Gürtel (unten), darüber symbolische Darstellungen von Dolchen, Kreisen, Beilen und anderem. © Hans Nothdurfter.

An Fremdmaterialien, die nicht aus dem engeren Lebensraum des Mannes vom Hauslabjoch stammen, sind eigentlich nur der Feuerstein, aus dem sechs mitgeführte Geräte bestehen, und die Kupferklinge des Beils zu nennen. Die Feuersteinlagerstätten in den Alpen sind bislang wenig erforscht worden. Die Zentralalpen und damit der Vinschgau müssen aus geologischen Gründen entfallen. Natürliche Vorkommen sind an Kalkformationen gebunden, so daß in erster Linie im Norden die Kalkalpen, im Süden die Dolomiten mit ihren Ausläufern in Betracht zu ziehen sind. Die derzeit bekannten, dem Hauslabjoch am nächsten gelegenen Lagerstätten finden sich etschabwärts im Trentino und östlich des Gardasees in den Monti Lessini.

Es war deshalb ein Gebot der ersten Stunde, die Herkunft der Feuersteinvarietät, die der Mann im Eis für die Herstellung seiner Geräte benutzte, näher zu bestimmen. Vorarbeiten dazu lagen noch kaum vor. Unter der Leitung des Regensburger Geologen und Mineralogen Alex Binsteiner wurde deshalb ein Forschungsprogramm entwickelt, das speziell der Frage nach den natürlichen Feuersteinvorkommen im Bereich des mittleren Alpenbogens nachgehen sollte. Dabei mußte zunächst die Varietät des Feuersteins, aus dem die sechs Geräte des Mannes vom Hauslabjoch bestehen, bestimmt werden. Die Untersuchung ergab, daß der Feuerstein charakteristische Mikrofossil- und Gesteinseinschlüsse enthält, die eine genaue Ansprache erlaubten.

In mühseliger, monatelanger Geländearbeit hat Binsteiner im Bereich der Nördlichen wie Südlichen Kalkalpen nach feuersteinführenden Aufschlüssen gesucht. Vorrangiges Untersuchungsgebiet waren dabei die bereits erwähnten Monti Lessini. Binsteiners umfassende Erfahrungen zur Geologie der Feuersteinvorkommen im allgemeinen wie zum jungsteinzeitlichen Feuersteinabbau im besonderen kamen ihm dabei sehr zustatten. Denn unvermittelt stand er vor dem Feuersteinbergwerk, aus dem das Rohmaterial für die Geräte des Mannes im Eis stammt. Damit war nicht nur der erste Feuersteinabbau im Südalpenraum entdeckt worden, sondern auch eben jener lokalisiert, der weit über die Monti Lessini hinaus die neolithische Bevölkerung nördlich und südlich des Alpenhauptkammes mit dem begehrten Rohstoff versorgte: eine archäologische Sensation sondergleichen, ein geologischer Erfolg nicht minder.

Viele Meter tief hat sich der jungsteinzeitliche Mensch in die Felsklüfte hinabgearbeitet, um das in den Karsttaschen und -trichtern sekundär angereicherte Rohmaterial abzubauen. Die Karstoberfläche ist in einer Ausdehnung von weit über zwölf Hektar Fläche mit Pingen übersät, die sich als Vertiefungen im Gelände mit umgebenden, meist kreisförmigen Aushubwällen abzeichnen. Millionen von Präparationsabfällen liegen herum und legen beredtes Zeugnis davon ab, wie der vorgeschichtliche Bergmann das gewonnene Rohmaterial für die Weiterverarbeitung zurechtgeschlagen hat. Die genaue Untersuchung des Mikrofossilgehaltes des Feuersteins von dieser Lagerstätte ergab eine vollkommene Übereinstimmung mit dem der Werkzeuge des Mannes im Eis.

Daß diese Geräte oder doch zumindest die Rohmaterialien auf dem Weg des Tauschhandels in die Hände unseres Gletschermanns gelangten, kann jedenfalls nicht ausgeschlossen werden. Daß er aber auf seinem letzten Weg in einer Handelsmission unterwegs war, muß verneint werden. Unter seiner Ausrüstung befindet sich kein überzähliger Gegenstand, den er hätte feilbieten können.

Mit sehr viel mehr Berechtigung wird der Mann im Eis als Jäger bezeichnet. Seine Ausrüstung mit Pfeil und Bogen läßt keine Zweifel aufkommen. Auch seine Sorge, den verlorengegangenen Bogen und die verschossenen Pfeile so rasch wie möglich zu ersetzen, kennzeichnet den hohen Wert, den dieser Teil seiner Ausrüstung für ihn bedeutete. Uns nötigt es heute Bewunderung ab, mit welcher Präzision er seine Schießwerkzeuge anfertigte. Doch dürften solche Fähigkeiten in der damaligen Zeit zum selbstverständlichen Rüstzeug eines jeden Mannes gehört haben.

Schießversuche mit modernen, nach vorgeschichtlichen Originalen hergestellten Eibenholzbogen zeigen eine enorme Schußweite bei hoher Trefferquote. Auf 28 Zoll (=71,5 Zentimeter) ausziehbar, entwickeln diese nachgebauten Bogen eine Kraft zwischen zwanzig und vierzig Kilogramm. Mit einwandfreier Zielsicherheit erreicht man damit tödliche Jagddistanzen zwischen dreißig und fünfzig Metern. Geübte Bogenschützen können noch auf neunzig

Meter mit hoher Treffsicherheit rechnen. Größte Schußweiten ohne entsprechende Präzision liegen bei hundertachtzig Metern.

Es ist klar, daß die Bogenwaffe nicht nur für die Jagd, sondern auch beim Kampf gegen feindlich gesinnte Menschengruppen eingesetzt wurde. Das lehren die gar nicht einmal so seltenen Funde menschlicher Gebeine aus jungsteinzeitlichen Gräbern, in denen eingeschossene Feuersteinpfeilspitzen stecken. Meistens zeigen die knöchernen Schußwunden keine Spuren einer Heilung, am Knochen erkennbar durch Callusbildung. Dann war der Schuß nicht überlebt worden. Es gibt aber auch einige wenige Beispiele, bei denen die im Knochen steckende Pfeilspitze von Callusgewebe umschlossen ist. Somit war die Schußverletzung geheilt und legt zugleich Zeugnis von einer effektiven Heilbehandlung ab.

Eine gewisse jägerische Komponente leitet sich darüber hinaus aus dem mitgeführten Netz ab, das zum Vogelfang verwendet werden konnte. Mit dem Beil, dessen Holmkopf keulenartig verdickt ist, ließ sich angeschossenes Wild erschlagen. Der Dolch wie auch der Klingenkratzer aus Feuerstein und der große Dorn aus Hirschgeweih waren geeignet, die Beute aus der Decke zu schlagen und zu zerwirken, das Fell zu reinigen sowie das Fleisch in Streifen zu schneiden, um es trocknen zu lassen.

Die Knochensplitter des Steinbocks und nicht zuletzt die Bärenfellmütze, die am Hauslabjoch gefunden wurden, legen beredtes Zeugnis von erfolgreicher jagdlicher Betätigung ab. Daß der Jagd im Leben des Mannes eine gewisse Bedeutung zukam, ist unbestreitbar. Zugleich bot die gefährliche Bogenwaffe hinreichenden Schutz gegen Widersacher aller Art.

Dessenungeachtet wissen wir, daß in der Jüngeren Steinzeit die Jagd zwar anteilmäßig einen mehr oder minder großen Faktor bei der Fleischversorgung der Bevölkerung bildete, daß aber die Hauptlast des Wirtschaftssystems von Ackerbau und Viehzucht getragen wurde. Deshalb verwundert es nicht, daß Stimmen laut wurden, die im Mann aus dem Eis einen Bauern, ja sogar einen »reichen« Bauern sahen. Nicht näher spezifiziert wurde dabei, ob damit ein Ackerbauer, Viehzüchter oder beides gemeint ist, während sich das Adjektiv »reich« wohl allein auf den Besitz des Kupferbeils bezieht. Andererseits habe ich nun schon oft genug darauf verwiesen, daß »reich« oder »kostbar« auch aus unserer heutigen Sicht sehr subjektive Begriffe sind, die nicht vorbehaltlos auf jungsteinzeitliche Verhältnisse übertragen werden dürfen. In unserer Unkenntnis über die Verteilung der Wirtschaftsgüter im Neolithikum geht jeder Versuch, den Wert oder Unwert einer Sache zu bestimmen, an den methodischen Möglichkeiten des Fachs vorbei, weshalb wir diesen Aspekt auch nicht weiterverfolgen und auf keinen Fall überbewerten wollen.

Die bisherigen Ausführungen haben hinreichend gezeigt, daß der Mann im Eis Kontakte zu einer ackerbautreibenden Gemeinschaft besaß. Die Getreidekörner an seiner Kleidung und die Druschreste in seinem Glutbehälter bezeugen das. Sie weisen auch auf die Jahreszeit hin, zu der er zuletzt in seinem Dorf weilte. Es war nach der Getreideernte, als gedroschen wurde, also in der Zeit, in der jede arbeitsfähige Kraft gebraucht wurde. Damit wurde zwar ein bemerkenswertes Detail aus dem Leben unseres Gletschermanns bekannt, aber mehr läßt sich über seine ackerbauliche Beteiligung am Wirtschaftsleben des »Heimatdorfs« auch nicht sagen.

Vielmehr wird man die Tatsache in den Vordergrund unserer Betrachtungen stellen müssen und daraus Deutungen abzuleiten versuchen, daß der Mann vom Hauslabjoch nach seiner Ausrüstung eher auf längerfristige Abwesenheiten von einer stationären Siedlungsgemeinschaft eingerichtet war. Der Bauer aber, der seine Äcker zu versorgen und das Großvieh zu betreuen hat, kann es sich nicht leisten, auch nur einige Tage den Hof zu verlassen. Das ist sicher in der Jungsteinzeit nicht anders gewesen als heutigentags. Ich wohne mit meiner Familie in einem kleinen, landwirtschaftlich geprägten Tiroler Dorf. Meine Nachbarn, die Vollbauern sind, kennen keine Ferien, und selbst heute noch ist für die Bauersfrau das Kindbett fast der einzige »Erholungsurlaub«. Der noch ledige Sohn, der Knecht oder der unverheiratete Bruder zieht dagegen im Sommer für mehrere Monate als Hirte auf die Alm. Und damit nähern wir uns einem landwirtschaftlichen Modell, dessen Eigenart alle Beobachtungen, die uns der Mann im Eis bislang vermittelt hat, in befriedigender Weise zu erklären hilft.

Bei diesem Modell gehen wir von der Voraussetzung aus, daß die vom Hauslabjoch aus gesehen nächstgelegene Siedlungslandschaft in der Jungsteinzeit wie heute der Vinschgau im Süden gewesen ist. Daran wird man vernünftigerweise nicht zweifeln wollen. Des weiteren ist unbestreitbar, daß die oberhalb der Waldgrenze sich erstreckenden natürlichen Gebirgswiesen im inneren Ötztal seit mindestens 4000 vor Christi Geburt als Weidegebiet vom Menschen genutzt wurden. Solche Hochweiden sind für eine extensive Bewirtschaftung mit Kleinvieh, also Schafen und Ziegen, hervorragend geeignet. Wissenschaftliche Untersuchungen haben, wie bereits dargelegt, gezeigt, daß im Neolithikum die Bedeutung der Schaf- und Ziegenzucht gegenüber dem Großvieh (Rind, Schwein) in gebirgigen Lagen zunimmt. Daraus ist zu folgern, daß die Kleinviehhaltung auch im neolithischen Vinschgau sicherlich Vorrang besaß. Wollte man diesen Tieren genügend Sommerweide gewähren, so schieden die Auwälder des Talgrunds aus, während sich die Hochweiden anboten. In das Modell ist demnach zwingend eine kleine Transhumance vom Vinschgau aus über den Alpenhauptkamm in das Nieder- und Rofental und wohl auch noch weiter nördlich einzuschließen.

In diesem Zusammenhang wäre mit gleicher Berechtigung sogar zu überlegen, ob für die ja längere Wintersaison vielleicht auch eine große Transhumance nach Süden Richtung Poebene anzunehmen ist. Man käme dann durch die Gebiete, in denen die Kornelkirsche wächst und wo noch weiter südlich am Ausgang des Etschtals in den Monti Lessini östlich des Gardasees die guten Feuersteinvorkommen zu finden sind. Wir wollen diesen Gedanken jetzt nicht weiterspielen, da manche Spekulationen damit zu verbinden wären. Aber ganz aus dem Hinterkopf drängen sollte man ihn wohl doch nicht.

Zu dem hier für die Jungsteinzeit des Vinschgaus entworfenen Wirtschaftssystem gehören natürlich auch die Menschen. Da sind einmal die Hofbauern mit ihren Familien, die das ganze Jahr über daheimbleiben (müssen).

Daneben gibt es weitere Personen, die abkömmlich sind und die Wanderweidewirtschaft betreiben. Dabei interessiert uns hier vor allem die kurze Sommertranshumance vom Vinschgau aus über die Joche des Hauptkamms hinweg in die Hochweidegebiete des hinteren Ötztals. Wie können wir uns die Hirten vorstellen, die im Juni den Auftrieb unternahmen und sich mit ihren Herden im September auf den Abtrieb begaben? Der Mann vom Hauslabjoch verfügte über alles, was eine solche Betätigung erforderte:

- In seinem Alter hatte er genügend Lebenserfahrung, um die verantwortungsvolle Betreuung einer Schaf- und Ziegenherde über mehrere Monate hinweg zu leisten.
- Er besaß eine kräftige Statur, wenn sich auch schon aufgrund der anstrengenden Tätigkeit in Wind und Wetter erste Verschleißerscheinungen an den Gelenken bemerkbar machten.
- Seine Ausrüstung bot ihm ohne weiteres die Möglichkeit, auch über mehrere Monate hinweg abseits einer geregelten Versorgung zu existieren.
- Seine Jagdwaffen ermöglichten es ihm, sich zusätzlich mit Fleisch zu versorgen.
- Zugleich erlaubten die Waffen, und dazu wäre dann auch das Beil zu zählen, sich und seine Tiere gegen Widersacher, sei es Raubzeug, sei es menschliches Gesindel, zu verteidigen.
- Das Schweifgebiet, das er mit seiner Herde durchzog, reichte vom Talgrund bis in die Zone über der Waldgrenze.
- Seine Kleidung war den klimatischen Verhältnissen im Hochgebirge ausgezeichnet angepaßt, denn in dieser Höhe ist immer, auch in den Sommermonaten, mit Nachtfrösten zu rechnen.
- Nicht zuletzt markiert der Ort seines Todes die Route, auf der die Herden den Alpenkamm zu überwinden pflegten. Damit korrespondiert auch der Zeitpunkt des Todes. Die sommerliche Weidesaison im hinteren Ötztal war vorüber.

Es bleibt eigentlich kein Detail übrig, das sich nicht zwanglos in diese hier vorgetragene Deutung eingliedern ließe. Daß der Stroh- oder Grasmantel bis in unser Jahrhundert hinein ein kennzeichnendes Kleidungsstück des Hirten bildete, sei abschließend nur noch einmal am Rande vermerkt.

Damit soll zum Ausdruck gebracht werden, daß der Mann vom Hauslabjoch als Hauptbeschäftigung das Wanderhirtentum betrieb und auf diese Weise fest in das wirtschaftliche System seiner jungsteinzeitlichen Siedlungsgemeinschaft eingebunden war.

Zugleich wird nach dem Gesagten deutlich, daß die Grundlagen der wirtschaftlichen Erschließung der alpinen Gebirgsregionen im Neolithikum geschaffen wurden und in einigen Facetten selbst unser Jahrhundert noch erreichten.

Wenn wir uns damit auch hinsichtlich der Tätigkeit unseres Gletschermanns entschieden haben, so wollen wir doch auch die anderen hier besprochenen Möglichkeiten nicht völlig außer acht lassen.

Natürlich war er kein Ausgestoßener. Aber notwendigerweise lebte er regelmäßig monatelang fern von seinen Angehörigen.

Ebensowenig war er ein Schamane oder ein Priester. Aber sicher bewegten ihn religiöse Vorstellungen und Gefühle. Er betete oder opferte an den heiligen Bildsteinen im Tal für das Gelingen seiner Arbeit, bevor er zur Viehdrift aufbrach, und dankte dort für eine erfolgreiche Heimkehr. Sein Amulett, die weißglänzende Dolomitperle, sollte ihn gegen Unbill schützen.

War er mit seiner Herde unterwegs, so sammelte er alles, was ihm nützlich erschien. Er wird nicht gezielt nach jenen grünen oder blauen Steinen gesucht haben, aus denen sich gleißendes Kupfer schmelzen ließ. Doch wenn er solche fand, wird er sie sicher nicht achtlos liegengelassen haben.

Begegnete ihm auf seinen weiten Streifzügen ein Handelsmann, so wird er sich gegen ein fettes Lamm wohl ein paar Feuersteingeräte oder gegen einen zeugungskräftigen Widder ein Kupferbeil eingetauscht haben.

Natürlich hat er auch gejagt. Nicht nur für den eigenen Fleischbedarf. Doch das Hochgebirgswild war für seine Herde ein Futterkonkurrent, und schließlich mußte er es fernhalten, um Einkreuzungen, etwa durch den Steinbock, zu vermeiden. Auch Raubtiere wie Wolf, Bär, Luchs und Fuchs oder Greifvögel wie Geier und Adler waren zu vertreiben.

Kam er im Frühjahr beziehungsweise im Herbst zu seinen Leuten und zu seiner Familie zurück, dann wurden nicht nur die Schafe geschoren und das überzählige Vieh geschlachtet. Wenn man zur Aussaat oder zur Ernte jeden Mann brauchte, half er gewiß mit.

Aber seinen Lebensinhalt bildete die Herde, die er auf die Weide führte und zusammen mit seinen Hunden bewachte. Sie sicherte ihm und seiner Familie das Leben und Überleben in einer noch weitgehend unberührten Natur, die sich untertan zu machen der Mensch der Jungsteinzeit bereits anschickte.

10. Das »Desaster«

Damit kommen wir zum Schlußkapitel im Leben unseres Gletschermannes, das mit seinem einsamen Tod in der Felsrinne unterhalb des Hauslabjochs endete. Nach den Ausführungen in den vorangegangenen Abschnitten dürfte klargeworden sein, daß er den Sommer sehr wahrscheinlich mit einer Herde von Schafen und Ziegen auf den Hochweiden des inneren Ötztals verbracht hatte. Tierknochenuntersuchungen in neolithischen Siedlungen haben ergeben, daß die Zahl der Schafe in der Regel die der Ziegen deutlich übertraf, wie dies auch heute noch der Fall ist. Deshalb ist anzunehmen, daß auch die Herde des Mannes vom Hauslabjoch überwiegend aus Schafen und nur zu einem geringeren Teil aus Ziegen bestand. Über die Größe dieser Herde können keinerlei Aussagen gemacht werden. Es mögen einige Dutzend, aber auch einige hundert Tiere gewesen sein.

Ebenso liegen zur Frage, ob das Vieh nur von einer Person oder von mehreren Hirten gehütet wurde, keine gesicherten Hinweise vor. Einmal hängt dies von der Kopfzahl der Herde ab. Zum anderen bildeten Raubtiere seinerzeit eine erheblich größere Gefahr als beispielsweise in unserem Jahrhundert, in dem in den Alpen diese Bedrohung nicht mehr besteht. Vor allem der Wolf war der unangenehmste Kontrahent des Hirten. Deshalb darf man davon ausgehen, daß die Hirten ihre Schafe und Ziegen durch entsprechend dressierte Hunde bewachen ließen. Diese hatten dann auch versprengte Tiere zu suchen und zur Herde zurückzubringen.

Bei meinen archäologischen Arbeiten in den Waldgebirgen der spanischen Extremadura westlich von Madrid in Richtung der portugiesischen Grenze beobachtete ich immer wieder riesige Waldbrände. Sie wurden von den Hirten, die dort mit Schaf- und Ziegenherden eine extensive Weidewirtschaft betreiben, in voller Absicht gelegt. Wie man mir berichtete, bezweckte man damit, die verhaßten Wölfe aus ihren Schlupfwinkeln und vor die Flinte der Schützen zu jagen. Zugleich werden durch diese Art der Brandrodung neue Weideflächen geschaffen.

Holzkohlenlagen aus Pollenprofilen des hinteren Ötztals weisen ebenfalls auf umfangreiche Brandrodungen durch den jungsteinzeitlichen Menschen in den Hochgebirgswäldern der Alpen hin. Ich bin der Überzeugung, daß solche Maßnahmen einerseits der Dezimierung des Raubzeugs galten. Daß andererseits dadurch aber auch neues Weideland für die Herden geschaffen wurde, ist sicher der zweite beabsichtigte Effekt. Somit wird auch verständlich, weshalb die wirtschaftliche Erschließung der Gebirgstäler von oben herab, also von den Naturwiesen oberhalb der Waldgrenze, nach unten talwärts erfolgte.

Noch vor dem Einsetzen der ersten Winterschneefälle sammelte der Mann vom Hauslabjoch seine Herde und führte sie in seine Heimatsiedlung im Vinschgau hinab. Das mag gemeinsam mit den anderen Hirten oder mit weiteren Helfern, die eigens dafür von unten heraufgekommen waren, bewerkstelligt worden sein. Es spricht vieles dafür, daß der Abtrieb planmäßig geschah und daß der Mann vom Hauslabjoch zusammen mit den Schafen und Ziegen das Dorf etwa in der zweiten Septemberhälfte wohlbehalten erreicht hat.

Dort war die Getreideernte bereits in vollem Gange. Jede arbeitsfähige Kraft wurde gebraucht, um die Vorräte für den langen Winter einzubringen. Die Ähren wurden gedroschen, das Korn wurde geworfelt, in große Tongefäße gefüllt und in die Speicher gestellt. Man schor die Schafe und schlachtete die überzähligen Tiere, die ja im besten Futter standen, soweit man sie nicht für die Weiterzucht benötigte.

Irgendwann in dieser Zeit muß sich ein Desaster ereignet haben, dessen Ablauf freilich, da uns ja nur der Mann im Eis als Auskunftsperson zur Verfügung steht, im einzelnen nicht rekonstruierbar ist. Auf jeden Fall kam es zu einer oder vielleicht auch mehreren gewalttätigen Auseinandersetzungen, in deren Folge der Mann im Eis flüchten mußte. Er verlor dabei einen Teil seiner Ausrüstung, ein anderer Teil wurde beschädigt. Er selbst erlitt einen Serienrippenbruch. Als Fluchtweg benutzte er die ihm vertraute Route der jährlichen Transhumance, auf der ihn am Hauslabjoch der Tod ereilte.

Natürlich fragt man sich, in welcher Form sich ein solches Desaster abgespielt haben könnte. Überlegungen dazu müssen spekulativ bleiben, da allzu viele Möglichkeiten zu berücksichtigen sind. Prinzipiell gehen wir davon aus, daß der Mann vom Hauslabjoch im Jahr seines Todes den Sommer mit einer Kleinviehherde abseits der Heimatsiedlung verbracht hat. So könnten sich nach mehrmonatiger Abwesenheit etwa die familiären Strukturen in seiner dörflichen Gemeinschaft geändert haben, als er zurückkehrte. Man braucht nicht gleich an ein Eifersuchtsdrama zu denken. Mit gleichem Recht könnte man Auseinandersetzungen im Zuge der Rangordnung (»Machtkämpfe«) ins Spiel bringen. Letztlich ist auch ein persönliches Fehlverhalten, wie ein Verlust von Schafen und Ziegen oder ein Verstoß gegen die gesellschaftlichen Normen, als Ursache dieses dann ganz auf das Individuum bezogenen Desasters nicht auszuschließen.

Andererseits darf man gleichermaßen ein Ereignis ins Auge fassen, das die gesamte dörfliche Gemeinschaft betroffen hat. Sind unsere Überlegungen zur Lage des »Heimatdorfs« und des Schweifgebiets unseres Gletschermanns richtig, so hätte dieses Desaster im Vinschgau stattgefunden. Desgleichen ist noch einmal zu betonen, daß sich der Zeitpunkt des Geschehens auf den Spätsommer und Frühherbst, also auf die Monate September und Oktober, eingrenzen läßt. Das bedeutet zwingend – und der Mann vom Hauslabjoch beweist es selbst mit den bei ihm gefundenen Druschresten –, daß damals, als sich das Geschehen zuspitzte, die Winterbevorratung erfolgte. Die Scheuern füllten sich, und damit geriet das Dorf in eine besondere Gefährdung.

Sicher nicht zufällig finden sich zahlreiche jungsteinzeitliche Siedlungen in verteidigungsgünstiger Lage, was voraussetzt, daß mit Bedrohungen gerechnet wurde. Daß sich diese nicht nur gegen Leib und Leben richteten, sondern vor allem auch auf Hab und Gut zielten, ist vorauszusetzen. Und besonders reiche Beute ist selbstredend in der Zeit nach eingebrachter Ernte zu erwarten. Man kann eine derartige Theorie, wie ich sie hier entwerfe, abstützen, wenn der Nachweis gelingt, daß es im Neolithikum rivalisierende Gruppen mit unterschiedlichem materiellen Besitz gegeben hat.

Eine solche Problematik läßt sich freilich archäologisch nur in den seltensten Fällen erhellen. Beispielsweise sind schon verschiedentlich bei Ausgrabungen in jungsteinzeitlichen Siedlungen Brandhorizonte entdeckt worden, die vordergründig auf Katastrophen hinweisen. Doch kann man dabei in der Regel nicht entscheiden, ob das Dorf im Rahmen von Kampfhandlungen abgebrannt ist, ob es sich nur um fahrlässige Schadenfeuer handelte oder ob altersschwache Häuser zum Zweck von Neubauten planmäßig abgebrannt wurden.

Es gibt aber einen archäologischen Befund, der ohne jeden Zweifel Zeugnis von einer kriegerischen Auseinandersetzung in der Jungsteinzeit ablegt. Ich will damit keinen direkten Bezug zu den dem Tod des Mannes vom Hauslabjoch unmittelbar vorangegangenen Ereignissen schaffen, sondern lediglich eine von zahlreichen Möglichkeiten illustrieren, auch wenn sich mit diesem erschütternden Beispiel lediglich die Verliererseite präsentiert.

Wenig westlich der Ortsmitte von Talheim, Kreis Heilbronn, in Südwestdeutschland liegen die Ruinen eines neolithischen Dorfs im Boden. Ausgrabungen fanden dort noch nicht statt. Man weiß von der Siedlung nur durch einige Lesefunde, die anzeigen, daß die Anlage um die Mitte des 6. Jahrtausends vor Christi Geburt bestand und zur altneolithischen Kultur der Bandkeramik gehörte. Am Rande dieses jungsteinzeitlichen Dorfs entdeckte man im Jahre 1983 ein Massengrab. In einer knapp drei Meter langen, bis zu anderthalb Meter breiten und ursprünglich rund anderthalb Meter tiefen Grube fanden sich die Skelette von vierunddreißig Menschen. Der Anthropologe Dr. Joachim Wahl und der Gerichtsmediziner Dr. Hans Günter König, beide aus Tübingen, schildern den Befund eindringlich: »*Von diesen Individuen lagen mehr als die Hälfte auf dem Bauch, ihre Arme und Beine sind in den verschiedensten Richtungen abgewinkelt, manchmal fast unanatomisch, skurril abgeknickt. Andere lagen zwar mit dem Oberkörper in Rückenlage, ihre Extremitäten erscheinen jedoch unnatürlich verrenkt. Die Arme und Beine ein und desselben Individuums liegen über und unter einem zweiten oder dritten, das Bein eines vierten ragt dar-*

über usw. Die einzelnen Körper sind also regelrecht ineinander geschoben und miteinander verkeilt...« Sie wirken wie aufeinandergeworfen.

Der archäologische Befund ergab zunächst, daß sich bei den Toten keinerlei Beigaben oder Ausrüstungsgegenstände fanden. Das ist für diese Zeit völlig ungewöhnlich, denn normalerweise sind bandkeramische Gräber gut mit Schmuck, Geräten, Waffen und Gefäßen ausgestattet. Ohne Zweifel sind die Leichen vor ihrer Beseitigung gefleddert worden, denn sie trugen keinerlei persönliche Habe mehr bei sich, als sie verscharrt wurden.

Die anthropologische Auswertung zeigte, daß es sich um sechzehn Kinder und Jugendliche, darunter sieben Ein- bis Sechsjährige, sowie um achtzehn Erwachsene handelte. Vier Erwachsene hatten ein Alter von über fünfzig Jahren erreicht, einer von ihnen sogar das Greisenalter (sechzig bis siebzig). Die Erwachsenen waren neun Männer und sieben Frauen. Zwei Skelette blieben unbestimmbar. Bei den Kindern und Jugendlichen läßt sich eine Geschlechtsdiagnose nur ansatzweise stellen. Die Merkmale scheinen aber auch hier auf ein ausgewogenes Geschlechterverhältnis hinzudeuten. Sechs Frauen waren in gebärfähigem Alter. Demnach repräsentiert die Talheimer Totengemeinschaft die vollständige Bewohnerschaft eines jungsteinzeitlichen Dorfs.

Die gerichtsmedizinische Untersuchung offenbarte die ganze Schaurigkeit des Dramas. Sämtliche Personen wurden erschlagen. Die an den Knochen festgestellten Hiebmarken erwiesen, daß man zum Töten Steinbeile und Keulen (»stumpfe Gewalteinwirkung«) benutzte. Zwei Personen wurden durch Pfeilschüsse mit steinernen Spitzen getötet. Einzelne Hiebe erfolgten bei aufgerichteter Körperstellung, andere, als die Sterbenden schon am Boden lagen. Auffällig ist, daß es keinerlei sogenannte Abwehrfrakturen gibt. Darunter versteht man kennzeichnende Knochenverletzungen, die entstehen, wenn der Angegriffene beispielsweise den Arm hebt, um den Kopf zu schützen (»Parierfraktur«). Somit könnte man zumindest in einigen Fällen auch regelrechte Hinrichtungen annehmen. Anschließend wurden die Leichen achtlos verscharrt.

Eine Idealanalyse des Altersaufbaus und der Geschlechterverteilung des Talheimer Massengrabs ergibt – rein theoretisch – die

Möglichkeit, daß einzelne Individuen das Massaker überlebt haben könnten. Es fehlen nämlich die Leichen von Neonaten (null bis ein Jahr), die eigentlich in einer solchen Population vorhanden gewesen sein müßten. Falls dies nicht auf der schlechten Erhaltbarkeit der zarten Säuglingsknochen im Boden beruht, obwohl die Ausgräber auf solche besonders geachtet haben, kann man zum Beispiel an Kinderraub denken. Bei manchen Naturvölkern wird ein solcher Brauch zur Auffrischung der eigenen Population geübt. Dabei werden gewisse Altersgrenzen zur leichteren sprachlichen und kulturellen Integration der Kleinkinder in die neue Gemeinschaft eingehalten.

Gesichert ist jedenfalls, daß es als Folge des Massakers nicht zu Kannibalismus kam. Bei den Talheimer Leichen fehlten die dafür typischen Schnitt- und Schlachtspuren an den Knochen.

Der Befund des Talheimer Massengrabs lehrt uns, daß es im Rahmen kriegerischer Auseinandersetzungen auch im Neolithikum zur Ausrottung ganzer Dorfbevölkerungen kam und daß der Sieger schonungslos mit den Unterlegenen umging, was eine ideologisch geprägte »ethnische Säuberung« ausschließt. Das völlige Fehlen von Beigaben weist nachdrücklich darauf hin, daß es hier zunächst um Plünderung, also um die widerrechtliche Aneignung von materiellem Besitz, vielleicht sogar zusätzlich um Kinderraub ging. Und man fragt sich eher, wieso es nach der vollständig erscheinenden biologischen Vernichtung einer aus drei bis vier Familien bestehenden Dorfgemeinschaft überhaupt zu einem, wenn auch nur völlig pietätlosen, Verscharren der Opfer kam.

Deshalb darf man unterstellen, daß die Angreifer wohl nicht nur auf den raschen Raub beweglicher Güter erpicht waren. Falls sie sich etwa des ganzen Dorfs samt Häusern, Vieh, Äckern und Vorräten bemächtigt haben, dann war es natürlich unangenehm, wenn Leichen herumlagen.

Das Talheimer Desaster erhellt schlaglichtartig Verhaltensweisen »primitiver« Menschengruppen. Angesichts der auf anderen Gebieten oft erstaunlichen Leistungen unserer Vorfahren pflege ich diesen abfälligen Ausdruck zur Kennzeichnung menschlichen Verhaltens sonst nicht zu verwenden. Ich habe ihn hier mit voller Absicht gewählt. Denn trotz ihrer vieltausendjährigen Geschichte hat die Menschheit dieses düstere Erbe, das sich über das Neolithikum hinaus in noch viel ältere Zeiten des Menschseins zurückverfolgen läßt, bis heute nicht abgelegt.

Es ist vorstellbar, daß ein der Talheimer Siedlung vergleichbares Schicksal auch dem »Heimatdorf« des Mannes vom Hauslabjoch beschieden war. In aussichtsloser Lage gelang ihm die Flucht vor der feindlichen Übermacht. Offensichtlich bemerkte man sein Entweichen und setzte alles daran, seiner habhaft zu werden. Wenn man, wie wir aus Talheim wissen, selbst Frauen und Kinder niedermetzelte, um wieviel gefährlicher sollte es den Siegern erscheinen, wenn ein erwachsener Mann dem Pogrom entkam. Sein einziger Vorteil, außer daß er Reste der persönlichen Ausrüstung retten konnte, war vielleicht die bessere Ortskenntnis, so daß sich Flucht und Verfolgung über Tage und Wochen hinweg erstreckten. Eine Rückkehr, wann auch immer und wofür, war nicht zu erhoffen. So setzte sich der Mann im Eis in Richtung Hauslabjoch ab, wo er erwarten durfte, jenseits des Alpenhauptkamms seinen Verfolgern zu entkommen. Vielleicht hatte er dabei sogar jenen Felsunterschlupf am »Hohle Stein« im Auge, unter dem ja ein Feuersteingerät aus dem gleichen Material gefunden wurde, aus dem seine übrigen Werkzeuge bestanden, und von dem aus er vielleicht im Sommer seines Todesjahres eine Schaf- und Ziegenherde frohgemut gehütet hatte.

VI. Reaktionen auf den Fund vom Hauslabjoch

1. Kein »normaler« archäologischer Fund

Spektakuläre vor- und frühgeschichtliche Funde, sogenannte archäologische Sternstunden, pflegen stets ein breites Interesse in der Öffentlichkeit zu finden. Das war zum Beispiel der Fall, als Heinrich Schliemann den vermeintlichen Goldschatz des Priamos in Troja entdeckte, als Howard Carter das Grab des Pharaos Tutench-Amun öffnete oder als Jörg Biel die Bestattung des Keltenfürsten von Hochdorf ausgrub. All diese aufsehenerregenden Funde haben bis heute nichts von ihrer Faszination verloren. Und doch besteht ein eklatanter Unterschied zum Mann vom Hauslabjoch. Die genannten Funde, denen sich weitere vergleichbarer Art hinzufügen ließen, zeichnen sich allesamt durch einen unermeßlichen Reichtum an Gold aus. Die Anteilnahme der Öffentlichkeit am archäologischen Ereignis reflektiert sichtlich in erster Linie die Auffindung eines Goldschatzes, von der jeder träumt, die aber fast allen versagt bleibt.

Im kleinen Maßstab haben wir das unlängst in unserem eigenen Institut erlebt. Die Zeit der Karolinger, Ottonen und Salier (8. bis 11. Jahrhundert nach Christi Geburt) gilt als die der dunklen Jahrhunderte in der Geschichte Tirols. Die schriftlichen Quellen fließen spärlich. Archäologische Funde gibt es so gut wie keine. Es war daher von besonderem wissenschaftlichen Interesse, als bei der alten Kirche Sankt Justina in Assling, Osttirol, eine Fundstelle des 11. Jahrhunderts entdeckt wurde und wir dort zu graben begannen. Doch nahm kein Mensch einstweilen davon irgendeine Notiz.

Erst als am 29. April 1993 der Grabungsleiter Dr. Harald Stadler unverhofft Teile eines mit Edelsteinen besetzten Goldschmucks beim Sieben der Sedimente einer Kulturschicht fand, änderte sich die Sachlage grundlegend.

Jeder Archäologe weiß, daß Goldfunde normalerweise nicht auf Plangrabungen, geschweige denn bei Siedlungsuntersuchungen zutage kommen. Insofern bildete die Entdeckung von Goldgegenständen aus einer Siedlungsschicht des 11. Jahrhunderts allein schon eine Sensation. Dazu kam aber noch etwas Besonderes, um nicht zu sagen Einzigartiges. Die Pretiosen gehören zu einem Ornat, wie es ursprünglich die byzantinischen Kaiser des Oströmischen Reiches getragen haben. Dabei wurden der Juwelenkragen (*Maniakion*) und die Herrscherbinde (*Loros*) mit einem feinen Netz von Goldkettchen bestickt, in dessen Kreuzungspunkten und an dessen Seiten in Gold gefaßte Edelsteine, Perlen und antike Gemmen eingelassen waren. Der europäische Hochadel des Mittelalters übernahm gleichsam im Rahmen einer internationalen Tracht diese Herrschaftsinsignien. Mit einer Ausnahme blieb aber davon nichts erhalten. Lediglich aus dem Mainzer Schatz, der neuerdings der deutschen Kaiserin Agnes von Poitou (1043 bis 1062), der Gemahlin Heinrichs III. (1046 bis 1056), zugeschrieben wird, blieben die Juwelen eines Maniakions und eines Loros erhalten. Und nur mit diesem Schmuck lassen sich die Osttiroler Goldfunde vergleichen. Freilich kennen wir Darstellungen gekrönter Häupter in diesem Ornat aus mittelalterlichen Kodizes und Evangeliaren. Wir befinden uns damit auf der allerhöchsten Ebene des hochmittelalterlichen Adels.

Obwohl wir uns bemühten, Fund und Fundstelle nicht allgemein bekanntzugeben, um nicht Raubgräber anzulocken, sickerte die Entdeckung doch nach draußen durch. Sofort war im Institut – wie in den heißesten Eismann-Tagen – wieder die Hölle los. Sämtliche Telefonleitungen waren blockiert. Journalisten von Fernsehen, Hörfunk und Presse kamen scharenweise. So geschieht es wohl immer bei archäologischen Goldfunden.

Wie anders hingegen der Mann vom Hauslabjoch! Ein armseliges Menschenbündel, in Felle und Gras gehüllt, mit Geräten aus Holz, Knochen und Stein. Und selbst die Axt war nur aus Kupfer. Was für ein Gegensatz zum gleißenden Gold und zu funkelnden Edelsteinen, die gewöhnlich die Menschen unserer an echten und konstruierten Sensationen ja nicht gerade armen Zeit erregen, wenn es um archäologische Ereignisse geht. So entsteht die Frage, was die Öffentlichkeit veranlaßte, sich in einem nachgerade unfaßbaren Umfang für den Mann im Eis zu interessieren. War es die Einsamkeit des Todesortes hoch im ewigen Eis der Alpen? War es die Mumiengestalt des Körpers, während man sonst bestenfalls nur gebleichte Gebeine findet? War es das über fünftausend Jahre alte Antlitz, das uns vom Tod gezeichnet anblickt? Waren es die abenteuerlichen Umstände der Entdeckung und Bergung? Nein, es können nicht nur solche Äußerlichkeiten sein, die uns heutige Menschen bewegen, wenn wir den Mann vom Hauslabjoch sehen. Es muß mehr sein!

Die modernen Möglichkeiten der Kommunikation via Presse, Rundfunk und Fernsehen schleuderten die Mumienentdeckung binnen Stunden in alle Welt und von dort zurück in die vom Ereignis betroffenen Innsbrucker Institute. Niemals zuvor hat ein archäologisches Ereignis die Schlagzeilen der Medien derart lückenlos gefüllt, wie es beim Fund vom Hauslabjoch der Fall war. Vergleiche mit anderen archäologischen Jahrhundertfunden sind nicht möglich, da der Gletschermann in jeder Hinsicht offensichtlich einen absoluten Sonderfall bildet. Er verdrängte tagelang die politischen Weltereignisse aus den Titelstories der Medien. Seine Attraktivität hat sich mehr als drei Jahre nach der Auffindung in nichts gemindert, wenn auch oft Begleiterscheinungen am Rand für fettere Schlagzeilen sorgten als die eigentliche wissenschaftliche Bedeutung des Fundes.

Selbstredend greift der Journalist ein Thema bevorzugt dann auf, wenn er die Story seinem Leser, Hörer oder Zuschauer gut vermitteln kann, was hier problemlos möglich war. Denn die Öffentlichkeit war und ist in höchstem Maße daran interessiert, die jeweils neuesten Erkenntnisse über den aktuellen Forschungsstand zu erfahren. In der Regel begnügt sich der Konsument mit den ihm über die Medien vermittelten Informationen. Der Mann im Eis entwickelte jedoch als Thema eine Eigendynamik. Die Anteilnahme am Geschehen rund um den Gletschermann setzte völlig neue Maßstäbe, denen offenbar der berufsmäßige Journalismus nur teilweise gewachsen war. Somit entstanden zwei eng miteinander verflochtenene Kreisläufe, die einerseits der Vermarktung, andererseits der Stillung des Informationsbedürfnisses dienten. In diese beiden Kreissysteme waren und sind die mit dem Fall befaßten Wissenschaftler, Geschäftemacher, Reporter und selbst Privatleute eingebunden, wobei jede Gruppe über Begleitpersonal wie Rechtsanwälte, Verwaltungsfachleute, Politiker und Sponsoren verfügt.

Die Wissenschaftler teilen sich dabei in zwei Gruppen, nämlich in eine solche, die aktiv am Eismann-Projekt beteiligt ist, und in eine zweite, die nicht an der Erforschung des Fundes mitarbeitet. Unabhängig davon sieht sich der Wissenschaftler in eine zwiespältige Lage versetzt. Grundsätzlich möchte er in Ruhe seinen Forschungen nachgehen sowie seinen weiteren Verpflichtungen in Lehre, Verwaltungsarbeit, Gutachtertätigkeit und Praxis nachkommen. Damit ist der Tagesablauf mehr als gefüllt. Bezüglich der Forschungsergebnisse bereitet der Gelehrte wissenschaftliche Publikationen vor. Die Information der Öffentlichkeit über neue Erkenntnisse ist nicht eigentlich seine Aufgabe, wird aber von ihm erwartet. Vielfach kommt er diesen Anforderungen nach, sofern die innere Bereitwilligkeit vorliegt und ihm die Zeit zur Verfügung steht. Eine solche Öffentlichkeitsarbeit geschieht beispielsweise durch Vorträge vor unterschiedlichstem Publikum, des weiteren über Print- und audiovisuelle Medien, wobei in vielen Fällen Journalisten und Reporter die Vermittlerrolle übernehmen.

Das Eismann-Projekt durchbrach hingegen den gewohnten Ablauf auf allen Ebenen, schon aus Zeitgründen mußten deshalb die Informationen kanalisiert werden. Rund dreißig Verlage, die populärwissenschaftliche »Ötzi«-Bücher zu drucken wünschten, schickten Offerten. Weit über hundert, zum Teil international sehr renommierte Zeitschriften wollten ebenfalls Beiträge zum selben Thema veröffentlichen. Die Zahl der Anfragen nach Vorträgen ging in die Hunderte, wobei sie nicht nur aus Europa, sondern auch aus Übersee, wie Amerika und Australien, eintrafen. Die Interviews für Tagespresse, Hörfunk und Fernsehen lassen sich nicht mehr überblicken. Es dürften einige tausend gewesen sein, obwohl wir ständig Medienkonferenzen abhielten, Pressemeldungen aussandten und Erklärungen zum Fund per Telefon, Fax und Post lieferten. Deren Zahl ging ebenfalls in die Tausende. Eine derart umfassende

Reflexion der Öffentlichkeit hat es noch nie angesichts eines archäologischen Fundes gegeben. Von daher lohnt es sich, auch diesen Aspekt der Gletschermann-Forschung etwas zu beleuchten.

2. Bücher, Bücher, Bücher...

Binnen weniger Tage war der Mann im Eis von den Medien zur Kultfigur stilisiert worden. Entsprechend stieg das Informationsbedürfnis der Öffentlichkeit. Damit entwickelte sich eine neue Berufsgattung, nämlich die des selbsternannten Eismann-Experten, der sich in wirtschaftliche Konkurrenz zu den am Projekt beteiligten Wissenschaftlern begab. Obwohl wir von Anfang an betonten, daß wir über die Veröffentlichung der Forschungsergebnisse in Fachpublikationen hinaus auch eine populär gehaltene Darstellung vorbereiteten, nutzten verschiedene Autoren die Interimszeit.

Der seriöse Wissenschaftler sieht sich nicht in der Lage, lediglich aufgrund von ersten Eindrücken, Theorien, Hypothesen und Spekulationen ein populärwissenschaftliches Buch zu verfassen. Dafür muß ein gewisses Mindestmaß an vertretbaren Forschungsergebnissen vorliegen, die er dann aus der trockenen, mit Fachtermini gespickten Gelehrtensprache in eine auch der Allgemeinheit begreifbare Fassung zu übertragen versucht. Deshalb erschien die erste Auflage dieses Buches auch erst zwei Jahre nach der Entdekkung am Hauslabjoch.

Dessenungeachtet kamen fast gleichzeitig bereits wenige Wochen nach der Bergung zwei Bücher heraus, das eine für den deutschsprachigen, das andere für den italienischsprachigen Markt. Inhaltlich handelt es sich bei beiden Ausgaben um eine Aneinanderreihung von kommentierten Zeitungsartikeln, jeweils angereichert mit ein paar kulturhistorischen Annotationen. Die Verfasser, Journalisten bei der österreichischen Tageszeitung »Krone« beziehungsweise bei der italienischsprachigen Südtiroler Tageszeitung »Alto Adige«, würzten ihre Veröffentlichungen vor allem mit der Kritik, die von verschiedenen Seiten an den an der Bergung und Untersuchung beteiligten Innsbrucker Wissenschaftlern erhoben wurde. Dabei war damals der tatsächliche Ablauf des

Geschehens am Hauslabjoch noch keineswegs überschaubar, so daß gerade diese beiden Bücher wesentlich dazu beigetragen haben, Falschinformationen zu verbreiten.

Diesen beiden Erstpublikationen folgten schon im Herbst 1992 zwei weitere, wesentlich umfangreichere Veröffentlichungen, diesmal von Archäologen geschrieben. Die Verfasser erschlichen sich nicht zuletzt Informationen vom Internationalen Symposium zum Thema »Der Mann im Eis«, das wir im Juni 1992 in Innsbruck abgehalten hatten. Sie arbeiteten die neuen Erkenntnisse hastig in ihre Manuskripte ein. Denn angesichts des bevorstehenden Weihnachtsgeschäfts drängten die Verlage. Diese beiden Bücher, die notwendigerweise höchst flüchtig zusammengestellt wurden, haben der autorisierten Publikationstätigkeit der Universität Innsbruck sehr geschadet, da sie mehr oder weniger verdeckt den Anspruch zu erwecken versuchten, offiziös-kompetente Darstellungen zum Thema zu sein.

Trotzdem erschien der von uns besorgte Symposiumsband noch vor der Herausgabe dieser beiden Schnellschüsse pünktlich zum ersten Jahrestag der Entdeckung, am 19. September 1992. Der Symposiumsband trägt den Titel *»Der Mann im Eis. Band 1. Bericht über das Internationale Symposium 1992 in Innsbruck«*. Für ein rein wissenschaftlich gehaltenes Buch war der Erfolg überwältigend. Die Auflage war bereits nach sechs Wochen vergriffen, so daß binnen kürzester Zeit eine zweite Auflage ausgeliefert werden mußte.

Man sollte eigentlich meinen, daß mit diesen Veröffentlichungen der Markt fürs erste abgedeckt gewesen wäre. Doch die Verlage entdeckten weitere Nischen. Für den jugendlichen Leser verfaßte man einen Kinderroman. Dabei wurde die Chance vertan, Bildungslücken zu beheben und in einer der Jugend verständlichen und spannenden Sprache das Leben des Gletschermanns in der Jungsteinzeit zu schildern. Statt dessen schuf man ein Szenario von Mord und Totschlag, das man offenbar für geeignet hielt, unseren Kindern ein Verständnis der Vorgeschichte zu vermitteln. Auch der intellektuelle Leser wurde bedient. In der Schweiz gab man ein Büchlein heraus, das eine satirische Zukunftsversion der »Ötzi«-Forschung heraufbeschwor.

3. Eine »Ötztal-Fälschung«?

Den negativen Höhepunkt der nicht von der Universität Innsbruck autorisierten Editionstätigkeit bildet ein vom sonst gewöhnlich seriösen Rowohlt Verlag herausgegebenes Buch mit dem bezeichnenden Titel »Die Ötztal-Fälschung – Anatomie einer archäologischen Groteske«. Bereits der Untertitel nimmt auf die darin hauptsächlich angegriffenen Personen, im Buch als »Dreigestirn« bezeichnet, eindeutig Bezug. Daß mit diesem Begriff gedankliche Verbindungen zu Bezeichnungen wie »Gauner-Trio« oder »Dreier-Bande« impliziert werden, ist wohl beabsichtigt. Gemeint sind jedenfalls der Anatomieprofessor Platzer, der Germanist (der Sprachwissenschaftler beschäftigt sich auch mit der literarischen Sprachform der »Groteske«) Professor Hans Moser, der in seiner Eigenschaft als Rektor der Universität Innsbruck zugleich Vorstand des Forschungsinstituts für Alpine Vorzeit ist und zu dessen Aufgaben unter anderem die Koordination der Forschungen am Mann im Eis gehört, und ich selbst in meiner Eigenschaft als Archäologe.

Als Verfasser der »Ötztal-Fälschung« zeichnet ein Münchner Fernsehjournalist. Ein Innsbrucker Pressefotograf betreute den Bildteil. Verschwiegen wird, daß der Fotograf die entscheidenden Aufnahmen von der Bergung der Gletschermumie gar nicht selbst gemacht hat, obwohl dies so im Bildnachweis angegeben wird. Autor dieser Bilder ist vielmehr der Hubschrauberpilot Anton Prodinger, dem der Fotograf bei der Zwischenlandung in Vent seine Kamera zusteckte.

Verwerflich und für den ernsthaften Wissenschaftsjournalismus wie für einen renommierten Verlag beschämend ist der erschreckend aggressive Tenor, mit dem die am Eismann-Projekt beteiligten Wissenschaftler verächtlich gemacht und zu »Gelehrsamkeitskabarettisten« herabgewürdigt werden. Als Mittel dafür wählte der Verfasser bewußte Falschdarstellung, und zwar gezielt dort, wo sie für den Leser nicht oder nur schwer überprüfbar ist. Da auch ich betroffen bin, scheue ich mich nicht, einige Beispiele dafür zu zitieren.

So schreibt der Autor beispielsweise: »*... da ist Spindler ... lernfähig und publizistischer Effekthascherei nicht abgeneigt. In den* *ersten Tagen umrundet er den Toten auf dem Tisch der Pathologie noch in Jeans; als dann später am Hauslabjoch eine Schlehbeere ... gefunden wird, zieht der Geisteswissenschaftler Spindler einen weißen Kittel an, um vor der Presse die Beere unter dem Mikroskop zu mustern.«* Damit soll also dem Leser suggeriert werden, der Spindler schlüpfe anmaßend in die Rolle eines Naturwissenschaftlers, indem er sich den Labormantel umhänge. Außer während meines medizinischen Erststudiums im Seziersaal des Anatomischen Instituts der Universität Münster in Westfalen und während eines Ferienjobs vor über dreißig Jahren habe ich nie in meinem Leben einen weißen Kittel angelegt. Unverfroren benutzt der Verfasser das Mittel der Lüge für seine Diffamierungskampagne.

Überdies strotzt das eben angeführte Kurzzitat, wie alles übrige auch, nur so von Fehlern: Die Gletschermumie hielt sich nie in der »*Pathologie*« auf, sondern – vorübergehend – in der Gerichtsmedizin. Sie lag dort auch nicht »*die ersten Tage*«, vielmehr lediglich einen Tag, bis sie in die Anatomie überstellt wurde, so daß ich allenfalls einen halben Tag lang meine Runden hätte drehen können. Der Schlehdorn trägt keine »*Beeren*«, sondern Früchte. Aber das kann der Verfasser, der nach Selbstbekundung promovierter Historiker ist, wohl nicht unterscheiden. Bei dem Gerät handelt es sich um ein Auflicht-Binokolar, nicht um ein »*Mikroskop*«. Die Demonstration geschah nicht vor der »*Presse*«, sondern für die englische Fernsehanstalt BBC...

Als besonders empörend empfinde ich es, daß der Verfasser den beteiligten Wissenschaftlern die Qualifikation für die Mitarbeit am Eismann-Projekt abspricht. So behauptet er etwa, ich hätte mich nicht im Fach Urgeschichte, wie es für diesen Fall sicher erforderlich wäre, sondern in »*Mittelalterlicher Archäologie*« habilitiert. Das ist falsch: Ich habe mich im Fach Ur- und Frühgeschichte habilitiert. Mit einer Dreistigkeit sondersgleichen unterstellt er mangelnde fachliche Kompetenzen, um beim Leser den Eindruck zu erwecken, es mangle einem an Verständnis, und wir seien eben deshalb einer Fälschung aufgesessen.

Er schreibt: »*Und eloquent ist der Professor, wenn er gutgläubigen Journalisten in aller Eindringlichkeit von einem Gletscher erzählt, der den Toten am Hauslabjoch umschlossen haben soll – ein*

Gletscher, den Konrad Spindler niemals gesehen hat und niemals sehen wird, weil sich das Eis schon vor Jahrzehnten vom Fundort Richtung Niederjoch und Similaun zurückgezogen hatte.« Es ist mir schleierhaft, woher der Verfasser wissen will, was ich gesehen habe und was nicht. Natürlich habe nicht nur ich den Gletscher an der Fundstelle gesehen. Ebenso sind Dutzende weiterer Personen bereit, die Existenz dieses Gletschers zu beeiden. Nicht zuletzt geben die Berichte der verschiedenen Bergungstrupps, die sich redlich bemühten, den Toten aus dem Eis zu befreien, hinreichend Zeugnis von der Existenz eines zwischen 0,6 und 0,8 Meter starken Restgletschers im basalen Teil der Felsrinne am Hauslabjoch. Als »Beweis« zeigt der Verfasser eine Aufnahme, auf der die Felsrinne in der Tat eisfrei ist. Dieses Bild entstand im August 1992, nachdem unsere Grabungsmannschaft das Gletschereis manuell entfernt hatte. Als provokanter Kommentar steht unter dem Foto: *»Wo ist der Gletscher, der den Toten vom Hauslabjoch freigegeben haben soll? Es gibt seit Jahren … an der Fundstelle keinen Gletscher mehr.«* Damit entlarvt sich der Verfasser selbst. Er täuscht seine Leser bewußt durch Falschdarstellungen. Richtig hätte es heißen müssen: »Seit einem Tag gibt es an der Fundstelle keinen Gletscher mehr.«

Wenn alles nichts hilft, verdreht der Verfasser die Tatsachen. Er nimmt für sich in Anspruch, die örtliche Topographie genauestens zu kennen. Stolz läßt er sich vom Fotografen am Rand der Felsrinne sitzend im Eis und Schnee der Ötztaler Alpen ablichten. Trotz vorgeblicher Ortskenntnis schreibt er, die Felsrinne verlaufe hangparallel in *»nordsüdlicher«* Richtung. Somit hätte also der talwärts fließende Gletscher die Felsrinne durchfahren und dabei die Mumie zerstören müssen. Richtig ist, daß die Rinne annähernd rechtwinklig zum Hanggefälle liegt, also fast ostwestlich ausgerichtet ist und demzufolge bei Gletscherhochständen vom Eis überfahren wurde. Der Verfasser hat mithin die Felsrinne eigenmächtig um neunzig Grad »gedreht«.

Im Anschluß daran unterstellt er, daß es sich beim Mann vom Hauslabjoch nicht um einen im Hochgebirge verunglückten jungneolithischen Alpenbewohner handelt. Vielmehr zieht er folgenden Schluß: *»Der Tote kommt aus einem fernen, fremden Land.*

Und nicht aus dem Schnalstal oder aus dem Ötztal. Und somit auch nicht aus einem Gletscher. Er wurde deponiert.« Ein »*Spaßvogel*« hätte die Mumie zum Hauslabjoch geschleppt, um die Wissenschaftler zu narren. Zugleich hätte dieser Ungenannte sich die Beifunde besorgt und effektvoll um die Mumie drapiert, um die Täuschung vollkommen zu machen.

In aller Breite schildert der Verfasser Möglichkeiten und Wege des modernen Mumienschmuggels. Er nennt den deutschen Bergsteiger Ernst-Eugen Stiebitz, der erfolgreich peruanische Mumien durch die Zollkontrollen in Lima und München schleuste. Er weist auf den jahrhundertelangen Handel mit ägyptischen Mumien hin, die in europäischen Apotheken zu Wunderheilmitteln zerstoßen wurden. Er schreckt nicht zurück, sogar den Reichsführer-SS Heinrich Himmler zu bemühen, der 1938 eine Expedition nach Tibet ausrüsten ließ, und unterstellt dem Expeditionsleiter, dem Ornithologen Dr. Ernst Schäfer, genannt Tibet-Schäfer, er könnte asiatische Mumien heimgebracht haben, von denen womöglich eine fünfzig Jahre später heimlich zum Hauslabjoch befördert wurde.

Bei all diesen und teils noch abstruseren Einfällen, woher sich die vermeintlichen »*Fälscher*« die Leiche besorgt haben könnten, verschweigt der Verfasser konsequent, daß die von ihm zitierten Schmuggelmumien aus Gräbern stammen. Die bestatteten Toten ruhen nämlich allesamt in bestimmten, dem Begräbnisritual ihrer jeweiligen Kultur angepaßten Körperlagen. So wurden zum Beispiel die südamerikanischen Mumien vornehmlich mit bis zum Kinn angezogenen Knien zu Bündeln geschnürt. Die ägyptischen und alle bekannten asiatischen Mumien ruhen gewöhnlich in gestreckter Rückenlage mit seitlich angelegten oder über dem Oberkörper verschränkten Armen. Davon weicht die kennzeichnende Körperhaltung der Mumie vom Hauslabjoch mit den nach rechts weisenden Armen völlig ab, da es sich hier eben nicht um eine Bestattungslage, sondern um eine primär aktiv eingenommene Schlafstellung, verbunden mit einer durch leichte Eisbewegungen sekundär verursachten Totenlage handelt. Die vom Verfasser postulierten Fälscher hätten also nicht nur eine Mumie auftreiben müssen, sondern darüber hinaus auch eine solche, für deren eigenwillige Körperhaltung es weltweit keine Parallele gibt und geben kann.

Des weiteren behauptet der Verfasser, die mangelnde Fettwachsbildung der Mumie beweise, daß Manipulationen an der Fundstelle stattgefunden haben. Dabei nimmt er an anderer Stelle seines Buches ausführlich Bezug auf arktische Permafrostleichen, bei denen ebenfalls keine Fettwachsumsetzung eingetreten ist. Er läßt sogar eine Fettwachsleiche abbilden mit der Unterschrift: *»So sehen Tote aus dem Eis aus«*. (Ein Bild mit einer Polarleiche zeigt er wohlweislich nicht.) Für wie naiv der Verfasser seine Leser einschätzt, zeigt gerade das von ihm als Paradebeispiel herangezogene Bild. Bei dieser Leiche sind Kopf und Körper in Fettwachs umgebildet, Unterarme und Hände aber trockenmumifiziert. In aller Deutlichkeit hebt sich die bis zu den Fingerspitzen und dem weit abgespreizten Daumen vollständig erhaltene Hand von dem weißen Bahrtuch ab. Das Bild der absolut gleichartig mumifizierten Hand des Mannes vom Hauslabjoch kommentiert er jedoch völlig gegensätzlich: *»Der Gletscher brach der Hand des Toten nicht einmal den kleinen Finger. Diese Bilder hat es in der Geschichte der Glaziologie noch nie gegeben.«* Er widerlegt sich selbst mit der von ihm höchst ungeschickt getroffenen Bildauswahl, so daß man sich ernsthaft zu fragen hat, wer hier eigentlich der Dumme ist.

Mit intriganter Gehässigkeit versucht der Verfasser, die von uns recherchierte Fundgeschichte der *»Absurdität«* zu zeihen. Diesen *»Rekonstruktionsbericht«* haben wir als kurze Zusammenfassung in unserem wissenschaftlichen Symposiumsband »Der Mann im Eis« veröffentlicht. Der Verfasser schlachtet ihn weidlich aus: *»Nun kann man aber in der gleichen Dokumentation nachlesen, daß die (*Messner-*)Gruppe das auf einem Steinblock ruhende Gesicht des bäuchlings liegenden Toten zu sehen bekam; es wird als ›eingedrückt‹ beschrieben. Kammerlander gibt zu Protokoll, daß sogar noch die Augen erhalten waren. Kammerlander blickte also in die Augen eines Toten, dessen Unterkörper im Eis und dessen rechter Arm unter einer Felsplatte fixiert sind. Wie kommt man zu diesem Anblick, ohne dem Toten, der ja aufgerichtet werden müßte, in Hüfthöhe das Rückgrat zu brechen und ohne den eingeklemmten rechten Arm amputieren zu müssen? Kammerlander* *müßte nach diesem Protokoll rücklings unter das vielleicht von den Kameraden leicht angehobene Gesicht des Toten gerobbt sein, um von unten in die Augen der Mumie zu blicken. Das entzieht sich unserer Vorstellungskraft. Doch Kammerlander hat dem Toten in die Augen geschaut – so steht es nun einmal im Protokoll der Universität.«* Daß es sehr wohl möglich war, dem Toten in der Fundsituation in das Antlitz zu schauen, ohne ihn zu amputieren oder ihm das Kreuz zu brechen, beweist das bei dieser Gelegenheit aufgenommene Situationsfoto, dessen Existenz der Verfasser geflissentlich verschweigt.

Man könnte die »*Argumentationskette*« des Verfassers noch seitenlang entkräften. Doch ich will dieses traurige Kapitel abschließen. Die Vorgangsweise ist klar:

- Verächtlichmachung der am Projekt beteiligten Wissenschaftler,
- Verfälschung realer Begebenheiten,
- Verdrehung von Tatsachen,
- Lügen,
- gezieltes Weglassen von Dokumentationsmaterial,
- Überzeichnung normaler Vorgänge,
- wahrheitswidrige Beantwortung selbstgestellter Fragen.

Das Ganze konnte der Verfasser in Buchform verpackt dank seiner kollegialen Beziehungen in die sich bereitwillig öffnenden Medien schleusen. Vor dem Hintergrund dieser kostenfreien Werbemaßnahmen schien der Erfolg des Machwerks programmiert zu sein. In der Tat verkaufte sich das Buch gemäß dem alten lateinischen Sprichwort *Mundus vult decipi* (Die Welt will betrogen werden) anfänglich gar nicht einmal so schlecht. In ihrer Euphorie ließen sich der Verfasser und der Fotograf einige Wochen nach dem Erscheinungsdatum leichtfertig auf ein »Streitgespräch« ein. In der anderthalbstündigen »Club-2«-Sendung des österreichischen Fernsehens, die auch nach Deutschland ausgestrahlt wurde, hatten sie zwei Innsbrucker Wissenschaftlern Rede und Antwort zu stehen. Die Demontage erweckte fast schon Mitleid. Die beiden blamierten sich bis auf die Knochen. Seitdem ist es um die »Ötztal-Fälschung« still geworden.

4. Ötzi in der Karikatur

Abgesehen von derartigen Entgleisungen, die kaum jemand ernst genommen hat, bemächtigten sich noch andere Personengruppen unseres Gletschermanns. »Ötzi« avancierte – wie man es nehmen will – zum Helden oder Opfer der Karikatur. Prominente und weniger bekannte Witzzeichner nahmen sich seiner an und trugen dazu bei, den Fund vom Hauslabjoch zu popularisieren. Scherzhaftes wie Geschmacklosigkeiten begegneten dem Betrachter dabei ebenso wie Satire und Spott.

Da werden Messner und Kammerlander beim Entdecken der Mumie gezeigt mit den Worten: »Der Yeti, und das vor der Haustür«. Eine andere Karikatur: Leicht verfremdet und den abgewinkelten Arm wie zum Hitlergruß gestreckt, kommentieren zwei »Herrenmenschen« den Fund: »Den Artefakten zufolge is es a tausendjährige Leich« und nehmen somit an der anfänglichen Altersdiskussion teil. Im gleichen Sinne: Ein als Kind gezeichneter Ötzi wehrt ab: »I mog nimmer Doktorles spieln, du mochsch'mi jedesmol älter!« Mit »Doktorspielen« sind kindliche Sexualspiele gemeint. Breiten Raum nahm natürlich die Grenzfrage ein: Zwei Tiroler ziehen den kläglich dreinblickenden Eismann in die Länge, der eine in Richtung Nordtirol, der andere Richtung Südtirol. Oder es beugen sich zwei Streithähne über eine Landkarte: »Na, na, Österreicher is er.« – »No, no, Italiano.« Ein deutlich als Mafioso mit Maschinenpistole gekennzeichneter Südländer winkt ab: »Behaltet ihn nur, wir produzieren unsere Leichen selber.« Auch die Verletzungen im Genitalbereich nahm man aufs Korn. In einer gemütlichen Bierrunde runzelt man die Stirn: »Was i net versteh': Sein ganzer Körper is komplett, oba da Spatz [wienerisch: Penis] fehlt.« Mit erhobenem Zeigefinger mutmaßt sein Gegenüber: »Wohrscheinlich hot er in' Schnee gwischerlt [uriniert], und der Spatz is ihm gfrorn wie a Eiszopfn – und obgebrochn.«

Anzüglichkeiten hinsichtlich Vermarktungsbemühungen blieben nicht aus. Die Überschrift: »In der Werbung setzt man bereits voll auf seine Popularität und engagiert entsprechende Modelle.« Die Karikatur zeigt einen entblößten Greis im Fotoatelier mit dem Ötzi-Köcher auf dem Rücken und einem Speiseeis in der Hand. Der nervöse Fotograf: »... sehr gut, Herr Huber – und jetzt den Kopf ein bisserl mehr nach links – und lächeln nicht vergessen, gell?« Der Assistent rückt das Eismann-Modell zurecht: »... und dann den Eislutscher nach oben halten!!«

Selbst Tagesereignisse kombinierten die Karikaturisten mit dem Fund vom Hauslabjoch. Franz Viehböck war als erster österreichischer Astronaut im Weltall unterwegs, und dieses epochale Ereignis hatte Mühe, den Gletschermann aus den Schlagzeilen zu verdrängen. Also sehen wir ihn auf der kahlen Mondoberfläche hocken. In der Finsternis des Weltalls schwebt das Raumschiff vorbei. Ötzis Gedankenblase: »Der Viehböck hat's gut, der kommt wieder runter... Aber wie komme ich zurück in die Bronzezeit?«

Ein anderes Beispiel. Die Verhaftung des »Häfenpoeten« (= Gefängnisdichter) und Prostituiertenmörders Jack Unterweger im Juni 1992 in Miami, USA, beflügelte auch die Witzzeichner: »Ötzi – ein neuer Fall Unterweger«. Zwei Hobby-Kriminalisten präsentieren wichtigtuerisch einen Schuh: »Die Ötzi ist eine Frau, weil die Leiche keinen Spatz hat. Wir haben monatelang im Schnee danach gesucht... ohne Ergebnis. Dafür haben wir diesen Damenschuh gefunden: genau Ötzis Schuhgröße!« Sein Partner, beflissen: »Ötzi war auch nicht fünftausend Jahre alt, sondern a junge fesche Person. Und am Fundort war sie auch nackert... genau wie die anderen Mordopfer! Außerdem kennen wir einheimische Zeugen, die sich an einen Fremden mit einem auffallenden Rodel erinnern...« Das wird auf dem nächsten Bild gezeigt. Zwei Tiroler beäugen mißtrauisch einen Schlitten mit dem Kennzeichen »Jack 1«, auf dem ein stämmiger Kerl mit Pudelmütze sitzt. Zuletzt sieht man die breithüftige Dame in Tiroler Tracht mit Zigarette in der Hand: »Und noch was: Die sogenannte Gletscher-Gerti, eine bekannte Ötztaler Nebenerwerbsprostituierte, ist von ihrem Standplatz spurlos verschwunden, seit der Fremde da war.« Vor der herrlichen Bergkulisse fährt der bemannte Rodel auf sie zu. Aus ihrem Mund kommt die herzförmige Sprechblase mit der Aufforderung: »Na, Schatzi?«...

Ebenso begleiteten die Karikaturisten den Gletschermann durch die Jahreszeiten. Ötzi kündigt den Jahreswechsel an und reißt das Kalenderblatt vom 31. Dezember 1991 ab: »Wieder ein Jahr – tja, man wird auch nicht jünger.« Für die Faschings- und Karnevalssaison werden Kostümvorschläge – nur mit einem Schuh bekleidet – ausgebreitet: »Warum nicht als archäologische Sensation? Eine Badehaube, etliche Flaschen Tiroler Nußöl (selbstbräunend) – und fertig ist der urige Similaunmann.« Uns sind über fünfzig verschiedene Karikaturen zum Thema »Der Mann im Eis« bekannt geworden. Wahrscheinlich sind es erheblich mehr. Zwar verfügen wir mittlerweile über mehr als dreitausend Zeitungsartikel aus aller Welt. Aber wir können die Veröffentlichungen nicht systematisch sammeln. Es handelt sich um Ausschnitte, die uns freundlicherweise zugeschickt oder ins Haus gebracht wurden. An dieser Stelle ein herzliches »Dankeschön« an alle unsere Ötzi-Freunde. Die Zahl der Ötzi-Karikaturen läßt sicherlich manchen Weltpolitiker vor Neid erblassen, jedenfalls sofern er seinen Bekanntheits- und Beliebtheitsgrad an der Zahl der ihn betreffenden Karikaturen mißt. Die hier zitierten Eismann-Karikaturen stammen aus folgenden Zeitungen: »Dolomiten« (Josef »Peppi« Tischler), »Kurier« (Dieter Zehentmayr), »Krone« (Manfred Deix) und »Profil« (Gerhard Haderer).

5. Souvenirs, Souvenirs . . .

Es konnte nicht ausbleiben, daß der Mann im Eis verkitscht wurde. Als lebensgroße Pappmaché-Imitation liegt er, mit Jeans bekleidet, im Schaufenster eines Tiroler Modegeschäftes. Sein vom Tod gezeichnetes Antlitz schaut in Farbe prangend von T-Shirts herab. In 2,9 Zentimeter kleinem Miniaturformat kann man ihn massiv in Sterlingsilber gegossen bei einem Juwelier in Meran, Südtirol, kaufen. Zwei Ausführungen werden angeboten: einmal mit Clip als Anstecker und zum anderen mit Kopföse als Anhänger für das Halskettchen. Auf der Audio-Kassette *People Plus* des »Time Magazine«, USA, erscheint »The 4.600-Year-Old Man« neben Elizabeth Taylor, Prinzessin Diana, George Bush, Magic Johnson und anderen unter den fünfundzwanzig berühmtesten Persönlichkeiten des Jahres 1991.

Sein Schicksal wird auf Schallplatten besungen. In Sölden im

Karikaturen von Manfred Deix in der Zeitung »Krone Bunt«

Ötztal gibt es mittlerweile eine noble »Ötzi-Bar«. Ein heimwehkranker Tiroler, den es nach Sankt Pölten in Oberösterreich verschlagen hat, wählt – was sich in Österreich käuflich ermöglichen läßt – als Wunschkennzeichen für sein Auto die Nummer »P-ÖTZI 1«. Den Gipfel der Geschmacklosigkeit bilden indes eßbare Eismänner aus

Gummibärchenmasse in den Farben gelb, grün, orange, rot und schwarz, die von einem niederländischen Nahrungsmittelkonzern hergestellt und vertrieben werden. Der japanische Autohersteller Suzuki kreiert das Sondermodell Vitara »Ötzi«. Da der Wagen im September präsentiert wird, kann es sich nicht um einen Aprilscherz oder Faschingsulk handeln. Die Firma wirbt: »... der Vitara Ötzi, für alle die Unabhängigkeit schätzen... so wetterbeständig, so unabhängig von Sonne, Regen, Schnee und Eis wie der Ötzi... mit zahlreichen Extras, wie: ... einmaligem Ötzi-Dekor auf beiden Seiten, Motorhaube und Reserveradabdeckung...« Preis: 28 900 Schweizer Franken. Ein Wiener Lederkonzern entwickelt den »Iceman The Original Boot« und verteilt sogleich entsprechende Stikker. Die Werbeschrift erläutert: »... es war der europäische Ur-Schuh, der uns inspirierte... ein Bogen für fünftausend Jahre Entwicklungsgeschichte... das Ur-Design... Iceman vollzieht die Evolution der Schuhgeschichte...«

Schauspieler und Laien lassen sich phantasievoll als Ötzi schminken und kostümieren. Wer aber denkt, die Akteure beschränkten sich auf Faschingsumzüge und -bälle, der irrt. Der Gletschermann wurde selbst in den Wahlkampf integriert. Ein Inserat zeigt das Foto eines Politikers der Freiheitlichen Partei Österreichs (FPÖ) gemeinsam mit einem als Gletschermann verkleideten Mimen: »Auch ›Ötzi‹ hat sich für Bürgermeisterkandidat W. T. entschieden.« Tausend Flaschen Blauburgunder wurden im Weingut Köflgut in Kastellbell, Südtirol, eigens für eine Sonderausstellung abgefüllt. Alle Aufkleber sind handsigniert und handnumeriert. Vom Flaschenetikett blinzelt Ötzi: »*Vinum tirolensis*«. Selbst ein sektiererischer Gymnastik-Club wirbt mit einem Gletschermann-Bild: »... aufgefunden 1991 im Ötztal in abgewandelter ATNR-Haltung: Ältester Bobath-Therapeut Europas!«

Auch die rührige Postkartenindustrie ließ sich die Chance nicht entgehen. Orginalfotos der Mumie an der Fundstelle oder vor der Kulisse der Ötztaler Alpen bilden ebenso Motive wie Ötzi als Comicfigur. Und wem noch immer etwas an Gletschermann-Emblemen fehlt, der sollte sich zumindest einen Ötzi-Schlüsselanhänger zulegen: 8,5 Zentimeter hoch, in Kunststoff gegossen, braunschwarz gefärbt, mit Sicherheitsverschluß...

Exkurs über Mumien, insbesondere Permafrostleichen

Der einzigartige Wert des Fundes aus dem Gletschereis der Ötztaler Alpen wird deutlich, wenn wir uns einige besonders prominente Mumienfunde vergegenwärtigen. Das Wort *Mumie* wird vom persischen *mummeia* oder *mum* abgeleitet, was Asphalt oder Bitumen meint: eine Substanz, die gelegentlich für Balsamierungszwecke verwendet wurde.

Das extrem heiße und trockene Wüstenklima in Ägypten begünstigte auf natürliche Weise die im alten Ägypten um 2600 vor Christi Geburt einsetzende und im 6. Jahrhundert unserer Zeitrechnung erlöschende Sitte der artifiziellen Mumifizierung. Sie wurde in kaum vorstellbarem Umfang sowohl bei Menschen als auch bei Tieren angewandt. Es gibt Mumienfriedhöfe für einbalsamierte Katzen, Affen, Krokodile oder Ibisse, die im Götterkult als heilig galten. Schon in der Renaissance begann ein schwunghafter Handel mit ägyptischen Mumien und Mumienteilen, nicht nur zur Ausstattung der fürstlichen Raritäten- und Wunderkammern, sondern auch, um in pulverisierter Form als Aphrodisiakum oder als Heilmittel gegen allerlei Gebrechen verabreicht zu werden. Den schier unerschöpflichen Bestand nutzte man gegen Ende des 19. Jahrhunderts nicht zuletzt, um mit Mumien die Dampfkessel der Lokomotiven zu schüren. Für die ägyptische Eisenbahn zwischen Kairo und Khartum bildeten sie den billigsten Brennstoff im Land.

Im fünften vorchristlichen Jahrhundert beschrieb der griechische Geograph und Historiker Herodot ausführlich die ägyptischen Balsamierungspraktiken. Sein Bericht wird durch moderne Untersuchungsmethoden bestätigt und ergänzt. Da sich nach den ägyptischen Glaubensvorstellungen die Seele nach dem Tod wieder im Körper niederläßt, war dessen Erhaltung notwendig. Das Prinzip der Mumifizierung basiert auf der Entfernung des Gehirns und der Eingeweide, die gesondert in Gefäßen, den sogenannten Kanopen, bestattet wurden. Das Gehirn zog man mit einem hakenartigen Gerät durch die Nase oder durch das Hinterhauptloch heraus. Herodot teilt mit, daß man die Körperhöhle zunächst mit Palmwein ausspülte und dann mit zerstoßenem Räucherwerk ausrieb. Der nächste Schritt war die Dehydratation des Muskelgewebes mit Natron, das dem Körper die Flüssigkeit entzieht. Nach dem griechischen Geschichtsschreiber soll diese Prozedur siebzig Tage gedauert haben. Um die Körperform zu erhalten, füllte man die Leibeshöhle wieder auf. Verwendet wurden dafür Sägespäne, Leinen, Nilschlamm, harzige Salböle, duftende Flechten und anderes. Den Körper umwickelte man dann wie einen Kokon mit Leinenbinden, wobei wiederum verschiedene Substanzen zur Anwendung kamen, wie Bienenwachs, Koniferenharze, Bitumen und Gummi arabicum. Auf die Wicklung malte man mitunter ein Gesicht oder bildete aus Leinenstreifen Brüste beziehungweise Geschlechtsteile nach, um so der Mumie ein möglichst lebensnahes Aussehen zu verleihen. Die bisweilen übermäßige Einbringung von Balsamierungsingredienzen gerade bei hochangesehenen Persönlichkeiten war nicht selten der angestrebten Erhaltung der Körperlichkeit eher abträglich. Die Leiche des Pharaos Tut-ench-Amun hat deshalb besonders gelitten.

Mehr oder weniger erfolgreiche begleitende Maßnahmen zur Konservierung von Leichen durch Mumifizierungs- und Balsamierungstechniken finden sich bei vielen alten Völkern. Sie basieren alle auf ähnlichen Methoden wie in Ägypten. Im Prinzip werden Eingeweide und Gehirn entfernt, an denen die Verwesung zuerst einsetzt. Dann erfolgt eine Austrocknung des Körpers. Neben der Verwendung von hygroskopischen Salzen gibt es das Räuchern wie bei den Schrumpfköpfen Ecuadors oder das Dörren in der Sonne wie bei den Guanchen der Kanarischen Inseln. In diesem Zusammenhang sind vor allem die menschlichen Mumien aus den sibirischen Grabhügeln von Pazyryk im Altaigebirge interessant. Bemerkenswert deshalb, weil die Toten Balsamierungsmaßnahmen erkennen lassen, zudem aber durch die Lagerung im Dauerfrost hervorragend konserviert sind. Vorauszuschicken ist freilich, daß die Erhaltung kaum der artifiziellen Mumifizierung, sondern allein der Einwirkung des Permafrostes zu verdanken ist. Die Ausgrabungen standen unter der Leitung des russischen Archäologen Sergej I. Rudenko. Sie wurden mit Unterbrechungen in den Jahren zwischen 1929 und 1949 durchgeführt. Die Grabhügelnekropole bestand aus vierzig Kurganen, von denen sich fünf durch ihre auffallende Größe abhoben. Nur unter diesen hatten sich die konservierenden Eislinien gebildet. Die Toten ruhten in hölzernen, eisgefüllten Grabkammern. Der kilometerweite Antransport von Fremdwasser zum Aufschmelzen des Eises forderte die Ausgräber in besonderem Maße. Doch der Erfolg lohnte die Mühen. Man entdeckte kostbare Teppiche, einen aus Birkenholz gefertigten Wagen mit Filzkabine, Gerätschaften zur Hanfdampfberauschung und anderes mehr. Auch mitbestattete Pferde fanden sich samt Zaumzeug und Schirrung dabei. Die Verstorbenen gehörten einem skythischen Nomadenadel an, der nach dendrochronologischen Bestimmungen und Radiokarbondatierungen in der zweiten Hälfte des fünften und in der ersten Hälfte des vierten vorchristlichen Jahrhunderts in der südsibirischen Steppe lebte.

Auch bei diesen Leichen hat man das Gehirn und die Eingeweide entfernt, die Leibeshöhle mit pflanzlichen Materialien gefüllt und wieder vernäht. Der Zeit ihrer Entdeckung in den Jahren um den Zweiten Weltkrieg entsprechend, konnten naturwissenschaftliche Untersuchungen nur in begrenztem Umfang durchgeführt werden. Da zudem die museale Verwahrung der Mumien in der Eremitage in Sankt Petersburg offensichtlich Probleme bereitet, fragt sich, ob Analysen etwa der Füllungsmaterialien oder anderer Balsamierungsmittel noch nachgeholt werden können. Die eindrucksvollen Tätowierungen auf dem Körper des Mannes aus dem zweiten Pazyryk-Kurgan zeigen verschlungene Fabelwesen im skythischen Tierstil. Zusätzlich wurden Tätowierungen in Form von Punktreihen zu therapeutischen Zwecken angebracht. Von besonderer Bedeutung ist jedenfalls die Beobachtung, daß es bei den Nomadenleichen durch die Lagerung im Eis ebensowenig zu einer Fettwachsbildung kam wie beim Mann vom Hauslabjoch.

Wie die Pazyryk-Toten gelangten die am 9. Oktober 1972 entdeckten Eskimomumien von Qilakitsog an der mittleren Westküste Grönlands zu internationaler Berühmtheit. Die Leichen wurden

1978 geborgen und im Nationalmuseum von Kopenhagen unter der Leitung von Professor J. P. Hart Hansen wissenschaftlich untersucht. Die Toten ruhten in zwei aus Steinplatten dicht nebeneinander errichteten Gräbern, die durch eine überhängende Felswand gegen Sonneneinstrahlung und Niederschlag geschützt waren. Grab I enthielt fünf, Grab II drei Tote. Sie ließen sich mit der ^{14}C-Methode in die zweite Hälfte des 15. Jahrhunderts datieren und gehörten wahrscheinlich alle einer Familie an. Es handelt sich um sechs erwachsene Frauen im Alter zwischen achtzehn und fünfzig Jahren, um einen vierjährigen Knaben und um einen etwa sechs Monate alten männlichen Säugling. Die Leichen sind auf natürliche Weise mumifiziert worden, und zwar durch die Kombination niedriger Temperaturen und trockener Luft. Die Temperaturen fallen in Qilakitsog im Winter bis auf minus 40° Celsius und steigen im Sommer kaum über 5° Celsius. Außerdem ist mit einer gewissen Luftzirkulation zwischen den Steinplatten der Grabbauten zu rechnen, die den Mumifizierungsprozeß förderte. Auf diese Weise fand eine vollständige Dehydratation durch Gefriertrocknung statt, ohne daß irgendwelche Balsamierungsmaßnahmen getroffen worden waren. Desgleichen verhinderte die extrem trockene arktische Luft eine Fettwachsbildung. Eigentliche Grabbeigaben fanden sich nicht. Beeindruckend waren aber die vorzüglich erhaltenen Gewänder aus Seehund- und Rentierfell sowie aus Vogelbälgen. Außerdem waren die Toten in Felle eingehüllt. Bei der Betrachtung unter Infrarotlicht erschienen die für die Kultur der Eskimos typischen Schmucktätowierungen auf den Gesichtern der Toten.

In merklichem Gegensatz dazu stehen die zeit- und ortsnahen Funde menschlicher Überreste, die von Dr. Paul Norlund im Jahre 1921 aus dem Friedhof von Jerjolfs-nes geborgen wurden. Diese Siedlung liegt ebenfalls an der Westküste, jedoch ziemlich nahe an der Südspitze Grönlands. Sie wurde im Mittelalter von Europäern normannischer Abkunft bewohnt. Diese Nachfahren Eriks des Roten, der um 1000 nach Christi Geburt mit einigen Schiffen voller Gesinnungsgenossen Grönland besiedelt hatte, starben gegen Ende des 15. Jahrhunderts aus. Sie hatten sich nicht der eskimoischen Lebensweise angepaßt, sondern behielten ihre europäischen Sitten bis zum bitteren, in seinen Ursachen schwer ergründbaren Ende bei.

Ihr Friedhof lag im Wellenschlag der Küste. Die Gräber waren in den Permafrostboden eingetieft. So hatten sich die hölzernen Särge und Grabkreuze ausgezeichnet erhalten. Für die mittelalterliche Trachten- und Textilgeschichte bedeutete es nachgerade eine Sensation, daß darüber hinaus auch zahlreiche Kleider, Kapuzen, Kappen und Strümpfe, allesamt aus Wollköper gefertigt, zum Vorschein kamen. Sie spiegeln die kontinentale Tracht mit Burgunderhut und Bandkapuze im 14. Jahrhundert wider, wie man sie bislang nur aus zeitgenössischen Illuminationen kannte. Die eigentlichen menschlichen Überreste hingegen scheinen weniger gut bewahrt gewesen zu sein. Zwar barg man auch Knochen und Schädel; von mumifizierten Weichteilen, die eigentlich auch hätten nachzuweisen sein müssen, wird nichts gesagt. Lediglich ein älterer Bericht erwähnt einen Schädel mit »hellem Haar«, also den eines Europäers, nicht den eines Eskimos. Überdies wären die Gebeine während der Überfahrt zurück nach Dänemark als Folge der Lagerung neben dem Dampfkessel des Schiffes durch die Hitze geschrumpft und verbogen. Deshalb rekonstruierten die Anthropologen daraus eine degenerierte Rasse: kleinschädlig, bucklig und krank – ein aussterbendes Volk. Heute werden diese Ergebnisse stark angezweifelt.

Die arktische Archäologie erlebte ihren unangefochtenen Höhepunkt mit der Entdeckung menschlicher Mumien unter Permafrostbedingungen, als die Gräber der Franklin-Seeleute exhumiert wurden. Am Montag, dem 18. Mai 1845, brach eine Expedition mit den Schiffen *Erebus* und *Terror* unter der Leitung von Sir John Franklin mit hundertvierunddreißig Mann an Bord von London auf. Ziel des Unternehmens war die Erforschung der Nordwestpassage, also der Schiffahrtsverbindung zwischen Atlantik und Pazifik entlang der nordamerikanischen Küste. Ein Begleitschiff, das die Expedition am 12. Juli verließ, übernahm noch fünf Männer von Franklins Mannschaft. Eine letzte Begegnung erfolgte Anfang August 1845 mit den beiden Walfangschiffen *Prince of Wales* und *Enterprise*. Von diesem Augenblick an blieben die restlichen einhundertneunundzwanzig Seeleute verschollen. Zahlreiche Rettungsexpeditionen wurden ausgesandt, bis schließlich am 27. August 1850, über fünf Jahre nach dem Auslaufen, drei Gräber entdeckt wurden, in denen Mitglieder der Franklin-Expedition bestattet waren. Es war für die Suchtrupps ein erschütterndes Erlebnis, als sie auf dem kleinen Beechey-Island im arktischen Archipel zwischen Kanada und Grönland landeten. Drei Totenbretter ragten am Gestade empor: John Torrington, gestorben am 1. Januar, John Hartnell, gestorben am 4. Januar, und William Braine, gestorben am 3. April 1846. Durch eine Obduktion der Leichen erhoffte man sich Hinweise auf das Scheitern des Expedition. Der kanadische Gerichtsmediziner Professor Owen Beattie exhumierte die Toten 1984 und 1986. Den Ausgräbern bot sich ein überraschendes Bild. Die Bestatteten, die in Eisblöcken eingefroren in ihren Särgen ruhten, waren derart gut konserviert, daß sie wie Schlafende wirkten. Es wurde lediglich eine geringe Dehydratation, die das Körpergewicht auf vierzig bis fünfundvierzig Kilogramm reduziert hatte, beobachtet. Nach dem Auftauen ließen sich die Gliedmaßen wieder bewegen. Es war keinerlei Fettwachsbildung eingetreten. Die Sektion und die anschließenden Gewebeuntersuchungen ergaben eine hochgradige Belastung mit Blei. Diese läßt sich zweifelsfrei auf das Bleilot zurückführen, mit dem die Lebensmittelkonservendosen der Expedition unfachmännisch verlötet waren. Damit war das Schicksal der Franklin-Expedition geklärt. Die Mannschaft starb an einer schleichenden Bleivergiftung, die Schwächsten, nämlich Torrington, Hartnell und Braine, die bereits von anderen Krankheiten gezeichnet waren, schon im ersten Winter. Die Kräftigsten, die sich noch fünfhundert Kilometer weiter nach Süden durchschlagen konnten, haben vielleicht sogar die nordamerikanische Küste erreicht und kamen dort wahrscheinlich im Winter 1848/49 um.

Glossar: Erläuterungen zu einigen im Text verwendeten Fachausdrücken

Ablation Das Abtauen beziehungsweise Abschmelzen von Gletschern.

Abrasion Mehr oder weniger starke Abnutzung der Zähne durch Kaubewegungen. Starke Abrasionsgrade treten zum Beispiel durch das Kauen von hartem Dörrfleisch oder von mit Gesteinsstaub verunreinigter Getreidenahrung, aber auch durch unbewußtes Zähneknirschen während der Schlafphasen auf.

Alpenhauptkamm Die in ostwestlicher Richtung verlaufende Kette der höchsten Erhebungen in den Alpen.

Altheimer Kultur Hauptsächlich in Bayern verbreitete jungsteinzeitliche Kultur (ca. 3800–3350 v. Chr.). Kennzeichnend ist eine nahezu unverzierte Keramik mit flachen Böden und Randverstärkungen.

Annotation Bemerkung.

Anobie Gattung der Klopf- oder Nagekäfer, deren Larven Holz zerstören: »Holzwürmer«.

Auflichtmikroskop Optisches Vergrößerungsgerät, bei dem der betrachtete Gegenstand oberflächig beleuchtet wird, im Gegensatz zum Durchlichtmikroskop, bei dem hauchdünn geschnittene Präparate mittels Durchleuchtung betrachtet werden.

ausapern Das Freitauen von Geländeformationen oder von Gegenständen während der Eis- und Schneeschmelze im Frühling und Sommer.

Autolyse Selbstverdauung absterbender Körperzellen durch körpereigene Eiweißstoffe ohne Beteiligung von Bakterien.

Badener Kultur Hauptsächlich in Ostösterreich und Westungarn verbreitete jungsteinzeitliche Kultur (3400–2900 v. Chr.). Kennzeichnend sind bauchige Gefäßformen mit Verzierungen in Ritz- und Glättstrichtechnik bei oft über den Rand gezogenen Henkeln.

bakteriozid Keimtötend; giftige Metallsalze zum Beispiel bewirken oft eine Abtötung von Bakterien.

Bleilot Legierung mit Blei als Hauptmetall, die wegen ihres niedrigen Schmelzpunkts zum Verlöten beispielsweise von Blechen benutzt wird.

Bulbus Eigentlich: Zwiebel; in der Archäologie die Verdickung an einer Feuersteinklinge. Sie entsteht immer dort, wo der Schlag zum Abtrennen einer Klinge vom Feuersteinrohstück auftrifft.

Chamer Kultur Hauptsächlich in Bayern verbreitete jungsteinzeitliche Kultur (3200–2500 v. Chr.). Kennzeichnend sind behäbige, bauchige Gefäßformen mit aufgelegten Leisten bei oft wenig geglätteter Oberfläche.

Cortaillod-Kultur In der Westschweiz verbreitete jungsteinzeitliche Kultur (3800 – 3400 v. Chr.). Kennzeichnend sind Knickwandgefäße mit spärlichem Dekor, die häufig mit Aufhängeösen versehen sind.

^{14}C Radiokarbon- oder ^{14}C-Methode. Naturwissenschaftliches, auf der natürlichen Radioaktivität des Kohlenstoffs beruhendes Verfahren zur Altersbestimmung von organischen Materialien.

Dehydratation Verlust oder Entzug von Wasser (H_2O). Nicht zu verwechseln mit Dehydrierung, was den Entzug von Wasserstoff (H) bedeutet.

Dendrochronologie Naturwissenschaftliches Verfahren zur Altersbestimmung von historischen und vorgeschichtlichen Hölzern. Die Methode beruht auf den wechselnden Jahresringbreiten von Stammhölzern.

Ergologie Die Kunde von der Verwendungsfähigkeit unterschiedlicher Materialien.

Erzausbiß Die Stelle im Gelände, an der ein sonst unterirdisch im Gestein enthaltenes Metallvorkommen an die Erdoberfläche tritt.

Fettwachsbildung Umwandlung der Fett enthaltenden Körperorgane in eine strukturlose, weißliche Masse. Fettwachsbildung tritt vor allem bei der Lagerung von Leichen im Eis und Wasser auf. Voraussetzung sind niedrige Temperaturen um 0° Celsius bei weitgehendem Sauerstoffabschluß.

Follikelmuster Die Anordnung der Haaraustrittsstellen auf der Haut.

Fruchtbarer Halbmond Landschaftsbogen in Vorderasien (Jordanien, Israel, Libanon, Syrien, Südosttürkei, Nordirak und Westiran). Man nimmt an, daß Ackerbau und Viehzucht ihren Ursprung im Fruchtbaren Halbmond haben.

Gezähe Das Werkzeug des Bergmanns bei der Arbeit im Stollen.

Glockenbecher-Kultur In weiten Teilen Europas verbreitete jungsteinzeitliche Kultur (2800 – 2200 v. Chr.). Kennzeichnend sind umgekehrt glockenförmige Becher mit Verzierungen in horizontalen Streifen.

granuläres Impressionsfeld Felderhafte, kleinkörnige Eindrücke zum Beispiel auf der menschlichen Haut bei Lagerung auf einer rauhen Unterlage.

Hallstatt-Kultur Ältereisenzeitliche Kultur im südlichen Mitteleuropa (800 – 400 v. Chr.). Benannt nach einem Gräberfeld bei Hallstatt im Salzkammergut, Oberösterreich.

Hauslabjoch Übergang über den → Alpenhauptkamm, der – neben anderen Pässen – die Tallandschaften des Ötztals und des Vinschgaus miteinander verbindet. Dreihundertdreißig Meter südlich des Hauslabjochs wurde am 19. September 1991 der »Mann im Eis« entdeckt.

heilige Zwölferzahl Die Zahl Zwölf spielt seit alters her in Kult und Mythos eine bedeutende Rolle: zwölf Apostel, zwölf Monate, zwölf Nächte, zwölf Propheten, zwölf Städte, zwölf Tafeln.

Horgener Kultur In der Westschweiz und um den Bodensee herum verbreitete jungsteinzeitliche Kultur (3400 – 2900 v. Chr.). Kennzeichnend sind dickwandige, eimerartige Gefäße mit spärlichem Dekor.

Humerus Oberarmknochen.

hygroskopische Salze Feuchtigkeitsaufnehmende Salze, zum Beispiel Natron, das bei der künstlichen Mumifizierung zur → Dehydratation der weichen Körperorgane benutzt wurde. Hygroskopische Salze werden auch zur Verminderung der Luftfeuchtigkeit verwendet.

Jahresringradius Halbmesser der meist kreisförmig im Stammquerschnitt angelegten Wachstumsringe von Hölzern.

Kompositharpune Speerähnliches Jagdgerät, bei dem die Spitze ohne feste Verbindung in den Schaft gesteckt wird und mit diesem durch eine Schnur verbunden ist. Die angeschossene Beute kann auf diese Weise ermüdet werden. Bevorzugt bei der Wasserjagd eingesetzt.

Konifere Nadelbaum.

Kurgan Ortsübliche Bezeichnung für ein Hügelgrab in den eurasischen Steppengebieten, hauptsächlich in der Ukraine und in Südsibirien.

Lagozza-Kultur In Oberitalien verbreitete jungsteinzeitliche Kultur (3800 – 3400 v. Chr.). Kennzeichnend sind Knickwandgefäße, teilweise mit runden Böden, bei spärlichem Dekor.

Michelsberger Kultur Hauptsächlich in West- und Süddeutschland verbreitete jungsteinzeitliche Kultur (4400 – 3800 v. Chr.). Kennzeichnend sind bauchige und konische Gefäße fast immer ohne Dekor. Leitformen sind der Tulpenbecher und die Ösenkranzflasche mit runden Böden.

Mondsee-Kultur Hauptsächlich in Oberösterreich verbreitete jungsteinzeitliche Kultur (3700 – 2900 v. Chr.). Kennzeichnend ist eine reichverzierte Keramik mit tief eingefurchtem Dekor, in das eine weiße Paste eingestrichen wird (sogenannte Inkrustation).

Narben Unter dem Narben versteht der Kürschner die Außenseite eines Leders oder eines Pelzleders.

Nut Nut und Feder sind Begriffe aus der Tischlersprache. Wenn zwei Bretter längs zu verbinden sind, wird beim einen eine Rinne (= Nut) ausgearbeitet, das andere wird entsprechend geschmält (= Feder).

Obliteration Das Verwachsen der Einzelknochen des embryonalen Schädels zum kompakten Erwachsenenschädel im Bereich der Schädelnähte.

Oerohydrographische Karte Landkarte, auf der nur die Gewässer und die Höhenschichtlinien eingetragen sind.

Oszillation Schwingung oder Schwankung einer Erscheinung innerhalb bestimmter Grenzen.

Palynologie Die Wissenschaft von den Pollen, dem Blütenstaub der Pflanzen.

Pfyner Kultur Um den Bodensee herum verbreitete jungneolithische Kultur (4200 – 3500 v. Chr.). Kennzeichnend sind bauchige und konische Gefäßformen mit flachen Böden, schwach ausgeprägter Verzierung und gelegentlicher Schlickrauhung. Es gibt auch Henkelkrüge.

Podagra Gicht.

postmortale Läsionen Verletzungen am Körper, die erst *nach* dem Tod eines Individuums eingetreten sind, auch Knochenbrüche.

postmortaler Weichteildefekt Verletzungen an den weichen Organen (Haut, Muskeln, innere Organe), die erst *nach* dem Tod eines Individuums eingetreten sind.

Prospektor Eine Person, die aufgrund geologischer Kenntnisse Erz- beziehungsweise Metallagerstätten sucht und findet.

Radialbefiederung Meist aus Federn gefertigter Flugbahnstabilisator an Pfeilschaftenden, die gleichsinnig zum Pfeilschaftdurchmesser, meist dreifach, angebracht werden – im Gegensatz zur Tangentialbefiederung, bei der die Federn seitlich am Schaft befestigt werden.

Remedello-Kultur In Oberitalien verbreitete jungsteinzeitliche Kultur (3300 – 2300 v. Chr.). Kennzeichnend sind doppelkonische Gefäße mit eingeritzten Schraffenbändern sowie Dolche und Beile aus Kupfer.

Römisch-Germanisches Zentralmuseum in Mainz Eines der bedeutendsten Museen zur Ur- und Frühgeschichte Europas. Sammlung aller wichtigen Fundkomplexe in Kopien. Umfangreiche Originalsammlung. Richtungweisend für moderne Restaurierungsverfahren.

Schnurkeramische Kultur In Mitteleuropa verbreitete jungsteinzeitliche Kultur (2900 – 2500 v. Chr.). Kennzeichnend sind Amphoren und becherförmige Gefäße, deren Verzierung durch Abdrücken von gezwirnten Schnüren hergestellt wird.

Schrämhammer Mit Preßluft angetriebenes, pistolenförmiges Gerät, auf dessen »Lauf« ein Stahlmeißel montiert ist. Wird unter anderen von der Bergrettung zur Freilegung von Gletscherleichen benutzt.

»Similaungletscher« Einen Similaungletscher gibt es nicht. Es handelt sich um eine journalistische Erfindung. Der Name entstand in Anlehnung an die »Similaunhütte« als der dem

Fundplatz des Mannes im Eis am nächsten gelegenen Berghütte. Die Gletschermumie lag in einem kleinen, namenlosen Nebengletscher, der ursprünglich dem Niederferner zufloß und der seit dem starken Gletscherrückgang in den vergangenen Jahrzehnten von diesem aber längst getrennt ist.

Spaltleder Aus dickem Leder, zum Beispiel Rindsleder, durch flächiges Spalten erzeugtes dünnes Leder, so daß sich die doppelte Ledermenge ergibt.

Spiralcomputertomographie Spezielles Aufnahmeverfahren der Computertomographie, bei dem die Daten nicht zweidimensional, sondern »spiralig«, also dreidimensional, registriert werden. Die aufgenommenen Daten lassen sich computertechnisch in Bilder umsetzen, können aber auch zur Herstellung von dreidimensionalen Modellen, beispielsweise des Schädels, verwendet werden.

Sutur Naht. Hier sind die Schädelnähte gemeint, also die unregelmäßigen Linien, an denen aus den Einzelknochen des embryonalen Schädels der kompakte Erwachsenenschädel zusammenwächst.

Synkretismus Vermischung von Vorstellungen verschiedener Religionen.

terrestrisch-tachymetrische Messung Die Erdoberfläche betreffendes Verfahren zur schnellen Geländeaufnahme durch gleichzeitige Entfernungs- und Höhenmessung mit Hilfe eines speziellen Meßgeräts, des Tachymeters.

Theodolit Optisches Instrument in der Vermessungskunde zur Horizontal- und Höhenwinkelmessung.

Tisenjoch Übergang über den → Alpenhauptkamm, der neben anderen Pässen die Tallandschaften des Ötztals und des Vinschgaus miteinander verbindet. Achtzig Meter nordwestlich des Tisenjochs wurde am 19. September 1991 der Mann im Eis entdeckt. Der Name ist nur mündlich überliefert und findet sich nicht auf amtlichen Karten.

tordieren Drehen, oft auch Bänder oder Streifen spiralig aufdrehen.

Überwendlingstich Bestimmte Nähtechnik, um zwei Stoffbahnen oder zwei Lederstücke miteinander zu vernähen. Der Nähfaden wird von einem Nähloch über den Rand zum nächsten Nähloch geführt, so daß der Rand infolge der Einschnürung gezähnt erscheint.

Vasi-a-bocca-quadrata-Kultur In Norditalien verbreitete jungneolithische Kultur (4300 – 3500 v. Chr.). Kennzeichnend sind topf- und schüsselförmige Gefäße mit quadratisch gedrückter Mündung fast immer über runden Böden.

Ventralseite Bauch- oder Vorderseite eines Körpers.

Wollköper Aus Wollgarnen in einer bestimmten Technik gewebte Textilien.

Mitarbeiter am Forschungsprojekt »Der Mann im Eis«

Dr. Peter Adolff, Kriminaltechnisches Institut, Bundeskriminalamt Wiesbaden

Prof. Otto Appenzeller, M. D., Ph. D., NM EMC Research Foundation, Albuquerque

Dr. Walter Asci, Dipartimento di Biologia, Moleculare Cellulare e Animale, Università di Camerino

Dott.ssa Alessandra Aspes, Sezione Preistoria, Museo Civico di Storia Naturale, Verona

Prof. Dr. Horst Aspöck, Abteilung für Medizinische Parasitologie, Klinisches Institut für Hygiene, Universität Wien

Dr. Herbert Auer, Abteilung für Medizinische Parasitologie, Klinisches Institut für Hygiene, Universität Wien

Dipl.-Ing. Dr. Gerd Augustin, Institut für Geodäsie, Universität Innsbruck

Prof. Bernadino Bagolini, Facoltà di Lettere e Filosofia, Dipartimento Storia e Civiltà Europea, Università di Trento

Dr. Svetla Balabanova, Abteilung Rechtsmedizin, Universität Ulm

Antonio Belli, FO. A. R. T. srl, Fotogrammetria Architettonica-Rilievo Terreste, Parma

Prof. Dr. Wolfram Bernhard, Institut für Anthropologie, Universität Mainz

Dipl.-Geol. Alex Binsteiner, Institut für Ur- und Frühgeschichte, Universität Innsbruck

Dr. Georges Bonani, Institut für Mittelenergiephysik, Eidgenössische Technische Hochschule, Zürich

Prof. Dr. Sigmar Bortenschlager, Institut für Botanik, Universität Innsbruck

Dr. Christopher R. Bronk, Radiocarbon Accelerator Unit, Research Laboratory for Archaeology and the History of Art, Oxford
Dr. Don Brothwell, Institute of Archaeology, University College London
Dott. Luigi Capasso, Soprintendenza Archeologica dell' Abruzzo, Chieti
Prof. Dott. Arnaldo Capelli, Istituto di Anatomia Patologica, Università Cattolica del Sacro Cuore, Roma
Dir. Dr. Lanfredo Castelletti, Museo Civico Archeologico di Como
Prof. Dipl.-Ing. Dr. Günter Chesi, Institut für Geodäsie, Universität Innsbruck
Dr. Lorenzo Dal Ri, Landesdenkmalamt, Bozen
Prof. Raffaele C. De Marinis, Istituto di Archeologia, Università degli Studi di Milano
Dr. Koert P. Dingemans, Department of Pathology, Universiteit van Amsterdam
Dr. Ekkehard Dreiseitl, Institut für Meteorologie und Geophysik, Universität Innsbruck
Prof. Dr. Angela von den Driesch, Institut für Palaeoanatomie, Domestikationsforschung und Geschichte der Tiermedizin, Universität München
Dr. Leo D. Dulk, Department of Dermato-Venereology, Academic Hospital Rotterdam
Dr. Michael Ebner, Mailand
Dr. Markus Egg, Römisch-Germanisches Zentralmuseum, Mainz
Dr. Brigitta Erschbamer, Institut für Botanik, Universität Innsbruck
Ingrid Faé, Institut für Blutgruppenserologie, Universität Wien
Prof. Dott. Leone Fasani, Dipartimento di Scienze della Terra, Università degli Studi di Milano
Prof. Walter Ferri, Istituto di Geotesia, Topologia e Fotogrammetria, Facoltà Ingegneria, Università di Pisa
Dr. Gottfried Fischer, Institut für Blutgruppenserologie, Universität Wien
Laurent Flutsch, Kulturgeschichte 1 des Schweizerischen Landesmuseums, Zürich

Prof. Dott. Luigi Frati, Dipartimento di Medicina Sperimentale, Università »La Sapienza«, Roma
Dr. Othmar Gaber, Institut für Anatomie, Universität Innsbruck
Dr. Stefan Galler, Institut für Zoologie, Universität Salzburg
Prof. Dr. Kurt Gausch, Univ.-Klinik für Zahn-, Mund- und Kieferheilkunde, Universität Innsbruck
Prof. Dr. Franz Gerstenbrand, Univ.-Klinik für Neurologie, Universität Innsbruck
Roswitha Goedecker-Ciolek, Römisch-Germanisches Zentralmuseum, Mainz
Prof. Dr. Rainer Gothe, Institut für Vergleichende Tropenmedizin und Parasitologie, Universität München
Prof. Dott. Giorgio Graziosi, Istituto di Biologia, Università degli Studi di Trieste
Prof. Dr. Willy Groenman-van Waateringe, Instituut voor Pre- en Protohistorische Archeologie Albert Egges van Griffen, Universiteit van Amsterdam
Prof. Dr. Gisela Grupe, Institut für Anthropologie und Humangenetik, Universität München
Dr. Verena Günther, Univ.-Klinik für Psychiatrie, Universität Innsbruck
Prof. Dr. Jens Peder Hart Hansen, Department of Pathology, University of Copenhagen
Prof. Dr. Kurt Haselwandter, Institut für Mikrobiologie, Universität Innsbruck
Dr. Andreas Haßl, Abteilung für Medizinische Parasitologie, Klinisches Institut für Hygiene, Universität Wien
Dr. Gertrude Hauser, Histologisch-Embryologisches Institut, Universität Wien
Dr. Dipl.-Ing. Erich W. H. Hayek, Institut für Allgemeine Chemie, Technische Universität Wien
Dr. Robert E. M. Hedges, Radiocarbon Accelerator Unit, Research Laboratory for Archaeology and the History of Art, Oxford
Prof. Dr. Rainer Henn (†), Institut für Gerichtliche Medizin, Universität Innsbruck
Prof. Dr. Bernd Herrmann, Anthropologisches Institut, Universität Göttingen

Prof. Dr. Hartmann Hinterhuber, Univ.-Klinik für Psychiatrie, Universität Innsbruck

Dr. Timothy C. Holden, Museum of London

Dr. Rupert A. Housley, Radiocarbon Accelerator Unit, Research Laboratory for Archaeology and the History of Art, Oxford

Prof. Dr. Kurt Johann Irgolic, Institut für Analytische Chemie, Universität Graz

Mag. Susan D. Ivy, Institut für Mittelenergiephysik, Eidgenössische Technische Hochschule, Zürich

Dr. Dipl.-Ing. Ulrich Jordis, Institut für Organische Chemie, Technische Universität Wien

Dr. Georg Kaser, Institut für Geographie, Universität Innsbruck

Dr. Gert Jaap van Klinken, Radiocarbon Accelerator Unit, Research Laboratory for Archaeology and the History of Art, Oxford

Werner Kofler, Institut für Botanik, Universität Innsbruck

Albert Kremer, Römisch-Germanisches Zentralmuseum, Mainz

Dr. Karl-Heinz Künzel, Institut für Anatomie, Universität Innsbruck

Dipl.-Chem. Joachim Lange, Lehr-, Prüf- und Forschungsinstitut, Westdeutsche Gerberschule Reutlingen

Dipl.-Geol. Dr. Gabriele Lass, Seminar für Ur- und Frühgeschichte, Universität Münster

Ing. Henk Leenders, Laboratory of Otobiology and Biocompatibility, Leiden

Dr. Walter Leitner, Institut für Ur- und Frühgeschichte, Universität Innsbruck

Prof. Dr. Andreas Lippert, Institut für Ur- und Frühgeschichte, Universität Wien

Dr. Thomas H. Loy, Department of Prehistory, Australian National University, Canberra

Prof. Dr. Gert Lubec, Abteilung für Pädiatrie, Universität Wien

Prof. Dott. Renato Mariani-Costantini, Facoltà di Odontologia, Università »Gabriele D'Annunzio«, Chieti

Mag. Michael Marius, Bundesdenkmalamt, Wien

Gerhard Markl, Institut für Meteorologie und Geophysik, Universität Innsbruck

Dipl.-Ing. Franz Markowski, Gesellschaft der AVT, Imst
Dr. Isolina Marota, Dipartimento di Biologia, Moleculare Cellulare e Animale, Università di Camerino
Dr. Jochen Martens, Institut für Zoologie, Universität Mainz
Dr. Irenäus Matuschik, Archäologisches Landesmuseum Baden-Württemberg, Konstanz
Dr. Herbert Maurer, Institut für Anatomie, Universität Innsbruck
Dr. Ullrich Meise, Univ.-Klinik für Psychiatrie, Universität Innsbruck
Ing. Isabelle Mosberger, Institut für Klinische Pathologie, Universität Wien
Andreas Müllner, Institut für Humanbiologie, Universität Wien
Prof. Dr. William A. Murphy, Saint Louis, Mo.
Dr. Bernard Naafs, Department of Dermatology, Academisch Ziekenhuis Rotterdam
Prof. Dr. Karl Narr, Seminar für Ur- und Frühgeschichte, Universität Münster
Prof. Dr. Dieter zur Nedden, Radiologische Abteilung der Univ.-Klinik für Innere Medizin, Universität Innsbruck
Dr. Kurt Nicolussi, Forschungsinstitut für Hochgebirgsforschung, Universität Innsbruck
Dipl.-Phys. Thomas R. Niklaus, Institut für Mittelenergiephysik, Eidgenössische Technische Hochschule, Zürich
Dr. Hans Nothdurfter, Landesdenkmalamt, Bozen
Mag. Jörg Obereder, Naturhistorisches Museum, Wien
Dr. Klaus Oeggl, Institut für Botanik, Universität Innsbruck
Prof. Dr. Giovanni Orlandini, Dipartimento di Anatomia Umana e Istologia, Florenz
Dr. Nikolaus Oswald, Sektion Forschung und Entwicklung des Schweizerischen Landesmuseums, Zürich
Prof. Dr. Svante Pääbo, Zoologisches Institut, Universität München
Prof. Dr. Gernot Patzelt, Forschungsinstitut für Hochgebirgsforschung, Universität Innsbruck
Prof. Dr. Margit Pavelka, Institut für Histologie und Embryologie, Universität Innsbruck
Dott.ssa Annaluisa Pedrotti, Ufficio Beni Archeologici, Provincia Autonoma di Trento

Mag. Ursula Peintner, Institut für Mikrobiologie, Universität Innsbruck

Dr. Josef Penninger, Ontario Cancer Institute, Dep. of Biophysics and Summonology, University of Toronto

Dr. Joris Peters, Institut für Palaeoanatomie, Domestikationsforschung und Geschichte der Tiermedizin, Universität München

Dr. Otto Picher, Abteilung für Medizinische Parasitologie, Klinisches Institut für Hygiene, Universität Wien

Prof. Dr. Sandro Pignatti, Istituto ed Orto Botanico, Università degli Studi di Trieste

Prof. Dr. Werner Platzer, Institut für Anatomie, Universität Innsbruck

Dr. Reinhold Pöder, Institut für Mikrobiologie, Universität Innsbruck

Dr. Romana Prinoth-Fornwagner, Institut für Ur- und Frühgeschichte, Universität Innsbruck

Dr. Thomas Pümpel, Institut für Mikrobiologie, Universität Innsbruck

Dr. Sebastiaan C. J. van der Putte, Department of Pathology, Academic Hospital Utrecht

Prof. Dr. Reinhard Putz, Anatomisches Institut, Universität München

Mag. Elisabeth Rastbichler-Zissering, Forschungsinstitut für Alpine Vorzeit, Universität Innsbruck

Dr. Oskar Reinwarth, Abteilung Glaziologie, Bayerische Akademie der Wissenschaften, München

Mag. Alarich Riss, Umweltbundesamt, Wien

Prof. Dott. Franco Rollo, Dipartimento di Biologia, Molecolare Cellulare e Animale, Università di Camerino

Dr. Elsebet Sander-Joergensen, Silkeborg Museum, Silkeborg

Prof. Dr. Friedrich Sauter, Institut für Organische Chemie, Technische Universität Wien

Michael Schäfer, Institut für Ur- und Frühgeschichte, Universität Wien

Dr. Heralt Schneider, Institut für Mathematik, Universität Innsbruck

Dr. Werner Schoch, Labor für Quartäre Hölzer, Adliswil

Heidrun Schöl, Institut für Vergleichende Tropenmedizin und Parasitologie, Universität München
Prof. Dr. Rudolf Schweyen, Institut für Mikrobiologie und Genetik, Universität Wien
Prof. Dr. Horst Seidler, Institut für Humanbiologie, Universität Wien
Dr. Ingrid Simonitsch, Institut für Klinische Pathologie, Universität Wien
Prof. Torstein Sjøvold, Osteologisches Forschungslabor, Universität Stockholm
Gerhard Sommer, Institut für Ur- und Frühgeschichte, Universität Innsbruck
Dipl.-Ing. Dr. Dr. Gerhard Sperl, Erich-Schmid-Institut für Festkörperphysik, Österreichische Akademie der Wissenschaften, Leoben
Prof. Dr. Konrad Spindler, Institut für Ur- und Frühgeschichte, Universität Innsbruck
Prof. Dipl.-Ing. Dr. Herbert Stachelberger, Institut für Angewandte Botanik, Technische Mikroskopie und Organische Rohstofflehre, Technische Universität Wien
Martin Steinlechner, Institut für Anatomie, Universität Innsbruck
Dr. Martin Suter, Institut für Mittelenergiephysik, Eidgenössische Technische Hochschule, Zürich
Dr. Maria Teschler-Nicola, Anthropologische Abteilung, Naturhistorisches Museum, Wien
Prof. Dr. Friedrich Tiefenbrunner, Institut für Hygiene, Universität Innsbruck
Dr. Rupert Timpl, Max-Planck-Institut für Biochemie, München
Dr. Martina Traindl-Prohazka, Institut für Humanbiologie, Universität Wien
Dr. Erwin Tschachler, Klinik für Dermatologie, Universität Wien
Prof. Dr. Gerd Utermann, Institut für Medizinische Biologie und Humangenetik, Universität Innsbruck
Dr. Aumaid Utman, Klinik für Dermatologie, Universität Wien
Edmund M. van der Velden, Department of Dermato-Venerelogy, Academic Hospital Rotterdam
Dr. Beatrix Volc-Platzer, Klinik für Dermatologie, Universität Wien

Dr. Vojislav D. Vuzevski, Department of Pathology, Erasmus University, Rotterdam

Dr. Gerhard Weber, Institut für Humanbiologie, Universität Wien

Prof. Dr. Georg Wick, Institut für Allgemeine und Experimentelle Pathologie, Universität Innsbruck

Dr. Klaus Wicke, Abteilung für Röntgendiagnostik und Computertomographie der Univ.-Kliniken, Universität Innsbruck

Dr. Harald Wilfing, Institut für Humanbiologie, Universität Wien

Dr. Josef Winiger, Vinelz

Dr. Manfred Wittig, Kriminaltechnisches Institut, Bundeskriminalamt Wiesbaden

Franz Josef Wortmann, Deutsches Wollforschungsinstitut, Aachen

Dr. Gabriele Wortmann, Deutsches Wollforschungsinstitut, Aachen

Sandra Zecchi Orlandini, Dipartimento di Anatomia Umana e Istologia, Florenz

Literaturverzeichnis

zusammengestellt von
Christiane Ganner-Gamper

Acanfora, Maria Ornella: *Fontanella Mantovana e la cultura di Remedello*. In: *Bullettino di Paletnologia Italiana N.S. 10, 65*, 1956, Fasc. 1, S. 321–385.

Allely, Steve / Baker, Tim / Comstock, Paul / Hamm, Jim / Hardcastle, Ron / Massey, Jay / Strunk, John: *The Traditional Bowyer's Bible*, Band 1, Fort Worth 1992.

Ambach, Edda / Tributsch, Wolfgang / Puffer, Peter / Rabl, Walter: *Ungewöhnliche Auffindung zweier Leichen im Gletscher – Forensische und glaziologische Aspekte*. In: *Beiträge zur Gerichtlichen Medizin* 49, 1991, S. 285–288.

Ambach, Walter / Schneider, Heralt / Ambach, Edda / Tributsch, Wolfgang: *Nach 25 Jahren vom Gletscher freigegeben – Glazialmeteorologische Aspekte*. In: *Wetter und Leben* 42, 1990, Heft 3/4, S. 183–188.

Anderl, Hans / Nedden, Dieter zur / Mühlbauer, Wolfgang / Twerdy, Klaus / Zanon, Elisabeth / Wicke, Klaus / Knapp, Rudolf: *CT-guided stereolithographiy as a new tool in craniofacial surgery*. In: *British Journal of Plastic Surgery* 47, 1994, S. 60–64.

Arch, Harwick W.: *Noch ein Mann vom Hauslabjoch*. In: *Der Schlern* 65, 1991, S. 635–636.

Arch, Harwick W.: *Noch ein Mann vom Hauslabjoch*. In: *Appell – Zeitschrift der Offiziers-Gesellschaft Tirol* 1992, Heft 13, S. 14.

Artamonov, Michail I.: *Frozen Tombs of the Scythians*. In: *Scientific America* 212, 1965, S. 101–109.

Aspes, Alessandra: *Il Veneto nell'Antichità – Preistoria e protostoria*, Band 1, Verona 1984.

Aspes, Alessandra / Barfield, Lawrence / Bermond Montanari, Giovanna / Burroni, Daniela / Fasani, Leone / Mezzena, Franco / Poggiani Keller, Raffaela: *L'Età del Rame nell'Italia Settentrionale*. In: *Rassegna di Archeologia* 7, 1988, S. 401–440.

Aspes, Alessandra / Fasani, Leone: *Tentativo di classificazione delle asce piatte della regione sudalpina centrale e padana*. In: Höpfel, Frank / Platzer, Werner / Spindler, Konrad: *Der Mann im Eis*, Band 1, *Veröffentlichungen der Universität Innsbruck* 187, Innsbruck 1992, S. 378–388.

Aspöck, Horst / Auer, Herbert: *Zur parasitologischen Untersuchung des Mannes vom Hauslabjoch*. In: Höpfel, Frank / Platzer, Werner / Spindler, Konrad: *Der Mann im Eis*, Band 1, *Veröffentlichungen der Universität Innsbruck* 187, Innsbruck 1992, S. 214–217.

Ausserer, Carl: *Der Alpensteinbock*, Wien 1946.

Bagolini, Bernardo: *Il Trentino nella Preistoria del Mondo Alpino*, Trento 1980.

Bagolini, Bernardo / Barfield, Lawrence H.: *The European Context of Northern Italy during the Third Millenium*. In: *Saarbrücker Beiträge zur Altertumskunde*, Band 55, Bonn 1991, S. 287–300.

Bagolini, Bernardo / Lanzinger, Michele / Pedrotti, Annaluisa: *Rinvenimento di quattro statue stele ad Arco (Valle del Sarca – Trentino Meridionale)*. In: *Atti della XXVIII Riunione Scientifica dell'Istituto Italiano di Preistoria e Protostoria*, Firenze 1992, S. 355–370.

Bagolini, Bernardino / Pedrotti, Annaluisa: *Vorgeschichtliche Höhenfunde im Trentino-Südtirol und im Dolomitenraum vom Spätpaläolithikum bis zu den Anfängen der Metallurgie*. In: Höpfel, Frank / Platzer, Werner / Spindler, Konrad: *Der Mann im Eis*, Band 1, *Veröffentlichungen der Universität Innsbruck* 187, Innsbruck 1992, S. 359–377.

Bagolini, Bernardo / Pedrotti, Annaluisa: *Età del Rame – Gruppo di Remedello e Ceramica Metopale*. In: *Uomini di Pietra – Statue Stele e prima Metallurgia in Trentino – Alto Adige. Catalogo della Mostra a Castel Besena 15.7. – 7.11. 1993*, im Druck.

Bagolini, Bernardo / Pedrotti, Annaluisa: *Neolitico Medio e Recente dell'Italia Settentrionale – Cultura dei Vasi a Bocca Quadrata (V.B.Q.)*. In: *Uomini di Pietra – Statue Stele e prima Metallurgia in Trentino – Alto Adige. Catalogo della Mostra a Castel Besena 15. 7.–7. 11.1993*, im Druck.

Bagolini, Bernardo / Dal Ri, Lorenzo / Lippert, Andreas / Nothdurfter, Hans: *Der Mann im Eis – Die Nachgrabung 1992 am Tisenjoch, Gem. Schnals, Südtirol – L'uomo di Similaun – la campagna di recupero 1992 als Passo di Tisa, Comune Senales, Südtirol.* In: Moser, Hans / Platzer, Werner / Seidler, Horst / Spindler, Konrad (Hrsg.): *Der Mann im Eis,* Band 2, Wien – New York 1994.

Ballinger, Erich: *Der Gletschermann – Ein Krimi aus der Steinzeit*, Wien 1992.

Barfield, Lawrence / Koller, Ebba / Lippert, Andreas: *Der Zeuge aus dem Gletscher – Das Rätsel der frühen Alpen-Europäer*, Wien 1992.

Barfield, Lawrence: *The Iceman reviewed.* In: *Antiquity* 68, No. 258, 1994, S. 10–26.

Battaglia, Raffaello: *Preistoria del Veneto e della Venezia Giulia.* In: *Bullettino di Paletnologia Italiana* 67 – 68, 1958/59, S. 1–419.

Beattie, Owen / Geiger, John: *Der eisige Schlaf – Das Schicksal der Franklin-Expedition*, Köln 1989.

Becker, Bernd / Billamboz, André / Egger, Heinz / Gassmann, Patrick / Orcel, Christian / Ruoff, Ulrich: *Dendrochronologie in der Ur- und Frühgeschichte*. In: *Antiqua* 11, Basel 1985.

Belli, Antonio /Capasso, Luigi / Ferri, Walter: *The Stereophotogrammetric Survey of the Val Senales Mummy – Peculiar Photographic Techniques and State of the Art.* In: Höpfel, Frank / Platzer, Werner / Spindler, Konrad: *Der Mann im Eis*, Band 1, *Veröffentlichungen der Universität Innsbruck* 187, Innsbruck 1992, S. 218–226.

Bellwald, Werner: *Drei spätneolithisch/frühbronzezeitliche Pfeilbogen aus dem Gletschereis am Lötschenpass*. In: *Archäologie der Schweiz* 15, 1992, Heft 4, S. 166–171.

Benedetti, Enzo / Bramanti, Emilia / Vergamini, Piergiorgio / Capasso, Luigi / Naccarato, Giuseppe / Fornacieri, Gino: *Fourier transform infrared microspectroscopy study of skin fragments of the mummy from Hauslabjoch/Val Senales (Southern Tyrol, Italy)*. In: Moser, Hans / Platzer, Werner / Seidler, Horst / Spindler, Konrad (Hrsg.): *Der Mann im Eis,* Band 2, Wien – New York 1994.

Berg, Steffen / Rolle, Renate / Seemann, Henning: *Der Archäologe und der Tod – Archäologie und Gerichtsmedizin*, München und Luzern 1981.

Bernhard, Wolfram: *Vergleichende Untersuchungen zur Anthropologie des Mannes vom Hauslabjoch*. In: Höpfel, Frank / Platzer, Werner / Spindler, Konrad: *Der Mann im Eis*, Band 1, *Veröffentlichungen der Universität Innsbruck* 187, Innsbruck 1992, S. 163–187.

Bernhard, Wolfram: *Multivariate statistische Untersuchungen zur Anthropologie des Mannes vom Hauslabjoch*. In: Moser, Hans / Platzer, Werner / Seidler, Horst / Spindler, Konrad (Hrsg.): *Der Mann im Eis,* Band 2, Wien – New York 1994.

Bernhardt, Bodo: *Zur Frage der Staatsgrenze*. In: Höpfel, Frank / Platzer, Werner / Spindler, Konrad: *Der Mann im Eis*, Band 1, *Veröffentlichungen der Universität Innsbruck* 187, Innsbruck 1992, S. 66–80.

Biagi, Paolo: *La preistoria in terra bresciana*, Brescia 1978.

Biedermann, Hans: *Höhlenkunst der Eiszeit – Wege zur Sinndeutung der ältesten Kunst Europas*, Köln 1984.

Binsteiner, Alexander: *Die Silexlagerstätten des mittleren Alpenbogens – ein Vorbericht*. In: *Archäologisches Korrespondenzblatt* 23, 1993, S. 439–452.

Binsteiner, Alexander: *Vorbericht über die mikrofazielle Rohstoffuntersuchung der Feuersteingeräte des Eismannes*. In: Moser, Hans / Platzer, Werner / Seidler, Horst / Spindler, Konrad (Hrsg.): *Der Mann im Eis,* Band 2, Wien – New York 1994.

Boessneck, Joachim / Jequieur, J.-P. / Stampfli, H. R.: *Seeberg Burgäschisee-Süd. Die Tierreste. Acta Bernensia* 2, Teil 3, Bern 1963.

Bonani, Georges /Ivy, Susan D. / Niklaus, Thomas R. / Suter, Martin / Housley, Rupert A. / Bronk, Christopher R. / van

Klinken, Gert Haap / Hedges, Robert E. M.: *Altersbestimmung von Milligrammproben der Ötztaler Gletscherleiche mit der Beschleunigermassenspektrometrie-Methode (AMS).* In: Höpfel, Frank / Platzer, Werner / Spindler, Konrad: *Der Mann im Eis*, Band 1, *Veröffentlichungen der Universität Innsbruck* 187, Innsbruck 1992, S. 108–116.

Bortenschlager, Sigmar / Kofler, Werner / Oeggl, Klaus / Schoch, Werner: *Erste Ergebnisse der Auswertung der vegetabilischen Reste vom Hauslabjochfund.* In: Höpfel, Frank / Platzer, Werner / Spindler, Konrad: *Der Mann im Eis*, Band 1, *Veröffentlichungen der Universität Innsbruck* 187, Innsbruck 1992, S. 307–312.

Breunig, Peter: *^{14}C-Chronologie des vorderasiatischen, südost- und mitteleuropäischen Neolithikums. Fundamenta*, Reihe A, Band 13, Köln 1987.

Brothwell, Don: *The Bogman and the Archaeology of People. British Museum Publications*, London 1986.

Brunnacker, Karl / Heim, Roger / Huber, Bruno / Klötzli, Frank / Müller-Beck, Hansjürgen / Oertli, Henri J. / Oeschger, Hans / Schmid, Elisabeth / Schweingruber, Fritz / Villaret von Rochow, Margita / Volkart, Hans D. / Welten, Max / Wuthrich, Marguerite: *Seeberg Burgäschisee-Süd. Chronologie und Umwelt. Acta Bernensia* 2, Teil 4, Bern 1964.

Burger, Ingrid: *Die chronologische Stellung der Fußschalen in den endneolithischen Kulturgruppen Mittel- und Südosteuropas* In: *Vorzeit zwischen Main und Donau, Erlanger Forschungen*, Reihe A, Band 26, Erlangen 1980, S. 11–45.

Burger, Ingrid: *Die Siedlung der Chamer Gruppe von Dobl, Gemeinde Prutting, Landkreis Rosenheim, und ihre Stellung im Endneolithikum Mitteleuropas, Materialhefte zur Bayrischen Vorgeschichte*, Reihe A, Band 56, Fürth 1988.

Capasso, Luigi / Capelli, Arnaldo / Frati, Luigi / Mariani-Costantini, Renato: *Notes on the Paleopathology of the Mummy from Hauslabjoch/Val Senales (Southern Tyrol, Italy).* In: Höpfel, Frank / Platzer, Werner / Spindler, Konrad: *Der Mann im Eis*, Band 1, *Veröffentlichungen der Universität Innsbruck* 187, Innsbruck 1992, S. 209–213.

Capasso, Luigi / Capelli, Arnaldo / Dal Ri, Lorenzo / Frati, Luigi / Mariani-Costantini, Renato / Nothdurfter, Hans: *I resti umani dell'Hauslabjoch raccolti durante la campagna di scavo del 1992 – Rapporto prelimenare.* In: Moser, Hans / Platzer, Werner / Seidler, Horst / Spindler, Konrad (Hrsg.): *Der Mann im Eis,* Band 2, Wien – New York 1994.

Capasso, Luigi: *Ungueal Morphology and Pathology of the »Ice-Man«.* In: Moser, Hans / Platzer, Werner / Seidler, Horst / Spindler, Konrad (Hrsg.): *Der Mann im Eis,* Band 2, Wien – New York 1994.

Cornaggia Castiglioni, Ottavio: *La cultura di Remedello. Memorie della Società Italiana di Scienze Naturali,* Band 20, Fasc. 1, Milano 1971.

Cvetan-Žakula, Dragica: *Plašta Kisu u Hrvata Kajkavaca. (Summary: A traditional sheperd's garment in northern Croatia).* In: *Etnološka tribina* 15, 1992, S. 119–130.

Danieli, Ezio / Bolognese, Stefano: *L'uomo che venne dal ghiaccio,* Trento 1991.

Dehn, Wolfgang: *»Transhumance« in der westlichen Späthallstattkultur?* In: *Archäologisches Korrespondenzblatt* 2, 1972, S. 125–127.

Diezel, P. B. / Hage, Walter / Jankuhn, Herbert / Klenk, E. / Schaefer, Ulrich / Schlabow, Karl / Schütrumpf, Rudolf / Spatz, Hugo: *Zwei Moorleichen aus dem Domlandsmoor,* In: *Praehistorische Zeitschrift,* Band 36, 1958, S. 118–219.

Dimitrijevič, Stojan: *Badenska Kultura.* In: *Praistorija Jugoslavenskih Zemalja* 3, Sarajevo 1979, S. 183–235.

Drack, Walter: *Die frühen Kulturen mitteleuropäischer Herkunft.* In: *Archäologie der Schweiz,* Band 2, *Die jüngere Steinzeit,* Basel 1969, S. 67–82.

Drenkhahn, Rosemarie / Germer, Renate: *Mumie und Computer. Katalog zur Sonderausstellung des Kestner-Museums Hannover vom 26. 9. 1992 bis 19. 1. 1993,* Hannover 1991.

Driehaus, Jürgen: *Die Altheimer Gruppe und das Jungneolithikum in Mitteleuropa.* Römisch-Germanisches Zentralmuseum zu Mainz, Mainz 1960.

Driesch, Angela von den / Peters, Joris / Stork, Marlies: *7000 Jahre*

Nutztierhaltung in Bayern. In: *Bauern in Bayern – Von den Anfängen bis zur Römerzeit. Katalog des Gäubodenmuseums Straubing*, Nr. 19, Straubing 1992, S. 157–190.

Driesch, Angela von den / Peters, Joris: *Zur Ausrüstung des Mannes im Eis, Gegenstände und Knochenreste tierischer Herkunft.* In: *Der Mann im Eis*, Band 2, *Veröffentlichungen der Universität Innsbruck*, im Druck.

Drößler, Rudolf: *Kunst der Eiszeit von Spanien bis Sibirien*, Wien 1980.

Eccher, Bernhard: *Privatrechtliche Verhältnisse bei komplexen Funden.* In: Höpfel, Frank / Platzer, Werner / Spindler, Konrad: *Der Mann im Eis*, Band 1, *Veröffentlichungen der Universität Innsbruck* 187, Innsbruck 1992, S. 36–42.

Egg, Markus: *Zur Ausrüstung des Toten vom Hauslabjoch, Gem. Schnals (Südtirol).* In: Höpfel, Frank / Platzer, Werner / Spindler, Konrad: *Der Mann im Eis*, Band 1, *Veröffentlichungen der Universität Innsbruck* 187, Innsbruck 1992, S. 254–272.

Egg, Markus: *Die Ausrüstung des Toten.* In: Egg, Markus / Spindler, Konrad: *Die Gletschermumie vom Ende der Steinzeit aus den Ötztaler Alpen – Vorbericht. Jahrbuch des Römisch-Germanischen Zentralmuseums* 39, 1992, S. 35–100.

Finsterwalder, Karl: *Tiroler Ortsnamenkunde*, Band 1 und 2, Innsbruck 1990.

Gaber, Othmar / Künzel, Karl-Heinz / Maurer, Herbert / Platzer, Werner: *Konservierung und Lagerung der Gletschermumie.* In: Höpfel, Frank / Platzer, Werner / Spindler, Konrad: *Der Mann im Eis*, Band 1, *Veröffentlichungen der Universität Innsbruck* 187, Innsbruck 1992, S. 92–99.

Galler, Stefan: *Noch Kraft in den Muskeln des Tiroler Eismanns?* In: Moser, Hans / Platzer, Werner / Seidler, Horst / Spindler, Konrad (Hrsg.): *Der Mann im Eis,* Band 2, Wien – New York 1994.

Gams, W. / Stalpers, J. A.: *Has the prehistoric Iceman contributed to the preservation of living fungal spores?* In: *Federation of European Microbiological Societies, Microbiology Letters* (in Druck).

Ganghofer, Ludwig: *Der Mann im Salz*, Stuttgart 1906.

Geat, Cesare: *Aspekte des Kulturgüterschutzes im italienischen Recht.* In: Höpfel, Frank / Platzer, Werner / Spindler, Konrad: *Der Mann im Eis*, Band 1, *Veröffentlichungen der Universität Innsbruck* 187, Innsbruck 1992, S. 43–49.

Giuliani, Stefano: *Das Verfahren bei menschlichen Funden von archäologischem Interesse nach italienischem Recht.* In: Höpfel, Frank / Platzer, Werner / Spindler, Konrad: *Der Mann im Eis*, Band 1, *Veröffentlichungen der Universität Innsbruck* 187, Innsbruck 1992, S. 61–65.

Gleirscher, Paul: *Almwirtschaft in der Urgeschichte?* In: *Der Schlern* 59, 1985, S. 116–124.

Gleirscher, Paul: *Zum frühen Siedlungsbild im oberen und mittleren Vinschgau mit Einschluß des Münstertales.* In: *Der Vinschgau und seine Nachbarräume*, Bozen 1993, S. 35–50.

Goedecker-Ciolek, Roswitha: *Zur Herstellungstechnik von Kleidung und Ausrüstungsgegenständen.* In: Egg, Markus / Spindler, Konrad: *Die Gletschermumie vom Ende der Steinzeit aus den Ötztaler Alpen – Vorbericht.* Jahrbuch des Römisch-Germanischen Zentralmuseums 39, 1992, S. 100–113.

Gössler, Walter / Schlagenhaufen, Claudia / Irgolic, Kurt J. / Teschler-Nicola, Maria / Wilfing, Harald / Seidler, Horst: *Priest, Hunter, Alpine Sheperd or Smelter Worker?* In: Moser, Hans / Platzer, Werner / Seidler, Horst / Spindler, Konrad (Hrsg.): *Der Mann im Eis,* Band 2, Wien – New York 1994.

Gothe, Rainer / Schöl, Heidrun: *Hirschlausfliegen (Diptera, Hippoboscidae: Lipoptena cervi) in den Beifunden der Leiche vom Hauslabjoch.* In: Höpfel, Frank / Platzer, Werner / Spindler, Konrad: *Der Mann im Eis*, Band 1, *Veröffentlichungen der Universität Innsbruck* 187, Innsbruck 1992, S. 299–306.

Graupe, Friedrich / Scherer, Max: *Der Mann aus dem Eis*, Wien 1991.

Greiff, Susanne / Banerjee, Arun: *Mineralogische Untersuchungen am Amulett der Ötztaler Gletscherleiche mit Hilfe der diffusen IR-Reflexionsspektroskopie.* In: *Archäologisches Korrespondenzblatt* 23, 1993, S. 461–466.

Groenman-van Waateringe, Willy: *Die Entwicklung der Schuhmode in 2500 Jahren.* In: *Die Kunde* 25, 1974, S. 111–121.

Groenman-van Waateringe, Willy: *Die Stellung der Lübecker Lederfunde im Rahmen der Entwicklung der mittelalterlichen Schuhmode*. In: *Lübecker Schriften zur Archäologie und Kulturgeschichte*, Band 4, Bonn 1980, S. 169–174.

Groenman-van Waateringe, Willy: *Die Lederfunde von Haithabu. Berichte über die Ausgrabungen in Haithabu*, Nr. 21, Neumünster 1984.

Groenman-van Waateringe, Willy: *Wederom prehistorisch schoisel uit Drenthe*. In: *Nieuwe Drentse Volksalmanak* 108, 1991, S. 34–41.

Groenman-van Waateringe, Willy / Goedecker-Ciolek, Roswitha: *The Equipment made of hide and leather*. In: Höpfel, Frank / Platzer, Werner / Spindler, Konrad: *Der Mann im Eis*, Band 1, *Veröffentlichungen der Universität Innsbruck* 187, Innsbruck 1992, S. 410–418.

Groenman-van Waateringe, Willy: *Analyses of the hides and skins from the Hauslabjoch*. In: Egg, Markus / Spindler, Konrad: *Die Gletschermumie vom Ende der Steinzeit aus den Ötztaler Alpen – Vorbericht. Jahrbuch des Römisch-Germanischen Zentralmuseums* 39, 1992, S. 114–128.

Groenman-van Waateringe, Willy: *Pollenanalyse als Indikator für die Konservierung der Tierfelle des Mannes vom Hauslabjoch*. In: Moser, Hans / Platzer, Werner / Seidler, Horst / Spindler, Konrad (Hrsg.): *Der Mann im Eis*, Band 2, Wien – New York 1994.

Guyan, Walter Ulrich: *Bogen und Pfeil als Jagdwaffe im »Weier«*. In: *Die ersten Bauern*, Band 1, *Pfahlbaufunde Europas. Forschungsberichte zur Ausstellung im Schweizerischen Landesmuseum*, Zürich 1990, S. 135–138.

Guyan, Walter Ulrich: *Zur Herstellung und Funktion einiger jungsteinzeitlicher Holzgeräte von Thayngen-Weier*. In: *Helvetia Antiqua, Festschrift Emil Vogt*, Zürich 1966, S. 21–32.

Haid, Hans: *Aufbruch in die Einsamkeit – 5000 Jahre Überleben in den Alpen*, Rosenheim 1992.

Haid, Hans: *Mythos und Kult in den Alpen*, Bad Sauerbrunn 1992.

Hald, Margrethe: *Ancient danish textiles from bogs and burials. Publications of the National Museum of Denmark, Archaeological-Historical Series*, Band 21, Copenhagen 1980.

Haller, Anton: *Das Similaun-Syndrom – Oecci Homo – Von der Entdeckung der Gletschermumie zum transdisziplinären Forschungsdesign*, Bottighofen am Bodensee 1992.

Handt, Oliva / Richards, Martin / Trommsdorff, Marion / Kilger, Christian / Simanainen, Jaana / Georgiev, Oleg / Bauer, Karin / Stone, Anne / Hedges, Robert / Schaffner, Walter / Utermann, Gerd / Sykes, Bryan / Pääbo, Svante: *Molecular Genetic Analyses of the Tyrolean Ice Man.* In: *Science* 264, 1994, S. 1175–1178.

Haselwandter, Kurt / Ebner, Michael Rudolf: *Microorganisms surviving for 5300 years.* In: *Federation of European Microbiological Societies, Microbiology Letters* 116, 1994, S. 189–193.

Hart Hansen, Jens Peder / Meldgaard, Jorgen / Nordqvist, Jorgen: *The Greenland Mummies.* The British Museum, London 1991.

Hauke, Herwig / Rottmar, Wilfried / Ottenschläger, Josef / Scholz, Walter / Kitzberger, Otto: *Der perfekte Tischler*, Teil 1, Wien 1973.

Hayen, Hajo: *Die Moorleichen im Museum am Damm. Veröffentlichungen des Staatlichen Museums für Naturkunde und Vorgeschichte Oldenburg*, Nr. 6, Oldenburg 1987.

Heim, Michael / Nosko, Werner: *Die Ötztal-Fälschung – Anatomie einer archäologischen Groteske*, Reinbek 1993.

Henn, Rainer: *Der Tote vom Hauslabjoch.* In: *Österreichische Hochschulzeitung* 43, 1991, Nr. 11, S. 13.

Henn, Rainer: *Auffindung und Bergung der Gletscherleiche im Jahre 1991.* In: Höpfel, Frank / Platzer, Werner / Spindler, Konrad: *Der Mann im Eis*, Band 1, *Veröffentlichungen der Universität Innsbruck* 187, Innsbruck 1992, S. 88–91.

Hermann, Bernd / Grupe, Gisela / Hummel, Susanne / Piepenbrink, Hermann / Schutkowski, Holger: *Prähistorische Anthropologie – Leitfaden der Feld- und Labormethoden*, Berlin und Heidelberg 1990.

Hirschberg, Walter / Janata, Alfred: *Technologie und Ergologie in der Völkerkunde*, Berlin 1986.

Hoinkes-Wilfingseder, Barbara: *Zum strafrechtlichen Schutz archäologischer Funde.* In: Höpfel, Frank / Platzer, Werner / Spindler, Konrad: *Der Mann im Eis*, Band 1, *Veröffentlichungen der Universität Innsbruck* 187, Innsbruck 1992, S. 56–60.

Höpfel, Frank / Platzer, Werner / Spindler, Konrad (Hrsg.): *Der Mann im Eis*, Band 1, *Bericht über das Internationale Symposium in Innsbruck 1992. Veröffentlichungen der Universität Innsbruck* 187, Innsbruck 1992.

Höpfel, Frank: *Der Mann vom Hauslabjoch – Vom Kriminalfall zum juristischen »Krimi«*. In: Höpfel, Frank / Platzer, Werner / Spindler, Konrad: *Der Mann im Eis*, Band 1, *Veröffentlichungen der Universität Innsbruck* 187, Innsbruck 1992, S. 29–35.

Itten, Marion: *Die Horgener Kultur*. In: *Archäologie der Schweiz*, Band 2, *Die Jüngere Steinzeit*, Basel 1969, S. 83–96.

Itten, Marion: *Die Horgener Kultur. Monographien zur Ur- und Frühgeschichte der Schweiz*, Band 17, Basel 1970.

Jacomet, Stefanie / Brombacher, Christoph / Dick, Martin: *Ackerbau, Sammelwirtschaft und Umwelt*. In: *Die ersten Bauern*, Band 1, *Pfahlbaufunde Europas. Forschungsberichte zur Ausstellung im Schweizerischen Landesmuseum*, Zürich 1990, S. 81–90.

Kalicz, Nándor: *Götter aus Ton – Das Neolithikum und die Kupferzeit in Ungarn*, Budapest 1970.

Kimmig, Wolfgang: *Friedingen an der Donau – Bemerkungen zu einer Höhensiedlung mit Funden der Horgen-Sipplinger-Kultur*. In: *Fundberichte aus Baden-Württemberg* 1, 1974, S. 82–102.

Klebelsberg, Raimund: *Das Ötztal – Natur und Bild*. In: *Schlern-Schriften* 229, Innsbruck 1963, S. 1–22.

Kriesch, Elli G.: *Der Gletschermann und seine Welt*, Hamburg 1992.

Kubina, Peter: *Ötzi doch Österreicher?* In: *Eich- und Vermessungsmagazin Wien* 67, 1992, S. 11–17.

Künzel, Karl-Heinz / Steinlechner, Martin / Gaber, Othmar / Platzer, Werner: *Morphologische Vergleichsstudie an Schädeln – Zur Schädel-CT-Rekonstruktion des Eismannes*. In: Höpfel, Frank / Platzer, Werner / Spindler, Konrad: *Der Mann im Eis*, Band 1, *Veröffentlichungen der Universität Innsbruck* 187, Innsbruck 1992, S. 117–130.

Küster, Hansjörg: *Kulturpflanzenanbau in Südbayern seit der Jungsteinzeit*. In: *Bauern in Bayern – Von den Anfängen bis zu Römerzeit. Katalog des Gäubodenmuseums Straubing*, Nr. 19, Straubing 1992, S. 137–156.

Ladurner-Parthanes, Matthias: *Die Algunder Menhire.* In: *Der Schlern* 26, 1952, S. 310–325.

Lange, Joachim: *Vorläufige Befunde der Untersuchungen an Pelzlederproben.* In: Höpfel, Frank / Platzer, Werner / Spindler, Konrad: *Der Mann im Eis*, Band 1, *Veröffentlichungen der Universität Innsbruck* 187, Innsbruck 1992, S. 419–434.

Lehner, Peter / Julen, Annemarie: *A man's bones with 16th-century weapons and coins in a glacier near Zermatt, Switzerland.* In: *Antiquity* 65, 1991, Nr. 247, S. 269 – 273.

Leitner, Walter: *Die Urzeit.* In: *Geschichte des Landes Tirol*, Band 1, Bozen 1985, S. 4–124.

Leitner, Walter: *Der Fund des Mannes im Eis: Eine Herausforderung für Wissenschaft und Ethik.* In: *Ethica* 1/3, 1993, S. 302–304.

Leitner, Walter: Der »*Hohle Stein*« – *eine steinzeitliche Jägerstation im hinteren Ötztal, Tirol (Archäologische Sondagen 1992/1993).* In: Moser, Hans / Platzer, Werner / Seidler, Horst / Spindler, Konrad (Hrsg.): *Der Mann im Eis*, Band 2, Wien – New York 1994.

Leroi-Gourhan, André: *L'Art des Cavernes – Atlas des Grottes Ornées Paléolithiques Françaises*, Paris 1984.

Lippert, Andreas / Spindler, Konrad: *Die Auffindung einer frühbronzezeitlichen Gletschermumie am Hauslabjoch in den Ötztaler Alpen (Gem. Schnals).* In: *Archäologie Österreichs* 2, 1991, Heft 2, S. 11–17.

Lippert, Andreas: *Archäologische Nachuntersuchung am Tisenjoch.* In: *Archäologie Österreichs* 3, 1992, Heft 2, S. 36–37.

Lippert, Andreas: *Die erste archäologische Nachuntersuchung am Tisenjoch.* In: Höpfel, Frank / Platzer, Werner / Spindler, Konrad: *Der Mann im Eis*, Band 1, *Veröffentlichungen der Universität Innsbruck* 187, Innsbruck 1992, S. 245–253.

Lünig, Jens: *Die Michelsberger Kultur – Ihre Funde in zeitlicher und räumlicher Gliederung.* In: *48. Bericht der Römisch-Germanischen Kommission*, 1968, S. 1–350.

Lunz, Reimo: *Vor- und Frühgeschichte Südtirols*, Band 1, *Steinzeit*, Bruneck 1986.

Mahr, Adolf: *Das vorgeschichtliche Hallstatt*, Wien 1925.

Mairhofer, Johann: *Der Mann aus dem Eis oder »Spiel mir das Lied vom Ötzi!«*. In: *Von der Wirklichkeit des Unwirklichen – Historische und gegenwärtige Aspekte der Volkserzählung in Tirol. Katalog zur Ausstellung des Instituts für Europäische Ethnologie der Universität Innsbruck vom 29. Juni 1992 bis 12. Juli 1992*, Innsbruck 1992, S. 89–93.

Marinis, Raffaele C. de: *Età del Bronzo*. In: *Preistoria del Bresciano*, Brescia 1979, S. 45–70.

Marinis, Raffaele C. de: *La più antica metallurgia nell'Italia settentrionale*. In: Höpfel, Frank / Platzer, Werner / Spindler, Konrad: *Der Mann im Eis*, Band 1, *Veröffentlichungen der Universität Innsbruck* 187, Innsbruck 1992, S. 389–409.

Marzatico, Franco: *Scambi e commerci nel Trentino preromano*. In: *Economia Trentina*, Nr. 1, Trento 1986, S. 75–104.

Matuschik, Irenäus: *Neolithische Siedlungen in Köfering und Alteglofsheim*. In: *Das archäologische Jahr in Bayern 1991*, 1992, S. 26–29.

Matuschik, Irenäus: *Sengkofen-»Pfatterbreite«, eine Fundstelle der Michelsberger Kultur im Bayrischen Donautal, und die Michelsberger Kultur im östlichen Alpenvorland*. In: *Bayerische Vorgeschichtsblätter* 57, 1992, S. 1–31.

Mayer, Christian: *Bestattungen der Badener Kultur aus Österreich*. In: *Archaeologia Austriaca* 75, 1991, S. 29–61.

Mayer, Eugen Friedrich: *Die Äxte und Beile in Österreich. Prähistorische Bronzefunde*, Abt. 9, Band 9, München 1977.

Messner, Reinhold: *Rund um Südtirol*, München 1992.

Meyer, Werner: *Der Söldner vom Theodulpaß und andere Gletscherfunde aus der Schweiz*. In: Höpfel, Frank / Platzer, Werner / Spindler, Konrad: *Der Mann im Eis*, Band 1, *Veröffentlichungen der Universität Innsbruck* 187, Innsbruck 1992, S. 321–333.

Micozzi, Marc S.: *Postmortem Change in Human and Animal Remains – A Systematic Approach*, Springfield 1991.

Momias – Los secretos del pasado. Catalogo del Museo Arqueologico y Etnografico de Tenerife, Las Palmas 1992.

Moser, Hans / Platzer, Werner / Seidler, Horst / Spindler, Konrad (Hrsg.): *Der Mann im Eis*, Band 2, Wien – New York 1994.

Moser, Hans / Platzer, Werner / Seidler, Horst / Spindler, Konrad (Hrsg.): Der Mann im Eis, Band 2, bearbeitet von Spindler, Konrad / Wilfing, Harald / Nedden, Dieter zur / Nothdurfter, Hans, Wien–New York 1994.

Müller-Karpe, Hermann: *Handbuch der Vorgeschichte*, Band 2, *Jungsteinzeit*, München 1968.

Müller-Karpe, Hermann: *Handbuch der Vorgeschichte*, Band 3, *Kupferzeit*, München 1974.

Müllner, Andreas / Platzer, Werner / Wilfing, Harald / Nedden, Dieter zur: *Zur Morphologie des Zahn- und Kieferapparates des Mannes vom Hauslabjoch – Vorläufige makroskopische Befunde und mögliche Interpretationen.* In: Höpfel, Frank / Platzer, Werner / Spindler, Konrad: *Der Mann im Eis*, Band 1, *Veröffentlichungen der Universität Innsbruck* 187, Innsbruck 1992, S. 227–233.

Nedden, Dieter zur / Wicke, Klaus: *Der Eismann aus der Sicht der radiologischen und computertomographischen Daten.* In: Höpfel, Frank / Platzer, Werner / Spindler, Konrad: *Der Mann im Eis*, Band 1, *Veröffentlichungen der Universität Innsbruck* 187, Innsbruck 1992, S. 131–148.

Nedden, Dieter zur / Wicke, Klaus: *The Similaun Mummy as Observed from the Viewpoint of Radiological and CT Data.* In: *The Similaun Mummy*, Band 1, *Report on the 1992 International Symposium in Innsbruck*, Separate Print, Innsbruck 1992, S. 3–19.

Nedden, Dieter zur: *Der Mann im Eis – Eine Herausforderung an die moderne Radiologie.* In: Pfusterschmid-Hardtenstein, Heinrich (Hrsg.): *Was ist der Mensch? Menschenbilder im Wandel.* Europäisches Forum Alpbach 1993, Wien 1994, S. 401–416.

Neubauer, Manfred: *Ötzi und die Staatsgrenze. Bericht über die Arbeiten zur Feststellung der Fundstelle in bezug auf die Staatsgrenze Österreich-Italien am Hauslabjoch.* In: *Eich- und Vermessungsmagazin Wien* 67, 1992, S. 5–11.

Neubauer, Manfred: *Ötzi und die Staatsgrenze – Bericht über die Arbeiten zur Feststellung der Fundstelle in bezug auf die Staatsgrenze Österreich–Italien am Hauslabjoch.* In: Moser, Hans / Platzer, Werner / Seidler, Horst / Spindler, Konrad (Hrsg.): *Der Mann im Eis,* Band 2, Wien – New York 1994.

Niederer-Nelken, Loni: *Fundort Lötschental. Begleitheft zur gleichnamigen Ausstellung im Lötschentaler Museum*, Kippel 1991.

Nieszery, Norbert: *Bandkeramische Feuerzeuge.* In: *Archäologisches Korrespondenzblatt* 22, 1992, S. 359–376.

Niklaus, Thomas R.: *CalibETH Version 1.5 – User's Manual*, Eidgenössische Technische Hochschule, Zürich 1991.

Nothdurfter, Hans: *Der Mann im Eis – Topographie der Fundstelle.* In: Pfusterschmid-Hardtenstein, Heinrich (hrsg.): *Was ist der Mensch? Menschenbilder im Wandel.* Europäisches Forum Alpbach 1993, Wien 1994, S. 399–401.

Ortner, Lorelies: *Von der Gletscherleiche zu unserem Urahnl Ötzi – Zur Benennungspraxis in der Presse.* In: Moser, Hans / Platzer, Werner / Seidler, Horst / Spindler, Konrad (Hrsg.): *Der Mann im Eis,* Band 2, Wien – New York 1994.

Ortner, Lorelies: *Von der Gletscherleiche zu unserem Urahnl Ötzi. Zur Benennungspraxis in der Presse.* In: *Deutsche Sprache* 2, 1993, S. 97–127.

Ottaway, Barbara S.: *Neue Radiocarbondaten Altheimer und Chamer Siedlungsplätze in Niederbayern.* In: *Archäologisches Korrespondenzblatt* 16, 1986, S. 141–147.

Patzelt, Gernot: *Gletscherbericht 1990/91 – Sammelbericht über die Gletschervermessungen des Oesterreichischen Alpenvereins im Jahre 1991.* In: *Mitteilungen des Oesterreichischen Alpenvereins* 47 (117), 1992, Heft 2, S. 17–22.

Patzelt, Gernot: *Neues vom Ötztaler Eismann. Mitteilungen des Oesterreichischen Alpenvereins* 47 (117), 1992, Heft 2, S. 23–24.

Pauli, Ludwig: *Die Alpen in Frühzeit und Mittelalter*, München 1980.

Paulsen, Harm: *Schußversuche mit einem Nachbau des Bogens von Koldingen, Ldkr. Hannover.* In: *Archäologische Mitteilungen aus Nordwestdeutschland*, Beiheft 4, 1990, S. 298–305.

Perini, Renato: *Scavi Archeologici nella Zona Palafitticola di Fiavé-Carera*, Teil 2. *Patrimonio storico e artistico del Trentino* 9, Trento 1987.

Perini, Renato (Hrsg.): Archeologia del Legno, Documenti dell'Età del Bronzo dall'Area Sudalpina. Quaderni della Sezione Archeologica Museo Provinciale d'Arte. Catalogo della Mostra a Trento settembre–ottobre 1988 / aprile–ottobre 1989, Trento 1988.

Platzer, Werner: *Der Mann aus dem Eis – Aufbewahrung und Morphologie*. In: Pfusterschmid-Hardtenstein, Heinrich (hrsg.): *Was ist der Mensch? Menschenbilder im Wandel*. Europäisches Forum Alpbach 1993, Wien 1994, S. 384–386.

Pöder, Reinhold / Peintner, Ursula / Pümpel, Thomas: *Mykologische Untersuchungen an den Pilz-Beifunden der Gletschermumie vom Hauslabjoch*. In: Höpfel, Frank / Platzer, Werner / Spindler, Konrad: *Der Mann im Eis*, Band 1, *Veröffentlichungen der Universität Innsbruck* 187, Innsbruck 1992, S. 313–320.

Pöder, Reinhold / Pümpel, Thomas / Peintner, Ursula: *Mykologische Untersuchungen an der »schwarzen Masse« vom Hauslabjoch*. In: Moser, Hans / Platzer, Werner / Seidler, Horst / Spindler, Konrad (Hrsg.): *Der Mann im Eis*, Band 2, Wien – New York 1994.

Pöder, Reinhold / Pümpel, Thomas / Peintner, Ursula: *The Ice Man*. In: *Mycologist* 8/1, 1994, S. 44.

Prinoth-Fornwagner, Romana / Niklaus, Thomas R.: *The man in the ice: results from radiocarbon dating*. In: *Nuclear Instruments and Methods in Physics Research* B 92, 1994, S. 282–290.

Prinoth-Fornwagner, Romana / Niklaus, Thomas R.: *Der Mann im Eis – Resultate der Radiokarbondatierung*. In: Moser, Hans / Platzer, Werner / Seidler, Horst / Spindler, Konrad (Hrsg.): *Der Mann im Eis*, Band 2, Wien – New York 1994.

Probst, Ernst: *Deutschland in der Steinzeit*, München 1991.

Raetzel-Fabian, Dirk: *Phasenkartierung des mitteleuropäischen Neolithikums – Chronologie und Chorologie. British Archaeological Reports*, International Series, Band 316, Oxford 1986.

Rageth, Jürgen: *Der Lago di Ledro im Trentino und seine Beziehungen zu den alpinen und mitteleuropäischen Kulturen*. In: 55. *Bericht der Römisch-Germanischen Kommission* 1975, S. 73–256.

Rast, Antoinette: *Die Verarbeitung von Bast.* In: *Die ersten Bauern*, Band 1, *Pfahlbaufunde Europas. Forschungsberichte zur Ausstellung im Schweizerischen Landesmuseum*, Zürich 1990, S. 119–122.

Rast, Antoinette: *Jungsteinzeitliche Kleidung.* In: *Die ersten Bauern*, Band 1, *Pfahlbaufunde Europas. Forschungsberichte zur Ausstellung im Schweizerischen Landesmuseum*, Zürich 1990, S. 123–126.

Rolle, Renate: *Die skythenzeitlichen Mumienfunde von Pazyryk – Frostkonservierte Gräber aus dem Altaigebirge.* In: Höpfel, Frank / Platzer, Werner / Spindler, Konrad: *Der Mann im Eis*, Band 1, *Veröffentlichungen der Universität Innsbruck* 187, Innsbruck 1992, S. 334–358.

Rollo, Franco: *Molecular investigations on mummified seeds and other plant remains.* In: Höpfel, Frank / Platzer, Werner / Spindler, Konrad: *Der Mann im Eis*, Band 1, *Veröffentlichungen der Universität Innsbruck* 187, Innsbruck 1992, S. 198–208.

Rotter, Hans: *Ethische Aspekte zum Thema.* In: Höpfel, Frank / Platzer, Werner / Spindler, Konrad: *Der Mann im Eis*, Band 1, *Veröffentlichungen der Universität Innsbruck* 187, Innsbruck 1992, S. 24–28.

Rüttimann, Bettina: *Geräte aus Knochen.* In: *Archäologische Forschungen*, Schweizerisches Landesmuseum Zürich, Band 2, Zürich 1983, S. 7–86.

Ruttkay, Elisabeth: *Typologie und Chronologie der Mondsee-Gruppe.* In: *Das Mondsee-Land – Geschichte und Kultur*, Linz 1981, S. 269–294.

Salzani, Luciano: *Preistoria in Valpolicella*, Verona 1981.

Sauter, Friedrich / Jordis, Ulrich / Hayek, Erich: *Chemische Untersuchungen der Kittschäftungs-Materialien.* In: Höpfel, Frank / Platzer, Werner / Spindler, Konrad: *Der Mann im Eis*, Band 1, *Veröffentlichungen der Universität Innsbruck* 187, Innsbruck 1992, S. 435–441.

Sauter, Friedrich / Stachelberger, Herbert: *Materialuntersuchungen an einem Begleitfund des »Mannes vom Hauslabjoch« – Die »schwarze Masse« aus dem »Täschchen«.* In: Höpfel, Frank / Platzer, Werner / Spindler, Konrad: *Der Mann im Eis*, Band 1,

Veröffentlichungen der Universität Innsbruck 187, Innsbruck 1992, S. 442–453.

Sauter, Marc-R. / Gallay, Alain: *Les premières cultures d'origine méditerréenne*. In: *Archäologie der Schweiz*, Band 2, *Die jüngere Steinzeit*, Basel 1969, S. 47–66.

Schibler, Jörg / Suter, Peter J.: *Jagd und Viehzucht im schweizerischen Neolithikum*. In: *Die ersten Bauern*, Band 1, *Pfahlbaufunde Europas, Forschungsberichte zur Ausstellung im Schweizerischen Landesmuseum*, Zürich 1990, S. 91–103.

Schlabow, Karl: *Der Moorleichenfund von Peiting. Veröffentlichungen des Fördervereins Textilmuseum Neumünster e. V.*, Heft 2, Neumünster 1961.

Schmidt, Leopold: *Oberitalienische Strohmäntel*. In: *Wiener Zeitschrift für Volkskunde* 43, 1938, S. 44–45.

Schweingruber, Fritz Hans: *Anatomie europäischer Hölzer*, Bern und Stuttgart 1990.

Seidler, Horst / Bernhard, Wolfram / Teschler-Nicola, Maria / Platzer, Werner / Nedden, Dieter zur / Henn, Rainer / Oberhauser, Andreas / Sjøvold, Torstein: *Some Anthropological Aspects of the Prehistoric Tyrolean Ice Man*. In: *Science* 258, 1992, S. 369–616.

Seidler, Horst / Teschler-Nicola, Maria / Wilfing, Harald / Weber, Gerhard / Traindl-Prohazka, Martina / Platzer, Werner / Nedden, Dieter zur / Henn, Rainer: *Zur Anthropologie des Mannes vom Hauslabjoch – Morphologische und metrische Aspekte*. In: Höpfel, Frank / Platzer, Werner / Spindler, Konrad: *Der Mann im Eis*, Band 1, *Veröffentlichungen der Universität Innsbruck* 187, Innsbruck 1992, S. 149–162.

Seidler, Horst: *Der Mann vom Hauslabjoch – Ein kurzer Bericht*. In: Pfusterschmid-Hardtenstein, Heinrich (Hrsg.): *Was ist der Mensch? Menschenbilder im Wandel*. Europäisches Forum Alpbach 1993, Wien 1994, S. 417–430.

Sjøvold, Torstein: *Geschlechtsdiagnose am Skelett*. In: *Anthropologie – Handbuch der vergleichenden Biologie des Menschen*, Band 1, *Wesen und Methoden der Anthropologie*, Stuttgart und New York 1988, S. 444–480.

Sjøvold, Torstein: *Einige statistische Fragestellungen bei der Untersuchung des Mannes vom Hauslabjoch*. In: Höpfel, Frank /

Platzer, Werner / Spindler, Konrad: *Der Mann im Eis*, Band 1, *Veröffentlichungen der Universität Innsbruck* 187, Innsbruck 1992, S. 188–197.

Sjøvold, Torstein: *En förhistorisk man fran gränsen mellan Tyrolen och Sydtyrolen.* In: *Fornwännen* 87, 1992, S. 109–114.

Sjøvold, Torstein: *The Prehistoric Man from the Austrian-Italian Alps – Discovery, Description, and Current Research.* In: *Papers on Paleopathology, Paleopathology Association, 19th Annual Meeting, 31.3. / 1.4. 1992, Las Vegas*, Las Vegas 1992, S. 3–4.

Sjøvold, Torstein: *The Stone Age Man from the Austrian-Italian Alps – Discovery, Description and Current Research.* In: *Collegium Anthropologicum*, Band 16, No. 1, Zagreb 1992, S. 1–12.

Sjøvold, Torstein / Bernhard, Wolfram / Gabler, Othmar / Künzel, Karl-Heinz / Platzer, Werner / Unterdorfer, Hans: *Verteilung und Größe der Tätowierungen am Eismann vom Hauslabjoch.* In: Moser, Hans / Platzer, Werner / Seidler, Horst / Spindler, Konrad (Hrsg.): *Der Mann im Eis,* Band 2, Wien – New York 1994.

Sjøvold, Torstein: *A caccia nella preistoria.* In: *Sapere* 59–11, 1993, S. 11–17.

Sjøvold, Torstein: *The Stone Age Iceman from the Alps – The Find and the Current Status of Investigation.* In: *Evolutionary Anthropology* 1, 1992, S. 117–124.

Solschenizyn, Alexander: *Krebsstation – Roman in zwei Büchern,* Buch 1, Berlin 1968, S. 199–225.

Sperl, Gerhard: *Das Beil vom Hauslabjoch.* In: Höpfel, Frank / Platzer, Werner / Spindler, Konrad: *Der Mann im Eis*, Band 1, *Veröffentlichungen der Universität Innsbruck* 187, Innsbruck 1992, S. 454–459.

Spindler, Konrad: *Der Mann aus dem Eis.* In: *Archäologie in Deutschland 1992*, Heft 1, S. 34–37.

Spindler, Konrad: *Der Mann im Eis.* In: *Sandoz-Bulletin* 99, 1992, S. 21 – 29.

Spindler, Konrad: *L'Homme du Glacier.* In: *Bulletin Sandoz* 99, 1992, S. 21–30.

Spindler, Konrad: *Der Mann im Eis – Die jungneolithische Gletschermumie vom Hauslabjoch in den Ötztaler Alpen.* In: *Nürnberger Blätter zur Archäologie* 9, 1992/93, S. 27–38.

Spindler, Konrad: *Der Mann im Eis – Forschungsaspekte und -perspektiven.* In: Pfusterschmid-Hardtenstein, Heinrich (Hrsg.): *Was ist der Mensch? Menschenbilder im Wandel.* Europäisches Forum Alpbach 1993, Wien 1994, S. 386–398.

Spindler, Konrad: *Die Mumie.* In: Egg, Markus / Spindler, Konrad: *Die Gletschermumie vom Ende der Steinzeit aus den Ötztaler Alpen – Vorbericht. Jahrbuch des Römisch-Germanischen Zentralmuseums* 39, 1992, S. 27–35.

Spindler, Konrad: *Entdeckung, Bergung und archäologische Nachuntersuchung.* In: Egg, Markus / Spindler, Konrad: *Die Gletschermumie vom Ende der Steinzeit aus den Ötztaler Alpen – Vorbericht. Jahrbuch des Römisch-Germanischen Zentralmuseums* 39, 1992, S. 3–27.

Spindler, Konrad: *Ötzi de gletsjer man,* Al Weert 1994.

Spindler, Konrad: *The Iceman's last weeks.* In: *Nuclear Instruments and methods in Physics Research* B 92, 1994, S. 274–281.

Spindler, Konrad: *The Man in the Ice,* London 1994.

現代科学が解明した 驚くべき新事実 今、甦える 5000年前の世界 (Spindler, Konrad: *Der 5000jährige Mann im Eis,* Tokio 1994).

Splechtna, Heinz / Weisgram, Josef / Hilgers, Helge /Walzl, Manfred / Leitner, Walter / Seidler, Horst: *Eine mumifizierte Katze aus den Stubaier Alpen.* In: Moser, Hans / Platzer, Werner / Seidler, Horst / Spindler, Konrad (Hrsg.): *Der Mann im Eis,* Band 2, Wien – New York 1994.

Stead, I. M. / Bourke, J. B. / Brothwell, Don: *Lindow Man – The Body in the Bog.* In: *British Museum Publications*, London 1986.

Street, Martin: *Jäger und Schamanen – Bedburg-Königshoven – Ein Wohnplatz am Niederrhein vor 10 000 Jahren*, Römisch-Germanisches Zentralmuseum, Mainz 1989.

Suter, Peter J. / Schifferdecker, François: *Das Neolithikum im schweizerischen Mittelland.* In: *Antiqua* 15, Basel 1986, S. 34–44.

Tecchiati, Umberto: *»Prähistorische Bronzefunde« conservati al Museo Civico di Rovereto (Trento) – Le Asce.* In: *Annali dei Musei Civici Rovereto* 7, 1991, S. 3–36.

Tiefenbrunner, Friedrich: Bakterien und Pilze, ein Problem für unseren ältesten Tiroler? In: Höpfel, Frank / Platzer, Werner / Spindler, Konrad: *Der Mann im Eis*, Band 1, *Veröffentlichungen der Universität Innsbruck* 187, Innsbruck 1992, S. 100–107.

Tillmann, Andreas: *Gastgeschenke aus dem Süden? Zur Frage einer Süd-Nord-Verbindung zwischen Südbayern und Oberitalien im späten Jungneolithikum.* In: *Archäologisches Korrespondenzblatt* 23, 1993, S. 453–460.

Urbon, Benno: *Spanschäftung für Lanzen und Pfeile.* In: *Fundberichte aus Baden-Württemberg* 16, 1991, S. 127–131.

Velden, Eddy van der / Dulk, Leo den / Leenders, Henk / Dingemans, Koert / Berg Weermann, Marius van der / Putte, Sebastiaan van der / Vuzevski, Vojislav / Naafs, Bernard: *The decorated body of the Man from Hauslabjoch.* In: Moser, Hans / Platzer, Werner / Seidler, Horst / Spindler, Konrad (Hrsg.): *Der Mann im Eis,* Band 2, Wien – New York 1994.

Voss, Hella: *Die große Jagd – Von der Vorzeit bis zur Gegenwart – 30 000 Jahre Jagd in der Kunst*, München 1961.

Wahl, Joachim / König, Günter: *Anthropologisch-traumatologische Untersuchung der menschlichen Skelettreste aus dem bandkeramischen Massengrab bei Talheim, Kreis Heilbronn.* In: *Fundberichte aus Baden-Württemberg* 12, 1987, S. 67–193.

Währen, Max: *Brot und Getreide in der Urgeschichte.* In: *Die ersten Bauern*, Band 1, *Pfahlbaufunde Europas. Forschungsberichte zur Ausstellung im Schweizerischen Landesmuseum*, Zürich 1990, S. 117–118.

Weber, Karl: *Eine Mumie als Denkmal.* In: Höpfel, Frank / Platzer, Werner / Spindler, Konrad: *Der Mann im Eis*, Band 1, *Veröffentlichungen der Universität Innsbruck* 187, Innsbruck 1992, S. 50–55.

Weber, Karl: *Ist der »Ötzi« ein Denkmal? – Kulturgüterschutzrechtliche Aspekte von archäologischen Funden.* In: *Österreichische Juristen-Zeitung* 47, 1992, Heft 20, S. 673–677.

Weiner, Jürgen: *Mit Stahl, Stein und Zunder – Die in Vergessenheit geratene Technik des Feuerschlagens.* In: *Pulheimer Beiträge zur Geschichte und Heimatkunde* 5, 1981, S. 13–18.

Weiner, Jürgen: *Der Lousberg in Aachen – Feuersteinbergbau in der Jungsteinzeit – Ein Führer zur prähistorischen Abteilung des Stadtgeschichtlichen Museums Burg Frankenberg Aachen*, Aachen-Eilendorf 1984.

Weisgerber, Gerd: *Der Kupfermann – Indianischer Bergbau vor Kolumbus*. In: *Amerika 1492–1992. Neue Welten – Neue Wirklichkeiten*, Braunschweig 1992, S. 159–167.

Weiss, Gabriele: *Zur Archäologie des Todes*. In: *Mitteilungen der Anthropologischen Gesellschaft in Wien* 113, 1983, S. 27–32.

Wesselkamp, Gerhard: *Die organischen Reste der Cortaillod-Schichten. Die neolithischen Ufersiedlungen von Twann*, Band 5, Bern 1980.

Wesselkamp, Gerhard: *Neolithische Holzartefakte aus Schweizer Seeufersiedlungen*, Freiburg i. Br. 1992.

Wilfing, Harald / Teschler-Nicola, Maria / Seidler, Horst / Weber, Gerhard / Schlagenhaufen, Claudia / Irgolic, Kurt J. / Gößler, Walter / Platzer, Werner / Nothdurfter, Hans / Berger, Hermann: *Untersuchungen an Haarresten des Mannes vom Hauslabjoch*. In: *Naturwissenschaftliche Rundschau* 46, 1993, S. 257–260.

Wilrich, Cordula / Wortmann, Gabriele / Wortmann, Franz-Josef: *Beitrag zur taxonometrischen Einstufung verschiedener Federkeratine durch vergleichende Auswertung ihrer Elektropherogramme*. In: Moser, Hans / Platzer, Werner / Seidler, Horst / Spindler, Konrad (Hrsg.): *Der Mann im Eis*, Band 2, Wien – New York 1994.

Winiger, Josef: *Feldmeilen-Vorderfeld – Der Übergang von der Pfyner zur Horgener Kultur. Antiqua* 8, Basel 1981.

Winiger, Josef: *Beinerne Doppelspitzen aus dem Bielersee*. In: *Jahrbuch der Schweizerischen Gesellschaft für Ur- und Frühgeschichte* 75, 1992, S. 65–99.

Winiger, Josef: *Die Bekleidung des Eismannes und die Anfänge der Weberei nördlich der Alpen*. In: Moser, Hans / Platzer, Werner / Seidler, Horst / Spindler, Konrad (Hrsg.): *Der Mann im Eis*, Band 2, Wien – New York 1994.

Winkler, Ivo: *Autonome Südtiroler Zuständigkeiten bei archäologischen Funden*. In: Höpfel, Frank / Platzer, Werner / Spindler,

Konrad: *Der Mann im Eis*, Band 1, *Veröffentlichungen der Universität Innsbruck* 187, Innsbruck 1992, S. 81–87.

Wittig, Manfred / Wortmann, Gabriele: *Untersuchungen an Haaren aus den Begleitfunden des Eismannes vom Hauslabjoch – Vorläufige Ergebnisse.* In: Höpfel, Frank / Platzer, Werner / Spindler, Konrad: *Der Mann im Eis*, Band 1, *Veröffentlichungen der Universität Innsbruck* 187, Innsbruck 1992, S. 273–298.

Wölfli, Willy: *Möglichkeiten und Grenzen der Beschleunigermassenspektrometrie in der Archäologie.* In: *10 Jahre Beschleunigermassenspektrometrie in der Schweiz. PSI-Proceedings 92-04*, Villingen 1992, S. 31–44.

Wortmann, Gabriele: *Vergleichende Studien zur Aminosäurezusammensetzung der Haare des Eismannes sowie der anderer Mumien.* In: Moser, Hans / Platzer, Werner / Seidler, Horst / Spindler, Konrad (Hrsg.): *Der Mann im Eis,* Band 2, Wien – New York 1994.

Wyss, René: *Das jungsteinzeitliche Jäger-Bauerndorf von Egozwil 5 im Wauwilermoos.* In: *Archäologische Forschungen*, Schweizerisches Landesmuseum Zürich, Zürich 1976, S. 5–116.

Wyss, René: *Geräte aus Holz.* In: *Archäologische Forschungen.* Schweizerisches Landesmuseum Zürich, Band 2, Zürich 1983, S. 87–160.

Wyss, René: *Ein Netzbeutel – Zur Thematik des Fernhandels.* In: *Die ersten Bauern*, Band 1, *Pfahlbaufunde Europas. Forschungsberichte zur Ausstellung im Schweizerischen Landesmuseum*, Zürich 1990, S. 131–133.

Zissernig, Elisabeth: *Der Mann vom Hauslabjoch – Von der Entdeckung bis zur Bergung.* In: Höpfel, Frank / Platzer, Werner / Spindler, Konrad: *Der Mann im Eis*, Band 1, *Veröffentlichungen der Universität Innsbruck* 187, Innsbruck 1992, S. 234–244.

Zürcher, Andreas C.: *Urgeschichtliche Fundstellen Graubündens. Schriftenreihe des Rätischen Museums Chur*, Nr. 27, Chur 1982.

Orts-, Personen- und Sachregister

Ortsregister

Personenregister

Sachregister

Bildnachweis

Nach Biedermann, Leroi-Gourhan und Street: S. 314, 315
Manfred Deix: S. 350
Nach de Marinis: S. 273 oben
Nach Müller-Karpe: S. 272 (Nr. 1, 3 und 4), 276, 277
Severino Perelda: S. 41
Julia Ribbeck, Römisch-Germanisches Zentralmuseum Mainz: S. 272 (Nr. 2), 273 unten
Michael Schick: S. 110 (nach Lippert modifiziert und ergänzt), 139, 187 oben, unten links u. rechts, 188, 191, 193, 220, 222, 228 (nach Entwurf Sjøvold), 229 (nach Rolle), 259 (Ausführung), 261 (Ausführung), 262 (Ausführung), 280, 281